LACAN E A VERGONHA

Blucher

LACAN E A VERGONHA

Da vergonha à vergontologia

David Bernard

Tradução

Cícero Oliveira

Revisão técnica

Luciana Guarreschi

Sheila Skitnevsky Finger

Título original: *Lacan et la honte – De la honte à l'hontologie : étude psychanalytique*
Lacan e a vergonha: Da vergonha à vergontologia

Publisher Edgard Blücher
Editor Eduardo Blücher
Coordenação editorial Jonatas Eliakim
Produção editorial Isabel Silva
Tradução Cícero Oliveira
Revisão técnica Luciana Guarreschi e Sheila Skitnevsky Finger
Preparação de texto Évia Yasumaru
Diagramação Guilherme Henrique
Revisão de texto Danilo Villa
Capa Leandro Cunha
Imagem da capa iStockphoto

Blucher

Rua Pedroso Alvarenga, 1245, 4º andar
04531-934 – São Paulo – SP – Brasil
Tel.: 55 11 3078-5366
contato@blucher.com.br
www.blucher.com.br

Segundo o Novo Acordo Ortográfico, conforme 5. ed. do *Vocabulário Ortográfico da Língua Portuguesa*, Academia Brasileira de Letras, março de 2009.

Dados Internacionais de Catalogação
na Publicação (CIP)
Angélica Ilacqua CRB-8/7057

Bernard, David

Lacan e a vergonha : da vergonha à vergontologia / David Bernard ; tradução de Cícero Oliveira ; revisão técnica Luciana Guarreschi, Sheila Skitnevsky Finger. – 1. ed. – São Paulo : Blucher, 2022.

440 p. : il.

Tradução da 2. ed. francesa.

Bibliografia

ISBN 978-65-5506-112-3 (impresso)

ISBN 978-65-5506-113-0 (eletrônico)

Título original: *Lacan et la honte – De la honte à l'hontologie : étude psychanalytique*

1. Psicanálise 2. Lacan, Jacques – 1901-1981 I. Título II. Oliveira, Cícero III. Guarreschi, Luciana IV. Finger, Sheila Skitnevsky

21-5092 CDD 150.198

Índice para catálogo sistemático:
1. Psicanálise

Nota sobre a tradução brasileira

Na presente edição de *Lacan e a vergonha*, nos casos em que o autor fazia alguma referência específica aos textos de Jacques Lacan publicados em versões editadas em francês (*Escritos*, *Outros escritos* ou *Seminários*), procurou-se localizá-las nas edições oficiais da Jorge Zahar Editora, substituindo esses trechos pelos textos (os números das páginas, inclusive) publicados em português. Quando algum excerto se referia a uma obra inédita em português, ele foi traduzido, procurando citar a fonte original em francês. Ademais, sempre que o autor citava outras obras literárias (romances, por exemplo) que dispunham de tradução no Brasil e que foi possível localizar, a referência da publicação brasileira foi indicada. Quando foi necessário acrescentar alguma nota à edição brasileira, usou-se a nomenclatura N. T. (Nota do Tradutor).

Apresentação à edição brasileira

Em meados de 2019, tivemos o prazer de receber David Bernard em São Paulo para uma série de três conferências sobre o pudor[1] e outros tantos encontros sobre a clínica psicanalítica. Seu dinamismo no enfrentamento de conceitos complexos, sua postura questionadora para com o texto lacaniano e sua generosidade em responder nossas infindáveis dúvidas cativou-nos de imediato. Os desdobramentos desse encontro geraram curiosidade pelos outros trabalhos do autor, laços de amizade e o livro que agora o leitor tem acesso.

O trabalho que se segue é um mergulho aprofundado nas águas turvas do que comumente chamamos vergonha. Como defini-la? Qual seu lugar na teoria psicanalítica? Por que razões ela ocuparia certa opacidade no conjunto da teoria ainda que não haja ser falante vivo que não a tenha experimentado na pele? Lacan havia nos deixado um recado sobre a vergonha: "ficamos calados muito tempo", pois "não é cômodo falar disso", disse ele.

---

1 As conferências aconteceram na sede do Fórum do Campo Lacaniano de São Paulo e estão publicadas na *Revista Livro Zero*, n. 10, 2020. Cf. https://campo-lacanianosp.com.br/publicacoes/

Pois que o recado encontrou um destinatário que se propôs a investigar as razões e o alcance da vergonha, passando em revista o conjunto das contribuições enunciadas por Lacan, no decorrer de seu ensino, não simplesmente para compilá-las, mas para delas produzir uma *vergontologia*. O tamanho e o risco da tarefa não intimidaram David que, sem vergonha, produziu uma pesquisa séria que resultou em um texto claro e expansivo, qualidades tão raras quanto difíceis de alcançar quando se trata da utilização dos conceitos da psicanálise lacaniana.

Luciana Guarreschi e Sheila Skitnevsky Finger

Agradecimentos

Este trabalho é, em grande parte, o resultado de uma tese de doutorado em Psicopatologia, realizada sob a orientação do Prof. Marie-Jean Sauret, e defendida na Université de Toulouse II le Mirail, em 26 de novembro de 2005.

Meus sinceros agradecimentos a Alain Abelhauser, Sidi Askofaré, Benjamin Jacobi e Marie-Jean Sauret, pela leitura desta tese e suas valiosas observações, assim como a Roger Mérian, Colette Soler e Marc Strauss, por aquilo que lhes devo, aliás. Este trabalho também se beneficiou muito de minhas conversas com Christian Demoulin, que foi o primeiro a me encorajar a esta publicação, e a quem gostaria de agradecer novamente hoje. Por fim, meus agradecimentos a Cathy Barnier por sua revisão do manuscrito.

Conteúdo

Introdução 13

Parte I. O instante de ver da vergonha **21**

1. A vergonha através do espelho 23
   - A. Vergonha e falta 25
   - B. O duplo vergonhoso do sujeito 71
2. A vergonha e o olhar 95
   - A. O que é o olhar? 96
   - B. Retorno à vergonha, de Sartre a Lacan 109
   - C. Os objetos de vergonha 138

Parte II. A *vergontologia* **159**

1. A *vergontologia*, uma tentativa de definição 161
   - A. Condições prévias 162
   - B. Da dor à vergonha de existir 182
   - C. A vergonha de viver, mais do que a vergonha de existir 194
   - D. O segredo 212

2. Vergonha de viver e mal-estar na civilização 245
A. O capitalismo e a vergonha (I) O proletário e seu saber-fazer 246
B. O capitalismo e a vergonha (II) Vergonhas, discursos 271
C. O capitalismo e a vergonha (III) A vergonha e o numérico 315
D. O paradigma da vergonha de Franz Kafka 375

Conclusão 399
A vergonha de outra forma 399

Referências 415

Introdução

Antes de tudo, e já, a prova clínica. Cécile lembra:

> *Nessa primeira sessão de natação, eu usava um conjunto xadrez azul-branco-vermelho: o sutiã folgado em minhas costelas salientes. Era uma tarde de sábado e fora meu avô quem nos trouxera em seu Peugeot 404, com um dedo indicador pensativo no nariz, como sempre. Estava apreensiva (só sabia nadar estilo cachorrinho louco, "mantenha o queixo fora da água, santo Deus!"), então havia muitos pequenos pensamentos em mim, calmantes-alarmantes: se o vovô reacender a bituca antes de chegarmos, não vou me afogar... Tinha nove anos, estava precavida: para não esquecer a calcinha de reserva, a havia colocado por cima do maiô. Uma grande calcinha de criança em algodão branco, com pequenos buquês de flores vermelhas, que realmente não se supunha ser meios calipígios... Eu, minha toalha*

e minha touca, febris, caminhávamos agora a pequenos passos apressados e bem aderidos às bordas escorregadias da piscina. Lá estava o salva-vidas, em pé, com sua vara de pescar afogados. Ele ostentava unhas grossas e amarelas, primas de esporas de frango, uma barriga plácida, descansando ali, em sua sunga, e um nariz pontudo, irmão da faca de ostra, tão útil no Natal. "Você vai na água assim? – Vou...". O olhar dos outros descendo sobre meu tórax, na minha cintura, na minha barriga. Ah não! Na pressa, acabei ficando com a calcinha dupla. Minha lingerie estúpida de menina que me mostrava nua, vestida de algodão com flores, vestida de mortificação, vestida com a etiqueta "pode ferver a cem graus, algodão". Justamente eu, que à noite tinha um pesadelo em que chegava à escola de pijama, sem mochila, e até mesmo sem calcinha: verdadeiros tormentos noturnos, cenários em que perdia meus atributos de estudante e que me deixavam desamparada, abatida... Mãe, vamos, mãe, estou com sede! A vergonha bebida tinha o gosto clorado da piscina de vinte e cinco metros. A aula de natação escorregou por mim como se fossem escamas: era impossível tirar da minha cabeça esse minuto cheio de incômodo em pequenas mudas de flores vermelhas. Mesmo semanas depois, a ideia de entrar na piscina me apunhalava o estômago bem no lugar em que o elástico da calcinha deixava um pequeno traço vermelho estriado.

Uma dorzinha traiçoeira que me lembrava de minhas relações particulares com o ridículo: estava, naqueles momentos, convencida de que essa palavra só estava me esperando lá, dos confins dos dicionários. E aquele

> *gritinho agudo no meu abdômen durou ainda mais, porque minha mãe reciclara, em pano de polir sapatos encardidos, uma calcinha de criança com flores vermelhas.*
>
> *Não sei nadar...*[1]

Dizia que estava trazendo essa lembrança como "prova"; no entanto, prova de quê? De que a vergonha não se reduz a um simples uso ou mau uso das convenções, dos semblantes, mas que ela pode levar longe, ao cerne do ser falante, e ali fazer vibrar os tênues fios de sua ontologia. As linhas anteriores demonstram isso: nada, e até mesmo quase nada, será suficiente para fazer um ser falante morrer de vergonha. Mas precisemos isso, aqui segundo as palavras escolhidas por Cécile. A vergonha é, antes de tudo, aquilo que mostra um sujeito, diante dos olhares de todos. O que revela sua nudez e denuncia sua impostura. O que faz sair da toca, com os joelhos dobrados sobre a falta-a-ser, por trás de seu falso adorno egoico, essa "segunda pele" emprestada. Mas ela também é aquilo que aponta o corpo para esse sujeito e nele imprime sua marca. Eternizando o instante fatal que parecia ser nada e deixando, nesse corpo, a ponta inapreensível de uma "mortificação". Verdadeiro "pequeno traço vermelho e estriado" que, a partir daí, afetará esse sujeito com uma verdadeira "dorzinha traiçoeira". Grito mudo no abdômen. Além da experiência de uma falta, a vergonha seria, portanto, também a lembrança de um corpo, em palavras, ferido e em excesso. Enfim, pode ser que a vergonha estivesse apenas esperando para apanhar esse sujeito, dos "confins dos dicionários", ali onde a língua se deposita e se delineiam os contornos do Outro. Aliás, o inconsciente, ele também discurso do Outro, murmurava isso há tempos. Estava escrito nos sonhos

1 Cécile. (2003). Une minute de ridicule. In Jean-Pierre Guéno (Dir.). *Premières fois: Le livre des instants qui ont changé nos vies*. Paris: Librio, pp. 62-64.

que a vergonha um dia alcançaria a criança para aturdi-la com sua vertigem ontológica e deixá-la "abatida", em dificuldade de ser.

O que essa história nos ensina? Por sua própria simplicidade, aí está já o mais precioso. A vergonha não apenas é um afeto ontológico, mas pode se pensar numa *vergontologia* [*hontologie*][2] do ser falante, esse inexplicável que o filósofo Kierkegaard ressaltava: "Um pudor ferido constitui a mais profunda das dores, porque é a mais inexplicável de todas". Ela é um "medo . . . de nada. E ainda podemos morrer de vergonha".[3] Neste estudo, tratar-se-á de questionar o porquê dessa fragilidade dos seres falantes, dessa fraternidade da vergonha que os aproxima e os distingue, por esse destino que lhes seria partilhado, mas reservado. E, portanto – por não nos contentarmos aqui com o sorriso do próximo, pois, não há o que duvidar, essa história de Cécile, rica como é, por trás de sua leveza de anedota, terá feito rir mais de uma pessoa –, de um saber sobre a estrutura. Quem não terá, com efeito, se lembrado de um daqueles momentos de vergonha, grande ou pequena, sempre reais? Mais uma razão para, aqui como em qualquer ocasião, não entender tão rápido. Mas antes, se surpreender com isso, ali onde geralmente a vergonha convida cada um a fechar os olhos e permanecer em silêncio.

É surpreendente também, pois, verificar o destino teórico que a psicanálise deu, e dá, para a vergonha. Poucos, senão muito poucos, trabalhos foram dedicados a esse afeto, que, no entanto, é central na clínica do ser falante. Sobre a vergonha, dizia Jacques Lacan,

---

2 Lacan, J. (1969-1970). *O seminário, livro 17: O avesso da psicanálise*. Rio de Janeiro: Zahar, 1992, p. 172 [Neologismo de Lacan que amalgama os termos *honte* [vergonha] e *ontologie* [ontologia]. Por isso, mais adiante, Lacan diria que o termo, enfim, estaria ortografado corretamente com um "h", de *honte* (N. T.)].

3 Kierkegaard, S. (1844). Le concept d'angoisse. In *Miettes philosophiques, le concept d'angoisse, traité du désespoir* (Jean-Jacques Gateau & Knud Ferlov, Trad.). Paris: Tel/Gallimard, 1990, p. 232.

"ficamos calados muito tempo",[4] pois "não é cômodo falar disso".[5] Ainda que poucos trabalhos, há cada vez mais, porém, e isso desde os anos 1970; desde quando, talvez, tivemos medo de que não houvesse mais vergonha, "quando tudo se tornasse permitido". Mas também, talvez, depois que a vergonha fosse muito lancinante e nos cravasse no silêncio. Seja como for, a partir dessa data, o número de trabalhos foi crescendo, e isso para além das distinções de escolas, associações e correntes psicanalíticas. Uma questão se coloca, então, por resposta*s* (no plural), correndo-se o risco de fazer coro. Pareceu-me mais uma razão, para, neste trabalho, voltar ao surpreendente e difícil comentário que Jacques Lacan fez sobre esse afeto durante uma aula em seu Seminário *O avesso da psicanálise*, realizado precisamente em 1970. Essa lição, que constitui a ponta de sua contribuição sobre a vergonha, continua hoje aguardando seus desdobramentos. Resta saber se finalmente ousaremos ouvi-lo ou, ao menos, nos confrontarmos com isso, para lançar luz sobre seus fundamentos teóricos, mas também mensurar seu alcance na prática psicanalítica e na clínica do laço social contemporâneo.

Que Lacan teve o desejo de despertar seus alunos para aquilo que a vergonha representa não há dúvida. "É preciso dizer, morrer de vergonha é um efeito raramente obtido"[6] – é nesses termos que, em 17 de junho de 1970, ele dava início a essa lição. Sem rodeios, pois. Nenhum. Mas também como ele havia desejado há tempos. Prova disso é essa confissão feita alguns meses antes, no início de outra aula desse mesmo Seminário: "Se me permitem, gostaria de começar por um aforismo. Vocês vão ver por que retrocedi. Fiz como de costume . . . . Se começasse como sempre tenho vontade, seria de forma abrupta. É por ter vontade que não o faço, vou habituando

4 Lacan, J. (1969-1970). *O seminário, livro 17: O avesso da psicanálise*, op. cit., p. 173.

5 Ibid., p. 180.

6 Ibid., p. 172.

vocês, evitando-lhes choques".[7] Assim, aquilo que não ousava ser feito, e aquilo que não ousava ser dito, o será com relação ao tema da vergonha. Dessa vez, Lacan não recuará. Além disso, notemos, não há sequer uma lição desse Seminário que não tenha semelhante início, nem tal investida. É como se Lacan soubesse que, sobre o tema da vergonha, nada quiséssemos saber. Impressionar, portanto, até mesmo chocar, mas para abrir os ouvidos de cada um, analistas inclusive. Então, depois de ter despertado "cada um", acrescentar à "evidência"[8] que impressiona o enigma que interroga. O que vem a seguir é o testemunho disso, em que múltiplos aforismos são desenvolvidos em cascata, cada um tão definitivo quanto obscuro, mas que, desde então, marcaram, senão fundaram, a possibilidade de uma nova abordagem da vergonha.

Vamos, então, dar uma olhada geral nesses aforismos e declarações sem nenhum outro apelo além daquele, lançado a cada um, de um retorno à vergonha. "É uma vergonha, como dizem, que deveria produzir uma *vergontologia* [*hontologie*], ortografada, enfim corretamente"; "Morrer de vergonha, então. Aqui, a degeneração do significante é segura – segura por ser produzida por um fracasso do significante, ou seja, o ser para a morte, na medida em que ele concerne ao sujeito"; "Morrer de vergonha é o único afeto da morte que merece – que merece o quê? – que a merece"; "A vida como vergonha de engolir, porque não merece que se morra por ela";[9] "Não façam cara feia, vocês estão servidos, podem dizer que não há mais vergonha";[10] "A vergonha . . . talvez seja justamente isso, o buraco de onde brota o significante-mestre";[11] "Tirem uma casquinha, como se

7 Ibid., p. 67.
8 Ibid.
9 Ibid., pp. 172-173.
10 Ibid., p. 174.
11 Ibid., p. 180.

diz. Esse ar avoado que vocês têm, vão vê-lo tropeçar a cada passo numa fenomenal vergonha de viver".[12]

Lacan não iria tratar da vergonha nessa ocasião, mas nunca a terá abordado de maneira tão precisa e consequente. Pelas palavras e pelo vigor que mencionei, mas não só. Pois a conclusão desta lição não será menos dura do que sua introdução. Sem maiores considerações, cada um será aqui deixado com um dizer enigmático, e remetido àquilo que se poderia querer não saber... de suas vergonhas. Verdadeira interpretação, portanto, e para um entendedor, meia palavra basta! "Se . . . a presença de vocês aqui, tão numerosos, que tão amiúde me embaraça, tem razões um pouco menos que ignóbeis . . ., é que, não demasiado, mas o suficiente, me acontece provocar-lhes vergonha".[13]

Estreito agora uma última vez o objetivo deste livro, extraindo um dos aforismos mencionados acima. É aquele do qual os outros são deduzidos: uma *vergontologia* precisaria ser produzida. Tratar-se-á aqui de estudar as razões e o alcance dessa *vergontologia* e, para tanto, examinar o conjunto da contribuição de Lacan sobre a questão da vergonha, tal como proferida no decorrer de seu ensino. Uma forma de ressaltar cada um de seus avanços, e aí encontrar o passo marcado de uma progressão, indo do instante de ver a vergonha à *vergontologia*. Há um instante de ver da vergonha que já toma o sujeito de um sentimento ontológico quando este, ao ferir sua imagem, o leva a se ver ser visto, no ponto mais ín(êx)timo, íntimo e êxtimo de si mesmo. Mas será algo diferente verificar que a vergonha, pelo menos o seu risco, já estava ali, causa e consequência da impostura estrutural do ser falante. Pois essa é a tese defendida aqui. A vergonha não consiste numa simples vacilação do eu, mas na redução repentina e forçada do sujeito àquilo que ele é no fundo de sua imagem, como corpo falante, afetado pela linguagem. Do simples rubor à vergonha

12 Ibid., p. 174.

13 Ibid., p. 184.

de viver, cada um desses instantes de vergonha demonstra isso: em cada caso, o sujeito se verá reduzido à sua *vergontologia*. Fragilidade esta do *falasser* [*parlêtre*], portanto. Do qual finalmente será preciso isolar que destino moderno ele lhe dá.

Por fim, gostaria que este estudo pudesse aliar a ética analítica à sua oferta inédita. Ali onde protesta o dito do sujeito da vergonha "Ah não!",[14] seja com risos ou silencioso, deixar a possibilidade de um saber. O sujeito lacaniano tem a malícia de uma palavra de criança inscrita em um vidro embaçado, semelhante ao seu (impossível) apagamento, mas que poderia ousar se saber como tal, sem enrubescer. Não é essa a própria aposta da psicanálise? Freud não teria contradito isso, pois também teria feito da associação livre a "promessa"[15] de não ceder à sua vergonha, mas, antes, de aprender com ela.

---

14 Cécile. (2003). Une minute de ridicule. In *Premières fois*, op. cit., p. 62.

15 Freud, S. (1916-1917). Conferências introdutórias sobre psicanálise (Partes I e II). In *Edição standard brasileira das obras psicológicas completas de Sigmund Freud* (v. XV, Jayme Salomão, Trad.). Rio de Janeiro: Imago, edição eletrônica.

Parte I.

O instante de ver da vergonha

1. A vergonha através do espelho

Com relação à sua imagem especular, o que a vergonha desfaz e revela sobre um sujeito? Essa questão me foi inspirada por uma indicação de Lacan, a respeito não da vergonha, mas do pudor.

Na lição de 11 de março de 1975 de seu Seminário *RSI*, Lacan evoca um pequeno filme que a Sra. Jenny Aubry lhe havia outrora trazido. Esse filme fora feito em uma escola especializada na Inglaterra e era sobre crianças se confrontando com o espelho. Lacan teve a oportunidade de assisti-lo na Société Psychanalytique de Paris, pouco antes de se separar dela, e conta que ficou muito impressionado com uma das sequências do filme. E a tal ponto que, entre 1963 e 1975, ele se referirá a ele pelo menos três vezes.[1] O que essa sequência mostra? Uma menininha que, ao encontrar sua imagem nua no

1 Essas três referências de Jacques Lacan são: *O seminário, livro 10: A angústia*. Rio de Janeiro: Zahar, 2005, p. 223; De nossos antecedentes (1966). In *Escritos* (Vera Ribeiro, Trad.). Rio de Janeiro: Zahar, 1998, p. 74; *Séminaire RSI* (1974-1975), lição de 11/03/1975, *Ornicar?*, *5*. Paris: Navarin, 1976, p. 18. Além disso, poder-se-á consultar esta vinheta clínica: Sauret, M.-J. (1991). *De l'infantile à la structure*. Toulouse: PUM, p. 270.

espelho, passa a mão "como um relâmpago"[2] diante de sua falta de órgão fálico, para assim retirar sua falta da imagem. Ora, o que Lacan conclui disso? Que essa elisão da falta na imagem especular é o prenúncio "do que mais tarde será chamado de pudor".[3]

O pudor para advir, portanto, suporia a primeira fabricação de uma imagem do corpo, e o investimento dessa imagem. A clínica do autismo demonstra isso ao contrário. Não há pudor sem imagem especular que não seja investida e sem a qual o sujeito não possa habitar seu corpo. O pudor é o afeto que demonstra que podemos nos apegar à nossa imagem e a uma determinada imagem. Mais ainda, o pudor, nos ensina essa menina, é um cuidado que o ser falante dá à sua imagem, para curar a si mesmo de "uma falta"[4] ou "uma ausência"[5] que afeta seu corpo. Temos assim: contra a falta no corpo, e até mesmo na imagem desse corpo, o investimento da imagem especular, e bem ao lado dessa falta, o pudor.

Então, e quanto à vergonha? Para além e por meio da imagem do sujeito, o que o pudor vela e a vergonha desvela? Que falta é essa que a imagem ideal do corpo deve esconder, a que o pudor se opõe e que a vergonha revela? O que a vergonha deve à revelação dessa falta, que risca e mancha a imagem do sujeito? Em suma, o que os espelhos deviam esconder e que a vergonha nos lembra? Para responder a isso, proponho estudar as sucessivas elaborações de Lacan sobre o estádio do espelho. Não para fazer uma análise detalhada delas, mas para tentar extrair seus suportes para uma possível teorização da vergonha. Para isso, por fim, tomarei como exemplares os jogos infantis que são seus primeiros jogos de ocultação, jogos de esconde-esconde e jogos de disfarce. Exemplares, pelo fato de que

2 Lacan, J. (1966). De nossos antecedentes. In *Escritos*, op. cit., p. 74.

3 Lacan, J. *Séminaire RSI* (1974-1975), lição de 11/03/1975, op. cit.

4 Lacan, J. (1966). De nossos antecedentes. In *Escritos*, op. cit., p. 74.

5 Lacan, J. *Séminaire RSI* (1974-1975), lição de 11/03/1975, op. cit.

neles se revela sempre, "a céu aberto",[6] a estrutura. A criança, em suas brincadeiras [*jeux*] espontâneas, *desempenha* [*joue*] *a estrutura*. Motivo suficiente para, depois de Freud, levá-las a sério.

A. Vergonha e falta

1. Atrás da imagem, a castração

Várias etapas constituem a teorização lacaniana do estádio do espelho. A primeira, que vai dos primeiros escritos de Lacan até 1955, quando começa seu Seminário *As psicoses*,[7] levará em particular a duas conclusões. Há, do outro lado do espelho, a "desordem orgânica original"[8] do sujeito, seu "desamparo original",[9] sua "angústia da dilaceração vital".[10] Atrás da imagem, há a prematuração originária do sujeito, isto é, o real de um corpo despedaçado,[11] e o cortejo de afetos que ela suscita. Por sua vez, também a identificação da criança com sua imagem especular constituirá um tratamento desses afetos, ou seja, uma resposta do sujeito. A criança que se identifica com essa imagem começa a se defender da angústia, da desordem, do

---

6 Lacan também retoma essa expressão em *O seminário, livro 6: O desejo e sua interpretação*, lição de 7 de dezembro de 1958. Lacan, J. (1956-1957). *O seminário, livro 4: A relação de objeto*. Rio de Janeiro: Zahar, 1995, p. 115.

7 Vários artigos desse período constituem referências importantes sobre o estádio do espelho, dentre os quais: Os complexos familiares na formação do indivíduo (1938), Formulações sobre a causalidade psíquica (1946), A agressividade em psicanálise (1948), O estádio do espelho como formador da função do eu (1949), A coisa freudiana (1955), ao qual acrescentarei o Seminário *Os escritos técnicos de Freud* (1953-1954).

8 Lacan, J. (1948). A agressividade em psicanálise. In *Escritos*, op. cit., p. 118.

9 Ibid., p. 115.

10 Lacan, J. (1938). Os complexos familiares na formação do indivíduo. In *Outros escritos*, op. cit., p. 59.

11 Ibid., p. 69.

desamparo. Encontrando-se ali unificada, a imagem torna-se benéfica para ela, razão pela qual ela a investe, e com júbilo. Lacan voltará a isso em seu Seminário *A transferência*: "A imagem especular tem, certamente, uma face de investimento, mas também uma face de defesa".[12]

O Fort-Da *e o espelho*

Dois outros Seminários marcarão a segunda etapa dessa elaboração lacaniana da imagem especular: *A relação de objeto* e *As formações do inconsciente*. Trata-se de um período curto, mas que produziria grandes avanços nessas questões entre 1955 e 1958. Em vez de fazer um relato empoeirado disso, irei relatar uma questão clínica.[13] A que necessidades responde a constituição da criança, de sua identidade imaginária e egoica? Freud, que teria sublinhado na criança a importância daquilo que alguns podem considerar banal, permite responder a isso: o seu desejo de crescer. Ora, não está aí o que vai levar a criança não somente a investir em sua imagem, mas a cuidar dela? Dizer em que nos permitirá definir as condições para o advento da vergonha e a ferida narcísica que ela acarreta.

A entrada que escolho é o comentário que Lacan, em seu Seminário *As formações do inconsciente*, efetua sobre *Fort-Da*. Lembro que, segundo Freud, trata-se aí do primeiro jogo inventado por seu neto, então com um ano e meio. Teríamos, aliás, que nos perguntar por que esses "jogos de ocultamento",[14] como Lacan os chama, são os

---

12 Lacan, J. (1960-1961). *O seminário, livro 8: A transferência*. Rio de Janeiro: Zahar, 1992, p. 378.

13 A seguir, retomarei parcialmente dois artigos já publicados: "Du jeu au je", publicado na *Revue de Psychanalyse du Champ lacanien*, n. 6, março de 2008, e "L'identité de l'enfant", presente no *Mensuel*, n. 34, École de Psychanalyse des Forums du Champ lacanien, maio de 2008.

14 Lacan, J. (1946). Formulações sobre a causalidade psíquica. In *Escritos*, op. cit., p. 188. Cf. também: Lacan, J. (1953). Função e campo da fala e da linguagem. In *Escritos*, op. cit., p. 319.

primeiros jogos infantis, e como, estruturalmente, eles condicionam os outros. Passo, no entanto, diretamente para a sequência mais conhecida e comentada deste jogo. Quando a mãe vai embora, a criança joga um carretel, preso por um barbante, por cima da beira de sua cama com cortinas, onde ela desaparece, enquanto ele pronuncia vigorosamente "o-o-o-o". Ele então atira o carretel puxando a corda, e saúda sua reaparição com um feliz "aí" (*Da* em alemão). Ora, a partir daí Lacan deduz em seu Seminário. O jogo do *Fort-Da* é aquilo que permite simbolizar o Outro materno,[15] elevar sua ausência tanto quanto sua presença em um nível simbólico. A criança não apenas se revela aqui sendo apanhada no simbólico, mas o usa para simbolizar o real dessa ausência. E o que acontece a partir daí? Por meio do jogo, um salto subjetivo. A criança se desprende[16] da simples experiência de sua real dependência da mãe. Ele se separa de seu *status* de objeto parcial[17] da mãe e chega à sua primeira pergunta, dirigida ao Outro materno: "*O que quer essa mulher aí?*".[18]

Assim, uma primeira separação constitui o processo do *Fort-Da*, em que já se reconhece aquilo que Lacan proporá em suas duas "Notas sobre a criança": a criança se separa de sua posição de objeto *a* na fantasia da mãe.[19] De uma dependência real do Outro, a criança renasce em uma dependência do desejo do Outro,[20] o que a levará a questionar a opacidade desse desejo materno. Não vou me alongar

---

15 Lacan, J. (1956-1957). *O seminário, livro 5: As formações do inconsciente*. Rio de Janeiro: Zahar, 1999, pp. 194-195.

16 Ibid., p. 187.

17 Ibid., p. 181.

18 Ibid.

19 Lacan, J. (1969). Nota sobre a criança. In *Outros escritos* (Vera Ribeiro, Trad.). Rio de Janeiro: Zahar, 2003, p. 369.

20 Lacan, J. (1956-1957). *O seminário, livro 5: As formações do inconsciente*, op. cit., p. 188.

sobre esses pontos, mas, antes, ressaltar sua consequência no plano das identificações.

Essa passagem de uma dependência a outra, indica Lacan, é o que abre a dialética imaginária para a criança.[21] É com a condição dessa questão feita sobre o desejo do Outro que a criança se abre ao imaginário, e isso em registros distintos. Em primeiro lugar, no registro do ter. A criança muito cedo *pedirá a lua*[22] e outros sonhos impossíveis no campo do Outro, tal como demonstra o sonho da pequena Anna Freud. Mas também no registro do ser. A criança, daí por diante, *vai procurar ser*.[23] Haveria, assim, um elo estreito entre a operação do *Fort-Da* e a identidade emergente de um sujeito, entre a simbolização primordial e esse *desejo de ser* do sujeito que advém pela primeira vez, e que encontra imediatamente sua reverberação no registro do imaginário. Outra indicação de Lacan confirma isso, em seu artigo "De uma questão preliminar a todo tratamento possível da psicose": uma causa lógica une o estádio do espelho e a simbolização primordial da mãe.[24]

Para demonstrar isso, tomemos a narrativa do *Fort-Da*, a qual tem uma sequência, em que uma outra cena de espelho aparece. Freud, com efeito, nos indica em uma nota de rodapé uma observação posterior:

> *Um dia, quando a mãe havia se ausentado por longas horas, ela foi saudada ao voltar pela mensagem 'bebê o-o-o-ó', que, a princípio, parecia ininteligível. Mas não demorou muito para que percebêssemos que a criança*

21 Ibid.

22 Ibid., p. 92.

23 Ibid., p. 197.

24 Lacan, J. (1958). De uma questão preliminar a todo tratamento possível da psicose. In *Escritos*, op. cit., p. 577.

> *havia encontrado, durante sua longa solidão, uma maneira de se fazer desaparecer. Ela havia descoberto sua imagem em um espelho que não chegava totalmente ao chão e então se agachara para que sua imagem no espelho "desaparecesse".*[25]

Assim, depois do jogo do *Fort-Da*, a criança foi brincar com seu próprio desaparecimento no espelho.[26] Depois do *Fort-Da*, ou melhor, com base no *Fort-Da*. Por meio desse jogo, a criança revela que é desaparecendo e se enunciando como se desaparecesse que ela pode aparecer. Para colocar nos termos de Maurice Blanchot, a essência do ser se revela aqui por estar ali onde ele falta, "por estar dissimulado...".[27] A brincadeira dessa criança atesta o fato de que o sujeito é um lugar deixado vazio, e isso por diversos motivos. No registro simbólico, em primeiro lugar, em que ele desaparece mediante os significantes que o representam. No registro pulsional também, em que a linguagem o afeta em seu corpo e o reduz com seu gozo. Mas também, no registro do imaginário, como mostra essa criança, brincando de desaparecer.

Com efeito, a criança que se separa do Outro, tal como a isso conduz o processo do *Fort-Da*, é também uma criança que se separa[28] de seu olhar. Pois é com a condição de poder imaginar-se desaparecida sob o olhar do Outro que a criança pode fazer esse

---

25 Freud, S. (1920). Além do princípio do prazer. In *Edição standard brasileira das obras psicológicas completas de Sigmund Freud* (v. XVIII, Jayme Salomão, Trad.). Rio de Janeiro: Imago, edição eletrônica.

26 Demoulin, C. (jan. 2007). Jouissance et pulsion de mort. *Mensuel, 21*, École de Psychanalyse du Champ lacanien.

27 Blanchot, M. (1955). A solidão essencial e a solidão do mundo. In *O espaço literário* (Álvaro Cabral, Trad.). Rio de Janeiro: Rocco, 1987, p. 253.

28 Lacan, J. (1964-1965). *O seminário, livro 11: Os quatro conceitos fundamentais da psicanálise* (M. D. Magno, Trad.). Rio de Janeiro: Zahar, 1988, p. 67.

jogo de ocultamento. O olhar do Outro é aqui elidido, para não ser mais do que imaginado.[29] Aqui, a criança sai do retrato que o Outro faz dela, para ali valer como imagem faltante, aquela mesma que ela exemplifica por meio do bater de sua presença-ausência no espelho. A elisão significante[30] do sujeito terá, portanto, sua consequência também no plano imaginário. Ali onde a criança, ao começar a representar a si mesma nos significantes, advém aí como falta-a-ser, surge a necessidade de se aferrar a uma imagem, depois de sua declinação egoica. "O eu", escreve Lacan, "vem servir ao lugar deixado vago para o sujeito".[31] O investimento da imagem, e logo em seguida a constituição egoica, serão os respondentes dessa primeira falha de identidade, oriunda da separação simbolizada do sujeito para com o Outro.

O eu, todavia, "usurpa"[32] o lugar liberado para o sujeito... sem que ele o ocupe, precisa Lacan. O sujeito é e permanece sendo *uma imagem que falta*.[33] Algo que as crianças, sempre curiosas sobre sua origem, assim como daquilo que serão no futuro, não deixarão de apontar, como faz o pequeno Fritz de Melanie Klein, ao perguntar à mãe: "Onde eu estava antes de ter nascido?".[34] Ali onde está a falta de significante no Outro, falta também a imagem da origem, tal como evidenciou Pascal Quignard.[35] E é justamente contra esse fundo preto, emoldurado, em que a identidade é pintada. O verdadeiro

---

29 Ibid., p. 69.

30 Lacan, J. (1960). Observação sobre o relatório de Daniel Lagache. In *Escritos* (Vera Ribeiro, Trad.). Rio de Janeiro: Zahar, 1998, p. 672.

31 Ibid., p. 675.

32 Lacan, J. (1960). Subversao do sujeito e dialetica do desejo. In *Escritos* (Vera Ribeiro, Trad.). Rio de Janeiro: Zahar, 1998.

33 Quignard, P. (2007). *La nuit sexuelle*. Paris: Flammarion, p. 11; e Quignard, P. (1994). *Le sexe et l'effroi*. Paris: Gallimard, p. 7.

34 Klein, M. (1921). Le développement d'un enfant. In *Essais de psychanalyse*. Paris: Payot, 1968, p. 32.

35 Quignard, P. (2007). *La nuit sexuelle*, op. cit.

espelho é um espelho negro,[36] assim como as falsas luzes de segurança identitária respondem à noite escura de origem. Nessas noites com a qual as crianças se angustiam, observava Lacan, quando vem a escuridão, de repente elas sentem falta do suporte da imagem especular.[37] "Mamãe quando não está deixa tudo escuro", dizia a pequena Piggle, e acrescenta, "escuro é o fato de que a gente não vê".[38]

Parece, portanto, que a simbolização primordial do *Fort-Da*, com a separação que ela acarreta, explicam a razão primeira para esse *desejo de ser* da criança. É na condição do *Fort-Da* que ela se volta para o espelho. Atrás da imagem no espelho, esconde-se não somente seu ser fragmentado, mas sua falta-a-ser, seu desaparecimento no e pelo simbólico. Uma falta que vem, então, a encarnar em uma nova questão para a criança. A questão "*O que quer essa mulher aí?*" terá agora seu correlato: *O que sou eu para o Outro?* É isso o que os jogos de esconde-esconde logo irão demonstrar. Sob a condição de ter se separado do Outro, a criança pode então se assegurar de faltar a ele, de estar presente para ele num contexto de ausência. No lugar do Outro, a criança poderá brincar de "*ele pode me perder*",[39] e assim se assegurar de que ela vale ali como objeto, faltante.

A imagem e o falo

Por fim, como disse, esse desejo de ser que o *Fort-Da* alcança também abrirá o registro do imaginário para a criança. Os desdobramentos de Lacan no Seminário *As formações do inconsciente* deixam isso claro. Confrontada agora com o desejo do Outro, a criança simbolizará pouco a pouco esse desejo, apoiada na significação

---

36 Sobre esse assunto, cf. Maillet, A. (2005). *Le miroir noir*. Paris: L'éclat.

37 Lacan, J. (1962-1963). *O seminário, livro 10: A angústia*. Rio de Janeiro: Zahar, 2005, pp. 70-71.

38 Citado por Pascal Quignard em *La nuit sexuelle*, op. cit., p. 73.

39 Lacan, J. (1960). Posição do inconsciente. In *Escritos* (Vera Ribeiro, Trad.). Rio de Janeiro: Zahar, 1998, p. 858.

fálica. A criança, que está ela própria em "busca"[40] do objeto de seu próprio desejo, deseja, depois do Outro, o falo imaginário. "O objeto [do Outro] é, doravante, seu próprio sofrimento",[41] e eis a criança entrando na corrida louca de seus, daqui por diante, semelhantes. E é esse também o momento em que ela desejará se identificar com esse falo imaginário.

A razão disso é que a criança, ao perceber uma falta no lugar do Outro materno, vai querer satisfazer a imagem daquilo que viria a preencher essa mãe. Depois de ter simbolizado um desejo Outro por trás das idas e vindas da mãe, se igualar ao falo imaginário que responderia a isso, e assim velar o horror da castração materna. "Dar-a-ver",[42] na tentativa de satisfazer essa imagem falicizada que poderia preencher e paliar a falta da mãe. Brincar de forma a que o "falo inexistente"[43] esteja presente, poder "sustentar o engodo do falo".[44] Entrar em um jogo de engodo, portanto, mas dando sua pessoa. Estamos aí numa etapa crucial, que prepara a fase edipiana. Afirma Lacan:

> *Esta é a etapa em que a criança se engaja na dialética intersubjetiva do engodo! Para satisfazer o que não pode ser satisfeito, a saber, esse desejo da mãe que, em seu fundamento, é insaciável, a criança, por qualquer caminho que siga, engaja-se na via de se fazer a si mesma de objeto enganador. Este desejo que não pode ser saciado trata de enganá-lo. Precisamente na medida em que mostra*

40 Lacan, J. (1956-1957). *O seminário, livro 5: As formações do inconsciente*, op. cit., p. 198.

41 Lacan, J. (1953). Função e campo da fala e da linguagem em psicanálise. In *Escritos*, op. cit., p. 320.

42 Lacan, J. (1956-1957). *O seminário, livro 4: A relação de objeto*, op. cit., p. 277.

43 Ibid., p. 349.

44 Ibid., p. 359.

> *a sua mãe aquilo que não é, constrói-se todo o percurso em torno do qual o eu assume sua estabilidade.*[45]

Em outro momento, ele precisa: "A criança se apresenta à mãe como lhe oferecendo o falo nela mesma, em graus e posições diversos",[46] "esta imagem fálica, a criança a realiza sobre si mesma, e é aí que intervém, falando propriamente, a relação narcísica".[47]

Aqui se isola a ponta desse segundo avanço teórico de Lacan, que diz respeito às relações da criança com sua imagem especular e com sua identidade egoica. Nesse momento de seu ensino, Lacan reconsidera o estádio do espelho a partir da "relação simbólica Mãe-Filho".[48] "Coloco isso em paralelo com a relação que se produz entre a criança e a mãe."[49] "O par imaginário do estádio do espelho, . . . mostra-se apropriado para dar ao triângulo imaginário uma base que a relação simbólica possa de alguma forma abarcar."[50] Em um tempo menos cronológico do que tópico, a identificação com a imagem especular será pouco a pouco remanejada ao ritmo do estabelecimento da relação simbólica Mãe-filho. A imagem que o sujeito gosta de cuidar daqui para frente é uma imagem falicizada. Ela é, em seu fundamento, essa imagem em que a criança quer se espelhar e sob cujos traços quer se dar a ver ao Outro. É uma imagem fálica, feita de uma identificação com o falo imaginário, e que, por sua vez, constitui um véu. A imagem é um véu, ou seja, é necessário

---

45 Ibid., p. 198.

46 Ibid., p. 230.

47 Ibid., p. 72.

48 Lacan, J. (1958). De uma questão preliminar a todo tratamento possível da psicose. In *Escritos*, op. cit., p. 558.

49 Lacan, J. (1956-1957). *O seminário, livro 5: As formações do inconsciente*, op. cit., p. 233.

50 Lacan, J. (1958). De uma questão preliminar a todo tratamento possível da psicose. In *Escritos*, op. cit., p. 558.

precisar com Lacan algo sobre o que "a ausência"[51] pudesse ser pintada, "alguma coisa que diz: o objeto está para além"[52] ou não.

Por trás da imagem especular, portanto, se esconde não somente uma falta orgânica, mas uma falta simbólica. O que ficará para além da imagem ou do véu será algo "que ao mesmo tempo está e não está ali".[53] Ora, o que pode estar não estando ali? Um significante, que Lacan definirá como o significante fálico, o "significante do desejo... do Outro".[54] Para a criança, tratar-se-á de "ser o falo",[55] de se fazer um pequeno fetiche do Outro, a fim de que sua identificação possa velar a castração, tanto a sua quanto a do Outro. "No primeiro tempo e na primeira etapa, trata-se disto: o sujeito se identifica *especularmente*[56] com aquilo que é o objeto do desejo de sua mãe. Essa é a etapa fálica primitiva."[57] Poder encarnar esse objeto que "falta à mãe, e que falta ainda a ela própria". A falta simbólica que está por trás da imagem especular da criança poderia, assim, ser definida como o falo que falta ($-\varphi$). E é velando essa falta que essa imagem, narcisizada, isto é, falicizada, se tornará preciosa e atraente. A castração é aquilo que faz brilhar a imagem especular do sujeito. Essa imagem brilha por aquilo que ela esconde e finge encarnar, o significante do desejo.

E é por isso que o ser falante poderá se apegar a essa imagem, cuidar dela, até mesmo se desesperar para ser igual a ela, assim como, às vezes, a imagem de seus semelhantes poderá afetá-la. Seja como for, essa imagem, a de seu corpo ou a de seus semelhantes, "atrai e

---

51 Lacan, J. (1956-1957). *O seminário, livro 4: A relação de objeto*, op. cit., p. 158.
52 Ibid.
53 Ibid., p. 277.
54 Lacan, J. (1956-1957). *O seminário, livro 5: As formações do inconsciente*, op. cit., p. 363.
55 Ibid., p. 198.
56 Grifos meus.
57 Lacan, J. (1956-1957). *O seminário, livro 5: As formações do inconsciente*, op. cit., p. 198.

captura uma certa libido do sujeito".[58] Ao atingir a perfeição dessa imagem, a criança se jubila. Pelo fato de que ela ali se encontra unificada, e também porque ela poderia, então, ter a esperança de vencer a castração, *pequeno* fetiche que ela se tornaria aos olhos da mãe, *grande* fetiche que ela estimará já poder preencher sua falta. Aos olhos desse Outro, a criança, ao se imaginar como falo, refina sua "bonita estatura".[59] Ao fazer isso, constitui-se a base de seu narcisismo, a partir do qual, aos poucos, outras identificações imaginárias e simbólicas virão se cristalizar em um eu.

Assim, a imagem especular, e daí em diante o eu do sujeito, se constroem e se dão a ver a partir de uma tapeação,[60] de uma impostura, estrutural e ontológica. Por trás da imagem há, além da falta-a-ser do sujeito, aquilo que virá a simbolizar essa falta, a castração. A castração é também o que sustenta o investimento por parte da criança em sua imagem, assim como sua falsa declinação egoica. "No neurótico", Lacan propõe em "Subversão do sujeito e dialética do desejo", "o $(-\varphi)$ insinua-se sob o $\$$ da fantasia, favorecendo a imaginação que lhe é própria, a do eu".[61] O ser falante gosta de se mostrar como aquilo que não é, e como aquilo que não tem $(-\varphi)$. O "segredo da imagem", observava Jacques-Alain Miller, "... é a castração".[62] Aí está seu segredo, assim como aí está o segredo de sua bela imagem, sempre a ser re-pensar/re-tratar [*re-panser*].[63]

58 Ibid., p. 233.

59 Lacan, J. (1956-1957). *O seminário, livro 4: A relação de objeto*, op. cit., p. 428.

60 Ibid., p. 137.

61 Lacan, J. (1960). Subversão do sujeito e dialética do desejo. In *Escritos* (Vera Ribeiro, Trad.). Rio de Janeiro: Zahar, 1998, p. 840.

62 Miller, J.-A. (1995). *Silet (Cours 1994-1995)*. Département de Psychanalyse de l'Université Paris VIII, inédito (lição de 14 /06/1995).

63 Em francês, jogo de palavras entre os termos *penser* [pensar] e *panser* [tratar uma ferida, fazer um curativo] (N.T.).

O desejo de ser grande

Enfim, neste tempo lógico em que se constitui esse jogo de engodo entre mãe e filho, ainda estamos em uma identificação imaginária do sujeito. Em seu Seminário *As formações do inconsciente*, contudo, Lacan fará suceder uma outra etapa a esta. Essa terceira etapa lógica consiste em outra separação. Esta última é de uma ordem diferente das anteriores, e dessa vez condicionada pelo significante do Nome-do-Pai. O Nome-do-Pai é aquilo por que, e graças a que, a criança, ao sair do Édipo, se separará de sua identificação imaginária com o falo. A criança ficará abalada,[64] indica Lacan, "desalojada",[65] desligada/separada,[66] de sua posição de objeto metonímico da mãe. No fim das contas, a necessidade de identificação simbólica se abrirá para a criança. Não mais a identificação com uma imagem,[67] mas uma identificação com as insígnias do Outro, aqui o pai, cujas insígnias virão constituir, no declínio de Édipo, o ideal do eu. Enfim, essa identificação com as insígnias do Outro terá outra consequência: uma modificação do desejo do sujeito.[68] A partir daí, o eu não é mais somente um elemento imaginário na relação com a mãe, mas se subjetiva e se torna ele mesmo um elemento significante.[69] Qual a consequência disso para o desejo? Este é o ponto que gostaria de ressaltar.

Para tanto, lembro o caso do menino. Este último, após essa identificação com as insígnias do Outro, adquire *mais tarde*, nos diz Lacan, *o direito de ser um homem*,[70] o direito *de ser alguém*... idêntico

64 Lacan, J. (1956-1957). *O seminário, livro 5: As formações do inconsciente*, op. cit., p. 210.

65 Ibid.

66 Ibid., p. 266, 326.

67 Imagem que tranquiliza a criança sobre sua "inteireza", diz Lacan (Ibid., p. 301).

68 Ibid., p. 302.

69 Ibid., p. 236.

70 Ibid., p. 201.

a seu pai.[71] Separada de sua identificação com o falo imaginário, a criança adquire o direito de (mais tarde) se servir desse falo, agora elevado à categoria de significante, título no bolso, transmitido do lugar do Outro, por meio da metáfora paterna. Ora, o que essa nova passagem nos ensina sobre a questão da imagem da criança e de sua identidade emergente?

Em primeiro lugar, que ela não será apenas imaginária, mas também simbólica e até metafórica. Lacan toma aqui o exemplo do que é ser homem: nada mais do que ser a metáfora de si mesmo, quando se trata de assegurar a virilidade fálica, que é apenas um significante. Daí essa sombra de ridículo que ele via passar sobre o próprio termo virilidade.[72] Mas não podemos aqui generalizar e fazer de toda identidade uma metáfora, se for verdade que toda imagem é uma forma de o sujeito compensar suas faltas? Por fim, Lacan nos deixa supor aqui uma particularidade na criança. A criança só adquire *mais tarde* esse direito de ser alguém. A saber, durante a puberdade, da qual faltaria ainda explicar as vacilações identitárias que produz. Foi também um momento em que Freud afirmava que uma nova tarefa caberia doravante ao sujeito: além do encontro com o Outro sexo, a separação para com os pais. Enfim, fico aqui com a criança e volto àquilo de que havia partido, o desejo de ser grande.

Com efeito, antes de atingir a puberdade, de ser realmente grande, o que ocorre com a sua identidade? Nada além do que aquilo que Freud teria enfatizado, ao detectar, em particular durante o período de latência,[73] um pré-requisito para as transformações da adolescência: o desejo salutar de crescer, assim como as fantasias que sustentarão isso. "As crianças expressam com muita frequência o desejo de 'serem

71 Ibid., p. 213.

72 Ibid., p. 201.

73 Sobre esse ponto, cf. Freud, S. ([1907]1908). Escritores criativos e devaneio. In *Edição standard brasileira das obras psicológicas completas de Sigmund Freud* (v. IX, Jayme Salomão, Trad.). Rio de Janeiro: Imago, edição eletrônica.

grandes'",[74] escreveu ele em sua *Interpretação dos sonhos*. Freud voltará a esse desejo em "Leonardo da Vinci e uma lembrança da sua infância", em "Escritores criativos e devaneio", e também em seu comentário sobre o *Fort-Da*: "É óbvio que todas as suas brincadeiras são influenciadas por um desejo que as domina o tempo todo: o desejo de crescer e poder fazer o que as pessoas crescidas fazem".[75] Uma identidade, portanto, enodada àquilo que ela promete de gozos por vir, quando, na puberdade, o ato sexual poderá se realizar.

Portanto, e quanto à identidade da criança? Bem, o efeito, parece-me, desse desejo de ser grande. Separada de sua identificação imaginária com o falo, mas agora obrigada a esperar a sua vez, eis que ela poderá desejar ser grande, e, a partir daí, imaginar a si mesma como eu.[76] Trata-se certamente de uma questão de uma identidade fantasiada, mas que talvez, mais do que qualquer outra, se saberia como tal. É claro que a criança não deixará de se engajar nisso com força desejante. Prova disso é o que observava Lacan: essa atenção particular que as crianças dão à idade que têm,[77] diferentemente dos adultos, que desde cedo se esforçam em esquecê-la. Outra prova dessa impaciência de ser são as feridas narcísicas que a criança experimentará quando zombamos de seus simulacros e de seus feitos muito curtos. Uma identidade na qual a criança se engaja com seriedade, mas que, justamente no lugar do Outro, ainda não a engaja. A identidade da criança é uma identidade que não carece de prova sobre a questão sexual, visto que o corpo ainda não a

---

74 Freud, S. ([1899]1900). A interpretação dos sonhos. In *Edição standard brasileira das obras psicológicas completas de Sigmund Freud*, (v. V, Jayme Salomão, Trad.). Rio de Janeiro: Imago, edição eletrônica.

75 Freud, S. (1920). Além do princípio do prazer. In *Edição standard brasileira das obras psicológicas completas de Sigmund Freud*, op. cit.

76 Lacan, J. (1960). Subversão do sujeito e dialética do desejo. In *Escritos*, op. cit., pp. 840-841.

77 Lacan, J. (1959). *Le séminaire "Le désir et son interprétation (1958-59)"*, inédito (lição de 11/02/1959).

convida, e que, como consequência lógica, a questão do encontro em ato, com o Outro sexo, não se coloca.

E é por isso que a criança nos demonstra a identidade em questão, e a desmascara como semblante. Não está aí aquilo que se revela em seus outros jogos de ocultamento, que são jogos de disfarces? Quando o adulto *se acha* [*s'y croit*], se ilude em ser alguém, esforçando-se debilmente em esquecer de quais artifícios egoicos é feito, a criança se diverte com seu alegre saber em se mostrar tal como é, como *falasser*: a "própria dissimulação",[78] efeito e jogo[79] do significante. Os jogos de disfarce, em que a criança se diverte se metamorfoseando, desaparecendo e aparecendo, morrendo e renascendo, *encenam o sujeito do simbólico*, na medida em que é representado apenas por um significante, junto a um outro significante. Também aqui se verifica a tese de Freud: a criança que brinca é uma poeta.[80]

Outro poeta sabia bem disso, Fernando Pessoa, o qual, para exprimir a sua mortificação devastadora no simbólico e a sua dispersão no imaginário, escreveria: "Visto-me, como as crianças, de rei com papel de jornal".[81] Norah Lange em seus *Cadernos de infância*, dá um exemplo disso, em que, durante outra cena de espelho, ela e suas irmãs, por meio do disfarce, brincavam de *se arrumar*, como diz a língua. Ou seja, a partir do Nada, ganhar um belo reflexo, aqui menos no registro do ter do que no do ser, meninas que são: "Tínhamos feito grandes chapéus de papel e, estando todas as cinco em pé na frente de um espelho, cada

---

78 Blanchot, M. (1955). A solidão essencial e a solidão do mundo. In *O espaço literário*, op. cit., p. 253. Devo a Jean-Pierre Criqui o fato de me chamar a atenção para este texto, em "Une femme disparaît" [Uma mulher desaparece], pósfácio a *Cindy Sherman* (Paris: Flammarion/ed. Jeu de Paume, 2006, p. 283).

79 Agradeço a François Boisdon pelas discussões com ele sobre esse ponto.

80 Freud, S. ([1907]1908). Escritores criativos e devaneio. In *Edição standard brasileira das obras psicológicas completas de Sigmund Freud*, op. cit.

81 Pessoa, F. (1982). *O livro do desassossego*. São Paulo: Companhia das Letras, 2006, edição eletrônica.

uma parada diante de seu próprio rosto, contemplávamos o efeito da sombra nos olhos, o brilho diferente que a luz da janela adquiria em nossos cabelos, contra o jornal". Explosão fálica que uma pequena morte [*petite mort*] num instante sempre pode extinguir, elas já sabiam, e que vão se transformar em jogo: "A porta se abriu bruscamente, e uma corrente de ar os fez cambalear sobre nossas cabeças. Uma das minhas irmãs disse: 'A primeira que perder o chapéu morrerá antes das outras'. Imóveis de frente para o espelho, braços cruzados para não trapacear, brincamos de quem morreria primeiro".[82]

Um último exemplo: outra cena de espelho, que desta vez tomo emprestada dos *Cadernos de Malte Laurids Brigge*. Trata-se aí de uma lembrança de Rilke, nos relatando aquilo que ele sentia quando criança ao se disfarçar em frente ao espelho: "Esses fingimentos, entretanto, jamais iam tão longe a ponto de fazer com que eu me sentisse estranho a mim mesmo; ao contrário, quanto mais me transformava, tanto mais persuadido estava de mim mesmo".[83] Pode ser, portanto, que a criança, ao brincar com sua identidade, ilustre com que panóplia egoica gostamos de nos cobrir. Que uma morte é necessária para poder renascer no significante. Que sempre um *de mentira*, segundo a consagrada expressão infantil, define a identidade egoica, mas que o sujeito se engaja nela *de verdade*.

2. A vergonha, o pudor, a castração

O desejo de ser grande que anima a criança é, portanto, notadamente índice de uma falicização de sua imagem: quer se trate

82 Lange, N. (1937). *Cadernos de infância* (Joana Angelica D'Ávila Melo, Trad.). São Paulo: Record, 2009, edição eletrônica.

83 Remeto aqui o leitor ao texto de Rilke, que nos relata uma continuação a essa sequência. Uma destituição subjetiva aí se opera, desvelando aquilo que a re-asseguração identitária se esforçava em mascarar. Rilke, R. M. (1910). *Os cadernos de Malte Laurids Brigge* (Renato Zwick, Trad.). Porto Alegre: LP&M, 2009, edição eletrônica.

de já ser, para preencher a falta do Outro (e) ou de desejar crescer, marcada por sua primeira e orgulhosa cicatriz. No fim das contas, esse vai e vem que a Alice de Caroll[84] encampou maravilhosamente. De fato, é difícil renunciar, apesar do Édipo, a essa identificação por meio da qual o sujeito poderia se defender da castração. As análises de adultos testemunham isso, em que pode levar muito tempo para um sujeito perceber aquilo que estava se esforçando para sustentar aqui. Contudo, nesse jogo de engodo que fixa o sujeito à sua identificação com o falo imaginário, desventuras estão fadadas a ocorrer, as quais permitem então isolar um primeiro fundamento dos afetos de vergonha e de pudor: sua relação conjunta com a castração.

A destituição vergonhosa

Para demonstrar isso, volto a esse "paraíso do engodo".[85] A criança se compraz nisso, como ressaltei, em fingir [*faire semblant*] ser um falo para a mãe, e em se constituir como o objeto de seu amor. Todavia, essa imagem ideal, fálica, à qual a criança deseja satisfazer, e por trás da qual deseja se cercar [*se remparder*], é certamente virtual e, portanto, exterior ao sujeito. O sujeito não é o falo, mas tenta se identificar com ele. Portanto, pode ser que satisfaça ou não essa imagem. Pode ser que ele consiga se tornar um objeto enganoso, ou que sua impostura seja revelada, a ele próprio, assim como ao Outro. Qual será, pois, a consequência para a criança de tal levantamento da impostura? Às vezes, o início de uma destituição subjetiva. Essa revelação da impostura poderá produzir a queda, junto à criança, de sua identificação imaginária com o falo, a qual a fará lembrar aquilo de que ela realmente é portadora – nada para a menina, muito pouco para o menino. Essa destituição consistirá num doloroso instante de ver, ao fim do qual a criança se verá reduzida à sua mentira de

84 Lacan, J. (1956-1957). *O seminário, livro 4: A relação de objeto*, op. cit., p. 307.
85 Ibid., p. 232.

ser: ser algo "miserável",[86] ela, que se sonhava ser um pequeno fetiche do Outro materno. Nesse momento, dirá Lacan, "a criança se sente, de súbito, como sendo ela própria algo que pode ser colocado completamente fora do jogo", que pode "nada mais ser, não ser nada mais que este algo que parece ser alguma coisa, mas que ao mesmo tempo não é nada, e que se chama uma metonímia".[87] A criança "se vê . . ., de repente, precipitad[a] nisso, ou pelo menos precipitável, por sua função de metonímia. Para dizer isso de forma mais viva que teórica, el[a] se imagina como nada".[88]

A destituição subjetiva da criança será o instante dessa precipitação, ao final da qual, subitamente, ela se imaginará como nada, abandonada pelo Outro. O afeto de vergonha poderá ser, então, o instante e o sinal de tal queda, de tal "destituição subjetiva", como Eugénie Lemoine-Luccioni a chamava.[89] Ela é aquilo que poderá mortificar a criança e levá-la a se imaginar como nada. Lacan só frisará isso de passagem, em uma frase, mas da forma mais clara possível, evocando, para o menino, tomado num tal momento de destituição, o "caráter fundamentalmente deficiente" de seu falo, e até mesmo "a vergonha que este pode experimentar dele, e a insuficiência profunda em que pode se sentir".[90] A vergonha será então colocada entre essas "primeiras lesões narcísicas", que podem, em tais momentos, afetar a criança, e que "não passam, ali, de prelúdios, até mesmo de pressupostos, de certos efeitos ulteriores da castração".[91]

Essa curta e rápida indicação de Lacan já nos permite tirar várias conclusões sobre a vergonha. A primeira é o que uma outra

---

86 Ibid., p. 232.

87 Ibid., p. 251.

88 Ibid., p. 252.

89 Lemoine-Luccioni, E. (jan. 2000). La prétention phallique, l'imposture et la honte. *Trames*, *29*, Nice, p. 14.

90 Lacan, J. (1956-1957). *O seminário, livro 4: A relação de objeto*, op. cit., p. 197.

91 Ibid.

formulação, igualmente furtiva, afirma no Seminário *A relação de objeto*: a vergonha do sujeito é "a vergonha daquilo que lhe falta",[92] ou seja, a vergonha de sua castração imaginária ($-\varphi$). A vergonha, é claro, não se limita a isso. Lacan, no entanto, retornará a essa definição da vergonha na sequência de seu ensino, sinal de que ela lhe parecia bastante correta. Ele fará isso em 1976, valendo-se de uma pergunta simples dirigida ao seu auditório: "Como podemos distinguir o privado daquilo de que nos envergonhamos?".[93] A vergonha do sujeito é, na verdade, a vergonha daquilo de que ele é privado,[94] isto é, de sua castração imaginária. A vergonha, enquanto lesão narcísica, poderá assim ser definida como aquilo que, do fundo da imagem, surge como efeito de castração para o sujeito, e macula essa imagem,[95] tal como uma "transparência indelével".[96] Na vergonha, a pretensão do sujeito se revela. O sujeito se identificava imaginariamente com o falo para velar a castração, a sua ou a do Outro. Mas, uma vez que sua impostura é denunciada,[97] a castração retorna para ele. Ela é esta ferida que, no instante do desvelamento, se dá a ver e afeta o sujeito na imagem que ele queria dar de si mesmo. Ela o lembra de que, não só ele não é o falo, mas também que ele não o tem, no caso da menina, e tem muito pouco, no caso do menino. A vergonha atinge a imagem do sujeito pelo fato de que ela dá a ver aquilo que devia permanecer oculto por trás dessa imagem.

---

92 Ibid., p. 277.

93 Lacan, J. (1975). Clôture de la Journée des cartels d'avril 1975. *Lettres de l'École Freudienne*, *18*, abr. 1976, p. 267.

94 Sobre esse ponto, cf. Lacan, J. (1974). Prefácio a *O despertar da primavera*. In *Outros escritos* (Vera Ribeiro, Trad.). Rio de Janeiro: Zahar, p. 558.

95 Sobre o véu e a mácula, cf. também: Morin, I. (2004). Vivant et féminin dans le parcours phobique. *Psychanalyse*, *2*. Toulouse: Érès, p. 14.

96 Sartre, J.-P. (1963). *As palavras* (J. Guinsburg, Trad.). São Paulo: Difusão Europeia do Livro, 1967, p. 58.

97 Cf. ainda sobre esse ponto o artigo de Eugénie Lemoine-Luccioni: La prétention phallique, l'imposture et la honte. *Trames*, *29*, op. cit., p. 13.

"É preciso", Lacan escreverá em outra ocasião, "que o homem, macho ou fêmea, aceite tê-lo [o falo] e não tê-lo, a partir da descoberta de que não o é".[98] A vergonha será o instante dessa descoberta, mediante o olhar do Outro. A vergonha, portanto, não é apenas a vergonha da falta a ter ou da falta a ser. É a vergonha de uma falta a ser, enodada à falta a ter. Não foi isso que Lacan ressaltou a respeito do menino? Ele, ao descobrir que não é o falo, subitamente se envergonha do "caráter fundamentalmente deficiente desse falo que carrega", ao qual se acrescenta para ele "a insuficiência profunda em que pode se sentir".[99] A vergonha da falta a ser é redobrada pelo sujeito pela vergonha da falta a ter. Seu fracasso, vergonhoso, em não ser o falo imaginário o restringe à sua castração, o que redobra sua vergonha. Há também um efeito de castração na vergonha, que terá outro efeito, dessa vez um ataque ao gozo narcísico do sujeito, um menos-de-gozar.

Essa é a outra vertente da mortificação vergonhosa, dessa ferida chamada por Lacan de lesão narcísica.

O pudor

O que dizer do pudor a partir daí? Antes de tudo, que ele é o inverso da vergonha e que até mesmo equivale ao seu tratamento. Na vergonha, a castração imaginária do sujeito é revelada. O pudor, que não é somente um afeto, mas também uma defesa do sujeito, consiste, pelo contrário, em recobrir essa castração. O pudor valerá, nesse caso, como imagem falicizada para o sujeito. Ele é aqui uma forma de identificação do ser com o falo imaginário, servindo tanto para velar quanto para tratar a falta a ser enodada à falta a ter. Como essa menina que esconde subitamente seu sexo na frente

---

98 Lacan, J. (1958). A direção do tratamento. In *Escritos* (Vera Ribeiro, Trad.). Rio de Janeiro: Zahar, p. 649.

99 Lacan, J. (1956-1957). *O seminário, livro 4: A relação de objeto*, op. cit., p. 197.

do espelho, o pudor é um véu colocado na direção da castração. E como qualquer véu, é um véu fálico, aquilo sobre o que uma ausência pode ser pintada.

Portanto, é também uma clínica diferencial do pudor entre homens e mulheres que deveria ser aberta então, de acordo com as diferentes relações que cada um pode manter com o falo, quer a ênfase seja dada ao registro do ter ou ao registro do ser. A tese dessa clínica diferencial está explícita em Lacan. O pudor afetaria as mulheres de maneira diferente, pelo fato de que ele vela seu ser, ou seja, sua identificação com o falo, significante do desejo do Outro. Essas são as afinidades do pudor e da mascarada feminina.[100] Deixe o véu desaparecer e essa mulher pode perder o lugar que encontrara ao encarnar aquilo que falta ao Outro. Ser subitamente reduzido a esse nada, é esse o horror, de castração como sempre:

> *O pudor tem diferentes sentidos e alcances no homem e na mulher, qualquer que seja a origem, seja o horror que a mulher tem ou algo que surge naturalmente da alma tão delicada dos homens. Fiz alusão ao véu que muito regularmente recobre o falo no homem. É exatamente a mesma coisa que normalmente recobre mais ou menos a totalidade do ser da mulher, na medida em que exatamente aquilo que está atrás, o que está velado, é o significante do falo. O desvelamento que só mostraria nada, isto é, a ausência daquilo que é desvelado, é muito precisamente aquilo a que se liga o que Freud chamou, a propósito do sexo feminino, de* Abscheu, *o horror que responde à ausência como tal, a cabeça da Medusa.*[101]

---

100 Lacan, J. (1958). A significação do falo. In *Escritos* (Vera Ribeiro, Trad.). Rio de Janeiro: Zahar, p. 701.

101 Lacan, J. (1956-1957). *O seminário, livro 5: As formações do inconsciente*, op. cit.

Além disso, fazer uso do pudor poderá consistir em usar o véu visando encarnar o significante fálico do desejo e certas satisfações de gozo. E é por isso que, como sugere José Morel Cinq-Mars,[102] pode ser bom ser pudico. Anne Cheng, ao estudar as *Virtudes do pudor na China clássica*, também observava: "O pudor, que está no cerne da recusa em representar as coisas, não consiste, portanto, em velá-las ou dissimulá-las para fins de censura, mas, ao contrário, para melhor revelá-las".[103] O pudor terá ocasionalmente seus encantos e seus benefícios de gozo, quando será, além de uma defesa do sujeito, uma forma para ele de fazer brilhar o significante do desejo, um véu que mostra, ao mesmo tempo que esconde. Assim, a *Pudica*, de Barbey d'Aurevilly,[104] sabia usá-lo junto aos homens. Escutemos um deles, ainda subjugado pelo ser misterioso, isto é, falicizado, dessa mulher, encarnada por e nos véus do seu pudor:

> *Quando dizia ou fazia as coisas mais... ousadas, ela tinha maneiras adoráveis de dizer: "Estou com vergonha!", que ainda ouço. Fenômeno inaudito! Com ela, estava-se sempre no início, mesmo depois do desfecho. Ela emergira de uma orgia de bacantes, assim como a inocência de seu primeiro pecado. Mesmo na mulher vencida, desfalecida, meio morta, encontrava-se a virgem confusa, com a graça sempre renovada de suas angústias e o charme auroral de seus rubores... Jamais poderei fazê-los compreender*

---

102 Morel Cinq-Mars, J. (2002). *Quand la pudeur vient au corps*. Paris: PUF, pp. 19-21.

103 Cheng, A. (out. 1992). Vertus de la pudeur dans la Chine classique. *Autrement*, 9, p. 86. Além disso, sobre os usos da sombra e do oculto, cf. Tanizaki, J. (1933). Éloge *de l'ombre* (René Sieffert, Trad.). Paris: Publications orientalistes de France, 1977, p. 76, 79.

104 Jules Barbey d'Aurevilly (1808-1889) foi um escritor, poeta, crítico e romancista francês muito atuante sobretudo na segunda metade do século XIX (N. T.).

os delírios que esses contrastes infundiam ao coração, a linguagem pereceria em expressar isso!...[105]

Ela rolava em seus pudores e suas vergonhas, e ficava lá embaixo, no meio de todas as desordens de sentido levantadas, impenetrável como a esfinge.[106]

O pudor como véu fálico, jogo de presença e ausência do significante do desejo, pode, portanto, ser agradável e sedutor. E também pode ser vital para o ser falante. De fato, há evidências clínicas, tanto o pudor quanto a vergonha são uma marca distintiva do ser falante. E pode-se temer que um sujeito que renegue todo pudor esteja em vias de ceder sua dignidade de ser falante, para se rebaixar à categoria de dejeto. Passada essa simples constatação, como dar conta disso num plano teórico? Para fazer isso, lembremos que o pudor é um véu colocado no lugar da castração, com a consequência de que, por trás do véu, há a ausência... e a presença. Um batimento significante se opera, ao término do qual o falo não é apenas imaginado no véu, mas elevado à categoria de significante do desejo. O pudor é, pois, o afeto que assinala a passagem do falo imaginário, presente *ou* ausente, à categoria de significante, presente *e* ausente. É isso que, com base no Seminário *A relação de objeto*, pode ser deduzido.

Só que, em seu artigo "A significação do falo", Lacan volta a esse tema e modifica um pouco sua tese. O falo, indica ele, não é somente o significante do desejo, mas também o significante do processo de *Aufhebung*, o significante desse processo por meio do qual um significado é elevado à categoria de significante. O falo "só pode desempenhar seu papel enquanto velado, isto é, como signo, ele mesmo, da latência com que é cunhado, tudo o que é significável,

---

105 D'Aurevilly, J. B. (1874). *Les diaboliques*. Paris: Folio/Gallimard, 1973, pp. 270-271.

106 Ibid., p. 277.

a partir do momento em que é alçado [*aufgehoben*] à função de significante".[107] Assim, a passagem à categoria de significante impõe a todo significado seu desaparecimento sob o véu. Além disso, o falo, significante privilegiado, é o significante desse desaparecimento, dessa "própria *Aufhebung* [suspensão] que ele [o falo][108] inaugura (inicia) por seu desaparecimento". Lacan, ao se referir aqui à pintura da *Vila dos Mistérios* de Pompeia, acrescenta:

> *É por isso que o demônio do Αἰδως (*Scham*) surge no exato momento em que, no mistério antigo, o falo é desvelado . . . . Ele então se torna a barra que, pela mão desse demônio, cunha o significado, marcando-o como a progenitura bastarda de sua concatenação significante.*[109]

Pierre Naveau concluía: "O afeto que sinaliza a emergência do significante, na medida em que ele se opõe ao significado, é o pudor".[110] O pudor surge no momento mesmo em que desaparece o significado, por ser elevado à função e à categoria de significante. Nisso, o pudor é correlativo à alienação do sujeito no significante, a partir do momento em que ele deseja se representar nele. José Morel Cinq-Mars deixava supor: "A lição do pudor nos lembra que a fala se origina num ponto obscuro do ser".[111]

O pudor, portanto, se mostra como um afeto que revela e toca a natureza do ser falante. O pudor é intrínseco à natureza do *falasser*, e é por isso que o segredo que ele recobre é um "segredo não dissipável".[112]

---

107 Lacan, J. (1958). A significação do falo. In *Escritos*, op. cit., p. 699.

108 Especificações minhas.

109 Lacan, J. (1958). A significação do falo. In *Escritos*, op. cit., p. 699.

110 Naveau, P. (1994). Le manque et la marque. *Préliminaire, 6,* Publication du Champ freudien de Belgique, p. 90.

111 Morel Cinq-Mars, J. (2002). *Quand la pudeur prend corps*, op. cit., p. 169.

112 Ibid.

Pois o nada que ele recobre não é pouca coisa. Ele não se reduz à castração imaginária, mas consiste na própria vacuidade do sujeito, essa vacuidade que lhe é imposta pelo reinado do significante. Esse nada é o nada que o sujeito é, "o enigma do sujeito"[113] dirá ainda José Morel Cinq-Mars. O pudor mascara o fato de que o ser falante, no campo do simbólico, é nada, mortificado como está pela linguagem, reduzido como é a ser apenas um simples efeito do significante. O pudor recobre a mortificação do sujeito pelo significante, assim como é o signo e o produto dele. Aliás, a psicose, da qual nem a vergonha nem o pudor estão ausentes, demonstra isso clinicamente. Um sujeito é pudico, antes de tudo, porque fala, porque é falado, e isso o marca, tanto em seu ser como em seu corpo. Nesse sentido, violar o pudor de um sujeito será sempre feri-lo em sua dignidade de ser falante. Essa violação poderá, aliás, ter várias consequências, das mais benignas às mais dramáticas. Mais uma vez, Kierkegaard: "Um pudor ferido constitui a mais profunda das dores, porque é a mais inexplicável de todas", é um "medo . . . de nada. E ainda podemos morrer de vergonha".[114]

A vergonha e a castração materna

Se a vergonha se relaciona com a castração, então deve-se enfim ressaltar que essa castração é, primeiro, "castração materna",[115] aquela que a mãe poderia ordenar. Pois é justamente por deixar de satisfazer essa mãe que o sujeito pode ser ferido. É primeiro pelo olhar dessa mãe, antes que a isso se acrescente o olhar do pai, ao fim o olhar do supereu, que o sujeito pode imaginar a si mesmo em falta, como

---

113 Ibid.

114 Kierkegaard, S. (1844). Le concept d'angoisse. In *Miettes philosophiques, le concept d'angoisse, traité du désespoir* (Jean-Jacques Gateau & Knud Ferlov, Trad.). Paris: Tel/Gallimard, 1990, p. 232.

115 Lacan, J. (1956-1957). *O seminário, livro 4: A relação de objeto*, op. cit., p. 377.

"nada"[116] mortificado por sua vergonha. Pois é antes de tudo essa mãe, primeiro Outro, que o sujeito esperava satisfazer. Foi essa a promessa que ele fizera a si mesmo, e a promessa que fizera a ela, ainda que em segredo.

Lembremo-nos aqui de *Promessa ao amanhecer*[117] de Romain Gary, sua autobiografia. "Tinha apenas oito anos, mas minha decisão já estava tomada: tudo o que minha mãe quisesse, daria para ela".[118] Lembremo-nos também das vergonhosas desventuras que essa promessa lhe trará. A promessa ao amanhecer foi o motivo de sua vergonha. As linhas que se seguem e anunciam a narrativa de uma vergonha pungente de criança[119] – em que ela não conseguirá lavar a vergonha da mãe, outro nome para a sua castração – e atestam isto:

> *Sempre me vi como* sua *vitória. Essa convicção não me ocorrera sozinho. Sem dúvida, ela estava apenas refletindo a fé que minha mãe, desde que nascera, depositara naquele que se tornara sua única razão de viver e de esperar. Tinha oito anos, creio eu, quando a visão grandiosa que ela tivera de meu futuro deu origem a*

116 Ibid., p. 252.

117 Devo isso ao meu amigo Christian Demoulin por chamar minha atenção para esse trabalho.

118 Gary, R. (1960). *Promessa ao amanhecer* (Mauro Pinheiro, Trad.). São Paulo: Estação Liberdade, 2008, edição eletrônica.

119 Não consegui, dentro do escopo limitado deste estudo, me alongar em detalhes sobre essas ligações entre vergonha e promessa em Gary. Sobre essa questão, portanto, me remeto ao capítulo "Honte et nomination", na obra *Se passer du père?* (Toulouse: Érès, 2009), de Christian Demoulin, assim como à minha tese, *L'hontologie*, realizada sob a orientação de M. Marie-Jean Sauret, Universidade de Toulouse II Le Mirail, inédita.

> *uma cena cujo cômico e horror ficaram para sempre em minha memória.*[120]

Ao faltar com sua promessa do amanhecer, uma vergonha pungente poderá, portanto, apoderar-se de um sujeito. Nesse instante, ele se verá sendo visto por aquilo que realmente é, um ser imperfeito, que falta a ser o falo imaginário da mãe. A vergonha será o efeito dessa promessa não mantida. E é por isso que, ao violar a imagem especular do sujeito, a vergonha atinge o ser. Romain Gary voltou a dar testemunho disso nos seguintes termos:

> *Ver-me constantemente num olhar apaixonado e perturbado como único, incomparável, dotado de todas as qualidades e prometido à via triunfal, apenas acentuava as minhas frustrações, e a consciência já demasiado lúcida e dolorosa que tinha do abismo entre essa imagem de grandeza e a minha pífia realidade.*[121]

A tal ponto que, comenta Colette Soler, "ao pensar no trágico fim de Romain Gary, não posso me impedir de supor que, mais do que outros, ele foi realmente embalado ao amanhecer, na aurora, segundo a bela expressão que Lacan aplicou justamente à mãe, pelas 'falsas promessas de seu verdadeiro desespero'".[122] Haveria, portanto, um elo entre a promessa da criança feita ao Outro, de satisfazer suas expectativas, e a vergonha que a criança poderá sentir por não poder satisfazer essa promessa. E isso, a ponto de lançar um descrédito sobre sua própria vida, em que já se verifica o alcance ontológico da vergonha.

---

120 Gary, R. (1960). *Promessa ao amanhecer*, op. cit.

121 Ibid.

122 Soler, C. (2005). *O que Lacan dizia das mulheres* (Vera Ribeiro, Trad.). Rio de Janeiro: Zahar, edição eletrônica.

3. As palavras de falsa esperança[123]

Essa frase de Jacques Lacan à qual Colette Soler se refere aparece duas vezes nos *Escritos*, primeiro em "A coisa freudiana", depois em "A psicanálise e seu ensino". Lacan, ao se interessar pelos fundamentos simbólicos do sentimento de culpa, faz se conectar a ele, naquilo que se transmite a uma criança, a falta [*faute*] paterna, como falta [*manquement*] à fala, e aquilo que ele chama de maldição da mãe. Haveria muito que se dizer sobre esse enodamento entre a falta paterna e a maldição da mãe. Vou me ater, todavia, a esta última, dado que ela nos leva a considerar aquilo que os ditos do Outro podem transmitir à criança como efeitos de desespero e outros efeitos superegoicos dos quais a vergonha pode ser o efeito.

Maldição da linguagem

Eis a frase: à falta paterna transmitida à criança, se acrescenta, escreve Lacan, "as vinhas da ira que corresponderam às palavras de falsa esperança com que sua mãe o enganou, amamentando-o no leite de seu verdadeiro desespero".[124] Primeira questão: que *palavras* são essas? O Seminário *A relação de objeto* nos dá aqui uma indicação precisa. Numa aula dada apenas quatro dias depois dessa conferência sobre "A psicanálise e seu ensino", Lacan propõe aí que "desde a origem, a criança se alimenta tanto de palavras quanto de pão, e perece por palavras".[125] La Fontaine, citado por ele, já notava isso no prefácio que escreveu às suas *Fábulas*. "[Que] as crianças suguem

---

123 O texto a seguir foi publicado com o título "Les mots de fausse esperance" [As palavras de falsa esperança] na *Revue des Colleges de Clinique Psychanalytique du Champ Lacanien, 9*. Paris: Hermann, 2010. Agradeço sinceramente a Sidi Askofaré pelas muitas conversas realizadas com ele previamente a este trabalho.

124 "A psicanálise e seu ensino", *Escritos*, op. cit., pp. 450-451.

125 Lacan, J. (1956-1957). *O seminário, livro 4: A relação de objeto*, op. cit., p. 192.

essas fábulas com leite",[126] escrevia ele, referindo-se a Platão. Ao que poderíamos acrescentar Cícero, observando em suas *Discussões tusculanas*: "sugamos o erro com o leite de nossas amas-de-leite".[127] A criança, portanto, se alimenta de palavras, tanto quanto de leite; mas, de que engano se trata aqui, engano desde sempre ressaltado?

Para expor isso, Lacan se diverte cruzando duas fábulas de Jean de La Fontaine, *A raposa e a cegonha* e *A raposa e as uvas*. Nesta última, a raposa, quase morrendo de fome, se desespera ao ver no alto de uma treliça um cacho de uvas maduras que ela não consegue alcançar. Para não se arrastar em uma espera vã, ela opta então por substituir essa realidade por outra, dessa vez tirada do simbólico. Bastará que ela diga que as uvas são muito verdes para poder ir embora e, ademais, desprezar essa comida. "Mas sem lhes poder chegar./ Disse: 'Estão verdes, não prestam,/Só cães as podem tragar!' fez ela, não era melhor do que reclamar?", conclui La Fontaine. Passo para a segunda fábula, *A raposa e a cegonha*, em que uma nova frustração começa a afetar o animal. É esse o contexto: a cegonha convida a raposa para se vingar por ter sido enganada. Esta última a havia convidado anteriormente para jantar, mas servira num prato, e durante toda a refeição, uma sopa, a qual seu bico comprido, ela sabia, não lhe permitiria engolir. Agora seria a cegonha quem receberia. O aroma da carne vai maliciosamente até a raposa, e esta já sonha com a saborosa refeição que fará, quando advém então a sua desventura. Depois de ter cortado a carne em pequenos pedaços, a cegonha os teria enfiado num vaso de gargalo comprido e boca estreita, uma espécie de jarra. "Já pelo estreito gargalo/Comendo [a cegonha], o bico metia;/E a esperta só lambiscava/O que à cegonha caía . . ." "Enganadores nocivos", conclui então La Fontaine, "aprendei esta lição./ Tramas com tramas se pagam. Que é pena de Talião".

126 La Fontaine, J. de. (2005). *Fábulas*. São Paulo: Martin Claret, edição eletrônica.
127 Cícero. (1932). *Tusculanes (III-V)*. Paris: Les Belles Lettres, p. 3.

E, de fato, de uma fábula à outra, o que vemos correr senão os enganos da linguagem? Primeiro, a dos dois protagonistas, em que Lacan reconhecerá mãe e filho, e em que cada um, em um jogo de engodo,[128] finge oferecer ao outro o que lhe falta. Segundo, e, sobretudo, o engano gerado pelo próprio simbólico, que é essa esperança de um gozo pleno, aqui apontado pelo olhar que se volta para a vinha que falta, assim como esse prato de carne que se anuncia e que se presumia ter. Ora, o que se tem em troca então? Aquilo que a raposa anuncia aqui, uvas verdes, verdes demais, interpreta Lacan, "por serem as da decepção frequentemente trazida, como todos sabem, pela cegonha". Em vez da esperança vem a decepção, efeito não de um pouco demais, mas de um "nada".[129] A vinha permanece suspensa muito alto, não deixando a seu contemplador outra escolha senão de compensar com palavras. Já a cegonha, da qual Lacan faz aqui uma imagem da mãe real, só oferecerá sua falta. É, portanto, a positividade de uma falta que afeta o esperançoso e o fará partir novamente, como a raposa envergonhada, com o rabo entre as pernas.

Lacan, então, extrai em seu Seminário a razão estrutural dessa decepção: o caráter "fundamentalmente decepcionante" da ordem simbólica.[130] Entre a demanda de amor dirigida ao Outro e os objetos de satisfação com os quais terá de se contentar, a criança experimentará uma discrepância, irrecuperável. E é em compensação por essa frustração de amor que ela irá "incorporar algumas palavras dentre outras".[131] Assim, são as próprias palavras que constituem a falsa esperança, quando farão com que se espere que essa falta cesse, embora sejam secretamente a causa dela. O que nos faz esperar e que também nos desespera? A ordem simbólica, da qual gostaríamos

---

128 Lacan, J. (1956-1957). *O seminário, livro 4: A relação de objeto*, op. cit., p. 270.

129 Lacan, J. (1955). A psicanálise e seu ensino. In *Escritos* (Vera Ribeiro, Trad.). Rio de Janeiro: Zahar, 1998, p. 449.

130 Lacan, J. (1956-1957). *O seminário, livro 4: A relação de objeto*, op. cit., p. 186.

131 Ibid., p. 178.

de poder escapar.[132] Deduzo daí uma primeira significação para a maldição da mãe. É aquela que transmite a língua materna, afetando a criança com a falta que o símbolo causa. A clínica do autismo e da psicose infantil demonstra isso às vezes. Pensemos no caso de Dick, de Melanie Klein, ou na criança do lobo, de Rosine Lefort; é quando fazem seu primeiro apelo ao Outro que essas duas crianças, até então afetadas por nada, experimentarão suas primeiras lágrimas.

O supereu e o amor

Além da fatalidade que ela supõe, a maldição da língua comporta também a dimensão de um mandamento, outro efeito do simbólico. Esta é uma segunda razão estrutural para o desespero e as falsas esperanças que as palavras suscitarão. Há a falta que o simbólico gera, mas há também o mandamento de suprir essa falta que ele ocasiona, falta na qual Lacan, baseando-se em Melanie Klein, reconhecerá o supereu. Prova disso é essa outra passagem do Seminário *A relação de objeto*. A incorporação das primeiras palavras do Outro não somente será feita num contexto de insatisfação do amor, mas, acrescenta Lacan, estará na "origem da formação precoce daquilo que se chama supereu".[133] É, portanto, às primeiras "frustrações de amor"[134] que o supereu original responde. Não àquelas que seriam devidas a uma mãe má, como as figuras imaginárias do supereu se esforçam em mitificar. Mas aquelas devidas à estrutura, a essas decepções[135] estabelecidas pelo simbólico. O mandamento impossível de gozo do supereu responde ali onde o amor fazia esperar pelo acesso a um gozo todo. Ao desespero que a língua fomenta juntam-se as esperanças impostas.

---

132 Lacan, J. (1954). Du symbole, et de sa fonction religieuse. In *Le mythe individuel du névrosé*. Paris: Seuil, 2007, p. 83.

133 Lacan, J. (1956-1957). *O seminário, livro 4: A relação de objeto*, op. cit., p. 178.

134 Ibid.

135 Ibid., p. 70.

Continuemos, pois, com os efeitos desse mandamento do supereu. Se a causa é o engano gerado pelo simbólico e a esperança no amor,[136] isso acontecerá ainda mais porque, observa Lacan, por trás dos ditos de amor, o desespero da mãe repreende. Recordo a frase: "as vinhas da ira que corresponderam às palavras de falsa esperança com que sua mãe o enganou, amamentando-o no leite de seu verdadeiro desespero".[137] Ora, o que é o desespero da mãe senão sua falta, que os significantes de suas palavras transmitem e reforçam? E que será um *verdadeiro* desespero para os casos em que nenhum Outro além da criança virá acalmar essa falta. Desse modo, não é apenas a língua transmitida que produzirá seu efeito superegoico, mas o desejo, até mesmo a demanda do Outro, que essa língua principal carrega. As palavras de falsa esperança valerão por seu peso simbólico, mas também pela significação que carregam, que quiçá selam, no que diz respeito ao desejo de cada um. E é nisso que os mandamentos fora de sentido do simbólico poderão travestir-se de mandamentos – os quais, por sua vez, carregados de sentido – da palavra.

Romain Gary, ao se lembrar de sua fidelidade à mãe, havia feito disso um título, *Promessa ao alvorecer*.[138] Sartre, por sua vez, voltarei a este assunto, falará em *As palavras* da "promessa"[139] feita à sua mãe. E é novamente uma promessa, figura do pacto significante, que Nathalie Sarraute relata em *Enfance*.[140] Uma promessa que a alienou do desejo de sua mãe e nutriu seu próprio desespero, tanto quanto sua vergonha.

---

136 Cf. sobre esse ponto Soler, C. (2005). *O que Lacan dizia das mulheres*, op. cit.

137 Lacan, J. (1955). A coisa freudiana. In *Escritos*, op. cit., p. 435. E "A psicanálise e seu ensino", *Escritos*, op. cit., pp. 450-451.

138 Gary, R. (1960). *Promessa ao amanhecer*, op. cit., edição eletrônica.

139 Sartre, J.-P. (1963). *As palavras*, op. cit.

140 Sarraute, N. (1983). *Enfance*. Paris: Gallimard. As citações a seguir foram extraídas das páginas 16-19.

Essa promessa foi antes de tudo aquela que a mãe impôs à filha, longe de qualquer outro vínculo que pudesse ter introduzido uma separação entre mãe e filho. Estamos aí no momento de sua separação para as férias. A criança deve se juntar ao pai, quando a mãe a deixa com as seguintes palavras. Se ela a ama, terá que seguir suas instruções:

> *"Você ouviu o que o Dr. Kervilly disse? Tem que mastigar os alimentos até eles ficarem líquidos como uma sopa... E, sobretudo, não se esqueça, lá não saberemos, lá esqueceremos, não prestaremos atenção, caberá a você pensar nisso, você tem que lembrar disso que estou lhe dizendo... Prometa-me que o fará... – Sim, prometo, mamãe, fique tranquila, não se preocupe, pode contar comigo...". Sim, ela pode ter certeza, vou substituí-la junto a mim mesma.*

O que não deixou de ser feito, de fato. O supereu da criança assumiu o mandamento materno. Repetidamente, foi-lhe preciso mastigar, sacrificando-se com feroz gozo nas palavras da promessa, "tornadas sagradas". A criança prolongará suas refeições na cantina do hotel, o que a fará sentir-se excluída de seus pares e ridicularizada por todos. "Mastigo o mais rápido que posso . . ., minhas bochechas doem . . ., mas não consigo evitar: ainda não ficou 'líquido como a sopa'". Isso em vez de incorrer no sentimento de indignidade e na vergonha que valeria para ela a traição da promessa feita à mãe: "Que eu ceda, que concorde em engolir este pedaço sem antes tê-lo tornado tão líquido quanto uma sopa, e terei cometido algo que nunca poderei revelar a ela, quando voltar lá, para a casa dela... terei que carregar isso enterrado em mim, essa traição, essa covardia".

As palavras de amor e outras promessas do alvorecer, nas quais a criança se fará, assim, de assujeito [*assujet*] do Outro, não serão, portanto, apenas engodos,[141] mas também carregadas de mandamentos superegoicos. É nisso que o engodo do amor é aquilo que, além de culpa do pai, poderá irritar os dentes do filho.[142] A partir daí, retomo a chamada maldição da mãe, como forma particular do dizer do Outro, para dar uma última volta a esse comentário sobre a frase de Lacan.

O dizer de maldição

Em primeiro lugar, vale ressaltar que a criança tem sua parte na constituição de seu supereu. Porque, entre as palavras do Outro que enganam e a verdade que aí se faz ouvir, é ela mesma quem fará a partilha. Lacan sublinhou o quanto a criança se faz de intérprete,[143] segundo uma fórmula que tomo emprestada de Colette Soler, do Outro parental. Consideremos, por exemplo, o comentário que ele faz em seu Seminário *Os quatro conceitos fundamentais da psicanálise*, sobre as perguntas das crianças.

> *O desejo do Outro é apreendido pelo sujeito naquilo que não cola, nas faltas do discurso do Outro, e todos os* por quês? *da criança testemunham menos de uma avidez da razão das coisas do que constituem uma colocação em prova do adulto, um* por que será que você me diz isso?, *um* ele me diz isso, mas o que é que ele quer?[144]

141 Cf. a bela fórmula de Lacan, "os engodos da promessa" em Lacan, J. (1959). Sobre a teoria do simbolismo de Jones. In *Escritos* (Vera Ribeiro, Trad.). Rio de Janeiro: Zahar, 1998, p. 707.

142 Cf. outra referência de Lacan, a respeito dessas palavras de falsa esperança: *La Bible* (Jérémie, XV, 21-22 e XXI, 29). Paris: La Pléiade, 1959.

143 De acordo com a fórmula proposta por Colette Soler em: Soler, C. (2005). *O que Lacan dizia das mulheres*, op. cit.

144 Lacan, J. (1964-1965). *O seminário, livro 11: Os quatro conceitos fundamentais...*, op. cit., p. 203.

Ao interrogar isso, porém, o que encontrará a criança senão um dizer por ela interpretado, o que Lacan mais tarde chamará de "dito parental",[145] ou mesmo "o dito de dois cônjuges".[146] Um dizer que se especifica por uma demanda[147] e que poderá se transformar em mandamento para a criança, se a isso ela se dedicar. Em que esse dizer será uma outra versão possível da maldição. A exemplo daquelas que Lacan chamará de "dom das fadas",[148] ao se inclinarem sobre o berço da criança, elas proferirão seu dizer de mal ou de bem-dição [*béné-diction*]. A etimologia atesta isso: fada vem do latim *fata*, "deusa dos destinos", ela própria derivada de *fatum*, "enunciação divina". Maldição também, do tipo que Lacan uma vez isolou nos seguintes termos: "Muitas vezes acontece de a base do desejo de uma criança ser simplesmente isso, que ninguém diz: 'Que ela não seja um, que seja minha maldição no mundo'".[149] Talvez seja isso que a criança sempre interroga: que dizer teria presidido seu *ato* de nascimento,[150] assim como ela reproduzirá isso em seus jogos quando, ao se fazer criadora de todo um mundo, ela começará sua história com um "Parece que...".

Portanto, entre as palavras com as quais gostaríamos de embalá-la, a criança se questiona e interpreta o desejo do Outro. Não o enunciado do discurso, mas sua causa. Não aquilo que o Outro

---

145 Lacan, J. (1972). O aturdito. In *Outros escritos* (Vera Ribeiro, Trad.). Rio de Janeiro: Zahar, 2003, p. 464. Cf. também, nesse mesmo artigo, a fórmula "o dizer de seus pais".

146 Lacan, J. (jun. 1998). Le phénomène lacanien. *Les cahiers cliniques de Nice, 1.*

147 Lacan, J. (1972). O aturdito. In *Outros escritos*, op. cit., p. 474.

148 Lacan, J. (1953). Função e campo da fala e da linguagem. In *Escritos*, op. cit., p. 280.

149 Lacan, J. *Le séminaire "L'identification (1961-62)"*, inédito (lição de 28/03/1962). Sobre esse ponto, é possível ler o artigo: Strauss, M. (fev. 2006). Le désir d'enfant. *Revue de psychanalyse du champ lacanien, 3.*

150 Em francês, *acte de naissance* é também o nome dado à certidão de nascimento (N. T.).

diz, mas o que ele queria dizer, um fato de que a criança um dia foi o produto e o mal-entendido.[151] Várias delas me questionaram sobre isso perguntando-se, por exemplo, sobre os motivos de seu nome. Por que este em vez de outro? Já aqui, bastaria que algo desse errado para fazer o desejo do Outro capengar. Lacan, em suas "Observações sobre o relatório Daniel Lagache", nos dava a pista. No dizer que atua na escolha de um nome, virão se estreitar as expectativas do Outro em relação à criança. Notemos o parêntese que ele insere, então: essas expectativas, projetos e atributos, talvez seja "sob o acúmulo destes que [a criança] irá claramente sufocar".[152] O discurso parental veicula, portanto, além dos significantes, uma demanda, a qual poderá ser transmitida à criança a ponto de sufocar seu desejo. No que é também pelo desespero de seus pais que essa criança poderá ser, se não oriunda, ao menos marcada. A *Espera*, outro nome possível para o desejo parental, ao fazer da criança sua *Esperança*, que deve ser entendida aí, como Lacan convidava, em seu sentido religioso.

Sonata de outono

Ingmar Bergman, em um filme intitulado *Sonata de outono*, nos permite ver então como, pela(s) via(s)[153] desse dizer, o desespero de uma mãe poderá passar para sua filha. Eva, agora já uma mulher, encontra a mãe depois de sete anos de afastamento. Começa um terrível diálogo entre as duas mulheres, em que algumas verdades finalmente queriam passar. A primeira: Eva sempre se perguntara sobre o desejo de "outra coisa"[154] de sua mãe. Vendo-a constante-

---

151 Sobre esse ponto, cf. Lacan, J. (1981). Le malentendu. *Ornicar?*, *22-23*. Paris: Navarin, p. 12.

152 Lacan, J. (1960). Observação sobre o relatório de Daniel Lagache. In *Escritos*, op. cit., p. 659. Mais para frente ele irá acrescentar: "o novo homenzinho retomará um dossiê anterior a seus avós: sob a forma do Supereu deles".

153 Bergman, I. (1978). *Sonate d'automne*. Paris: Gallimard, 1978, p. 46.

154 Ibid., p. 70.

mente saindo para viajar[155] sozinha, pianista famosa, imantada por sua única paixão, a criança se perguntava então sobre os mistérios[156] do casal parental. "O que nunca entendi é a sua relação com papai . . ., para mim, a vida em comum de vocês é um enigma".[157] A isso se adicionou outra questão para a criança: o que ela era para sua mãe? Pois, por trás das palavras de amor, a jovem Eva logo teria vislumbrado, e depois interpretado, um dizer Outro. As "belas palavras",[158] dirá ela, que particularizavam *lalíngua* materna,[159] a teriam deixado perplexa quando algumas insistiram demasiadamente, garantindo-lhe que algo, nos ditos do Outro, não colava. "Desconfiava do que você dizia . . . Quando você odiava o papai e o chamava de 'meu querido', quando eu lhe cansava e você dizia 'minha adorada menininha'. Nada disso colava."[160]

Desses *ouvi dizer*, a menina concluiria muito tempo depois, erroneamente: "Você finge [*tu fais semblant*] me amar",[161] "Você me carregou em seu ventre frio e . . . me expulsou com nojo".[162] E quando um dia a mãe, constrangida demais com a tristeza de sua filha, resolve levá-la a um psiquiatra, ela interpreta novamente: "Entendi o que você queria dizer; no fundo, era que eu estava prestes a ficar louca – e essa eventualidade me deu uma espécie de prazer melancólico".[163] Eva é uma "chorona",[164] dirá antes a mãe, suspeitando que, por trás dessa

155 Ibid., p. 44.

156 Lacan, J. (1958). De uma questão preliminar a todo tratamento da psicose. In *Escritos*, op. cit., pp. 586-587.

157 Bergman, I. (1978). *Sonate d'automne*, Paris: Gallimard, p. 47.

158 Ibid., p. 21.

159 Sobre esse ponto, cf. "motérialisme" que Lacan evoca em sua Conférence à Genève sur le Symptôme. *Le Bloc-notes de la psychanalyse*, *5*, 1985.

160 Bergman, I. (1978). *Sonate d'automne*, op. cit., p. 46.

161 Ibid., p. 40.

162 Ibid., p. 57.

163 Ibid., p. 54.

164 Ibid., p. 20.

tristeza, havia um sombrio contentamento de gozo. Além disso, na hora do reencontro, nada mudara. Agora mulher, Eva cultiva seu prazer melancólico, apenas saboreando se sentar, para pensar em Outra coisa. "Ela adora sentar ali, perto da janela".

Se a mãe se irrita com a filha chorona, é também porque ela mesma não suporta as lágrimas. Ao prazer melancólico da filha, gozando por se refletir, a mãe responde um *eu quero... não saber nada.* "Não me interessa saber quem sou, posso viver sem isso."[165] Pode ser que, dessa forma, as lágrimas enganosas da filha respondam às verdadeiras lágrimas engolidas da mãe. É o que vai revelar de fato um dizer da mãe, então surpresa por se ouvir dizer. "Ouço-me dizer coisas que nunca disse",[166] o que "eu desejava tão *desesperadamente*".[167] A saber, o quê? Ser consolada por sua filha, por ter conhecido ela também,[168] muito cedo, a frieza do desejo materno. "Eu não vivo, não nasci, fui expulsa do corpo de minha mãe, ele se fechou e logo em seguida se voltou para o meu pai, eu não existo."[169] "Não queria ser sua mãe", "Sempre tive medo de você", "Acho que queria que você cuidasse de mim, queria que você me pegasse nos braços e me consolasse".[170] Eva, vendo isso como uma maldição, protesta: será preciso "que as enfermidades da mãe sejam transmitidas à filha, que a filha pague pelas decepções da mãe, que o infortúnio da mãe seja o infortúnio da filha?". Esquecendo, nessa transmissão, sua parte tomada de sujeito. As últimas palavras do filme vão, com efeito, dizer a natureza feroz de um gozo em operação. A mãe indo embora, Eva escreve para ela: "Você tem que entender que eu nunca vou lhe abandonar . . .; irei até o fim".[171]

165 Ibid., p. 71.
166 Ibid., p. 62.
167 Ibid., p. 18.
168 Ibid., p. 61.
169 Ibid., p. 60.
170 Ibid., p. 62.
171 Ibid., p. 74.

Do desespero ouvido no Outro a criança terá, portanto, feito *sua* interpretação, tanto quanto um mandamento o qual, por sua vez, lhe arrebata a sensação de viver. "Já nem sabia mais quem era, já que, a todo momento, tinha a obrigação de lhe agradar." Por esperar muito do amor, ficará até difícil para ela... dizer. "Não era mais do que uma marionete desajeitada cujas cordas você puxava. Eu dizia o que você queria que eu dissesse."[172] Bergman, assim, nos demonstra como o verdadeiro desespero de uma mãe poderá vir a marcar a criança a quem ela se dirige, e a quem ela demanda. Aqui, a demanda de ser consolada, que constitui talvez o segredo de qualquer desejo de criança.[173] Vã esperança, certamente, mas da qual não se deveria, no entanto, zombar. Há, com efeito, um desejo de criança que esteja impregnado de esperanças?[174] Esperanças, portanto, necessárias para que um pai se dirija a um filho e para que o desejo venha particularizar o elo que os une. Permanecendo aberta, contudo, a questão de saber se o pai e a criança também consentirão em "des-esperar".[175] Lacan, que desconfiava da esperança [*espoir*], um dia concluiu por si mesmo: "Falo sem a menor esperança . . .".[176] Falar sem esperança - poderia estar aí, muito que desagrade à aparência, o exato oposto de um dito deprimido.

---

172 Ibid., p. 53. Cf. também "Sempre fiz o que você queria" (p. 56).

173 Proust, M. (1896). Sentiments filiaux d'un parricide. In *La confession d'une jeune fille*. Bordeaux: Le Castor Astral, 2007, p. 79. "O que você fez comigo! O que você fez comigo! Se quiséssemos pensar sobre isso, pode não haver uma mãe verdadeiramente amorosa que não pudesse, em seu último dia de vida, muitas vezes bem antes, dirigir essa censura a seu filho."

174 Questão que me foi colocada por Marc Strauss, na ocasião da apresentação deste texto, durante a Journée nationale des Collèges cliniques du Champ lacanien, em Rennes, no dia 21 de março de 2009.

175 Formulação sugerida por Colette Soler acerca dos intuitos e do fim de uma psicanálise. Essa formulação também foi proposta durante as discussões realizadas nessa Journée.

176 Lacan, J. (1980). *Lettre de dissolution de l'EFP*, inédito. Ele prossegue: ". . . de me fazer ouvir/entender [*entendre*], sobretudo".

4. Com Antoine

A vergonha poderá, portanto, ser fruto dessas falsas esperanças [*espérances*], quando o sujeito se desesperará por quebrar sua promessa e, assim, não conseguir cumprir os mandamentos do supereu. Freud logo perceberia que o supereu é aquilo que se transmite entre as gerações, portador da aspiração,[177] ao mesmo tempo que de mandamentos, ferozes e impossíveis. Eva, leremos ainda, não se atrevia a olhar para si mesma de frente.[178] Nesta frase, ouviremos também aquilo que os desdobramentos anteriores sobre a imagem especular demonstram: a vergonha é sempre a denúncia da impostura desse "eu forte"[179] e falicizado que faz abrigo ao neurótico. Pela travessia da imagem que ela comporta, a vergonha obriga o sujeito a mensurar aquilo que ele não é, ou seja, aquilo que ele deseja ser, mas que lhe falta a ser [*qu'il manque à* être], por mais que desagrade às suas veleidades egoicas. Vergonha do sujeito, diria André Green, "de ser apenas aquilo que ele é ou de pretender ser mais do que".[180]

Os desenvolvimentos de Lacan, produzidos nos Seminários *A relação de objeto* e *As formações do inconsciente* já permitiam supor que uma *vergontologia* deveria ser produzida. Eles mostram que a vergonha não tem nada a ver com um simples abalo dos semblantes, embora afete o sentimento de existência do sujeito, que ela o ameace, ao contrário do pudor, com um "nada".[181] A vergonha afeta

---

177 Freud, S. (1932-1933). A dissecção da personalidade psíquica (Conferência XXXI). In *Edição standard brasileira das obras psicológicas completas de Sigmund Freud* (v. XXII, Jayme Salomão, Trad.). Rio de Janeiro: Imago, edição eletrônica.

178 Bergman, I. (1978). *Sonate d'automne*, op. cit., p. 8.

179 Lacan, J. (1960). Subversão do sujeito e dialética do desejo. In *Escritos*, op. cit., p. 841.

180 Green, A. (1983). *Narcissisme de vie, narcissisme de mort*. Paris: Minuit, p. 183.

181 Lacan, J. (1955). A psicanálise e seu ensino. In *Escritos*, op. cit., p. 449.

a existência do sujeito quando ele, ainda esperando ser significado,[182] esperava satisfazer o Outro para melhor velar o horror de sua falta. Ela é aquilo que abala sua identificação imaginária com o falo e o que, ao fazer isso, abala sua razão de ser, subitamente ameaçando-o de ser nada ou até mesmo ser demais. Isso quer dizer que uma criança também poderá morrer de vergonha e conhecer uma parte dela, aquilo que Lacan mais tarde chamaria de "vergonha de viver".[183] Na verdade, é óbvio que, de vez em quando, a vergonha acompanha os juramentos vãos das crianças e outras promessas do alvorecer. Escritores, como ressaltei, a exemplo de Romain Gary ou Nathalie Sarraute, fizeram mais do que mostrá-lo, ao passo que os ditos de Eva também davam a ouvir/entender isso. Antoine, de nove anos,[184] por sua vez, atestará isso, convidando-nos a dar um passo a mais. A vergonha, como ele demonstra, não é somente a vergonha da falta.

A confissão

Antoine, naquele dia, me explica o que, no pátio de sua escola, nunca para de deixá-lo embaraçado, e que poderia ser resumido da seguinte forma: quando finalmente decide declarar seu amor à sua bela amada, eis que ele se recusa. "Sou eu que me recuso, porque fico angustiado ao falar com ela", "Tenho a impressão de que ela e eu somos ímãs com polos opostos", "Digo a mim mesmo 'vou ou não vou'", "Sou tímido, fico vermelho", "Tenho vergonha! É isso! Tenho vergonha de dizer que gosto dela!".

---

182 Lacan, J. (1956-1957). *O seminário, livro 5: As formações do inconsciente*, op. cit., p. 284.

183 Lacan, J. (1969-1970). *O seminário, livro 17: O avesso da psicanálise*, Rio de Janeiro: Zahar, 1992, p. 174.

184 Uma versão do texto a seguir apareceu sob o título "De la honte à l'hontologie" [Da vergonha à vergontologia] na *Revue de Psychanalyse du Champ Lacanien*, 4, 2006.

O que é insuportável para Antoine é que a vergonha venha assim, e repentinamente, enrubescer seu rosto. Vergonhoso seria então tropeçar naquilo que ele já pressente como impossível, entre homens e mulheres. Aos nove anos, essa criança já sabe disso bem demais: os amantes [*amants*] são ímãs [*aimants*] com polos opostos, totalmente opostos até mesmo quando serão forçados a experimentar, não aquilo que os atrai, mas o que os separa, por estrutura. O que quer dizer, então, a vergonha de corar? Acompanhemos Antoine: a vergonha de confessar e de confiar sua falta... a uma outra. "Estou apaixonado por ela, por isso fico tímido." A vergonha de faltar com uma outra, e isso diante dela. Mas, precisemos, *uma* outra que se torna *um* Outro, como um lapso digno de um outro Antoine em *Baisers volés* [*Beijos roubados*], de François Truffaut, virá em um instante revelá-lo: "Não me atrevo a falar na frente dele por muito tempo. Na frente dela, quero dizer. Disse na frente *dele*, que isso!".

O que esse lapso diz? Primeiro, a súbita promoção da jovem, repentinamente elevada a outro nível. Mas também a confissão de que, ao falar diante dela, Antoine terá que falar diante de um Outro e, por fim, se apresentar diante de cada um. Daí o seu medo: que o rubor, de repente, e diante desse cada um, o faça ser visto. Que esse rubor o revele e o desmascare. Que ele o interprete e o designe, a tal ponto que, no instante de sua vergonha, Antoine pudesse se ver sendo visto como uma mancha, com as bochechas vermelhas. Daí a fuga para um pouco de sombra, longe dos olhares, e o desejo de Antoine de esconder, e até mesmo de se esconder. Assim, por exemplo: esconder e re-esconder essa joia que um dia, secretamente, ele vai oferecer a ela. Mas também se esconder para não se ver sendo visto, oferecendo a ela, maculado como estaria então por uma falta, fosse essa a causa de seu desejo: "E uma vez, ofereci-lhe uma joia, um anel de plástico . . . coloquei-o num saquinho, coloquei num porta-moeda, depois dei para ela e fui me esconder atrás das árvores".

Uma vez, porém, Antoine teria ousado, mas ousado o quê? Não confiar seu amor a essa jovem e assumir diante dela sua falta, isto é, sua castração. Mas o contrário: apostar com um amigo que ele seria "capaz" de ir beijá-la. A confissão de uma falta inibia Antoine com relação ao ato. A aposta de que ele era capaz, ao contrário, iria precipitá-lo a isso. Para aumentar assim sua potência fálica e querer passar além da castração, a reação não demorará a chegar. A menina, assustada, irá reclamar com o diretor desse beijo roubado. Antoine, daí em diante, não iria querer repetir a experiência. Sabendo agora que em matéria de amor dificilmente haverá herói digno, eis que ele volta aos seus sonhos, em segredo. "No *Homem-Aranha* tem o Parker, ele não ousa falar com uma garota, então ele inventa. Aí eu digo em voz alta o que poderia dizer a ela. Escondo-me atrás [do corredor da escola][185] e digo o que eu poderia dizer para ela." Nesse momento, Antoine se esconde então na minha frente, enrubesce e conclui: "Porque não quero que ela ouça o que estou dizendo! Não me atrevo a falar na frente dela!".

A anedota poderia bastar, mas Antoine confidenciou mais, enunciando até onde a vergonha poderia reduzi-lo. A saber, não a um simples constrangimento, mas à suspeita repentinamente lançada sobre o seu direito de ser e sobre a justificativa de sua existência. Para entender isso, vamos lembrar de Sartre, ao evocar as virtudes do amor: "Este, o fundo da alegria do amor, quando existe: sentimos que nossa existência é justificada".[186] Eis as consequências que Antoine, por sua vez, terá sofrido, ao contrário. Antoine queria ser amado, e não somente por uma menina, mas também por seus amigos e, antes disso, por sua mãe. Mas é por faltar com isso, ainda que apenas por um instante, que uma vergonha pungente às vezes se apoderará dele.

---

185 Sou eu quem especifica isso.

186 Sartre, J.-P. (1943). *O ser e o nada: ensaio de fenomenologia ontológica* (13ª ed., Paulo Perdigão, Trad.). Petrópolis: Vozes, 2005, p. 463.

Ao me ouvir outro dia evocar a razão de suas angústias noturnas, Antoine subitamente se detém, olha para si mesmo, se julga e conclui: "Tenho vergonha de dizer isso: 'Tenho medo, tenho medo...'. Acho que não deveria ter nascido, se for para dizer isso, bobagens!". Em seguida, associando outros momentos em que a vergonha de ser e o sentimento de nulidade o atingiam dessa forma, acrescenta: "Minha mãe briga comigo o tempo todo". Pergunto então o que ele pensa, nesses casos. Ele me responde: "Não sirvo para *nada*", "é quando ela me irrita que me dá vontade de morrer, me dá vontade de esfaqueá-la". Ele volta a isso nas sessões seguintes e, de novo, me relata os pensamentos que as reprimendas de sua mãe lhe valeram: "Não sirvo para nada, sou um lixo", "Você sabe o que digo a mim mesmo? Melhor seria que eu morresse, que eu morresse em vez de viver nessa porcaria de condição de vida", "Ah, sabe o que é engraçado, quando às vezes minha mãe briga comigo, quarenta segundos depois ela me faz carinho. 'Ah! Eu te amo, meu Antoine' . . . Que vida de merda", "Você tem que merecer a vida . . . bem, eu, em todo caso, não mereci". Por fim, a partir daí, ao evocar o lugar de sua escola: "Lá ninguém gosta de mim . . . então, me pergunto, o que estou fazendo nesta terra?", "Não fui feito para estar vivo. Gostaria de morrer para ver o efeito que isso tem nos outros, se eu não estivesse mais ali, porque eles tiram sarro de mim o tempo todo".

Paradigma

Nesta apresentação, gostaria agora de elevar o dizer dessa criança à categoria de paradigma, destacar aquilo que Antoine aqui nos ensina sobre a vergonha. Encontraremos aí primeiramente aquilo que estava desenvolvendo anteriormente. Antoine, por ser ocasionalmente repreendido por sua mãe, por não cumprir a promessa de satisfazê-la, se vê, nesses momentos de conflito, cair de sua identificação imaginária com o falo. "Precipitado . . . por sua função de metonímia",[187] e, a

187 Lacan, J. (1956-1957). *O seminário, livro 4: A relação de objeto*, op. cit., p. 252.

partir de então, aquele que queria ser grande, reduzido a imaginar-se "como um nada".[188] "Não sirvo para nada", dirá Antoine, indexando nesses termos sua queda, sua destituição e sua redução ao nada. E, sobre esse nada, citemos novamente as seguintes palavras de Lacan: "Nada mais ser, não ser nada mais que este algo que parece ser alguma coisa, mas que ao mesmo tempo não é nada, e que se chama uma metonímia".[189] A partir daí, Antoine então se olhou com vergonha, a de faltar a ser... o servo de sua mãe, seu falo imaginário, e a de se ver imediatamente reduzido ao caráter injustificável de sua existência. A vergonha de uma presença injustificável, portanto, se acaso ela não servisse e não valesse para nada. Indigno de ser, uma vez que ele falta a ser. Ontologicamente culpado e envergonhado por sua falta de existir. "Acho que não deveria ter nascido", dirá Antoine, "não fui feito para estar vivo".

Eis, portanto, a vergonha da castração imaginária e que pode ser identificada aqui em dois níveis. Nessa confissão sonhada de um desejo, ao qual Antoine se recusa temendo aparecer como falho aos olhos de sua amada e, sobretudo, dar a ela o trêmulo dom de sua falta. Mas também nessa provação feroz de uma falta-a-ser, ao fim da qual Antoine, *através* do olhar da mãe, chega a questionar brutalmente sua razão de ser. Isso, mas não só. Pois Antoine nos mostra que a sua vergonha não se limita a essa vergonha da falta, da castração imaginária. Sua vergonha não é unicamente de falta, ou mesmo de faltar a ser. Mas é também, e correlativamente, a de ver a si mesmo sendo visto, em demasia [*en trop*].

Para demonstrar isso, retomarei os dois exemplos. Em primeiro lugar, há aquilo que poderia passar por quase nada: os rubores dessa criança diante da confissão de seu desejo. Todavia, seria então preciso sublinhar a potência desse *quase nada* e o que ele desenha: o mais

---

188 Ibid.

189 Ibid., p. 251.

íntimo do sujeito, uma joia de plástico ou algumas palavras, que terão de ser escondidas e que nunca cessam de dividir essa criança, já doente de amor. Consequentemente, o sujeito enrubesce aqui pelo pouco que é, mas já é demais. Antoine está embaraçado, gostaria de desaparecer. Voltar a se esconder no pátio, à sombra do Outro, e assim recuperar o refúgio imaginário de seu eu. Sair de cena, portanto, para não mais se ver sendo visto, desejante. Em seguida, vem o segundo exemplo: essa vergonha da falta-a-ser, que dessa vez lhe vale o jogo do engodo que o prende ao desejo de sua mãe. Sua vergonha, então, não é mais somente de se ver reduzido a nada, mas também a menos que nada, a um dejeto. "Não sirvo para nada, sou um lixo", dirá ele, antes que o desejo de sumir completamente da cena do mundo o atravesse ou, ao se ver demasiado ali, ele, a partir de então, goste de poder fazer falta para o Outro.

Seguindo Antoine, haveria então um segundo lado da vergonha: não somente a vacuidade vergonhosa do ser, mas aquilo que responde a ela e reforça essa vergonha, o peso [*pesanteur*] do ser. Não só a "falta-a-ser", mas o que a ela se acrescenta, o ser "a-mais", se é que tivermos que dizer isso com Lacan.[190] Não somente a vergonha como necessária para desculpar sua existência,[191] mas a vergonha "no próprio fato de ter um corpo, de estar lá",[192] para dizer desta vez com Lévinas. Romain Gary, em um romance intitulado *Gros-câlin*, havia descrito, de uma forma brilhante aliás, esse enodamento da vacuidade e do A-mais:

> *Quando tendemos ao zero, sentimos cada vez mais e não cada vez menos. Quanto menos existimos, mais*

---

190 Lacan, J. (1960). Subversão do sujeito e dialética do desejo. In *Escritos*, op. cit., p. 841.

191 Lévinas, E. (1935). *De l'évasion*. Paris: Fata Morgana, 1982, p. 114.

192 Ibid., p. 117.

> *somos em demasia. A característica do menor é seu lado excedentário. Assim que me aproximo do nada, torno-me um excedente. Assim que nos sentimos cada vez menos, há o que e por que arruinar. Há peso [*poids*] excessivo.*[193]

Como explicar então esse peso excessivo, que também constitui a vergonha do sujeito, e o redobra, podendo fazê-lo oscilar do simples rubor de um desejo, à brusca experiência de seu ser de dejeto? Reconhecendo aí não mais o efeito da falta-a-ser do sujeito, mas o efeito de seu ser como objeto. Ou seja, o efeito daquilo que Lacan justamente, em um terceiro tempo de sua teorização do estádio do espelho, teria localizado por trás da imagem do sujeito.

B. O duplo vergonhoso do sujeito

1. Atrás da imagem, o real

Para dar conta desse terceiro passo teórico, partirei do artigo que o inaugura, datado de 1960, intitulado "Subversão do sujeito e dialética do desejo". Uma nova conceituação da imagem aparece ali, a qual me permitirá em seguida prolongar essas proposições sobre a vergonha.

Uma lacuna na imagem

Lacan inicia sua demonstração lembrando: "A imagem especular é o canal adotado pela transfusão da libido do corpo ao objeto".[194] Em 1952, a tese já estava proposta:

---

193 Gary, R. (1974). *Gros-câlin*. Paris: Folio/Gallimard, 1977, p. 197.

194 Lacan, J. (1960). Subversão do sujeito e dialética do desejo. In *Escritos*, op. cit., p. 837 (N. T.).

> *O próprio da imagem é o investimento pela libido. Chama-se de investimento libidinal aquilo através de que um objeto se torna desejável, quer dizer, aquilo através de que se confunde com essa imagem que levamos em nós, diversamente, e mais ou menos estruturada.*[195]

O sujeito investe sua imagem, em seguida é com ela que ele se volta para o mundo. Acredita-se que ele passou do espelho para a janela. Mas é que ele vai ali com seu retrato debaixo do braço. Inclinando-se para fora da janela, o homem não verá quase nada além de um reflexo da ponta de seu nariz.[196] Esperando encontrar no mundo outro reflexo de si mesmo, desejando aí os objetos cujas imagens se acomodarão à sua imagem especular.

Todavia, outra tese é o ponto alto desse artigo: "O gozo está vedado a quem fala como tal".[197] O simbólico mortifica o gozo e, ao fazê-lo, marca-o com uma interdição, de estrutura. E é por isso que o sujeito poderá justamente dedicar-se à sua imagem, e depois, através dela, ao mundo, ele jamais realizará totalmente essa imagem que o preencheria de um "gozo narcísico".[198] Devido à castração simbólica, nem todo o gozo, seja ele narcísico, será conquistado.

Não há, pois, apenas uma falta-a-ser, a qual por trás da imagem especular afeta o sujeito, mas também uma falta de gozar. Mais ainda, φ, o significante da castração, será então definido como o significante desse gozo que falta. "O falo", escreve Lacan, "ou seja, a imagem do pênis, é negativizado em seu lugar na imagem especular.

---

195 Lacan, J. (1953-1954). *O seminário, livro 1: Os escritos técnicos de Freud*. Rio de Janeiro: Zahar, 1975, p. 165.

196 Lacan, J. (1955). A coisa freudiana. In *Escritos*, op. cit., p. 428

197 Lacan, J. (1960). Subversão do sujeito e dialética do desejo. In *Escritos*, op. cit., p. 836.

198 Lacan, J. (1958). De uma questão preliminar a todo tratamento possível da psicose. In *Escritos*, op. cit., p. 577.

É isso que predestina o falo a dar corpo ao gozo, na dialética do desejo . . . o órgão eréctil vem a simbolizar o lugar do gozo, não como ele mesmo nem tampouco como imagem, mas como parte faltante na imagem desejada".[199] Por trás da imagem há um lugar vazio de gozo que o simbólico enquadra e produz. Uma falta de gozar, que (−φ) simboliza e que é sem imagem. O falo, precisa Lacan, aparece na imagem a "menos, como uma lacuna".[200]

Uma lacuna duplicada por outra lacuna

Todavia, essa lacuna será duplicada por outra lacuna. Várias indicações de Lacan em "Subversão do sujeito e dialética do desejo" já permitiam entrever isso. A primeira delas foi destacada por Jacques-Alain Miller.[201] Lacan desdobra nesse artigo o falo em dois símbolos: (−φ), o significante da falta de gozo, e Φ, o falo impossível de ser negativado, significante do gozo. Com efeito, nem todo o gozo é castrado pelo simbólico. A operação do significante sobre o gozo perpetra um resto, Φ, que define uma parte de gozo impossível de ser negativada. Isso se coaduna com outra tese de Lacan lançada dois anos antes: produz-se "uma condição de complementaridade na instauração do sujeito pelo significante".[202] A mortificação do sujeito no simbólico se completa com a instauração de seu ser de "vivente" [*vivant*].[203] A falta-a-ser e a falta de gozar do sujeito, (−φ) são temperadas pelo ganho de um resto de gozo, Φ, o gozo pulsional do corpo, aquele que faz o ser vivo [*vivant*], e que, nessas páginas,

---

199 Lacan, J. (1960). Subversão do sujeito e dialética do desejo. In *Escritos*, op. cit., pp. 836-837.

200 Lacan, J. (1962-1963). *O seminário, livro 10: A angústia*, op. cit., p. 49.

201 Miller, J.-A. (1994). *Donc* (Cours 1993-1994). Département de Psychanalyse de l'Université Paris VIII, inédito (lição de 04/05/1994).

202 Lacan, J. (1958). A significação do falo. In *Escritos*, op. cit., p. 699.

203 Ibid., p. 700.

será polarizado em torno de cinco objetos: o seio, as fezes, o pênis, o olhar e a voz.

A isso, Lacan acrescenta então duas outras indicações. Se por um lado esses objetos não terão imagem, por outro, a imagem especular do sujeito terá a função de vestir esses objetos da pulsão. "Traço comum a esses objetos em nossa elaboração: eles não têm imagem especular, ou, dito de outra maneira, alteridade", "é a esse objeto inapreensível no espelho que a imagem especular dá sua vestimenta".[204] Ora, por que essa imagem lhe confere sua vestimenta, senão que esse é o ser nu do sujeito, o que ele realmente é, e positivamente. A veste que constitui a imagem é um véu que mascara para o sujeito aquilo que, no fundo dessa imagem, ele é irrepresentável, não um sujeito da consciência transparente para si mesmo, mas esse objeto da pulsão ao qual a equação de sua fantasia ($\$\diamond a$) o reduz. A título de prova, tomemos novamente a citação de Lacan, desta vez em sua totalidade:

> *Traço comum a esses objetos em nossa elaboração: eles não têm imagem especular, ou, dito de outra maneira, alteridade. Isso é o que lhes permite serem "estofo", ou, melhor dizendo, o forro, sem, no entanto, serem o avesso do próprio sujeito tomado por sujeito da consciência. Pois esse sujeito, que acredita poder ter acesso a si mesmo ao se designar no enunciado, não é outra coisa senão um objeto desse tipo. Perguntem ao angustiado com a página em branco, e ele lhes dirá quem é o excremento de sua fantasia.*[205]

---

204 Lacan, J. (1960). Subversão do sujeito e dialética do desejo. In *Escritos*, op. cit., p. 832.

205 Ibid.

Um último esclarecimento é necessário. Esse objeto *a*, dirá Lacan mais tarde, é o respondente exato de (–φ) e daquilo que a castração produziu como divisão para o sujeito, $\$$. Os cinco objetos da pulsão são, na verdade, apenas quatro, sendo cada um deles apenas o equivalente[206] ou o complemento da castração que divide o sujeito. Lacan insistiria nisso em várias ocasiões no restante de seu ensino. Por exemplo: no seminário *A identificação*: "é no ponto onde toda significância falha, se abole, no ponto nodal dito, o desejo do Outro, no ponto fálico, na medida em que ele significa a abolição, como tal, de toda significância, que o objeto pequeno *a*, objeto da castração, vem tomar seu lugar";[207] no Seminário *A angústia*: "o *a* assume seu valor, por vir no pote de menos *phi*";[208] no Seminário *Os quatro conceitos fundamentais da psicanálise*: "o objeto *a* é algo de que o sujeito, para se constituir, se separou como órgão. Isso vale como símbolo da falta, quer dizer, do falo".[209]

Podemos agora esclarecer: por trás da imagem especular, o que há? A castração, decerto, mas também suas consequências para o sujeito: *a*/(–φ). Ou seja, por um lado, um nada, (–φ), que simboliza a falta-a-ser enodado à falta a ter, assim como à falta de gozar do sujeito. E, por outro lado, o que a isso responde: *a*, esse objeto que o sujeito é em sua fantasia e que constitui seu ser de gozo. Por trás

206 Lacan, J. (1962-1963). *O seminário, livro 10: A angústia*, op. cit., p. 105.

207 Lacan, J. (1962). *Le séminaire "L'identification (1961-62)"*, inédito (lição de 27/06/1962).

208 Lacan, J. (1962-1963). *O seminário, livro 10: A angústia*, op. cit., p. 226.

209 Lacan, J. (1964-1965). *O seminário, livro 11: Os quatro conceitos fundamentais...*, op. cit., p. 101. Cf. também Lacan, J. (1964). "Do *Trieb* de Freud e do desejo em psicanálise". In *Escritos* (Vera Ribeiro, Trad.). Rio de Janeiro: Zahar, 1998, p. 867: "Não faltam objetos que passam por lucros e perdas para ocupar seu lugar. Mas é em número limitado que eles podem desempenhar um papel que se simbolizaria da melhor maneira possível pela automutilação do lagarto, por sua cauda desprendida com desolação".

da imagem especular há esse "forro"[210] íntimo do sujeito, tecido pelos componentes de sua fantasia, $\$$ e *a*. São essas duas lacunas que constituem a parte irrepresentável do sujeito. Assim como são essas duas lacunas que sua imagem vem vestir e velar. Que se retire do sujeito essa imagem ou que ela vacile no encontro com uma página em branco e esse sujeito poderá então sentir que, com efeito, não é "outra coisa senão um objeto desse tipo".[211] A imagem é, portanto, uma máscara, mais do que um representante do sujeito. Lacan, aí novamente, insistirá nisso em inúmeras ocasiões: notadamente no Seminário *A angústia*, o objeto *a* é "habitualmente mascarado por trás da i(*a*) do narcisismo, e desconhecido em sua essência",[212] e até mesmo no Seminário *Mais, ainda*: "a vestimenta da imagem de si . . . que vem envolver o objeto causa do desejo".[213]

Há, portanto, no fundo da imagem especular i(*a*), o sujeito "atado" à sua "substância", como escreveu Céline.[214] Lacan diria que "*a*", por sua vez, "é, a saber, a *substância* de vocês, a substância de *sujeito*, na medida em que, como *sujeito*, vocês não têm nenhuma, senão esse objeto caído da inscrição significante".[215] A imagem veste o sujeito, mas somente para mascarar sua consistência, essa substância gozante que ele é, *a*, objeto caído de seu corpo. Ela mascara, assim, o pouco que ele é e que já poderia ser demais. Pois é a impostura, necessária até certo ponto, com que o sujeito se reveste para mascarar que ele não

210 Lacan, J. (1960). Subversão do sujeito e dialética do desejo. In *Escritos*, op. cit., p. 832.

211 Ibid.

212 Lacan, J. (1962-1963). *O seminário, livro 10: A angústia*, op. cit., p. 364.

213 Cf. também "O que há sob o hábito, e que chamamos de corpo, talvez seja apenas esse resto que chamo de objeto *a*. O que faz aguentar-se a imagem, é um resto", ibid., p. 12. Lacan, J. (1972-1973). *O seminário, livro 20: Mais, ainda* (M. D. Magno, Trad.). Rio de Janeiro: Zahar, 1985, p. 125.

214 Céline, L.-F. (1952). *Mort à crédit*. Paris: Gallimard, p. 303.

215 Lacan, J. *Le séminaire "La logique du fantasme (1966-67)"*, inédito (lição de 24/05/1967).

é aquilo que seus ideais, emprestados do Outro, o impeliam a ser. O sujeito não é uma imagem comportada, nem se reduz a belas promessas. Não bastam o imaginário e o simbólico, o real fará e desfará aquilo que o sujeito é. A imagem especular é, portanto, aquilo que deverá velar, vestir e mascarar, que o sujeito existe, no fundo de sua imagem: "outra coisa senão um objeto desse tipo".[216]

Só que é isso também o que poderá ser desvelado e afetar o sujeito sob vários constrangimentos. Lacan, a respeito das mentiras da imagem, evocava da seguinte forma os espelhos obscuros da Antiguidade:

> Pequeno i *do* pequeno a *que envolve o acesso ao objeto da castração, é aqui a própria imagem que faz obstáculo no espelho, ou melhor, que, à maneira do que se passa nesses espelhos obscuros, é preciso sempre pensar na obscuridade, a cada vez que, nos autores antigos, vocês vêm intervir a referência do espelho, alguma coisa pode aparecer para além da imagem que dá o espelho claro, [ou seja, a imagem] desse objeto pequeno* a, *a propósito do qual falei do horror.*[217]

2. Histórias de espelhos

Quais são esses espelhos obscuros que os Antigos teriam usado? Digamos inicialmente seu modo de fabricação, datado da Antiguidade, mas que prevalece até a Idade Média. Sabine Melchior-Bonnet relata isso em sua fascinante *Histoire du miroir* [*História do espelho*]. Essa técnica consistia em soprar uma cápsula de vidro e, em seguida, despejar nela chumbo derretido. Esse então era fixado na parte

---

216 Ibid.

217 Lacan, J. (1962). *Le séminaire "L'identification (1961-62)"*, inédito (lição de 27/06/1962).

côncava do vidro, que poderíamos recortar em seguida para obter o espelho, misturado com o chumbo. E é por isso que os espelhos tiveram por muito tempo uma curta superfície, de formato convexo e cor escura, refletindo para os sujeitos da época uma imagem obscurecida e deformada, cujas estranhezas servirão pouco a pouco, conforme os discursos, para muitas projeções.

Lendas

O discurso da Cristandade, tal como se difundiu pela Europa e na Idade Média, constitui um primeiro exemplo disso. Pois, já nesta época, a experiência do espelho não é considerada como a simples visão de si, a ponto de a Igreja condenar veementemente os requintes narcisistas que alguns experimentavam nisso. Para ela, há apenas um espelho válido, o do divino. Gênesis diz que: "Deus criou o homem à sua imagem e semelhança".[218] O homem, portanto, não terá o direito de se comprazer em sua imagem. Essa imagem, a dele, está necessariamente maculada com o pecado, mesmo que seja o gosto adquirido com essa imagem. Esquecer-se disso seria renegar a única perfeição que existe, a do modelo divino. "Porque o pecado obscureceu o espelho", observa Sabine Melchior-Bonnet, "todos devem olhar para o modelo divino para restaurar a semelhança perdida. A Bíblia é o 'espelho imaculado', destinado a educar o homem".[219] Nele, escreve Santo Agostinho: "veja se você é o que ele diz. Se ainda não o for, implore para que o seja; ele vai lhe mostrar seu rosto".[220] O discurso religioso proíbe a experiência do espelho em prol de um único imperativo: o sujeito deverá olhar no espelho puro do divino aquilo que ele falta-a-ser e que indivíduo culpado ele já é, sempre maculado por seus pecados. As Sagradas Escrituras lembram

---

218 Melchior-Bonnet, S. (1994). *Histoire du miroir*. Paris: Hachette Littératures, p. 120.

219 Ibid.

220 Ibid., p. 121.

ao sujeito sua mácula original e lhe prescrevem a qual eu ideal ele deveria satisfazer melhor.

O uso do espelho será, assim, sistematicamente condenado e suspeito do pecado do orgulho. Se o reflexo do homem não for o de Deus é porque, então, é o do Diabo.[221] Ora, é justamente isso que imagens populares virão difundir na Idade Média por toda a Europa e que as imperfeições dos espelhos da época virão servir. Por trás da complacência do sujeito em se mirar para além dessa imagem que o re-gozija, há a vaidade vergonhosa e o sorriso carrancudo daquele que insuflou o vício no homem. Ao evocar esses espelhos, Sabine Melchior-Bonnet nos ensina que:

> *sua forma arredondada e sua cor escura suscitam efeitos estranhos, o que lhes vale o nome de "espelhos de bruxas", aos quais são atribuídos poderes maléficos. Por trás dessas artes mágicas, emergem Lúcifer e seu pacto demoníaco, cuja história diversas versões de Fausto popularizaram.*[222]

Por exemplo, um Tratado sobre a *Éducation des filles* [*Educação das meninas*], escrito pelo Cavaleiro de La Tour-Landry no século XIV, difundirá na Europa uma dessas histórias. Uma jovem senhora "reservava um quarto do dia para se arrumar; todos a esperavam dizendo: como essa senhora nunca vai ser mirada porta afora?". E quando a dama se olhava, vira "de forma invertida, o inimigo a mirar, o qual lhe mostrava seu traseiro tão feio, tão horrível, que ela desmaiara e permanecera por um bom tempo doente".[223] A cena foi, aliás, ilustrada em uma tradução alemã do Tratado. Vemos aí a senhora se penteando novamente frente ao espelho côncavo,

221 Ibid., p. 120.
222 Ibid., p. 191.
223 Ibid., p. 220.

enquanto que, atrás dela, o diabo se diverte refletindo seu traseiro nele. Essa história foi até mesmo transformada em provérbio: "O espelho é o verdadeiro cu do diabo".[224] Para outro exemplo, a história de Villana della Botti, dessa vez contada na Itália. Outra senhora, também apaixonada por seus reflexos, mas que um dia, ao descobrir em seu espelho um "hediondo demônio",[225] teria se retirado para uma Ordem Terceira de Dominicanos. E ainda na Bretanha, é o seguinte provérbio que circula: "A jovem, ao se olhar no espelho, vê um lobisomem".[226]

Assim, a mesma lenda se espalha na Europa medieval. O demônio está no espelho e quem quiser contemplá-lo verá nele a si mesmo com o demônio em seu corpo, maculado com seus pecados. Mais ainda, eles olham para o sujeito e riem dele, por força dessas caretas do diabo. Lembremo-nos do rosto carrancudo da madrasta de Branca de Neve. "Espelho, espelho meu, existe alguém mais bela do que eu?"; "essa imagem", conclui a autora aqui:

> *tão penetrante através dos séculos, da esterilidade e do ódio, é como a anamorfose do rosto do homem, . . . o espelho é o lugar dessa inversão em que surge a estranheza de um rosto desconhecido. Para quem olha para frente, o jogo dos reflexos desvela aquilo que ficou para trás, a corcunda vergonhosa e repleta de malícias. Narciso com o olhar remelento não pode mais esperar se contemplar em um espelho claro; sempre culpado e dividido, começa projetando o diabo no espelho, duplo arcaico dos desejos proibidos, depois reintegra, no real,*

224 Ibid., p. 205.
225 Ibid., p. 206.
226 Ibid.

> *aquilo que era dado por fantástico. O espelho reflete, então, as caretas da vida cotidiana, paixões e recalques.*[227]

Espelhos para não se ver

O que essas caretas do diabo mostram, então, senão o corpo contaminado por seu gozo? Nisso os espelhos obscuros e seus reflexos confusos talvez mentissem menos do que os espelhos claros de hoje. Por trás desse progresso técnico, poderia justamente se acomodar o desejo de um homem com pressa de apagar seus rastros. Não o desejo de se ver melhor, portanto, mas o contrário, o de mascarar e recalcar seus próprios reflexos exatos. Ou seja, "a imagem desse objeto pequeno (*a*)", para repetir com Lacan, "a propósito do qual falei do horror".[228] Não a imagem verdadeira de (*a*), que não tem nenhuma. A senhora que, em seu espelho, se vê como um demônio hediondo, desmaia. E, por meio das falhas dos espelhos obscuros, uma evocação no imaginário, desse real que horroriza e envergonha o sujeito ao mesmo tempo. As caretas do diabo são um vislumbre do "forro"[229] [*doublure*] do sujeito, quando ele, no espaço de um instante de ver, se descobre desmascarado. Elas são um desvelamento daquilo que esse sujeito é como resto de desejo e de gozo, ineliminável no fundo de sua imagem. Essas caretas do diabo foram uma tentativa de Outrificar, com o auxílio da imagem e do significante, o demônio interior e de caráter alienado do sujeito: *a*.[230] É para recalcar isso que a imagem ideal servia, a qual, porém, poderá se desvelar e causar a vergonha ou o horror do sujeito. Por trás dessa imagem, uma "corcunda vergonhosa e repleta de malícia" já a deformava, a qual infla

227 Ibid., p. 217.

228 Lacan, J. (1962). *Le séminaire "L'identification (1961-62)"*, inédito (lição de 27/06/1962).

229 Lacan, J. (1960). Subversão do sujeito e dialética do desejo. In *Escritos*, op. cit., p. 832.

230 Cf. sobre esse ponto Strauss, M. (mar. 2003). Entre. *Revue des Collèges Cliniques du Champ Lacanien, 2.*

o objeto causa do desejo – *a*. Acreditar que o homem terá inventado belos espelhos... para não se ver... assim, belos espelhos contra sua vergonha original, essas caretas do real com que sua *vergontologia* sempre o ameaça. "Justificar-nos na frente do Outro?", escreveu Christian Demoulin. "Talvez seja isso que esteja em jogo cada vez que nos olhamos no espelho."[231]

3. A vergonha e a fantasia

Há, portanto, essa duplicação do sujeito que mascara sua imagem especular e que constitui sua fantasia. Isso já poderia definir uma topologia da vergonha. A vergonha vira o sujeito "como uma luva",[232] ou seja, ataca e "desmente" sua imagem, mancha-a com o seu duplo [*doublure*]. Esse "duplo negro", que, num dos seus poemas, Miguel Torga tão bem descreveu para os Janos que nós somos: "A este assombro de se ver forrado/ Dum pano de negrura que desmente/ A nua claridade do outro lado".[233] A vergonha vira o sujeito como uma luva, razão pela qual faz sair, do fundo de sua imagem, seu duplo vergonhoso e ontológico. Essa parte do sujeito não é mais feita de identificações simbólicas e imaginárias, mas de seu ser de objeto. Em outros termos, daquilo que é sem imagem: $\$$, que determina $(-\varphi)$ e que completa *a*. No instante de sua vergonha, o sujeito se sentirá reduzido a isso, "o avesso da face",[234] seu duplo sem imagem.

---

231 Demoulin, C. (2005). *Le corps injustifiable*. Comunicação proferida em Besançon em 28 de maio de 2005, no âmbito do estágio no Collège Clinique de Bourgogne-Franche Comté, inédito.

232 Expressão que tomo emprestada de Sartre, citando Genet, em Sartre, J.-P. (1952). *Saint Genet, comédien et martyr*. Paris: Gallimard, p. 98.

233 Torga, M. *Poesia completa*. Lisboa: Dom Quixote, 2000.

234 Lacan, J. (1954-1955). *O seminário, livro 2: O eu na teoria de Freud e na técnica da psicanálise*. Rio de Janeiro: Zahar, 1985, p. 197.

A vergonha comporta, portanto, um instante de destituição do sujeito, o qual o reduzirá subitamente àquilo que ele é no fundo dessa imagem, essa "outra coisa senão um objeto desse tipo".[235] A ferida narcísica que a vergonha constitui é um rasgo, a lembrança forçada e imposta ao sujeito daquilo que sua imagem e seu ego lhe dissimulavam e que tem a ver tanto com sua falta-a-ser quanto com seu ser de gozo. O instante de vergonha é um instante de ver, que é um instante de verdade. A impostura egoica é denunciada e o duplo do sujeito experimentado. As várias ocorrências de vergonha podem então ser definidas como tantas modalidades dessa reversão, afetando esse sujeito até em seu corpo. Seria o caso, portanto, de declinar *vergonhas.*

A vergonha, mais que a culpa

Para tanto, citemos primeiramente essa tese de Lacan extraída do Seminário *A identificação*: a relação com a imagem do corpo "é o que, para nós, recobre e mascara a relação com o objeto . . . que é aquela da fantasia fundamental".[236] Seja egoico ou especular, há, sob a vestimenta da imagem, o *agalma* da fantasia. Há ali a presença sobre fundo de ausência do objeto causa de seu desejo, *a*, que $(-\varphi)$ faz brilhar com todas as suas luzes e para o qual a fantasia conduz o sujeito, ($\$\lozenge a$). O duplo vergonhoso do sujeito será, portanto, um outro nome de sua fantasia. A vergonha é, antes de tudo, a vergonha de uma fantasia.

Freud teria observado isso em sua prática. O neurótico tem vergonha de suas fantasias, a ponto de, no tratamento, resistir em admiti-las. Ele menciona isso em seu artigo "Uma criança é espancada":

---

235 Lacan, J. (1960). Subversão do sujeito e dialética do desejo. In *Escritos*, op. cit., p. 832.

236 Lacan, J. (1962). *Le séminaire "L'identification (1961-62)"*, inédito (lição de 13/06/1962).

> *É somente com hesitação que essa fantasia é confessada. O seu primeiro aparecimento é recordado com incerteza. O tratamento analítico do problema encontra inequívoca resistência. A vergonha e o sentimento de culpa são talvez mais intensamente provocados em relação a essa fantasia, do que quando são feitos relatos semelhantes de lembranças do início da vida sexual.*[237]

Freud, em um texto anterior, foi ainda mais preciso:

> *O adulto tem vergonha de suas fantasias e as esconde dos outros, cultiva-as como sua vida íntima mais pessoal; via de regra, ele preferiria confessar suas faltas a comunicar suas fantasias. Pode acontecer que, por esse motivo, ele se considere o único a forjar tais fantasias e que não pressinta nada da difusão universal de criações completamente análogas nos outros.*[238]

Essa segunda passagem é mais precisa, pois uma distinção é feita aí. É mais fácil para o sujeito confessar suas faltas do que o desejo que sua fantasia sustenta. O sujeito vai preferir bater no próprio peito dizendo ser culpa sua, fazer modelo de sua divisão, mostrar até que ponto ele falha em seus deveres a dizer a qual objeto *a* ele se reduz. Culpa, portanto, em vez de vergonha. Acreditando que uma mentiria mais que a outra e que, por trás da admissão da falha, a verdadeira vergonha seria mantida em segredo. Que vergonha seria

---

237 Freud, S. (1919). Uma criança é espancada. In *Edição standard brasileira das obras psicológicas completas de Sigmund Freud* (v. XVII, Jayme Salomão, Trad.). Rio de Janeiro: Imago, edição eletrônica.

238 Freud, S. (1919). L'inquiétante étrangeté. In *L'inquiétante étrangeté et autres essais*. Paris: Folio/Gallimard, 1985, p. 36.

essa? Acompanhemos Freud: a da particularidade do sujeito, "sua vida íntima mais pessoal", aquilo que ele acredita ser o "único" a forjar como fantasias. Não somente a vergonha dos defeitos, portanto, mas, sobretudo, a vergonha daquilo que o torna semelhante a ninguém.

Assim, o sujeito que tem vergonha de sua fantasia, tem vergonha do fato de que ele falta-a-ser, $\$$, ainda mais, porém, Freud nos ensina, daquilo que ele é como objeto *a*, e do desejo que esse objeto causa nele. O sujeito quer esconder sua fantasia do Outro, porque sua fantasia encerra o segredo de seu ser, o que devia permanecer velado por trás de sua impostura egoica, no fundo de sua imagem. Nem todo sujeito, com efeito, é Alcibíades.[239] Aquele que, diferentemente do neurótico, diria Lacan, pode "despir-se, assim, em público"[240] e confessar sem vergonha nenhuma o objeto de seu desejo, além dos "limites"[241] e dos "véus"[242] do pudor. Ao contrário, o neurótico, que falta-a-ser "desejante",[243] recusa-se a fazê-lo. "Entre os desejos que produzem suas fantasias", observa Freud, "há muitos que é simplesmente imperativo esconder; é por isso que ele tem vergonha de sua fantasia como algo infantil e proibido".[244] A vergonha do neurótico será primeiro a de ter um desejo e de ser levado por uma fantasia, quando o seu ideal, fingindo ser sua causa, o impelia a se reduzir à máscara de uma bela e sábia imagem. Obviamente, leio aqui Freud com Lacan, o qual, em seu Seminário *O desejo e sua interpretação*, também se interessou pela confissão da fantasia e nos deu, naquela ocasião, novas indicações sobre a vergonha.

---

239 Lacan, J. (1960). Subversão do sujeito e dialética do desejo. In *Escritos*, op. cit., p. 840.

240 Lacan, J. (1960-1961). *O seminário, livro 8: A transferência*, op. cit., p. 179.

241 Ibid., p. 137.

242 Ibid., p. 161.

243 Lacan, J. (1960). Subversão do sujeito e dialética do desejo. In *Escritos*, op. cit.

244 Freud, S. (1919). L'inquiétante étrangeté. In *L'inquiétante étrangeté et autres essais*, op. cit., p. 37.

"Outra coisa senão um objeto desse tipo"

Indica Lacan nesse Seminário:

> *A posição do desejo em relação ao sujeito, quero dizer, esse além do nominável, esse além do sujeito no qual se situa esse desejo, está aí . . . é algo que nos explica a qualidade própria com que a fantasia se reveste quando ele se confessa, seja a do pervertido ou não, a saber: esse tipo de constrangimento que deve ser nomeado em sua ponta, aquela que efetivamente retém muito tempo, muitas vezes, os sujeitos entregues, a saber: essa face ridícula, que só se explica, só se compreende, se já tivermos podido perceber as relações que construímos entre o desejo em sua devida posição e o campo, o domínio, da comédia.*[245]

A posição do sujeito em relação a seu desejo resiste, portanto, em ser nomeada. Por trás da difícil confissão da fantasia, senão impossível de dizer, ao menos há um constrangimento do sujeito, porque ali as palavras faltam e porque se desvelaria então uma "face ridícula" de si mesmo, outro nome de seu duplo vergonhoso.

Qual é a razão desse "ridículo"? Ali onde o sujeito falta em se definir no simbólico, seu pudor será não ousar dizer, e até mesmo não poder dizer, de que consistência real ele é feito. Trata-se aí da consistência de um objeto, aqui novamente definido por Lacan como um objeto *imaginário* do desejo, e não, como ele fará mais tarde, como objeto *real*, causa do desejo. Voltarei a essa nova definição do objeto *a* e às consequências que ela tem para a vergonha, então

245 Lacan, J. *Le séminaire "Le désir et son interprétation (1958-59)"*, inédito (lição de 17/06/1959).

reexaminada por Lacan. No entanto, ainda que com essa reserva, a tese, desde esse Seminário, é proposta. Observa Lacan:

> *Voltemos à nossa fórmula, nossa estrutura do desejo, para ver aquilo que faz dela não somente a função do objeto, como tratei de articular há dois anos, nem tampouco a do sujeito, tal como tentei lhes mostrar, que se distingue nesse ponto-chave do desejo por esse desvanecimento do sujeito na medida em que ele tem que se nomear como tal, mas na correlação que liga um ao outro, que faz com que o objeto tenha precisamente essa função de significar esse ponto em que o sujeito não se pode nomear, em que o pudor, eu diria, é a forma régia daquilo que se cunha nos sintomas em vergonha e em nojo.*[246]

O pudor será, portanto, o afeto que designa e desvela essa correlação estrutural de uma falta-a-ser a um ser de objeto. Ela abrange aquilo que o sujeito é como lugar vazio, $\barS$, à medida que, no Outro, faltam os significantes que permitiriam que esse sujeito fosse reabsorvido no significante. E também revela *o que* ele é nesse lugar como objeto *a*, na medida em que "o objeto tenha essa função precisamente de significar esse ponto em que o sujeito não pode se nomear".[247] Enfim, o pudor se fixará no enodamento dos dois, esse enodamento que a fantasia comporta e que detém seu sintagma ($\barS \lozenge a$): a falta-a-ser de um sujeito, que tempera seu ser de objeto, o sujeito mortificado no simbólico, mas presentificado pelo objeto que o causa e o anima com um desejo.

O duplo vergonhoso de um sujeito, que é sua fantasia, é, portanto, justamente seu duplo ontológico. A fantasia não se limita aos

246 Ibid., inédito (lição de 03/06/1959).

247 Ibid.

pequenos cenários de gozo de um sujeito. A fantasia fundamental de um sujeito é aquilo que tem a função de dar suporte a esse sujeito em sua existência, oferecendo-lhe o auxílio do objeto a fim de se encarnar como ser vivo e não se reduzir à sua mortificação simbólica. Lacan indica isso em outra lição desse Seminário:

> *O objeto ocorre ser esse algo que não é o correlativo e o correspondente de uma necessidade do sujeito, mas esse algo que sustenta o sujeito no momento preciso em que ele tem que enfrentar, por assim dizer, sua existência, que sustenta o sujeito na sua existência, na sua existência no sentido mais radical, a saber, justamente que ele existe na linguagem; quer dizer, que ela consiste em algo que está fora dele, em algo que ele só pode apreender em sua natureza própria de linguagem no momento preciso em que ele, como sujeito, deve se apagar, desvanecer, desaparecer por trás de um significante, o que é precisamente o ponto, por assim dizer, de pânico em torno do qual ele deve se agarrar a algo, é justamente ao objeto enquanto objeto do desejo que ele se agarra.*[248]

Concluo que a vergonha é, em primeiro lugar, e sempre, um afeto que conduz à raiz ontológica do ser. O sujeito que tem vergonha de sua fantasia envergonha-se do ponto mais íntimo de seu ser, ou seja, daquilo que o sustenta na existência. "Não sou nada, $\$$, a não ser *isso*", não ousa dizer o sujeito vergonhoso, assim desvelado não somente em seus segredos íntimos, mas mais além, na impureza de sua condição de ser falante. Razão pela qual, como me sugeriu Alain Abelhauser, farei da vergonha um nome da fantasia e da

248 Ibid., inédito (lição de 10/12/1958).

equação da fantasia, ($\$\Diamond a$), o matema da vergonha. A vergonha que separa e desvela os componentes dessa equação, quando seu avesso, "a suficiência",[249] ao contrário, se apoia em sua fusão, essa "solda"[250] que constitui a aparente unidade do sujeito. A vergonha aponta esse momento em que o sujeito desaparece e se desvanece, $\$$, diante do objeto de seu desejo, *a*, redobrando e despertando a barra que o divide. Mas a vergonha também define esse momento em que o sujeito vai vivenciar sua ontologia e baixará os olhos diante de sua condição de ser falante: ser nada, $\$$, a não ser isso, *a*. Duas ocorrências da vergonha que a clínica permite verificar.

4. Com Renoir

Para lançar luz sobre a primeira dessas ocorrências, consideremos inicialmente o comentário que, nesse mesmo Seminário, Lacan fez do filme *A regra do jogo*,[251] de Jean Renoir. Ou mais exatamente a partir da cena desse filme em que Dalio – *alias* La Chesnaie, colecionador de caixas de música – "revela/descobre" [*découvre*] para um grande público sua última descoberta: "uma caixa de música mais especialmente bela".[252]

A cena

A imponente caixa de música foi instalada em um palco. Em seguida, subitamente, a cortina sobe. A caixa de música aparece então para o público, mas não só. Pois a câmera de Jean Renoir focaliza

249 Lacan, J. (1968-1969). *O seminário, livro 16: De um Outro ao outro*. Rio de Janeiro: Zahar, 2008, p. 22.

250 Ibid.

251 Lacan, J. *Le séminaire "Le désir et son interprétation (1958-59)"*, inédito (lição de 10/12/1958).

252 Ibid.

em seguida o olhar constrangido e perturbado de Dalio, que, em pé, ao lado de sua maravilha, também enfrenta o público. É esse o momento que Lacan retém:

> *Nesse momento, o personagem está literalmente nesta posição que poderíamos e que devíamos chamar exatamente a do pudor: ele cora, se apaga, desaparece, está muito envergonhado. O que ele mostrou, mostrou. Mas como é que aqueles que estão ali poderiam entender que nós nos encontramos lá, nesse nível, nesse ponto de oscilação que agarramos, que se manifesta no extremo, nessa paixão pelo objeto de colecionador? Essa é uma das formas do objeto de desejo. O que o sujeito mostra nada mais seria do que o ponto máximo, o mais íntimo de si mesmo; o que esse objeto sustenta é justamente aquilo que ele não pode revelar, nem a si mesmo, é esse algo que está mesmo à beira do maior segredo.*[253]

Por que Lacan, em seu Seminário, opta por deter-se nessa cena do filme de Jean Renoir? Para mostrar aquilo de que se "sustenta a existência do sujeito", ao mesmo tempo que se distingue do existencialismo de Sartre: "Poderia começar a articular para vocês nos mesmos termos que agora há pouco, no que diz respeito à existência, e em dois minutos vocês me tomarão por um existencialista, e não é isso que desejo. Vou pegar um exemplo de *As regras do jogo*, o filme de Jean Renoir".[254] Lacan antecipa aqui a crítica que fará a Sartre cinco anos depois e à qual voltarei. A posição do sujeito na existência não é a de um sujeito "nadificante" [*néantissant*], mas a de um "sujeito se

---

253 Ibid.

254 Ibid.

sustentando numa função do desejo".[255] O que "sustenta o sujeito em sua existência"[256] é o objeto causa de seu desejo, cujo desvelamento que Renoir põe em cena aqui constitui, para Lacan, um paradigma. Nessa encenação, o que Dalio "revela/descobre" para o público, e que repentinamente afeta seu pudor e o cobre de vergonha? Mais do que uma caixa de música, o que ela representa: o objeto *a* de sua fantasia. Esse ponto secreto de seu ser em que, na falta de significante, o sujeito se reduz a *a*, boquiaberto e com olhar abaixado que está pelo objeto de sua fantasia. Lacan voltará a isso em seu Seminário *A transferência*: "Lembrem-se de que, para lhes definir o objeto *a* da fantasia, tomei o exemplo, em *A regra do jogo* de Renoir, de Dalio mostrando seu pequeno autômato, e desse rubor feminino com o qual ele se afasta, após ter dirigido seu fenômeno".[257]

No ponto mais íntimo

Do que é feito esse desvelamento? Inicialmente, há a cortina abaixada, o véu puxado que no palco sugere um objeto agalmático, um tesouro fálico. Sobre o véu "pinta-se a ausência"[258] e, além do véu, o "significante do desejo"[259] é evocado, φ. Dalio, que primeiro faz o seu anúncio ao público, sugere que a mais bela das maravilhas, aquela que falta a todos, está ali, atrás da cortina, por um momento, ainda mantida em segredo. Ora, nesse exato momento, o personagem não tem vergonha. Ao contrário, ele se agita, se anima, fica exultante por se ver assim, *pelos* olhares de todos, proprietário

255 Lacan, J. (1964-1965). *O seminário, livro 11: Os quatro conceitos fundamentais...*, op. cit., p. 84.

256 Lacan, J. *Le séminaire "Le désir et son interprétation (1958-59)"*, inédito (lição de 10/12/1958).

257 Lacan, J. (1960-1961). *O seminário, livro 8: A transferência*, op. cit., p. 137.

258 Lacan, J. (1956-1957). *O seminário, livro 4: A relação de objeto*, op. cit., p. 157.

259 Lacan, J. (1956-1957). *O seminário, livro 5: As formações do inconsciente*, op. cit., p. 379.

tão rico. Seu narcisismo é lisonjeado e sua imagem falicamente redourada, completada.

Em seguida, chega o instante do desvelamento. Descobre/revela-se, então, atrás das cortinas, aquilo que havia por trás da imagem especular do sujeito, seu duplo vergonhoso, o fanatismo que o sustenta na existência. Com efeito, o que, nesse instante, constitui o objeto da vergonha de Dalio? Não apenas o fato de enfrentar o público. Mas o fato de se ver despido diante dele, despojado de sua roupagem imaginária e significante, e reduzido a isso, um objeto. Dalio quis mostrar a caixa, mas foi a caixa que o mostrou, revelando diante de todos e dele mesmo aquilo que ele era, no ponto mais íntimo de seu ser. A caixa de música naquele instante o interpretou[260] e apontou para ele. É isso que causa a surpresa e a vergonha desse personagem. Dalio queria revelar o segredo de sua última aquisição e agora ela revela o segredo daquilo que ele é, por trás de sua imagem. Diante dos olhos de todos, a caixa de música o revirou como uma luva e, por isso, o tomou de uma vergonha ontológica, tão benigna quanto possa parecer seu alcance. "Nesse momento", diz justamente Lacan, "o personagem está literalmente nesta posição que poderíamos e que devíamos chamar exatamente a do pudor: ele cora, se apaga, desaparece, está muito envergonhado. O que ele mostrou, mostrou".[261] E o que ele mostrou? Ou melhor, o que a caixa mostrou sobre ele? Este objeto *a* que normalmente "repugna, mesmo, a se mostrar".[262]

Assim, o sujeito desaparece de vergonha, mas porque é da sua natureza de ser falante desaparecer, $\cancel{S}$, diante do objeto causa do seu desejo, *a*. Por desaparecer, ou melhor, nesse caso, querer desaparecer.

---

260 Miller, J.-A. (1988). Sept remarques de Jacques-Alain Miller sur la création. *Lettre Mensuelle*, n. 68. Paris: École de la Cause freudienne, ACF, p. 9.

261 Lacan, J. *Le séminaire "Le désir et son interprétation (1958-59)"*, inédito (lição de 10/12/1958).

262 Lacan, J. (1960-1961). *O seminário, livro 8: A transferência*, op. cit., p. 137.

Dalio queria deixar o palco, se apagar, $\$$. Seu pudor de ser falante foi tocado. O colecionador devia se honrar com essa mostração e assim completar sua imagem. Mas eis que, naquele instante, ele experimenta, ao contrário, muito de si mesmo. Olhares cheios se voltam para ele e o miram, a começar pelo seu próprio. E é contra esses olhares excessivos que Dalio baixa os olhos, constrangido como está por chamar atenção [*faire tache*], por, repentinamente, estar ali e ser *a* demais.[263]

Com *A regra do jogo*, termina assim uma primeira rodada sobre a vergonha, na qual tentei identificar aquilo que ela deve a uma travessia da imagem do sujeito e como, a partir daí, já ressoa seu alcance ontológico. Ainda assim, essa sequência do filme abre uma outra vertente da vergonha - sua relação com o olhar. Lacan fez menção a isso, por ocasião de seu retorno à questão da vergonha, alguns anos depois, em seu Seminário *Os quatro conceitos fundamentais da psicanálise*.

263 Em francês, "*d'*être *soudainement trop l'*a", cuja tradução seria "por, repentinamente, ser *a* demais". Há, todavia, um equívoco na frase, na qual, ao ser lida em voz alta, ouve-se "*d'*être *soudainement trop là*", que traduziríamos "por, repentinamente, estar lá demais" (N. T.).

2. A vergonha e o olhar

Continuarei em seguida a desenrolar o fio cronológico e conceitual das indicações dadas por Lacan sobre a vergonha no decorrer de seu ensino. Na época do Seminário sobre *A identificação*, o objeto considerado ainda é definido como objeto imaginário do desejo. Ora, Lacan viria pouco a pouco teorizando esse objeto de outra forma, para defini-lo, em última instância, como objeto real, causa do desejo para o sujeito. Essa proposição teórica o levará, na ocasião de seu Seminário *Os quatro conceitos fundamentais da psicanálise*, a retornar ao afeto da vergonha.

Vale enfatizar aqui, portanto, o apoio decisivo que Lacan encontra em outro autor, desta vez um filósofo, Jean-Paul Sartre. Apoio renovado. Pois é por ocasião de uma referência já feita a Sartre que Lacan evocou pela primeira vez em seu ensino o afeto de vergonha. Ou seja, em 1954, durante seu Seminário *Os escritos técnicos de Freud* e nos desvios de uma alusão à obra de ontologia fenomenológica *O ser e o nada*, em que Sartre se detém longamente sobre a vergonha. Esta é a passagem desse Seminário que atesta isso: "Toda a fenomenologia da vergonha, do pudor, do prestígio e do medo particular engendrado pelo olhar, está ali admiravelmente descrita, e eu os aconselho a se reportar a isso na obra de Sartre". Ele conclui: "É uma leitura essencial para um analista".[1] Em fevereiro de 1964, dez anos depois, Lacan revisita esses desdobramentos. Seu desejo é então de se explicar sobre o olhar. O que é o olhar?[2] Como imaginá-lo?[3] São essas as questões a partir das quais ele se refere a Sartre e mais uma vez presta homenagem a essas passagens "entre as mais brilhantes"[4] de *O ser e o nada*, abordando os temas do olhar e da vergonha. Só que ao construir sua própria teorização do olhar, Lacan se separa dessa vez das análises de Sartre. E isso em pelo menos dois pontos: a localização desse olhar e sua natureza.

A. O que é o olhar?

1. O olhar imaginado no campo do Outro

Para sublinhar essas distinções, vejamos primeiro como Sartre, segundo Lacan, define o olhar. "O olhar, tal como concebe Sartre, é o olhar pelo qual sou surpreendido",[5] na medida em que ele me perturba em minha relação com o ser e também em que me traz de volta à minha condição de objeto, que Sartre qualifica como objetividade. O outro é, por princípio, aquele que me olha e de quem eu me torno objeto.[6]

---

1 Lacan, J. (1953-1954). *O seminário, livro 1: Os escritos técnicos de Freud*. Rio de Janeiro: Zahar, 1975, p. 246.

2 Lacan, J. (1964-1965). *O seminário, livro 11: Os quatro conceitos fundamentais da psicanálise* (M. D. Magno, Trad.). Rio de Janeiro: Zahar, 1988, p. 82.

3 Ibid., p. 83.

4 Ibid.

5 Ibid., p. 83.

6 Sartre, J.-P. (1943). *O ser e o nada: ensaio de fenomenologia ontológica* (13ª ed., Paulo Perdigão, Trad.). Petrópolis: Vozes, 2005, p. 358.

Com Sartre

Em suma, sou "o ser-olhado".[7] Mas, a isso, Sartre acrescenta uma precisão: esse olhar não se reduz à aparição de dois globos oculares, é mais amplamente "a aparição de uma forma sensível em nosso campo perceptivo". Assim, continua o filósofo:

> *sem dúvida, o que* mais comumente *manifesta um olhar é a convergência de dois globos oculares em minha direção. Mas isso também ocorreria por ocasião de um roçar de galhos de árvore, de um ruído de passos seguido de silêncio, do entreabrir de uma janela, do leve movimento de uma cortina. Durante um assalto, os homens que rastejam atrás de uma moita captam como* olhar a evitar, *não dois olhos, mas uma casa de fazenda branca que se recorta contra o céu no alto de uma colina.*[8]

O que, para Sartre, são essa moita, essas janelas, esses passos que ecoam, essa fazenda...? Não o olhar, mas o olho, os olhos. Pois o olho, segundo o filósofo, deve ser considerado menos um órgão sensível da visão do que um suporte do olhar. Prova disso é que aquilo que surpreende aqui o nosso sujeito não são os olhos de tal ou qual pessoa, mas sim essa fazenda, essas janelas, que são o suporte de um olhar. Elas são olhos que manifestam, para além de um olhar provável, aquele olhar que, desde não se sabe onde, poderia surgir e surpreender o sujeito. O olhar, nesse nível, só é manifestado, portanto, na qualidade de provável. "É somente provável que, por trás do matagal que se mexe, haja alguém escondido que espreita". Sartre, portanto, evidencia uma diferença radical entre o olhar e aquilo que

7 Ibid.

8 Ibid., p. 332.

ele chamará de olhos de carne, os órgãos sensíveis da visão. Há uma antinomia entre o olhar e o órgão da visão, a tal ponto que:

> *longe de perceber o olhar* nos *objetos que o manifestam, minha apreensão de um olhar endereçado a mim aparece sobre um fundo de destruição dos olhos que "me olham": se apreendo o olhar, deixo de perceber os olhos; estes estão aí, permanecem no campo de minha percepção, como puras* apresentações, *mas não faço uso deles; estão neutralizados, excluídos . . ., jamais podemos achar belos ou feios, ou notar a cor de olhos quando estes nos veem. O olhar do outro disfarça seus olhos, parece* adiantar-se *a eles.*[9]

O olhar é um x

O que para Sartre, então, significa captar um olhar? O que acontece quando, de repente, a "moita" ganha vida? Não a imaginarização dos olhos daquele que espreita, mas a tomada de consciência, por parte do sujeito, de que ele é um ser olhado.[10] Captar um olhar não é perceber olhos, que são apenas um suporte dele. Mas é ter a sensação de ser visto, de ser remetido a si mesmo como objeto – e objeto vulnerável, que tem um corpo, que pode ser ferido, vulgar, vergonhoso... E é justamente por isso que nada como essa moita, essas janelas, esses passos, que não são olhos de carne, para manifestar, e até mesmo sonorizar, um olhar. O olhar é um "x".[11] É assim que, apoiando-se em Sartre, Lacan, desde 1954, define o olhar. O olhar não se encarna, pois só pode ser suposto e consiste no fato único,

---

9 Ibid., p. 333.

10 Ibid.

11 Lacan, J. (1953-1954). *O seminário, livro 1: Os escritos técnicos de Freud*, op. cit.

segundo Sartre, de me remeter a mim mesmo: "O olhar é, antes de tudo, um intermediário que remete de mim a mim mesmo".[12]

Em 1964, Lacan resume da seguinte forma a tese de Sartre: "No que estou sob o olhar . . ., não vejo mais o olho que me olha, e, se vejo esse olho, é então esse olhar que desaparece".[13] Mas "será uma análise fenomenológica justa? Não".[14] Pois, contrariamente ao que é proposto aqui por Sartre, posso perfeitamente, quando estou sob um olhar, quer eu o demande ou o obtenha, imaginar esse olhar. O olhar pode se presentificar. Prova disso é que pintores conseguiram captá-lo como tal na máscara, relata Lacan, a exemplo de Goya. De onde devemos concluir: o olhar se vê. No entanto, se esse olhar pode se presentificar, é mesmo o olhar de outrem? Ocasionalmente, talvez, mas num plano fundamental, esse olhar é Outro. Com efeito, que olhar é esse que encontro quando ouço o som das folhas, esses passos que ressoam ou que, repentinamente, percebo quando vejo esse ligeiro movimento de cortina...? Por que, no que diz respeito ao olhar, Sartre escolhe o exemplo desses olhos que não são? Porque, em cada caso, esse olhar que encontro não é absolutamente um olhar visto, mas um olhar por mim "imaginado no campo do Outro".[15]

Assim, ali onde Sartre evocava o olhar de outrem, com sua função de mediador, Lacan situa a instância do Outro, mais o olhar que eu empresto a esse Outro. Todavia, isso ainda não diz o que é o olhar. No Seminário *Os quatro conceitos fundamentais da psicanálise*, porém, Lacan coloca a questão e a responde.

---

12 Sartre, J.-P. (1943). *O ser e o nada*, op. cit., p. 334.

13 Lacan, J. (1964-1965). *O seminário, livro 11: Os quatro conceitos fundamentais...*, op. cit., p. 83. Sobre esse ponto, cf. também Sartre, J.-P. (1943). *O ser e o nada*, op. cit., p. 501.

14 Lacan, J. (1964-1965). *O seminário, livro 11: Os quatro conceitos fundamentais...*, op. cit., p. 84.

15 Ibid.

2. A esquize do olho e do olhar

Deve ser feita uma partição, ele afirma inicialmente, passar entre o olho e o olhar. Uma "esquize",[16] uma "antinomia", termos que vão ao encontro das análises de Sartre, separam o olho e o olhar, assim como sua função. O olhar, ao contrário do olho, é algo que desliza, que circula, que tem vocação para estar ali, embora não esteja. Quer ele seja imaginado ou suposto por trás de tal farfalhar de folhas, encarnado em tal ponto luminoso, sua presença é contingente. Tudo pode constituir suporte de olhar. O olhar pode habitar qualquer canto do mundo com sua presença-ausência, sem nunca ser captado de uma vez por todas. Um olhar se cruza, não mais que isso. Dura o tempo da surpresa, do deslumbramento, do fascínio e depois, exceto em casos de psicose, escapa novamente. O batimento de sua presença-ausência, a contingência de suas manifestações, conferem-lhe assim um valor simbólico. O olhar, para Lacan, é o símbolo de uma falta, "a falta constitutiva da angústia de castração".[17]

O olhar, guisa do objeto a

É preciso, no entanto, dar mais precisões. O olhar será um dos objetos *a*, uma das presentificações possíveis desse objeto causa do desejo que "vale como símbolo da falta, quer dizer, do falo, não como tal, mas como fazendo falta". O olhar é um objeto "de que o sujeito, para se constituir, se separou como órgão".[18] É necessário que o olhar, como órgão, caia, que seja elidido para que o sujeito se constitua e advenha como vidente. O olhar se constitui como objeto, em lugar de uma falta primária, essa perda fundamental ordenada pela castração, contanto que simbolizada.

16 Ibid., p. 69.
17 Ibid., p. 74.
18 Ibid., p. 101.

Se o olhar funciona como objeto *a* é "no nível da falta (–φ)",[19] tendo como função "simbolizar a falta central expressa no fenômeno da castração".[20] O olhar é esse objeto que caiu, sempre já perdido, mas que, no contexto de sua ausência, produz seus efeitos, circula e captura o próprio sujeito no mundo.

Ele permanece, contudo, como órgão separado do sujeito. Ele até mesmo desaparece em sua qualidade de órgão, para não ser mais, enquanto uma das guisas do objeto *a*, outra coisa senão um nada.[21] O olhar se manifesta em quase-nadas, uma maquiagem, um piscar de olhos, um traço de luz, um reflexo, um brilho... A cor do olhar é aquela que Lacan atribuía à libido, "cor-de-vazio".[22] O olhar é feito de um nada, no máximo um tantinho de nada. Mas esse nada que é elevado à dignidade de um olhar terá seus poderes, seus encantos, suas consequências. Lacan evoca isso em "Televisão", numa frase belíssima: "Um olhar, o de Beatrice, ou seja, um tantinho de nada, um batimento de pálpebras e o requintado dejeto daí resultante".[23] Mais uma vez, a esse respeito, lembremo-nos do que Sartre sabia sobre esses batimentos de pálpebras: "Nós", diz Garcin em *Entre quatro paredes*, "batíamos as pálpebras. Chamava-se a isso *piscar*. Um pequeno relâmpago negro, uma cortina que cai e se ergue: deu-se a interrupção. Os olhos se umedecem, o mundo se aniquila. Não pode imaginar como era refrescante. Quatro mil repousos por hora. Quatro mil pequenas evasões".[24]

---

19 Ibid., p. 102.

20 Ibid., p. 77.

21 Lacan, J. (1960). Subversão do sujeito e dialética do desejo. In *Escritos* (Vera Ribeiro, Trad.). Rio de Janeiro: Zahar, 1998, p. 832.

22 Lacan, J. (1964). Do *Trieb* de Freud e do desejo em psicanálise. In *Escritos* (Vera Ribeiro, Trad.). Rio de Janeiro: Zahar, 1998, p. 865.

23 Lacan, J. (1973). Televisão. In *Outros escritos* (Vera Ribeiro, Trad.). Rio de Janeiro: Zahar, 2003, p. 525.

24 Sartre, J.-P. (1944). *Entre quatro paredes* (Guilherme de Almeida, Trad.). São Paulo: Abril Cultural, 1977, p. 3.

O olhar, incorporal

Se há, portanto, esquize entre o olho e o olhar é porque esse objeto, o olhar, caiu e porque ele é incorporal.[25] O que determina a esquize, diz ainda Lacan, é esse "objeto privilegiado, surgido de alguma separação primitiva, de alguma automutilação induzida pela aproximação mesma do real, cujo nome, em nossa álgebra, é objeto *a*".[26] A castração simbólica causa a separação do olho e do olhar. O olho, via castração simbólica, é descompletado do olhar. Mas essa extração vai ainda mais longe, pois ela é, Lacan nos informa, extração do próprio campo da realidade. O campo da realidade comporta uma "extração"[27] do olhar, extração que paradoxalmente o sustenta e lhe confere seu enquadre. Pois ela anima assim o sujeito com um desejo de ver, de observar, às vezes de pintar, de fotografar essa realidade, uma forma de o sujeito entrar nela como vidente, em busca de olhar.

Em suma, o olhar fura a visão, mas também a causa. A extração do olhar produz no sujeito o desejo de ver que o anima, o estimula a investir no campo da realidade e o nutre em seu ser de vivente. Haverá, portanto, uma pulsão, uma libido escópica, satisfações para o sujeito em olhar e ser olhado. O olhar, como objeto *a*, será também um dos objetos da pulsão: "A esquize entre olhar e visão nos permitirá, vocês verão, ajuntar a pulsão escópica à lista das pulsões",[28] "O olho e o olhar, essa é para nós a esquize na qual se manifesta a pulsão

---

25 Lacan, J. (1960). Posição do inconsciente. In *Escritos* (Vera Ribeiro, Trad.). Rio de Janeiro: Zahar, 1998, p. 863.

26 Lacan, J. (1964-1965). *O seminário, livro 11: Os quatro conceitos fundamentais...*, op. cit., p. 83.

27 Lacan, J. (1958). De uma questão preliminar a todo tratamento possível da psicose. In *Escritos* (Vera Ribeiro, Trad.). Rio de Janeiro: Zahar, 1998, p. 560.

28 Lacan, J. (1964-1965). *O seminário, livro 11: Os quatro conceitos fundamentais...*, op. cit., p. 78.

ao nível do campo escópico".[29] Resta, então, examinar as razões e a lógica de manifestação dessa pulsão.

3. A pulsão escópica

Apoiando-se no artigo "Pulsão e destino das pulsões" de Freud, Lacan lembra que a pulsão escópica, assim como toda pulsão, é uma "força constante".[30] É uma força da qual não é possível escapar, uma vez que ela adquire sua fonte no próprio corpo. A pulsão sempre se satisfaz, mas, na maioria das vezes, o fará de maneiras indiretas. Obstáculos se oporão à satisfação direta da pulsão e a forçarão a mudar de objeto para ser satisfeita. O objeto está ali, na verdade, apenas para servir à satisfação pulsional e poderá ser substituído por outro, de modo que a satisfação se prolongue.[31]

O esquema da pulsão

Freud chamou esse processo de "sublimação".[32] Só que há aí um enigma que Lacan ressalta: "O objeto da pulsão, como é preciso concebê-lo, para que se possa dizer que, na pulsão, qualquer que ela seja, ele é indiferente?".[33] Resposta: a pulsão, para ser satisfeita, "*contorna*"[34] esse objeto. Aliás, o próprio Freud ressaltava o "deslo-

---

29 Ibid., p. 74.

30 Freud, S. (1915). Os instintos e suas vicissitudes. In *Edição standard brasileira das obras psicológicas completas de Sigmund Freud* (v. XIV, Jayme Salomão, Trad.). Rio de Janeiro: Imago, edição eletrônica. Cf. também Lacan, J. (1964-1965). *O seminário, livro 11: Os quatro conceitos fundamentais...*, op. cit., p. 157.

31 Freud, S. (1915). Os instintos e suas vicissitudes. In *Edição standard brasileira das obras psicológicas completas de Sigmund Freud*, op. cit.

32 Ibid.

33 Lacan, J. (1964-1965). *O seminário, livro 11: Os quatro conceitos fundamentais...*, op. cit., p. 159.

34 Ibid., p. 160.

camento da pulsão".[35] A pulsão é uma força constante que, para ser satisfeita, se desloca. O trajeto da pulsão é um trajeto de "vaivém",[36] de "retorno em circuito".[37] O trajeto da pulsão passa pelo contorno do objeto a que ela visa. Por sua vez, acrescenta Lacan, a satisfação pulsional consiste menos no objeto a ser alcançado do que nesse trajeto mesmo que o contorna. A pulsão é necessariamente pulsão parcial, e "seu alvo não é outra coisa senão esse retorno em circuito".[38] Lacan se propõe a ilustrar esse trajeto com o seguinte esquema:

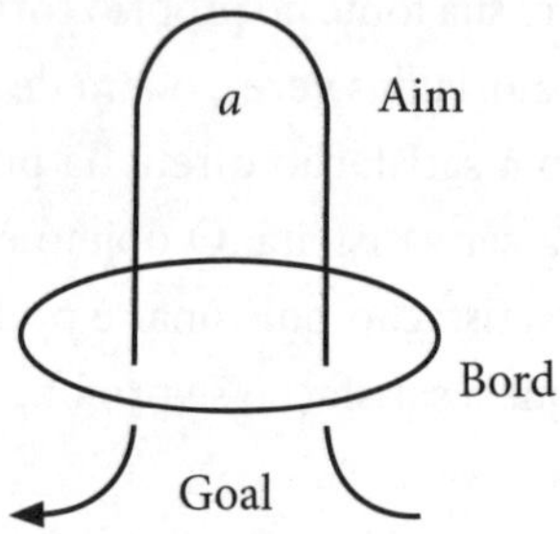

Com o auxílio desse esquema, ele joga com o equívoco que o termo *but* [objetivo/alvo] acarreta para a pulsão. Esse termo comporta dois significados. Um pode ser traduzido por *Aim*, indicando o caminho pelo qual a pulsão contorna o objeto, em *a*. No final desse trajeto, a pulsão retorna à sua fonte, a essa zona erógena na qual Lacan enfatizou a estrutura de borda. Esse retorno em circuito constitui, então, seu objetivo [*but*] final, o *Goal* por meio do qual a pulsão é satisfeita.

35 Freud, S. (1915). Os instintos e suas vicissitudes. In *Edição standard brasileira das obras psicológicas completas de Sigmund Freud*, op. cit.

36 Lacan, J. (1964-1965). *O seminário, livro 11: Os quatro conceitos fundamentais...*, op. cit., p. 168.

37 Ibid., p. 169.

38 Ibid., p. 170.

O vaivém da pulsão

O objetivo [*but*] da pulsão não é, portanto, atingir o objeto que, inapreensível, inexpugnável, só pode ser contornado, mas esse trajeto de ida e volta ao fim do qual a pulsão acerta em cheio e atinge seu alvo [*but*]. A que se reduz o funcionamento da pulsão? Qual é a sua estrutura fundamental? "Algo que sai de uma borda, que reduplica sua estrutura fechada, seguindo um trajeto que faz retorno, e de que nada mais assegura a consistência senão o objeto, a título de algo que deve ser contornado."[39]

Só que o *status* desse objeto ainda deve ser precisado. Em *a*, lembremo-nos, Lacan situa o objeto da pulsão, que pode ser contornado, mas é inatingível. Quando suporíamos que ele ainda tenha uma materialidade, Lacan insiste: esse objeto "de fato é apenas a presença de um oco, de um vazio, ocupável, nos diz Freud, por qualquer objeto, e cuja instância só conhecemos na forma de objeto perdido *a*".[40] O objeto da pulsão é, portanto, justamente esse objeto que vem no lugar da falta que a castração institui e simboliza. Todavia, se esse objeto causa o desejo, é também aquele que anima, força e polariza o movimento da pulsão, aquele que alimenta a satisfação libidinal. No esquema, o objeto, portanto, não deve ser situado em um ponto, pois, presente contra um fundo de ausência, ele difunde o trajeto circular da pulsão no espaço que desenha. Esse objeto impele a pulsão, acarreta o "movimento", movimento "essencial", nos diz Lacan, "pelo qual a flecha que parte para o alvo só preenche sua função na medida em que realmente dele emana, para retornar ao sujeito".[41] Essa é, para Lacan, a bela montagem da pulsão. Mas então, o que o que acontece com a pulsão escópica? A obra de Roland Barthes, *A câmara clara*, sobre esse ponto, fornece

39 Ibid., p. 171.

40 Ibid., p. 170.

41 Ibid., p. 196.

mais do que um exemplo. Em um breve estudo dedicado ao olhar, François Ansermet e Leslie Ponce[42] referiram-se a ela judiciosamente, sublinhando como esse estudo enfatiza singularmente o caminho de ida e de retorno da pulsão escópica.

4. *A câmara clara*, de Roland Barthes

Há que se distinguir em uma fotografia, escreve Barthes, o *studium* do *punctum*. O que isso quer dizer?

Studium *e* punctum

O *studium* equivale, inicialmente, ao investimento apressado, geral, a atenção rápida com a qual olhamos uma fotografia. O *punctum*, por sua vez, vem "quebrar (ou escandir) o *studium*".[43] Pois "dessa vez, não sou eu que vou buscá-lo (como invisto com minha consciência soberana o campo do *studium*), é ele que parte da cena, como uma flecha, e vem me transpassar".[44] Essa flecha indica o trajeto de retorno do olhar. Eu, que estava olhando essa fotografia, eis que subitamente algo nela, um detalhe, uma atitude, um gesto, um sorriso, seja o que for, olha, por sua vez, para mim. Eu, que acreditava tê-la visto, aqui sou olhado por ela não como em seu todo, mas por esse ou aquele ponto da imagem que ela constitui, esse ou aquele desses pontos sensíveis, marcas e feridas que furam, arranham a fotografia. O *punctum* de uma fotografia é "esse acaso que, nela, me *punge* (mas também me mortifica, me fere)".[45]

---

42 Ansermet, F., & Ponce, L. (1988). Regard et clinique: un trait de perversion. In *Traits de perversion dans les structures cliniques*. Paris: Navarin, p. 461.

43 Barthes, R. (1980). *A câmara clara: nota sobre a fotografia* (Júlio Castañon Guimarães, Trad.). Rio de Janeiro: Nova Fronteira, 1984, p. 46.

44 Ibid.

45 Ibid.

O *punctum* perturba assim o *studium*, atravessa, traceja a "*fotografia unária*".[46] A tal ponto que, Barthes observa, se me ocorrer a ideia de, para acabar com isso, colocar essa fotografia ao lado de algum bibelô ou em um álbum de família, ainda terei que evitar olhá-la, e até mesmo, o que é mais difícil, evitar "que ela me olhe".[47] A fotografia é violenta, "não porque mostra violências, mas porque a cada vez *enche de força a vista*", porque é uma "*coisa exorbitada*",[48] olhar que dela jorra. Há um retorno para aquele que envia. A fotografia me faz retornar a mim mesmo, acrescenta Barthes, não tanto como eu mesmo, tranquilizado por minha identidade, mas de forma que em mim mesmo, em um ponto em que, surpreso, eu me descubro. "Dar exemplos de *punctum é,* de certo modo, *entregar-me*".[49]

É isso!

Qual é, então, o efeito desse retorno do olhar? O de uma redução do sujeito. Se Barthes não o nomeia como tal, isso pode ser deduzido de suas formulações. Isso já vale quando sei que fui fotografado, repentinamente fixado pelo olhar do Outro, munido de seu objetivo/de sua objetiva.[50] "A Fotografia . . . representa esse momento muito sutil em que, para dizer a verdade, não sou nem um sujeito nem um objeto, mas antes um sujeito que se sente tornar-se objeto: vivo então uma microexperiência da morte (do parêntese)."[51] Esse também é o caso quando, de repente, do lugar dessa fotografia chamada *punctum*,

46 Ibid., p. 66.

47 Ibid., p. 135.

48 Ibid. p. 136.

49 Ibid., p. 69.

50 Em francês, "équipé *de son objectif*", que poderia ser traduzido de "munido/equipado com seu objetivo", mas também de sua "objetiva", ou seja, a lente objetiva que encontramos nas câmeras fotográficas (N. T.).

51 Ibid., p. 27.

algo me olha "como uma flecha, e vem me transpassar",[52] "me fere",[53] "me punge",[54] me remete ao "intratável de que sou feito"[55] e até me reduz em meu corpo. "A fotografia", escreve o autor, "dá um pouco de verdade, com a condição de retalhar o corpo".[56]

Sendo olhado pela fotografia, eis-me reduzido a um ponto em que me igualo ao *punctum.* A fotografia me entrega. E, ainda assim, seria para mim difícil dizer e nomear esse ponto, que é o "ponto enigmático",[57] "com tinturas de real".[58] Na melhor das hipóteses, poderia concluir, com um grito: "Fim de toda a linguagem: É *isso*!".[59] Tentar dizer justamente que há aí um impossível de ser dito. Pois, nesse ponto de retorno da pulsão escópica, ali onde isso me olha, caio como sujeito do significante. As palavras me faltam e até mesmo, "as palavras falham, evidência rara, talvez única, do '*Assim, sim, assim, e nada mais*'".[60] Do lugar desse *punctum,* "campo cego",[61] a fotografia me retorna o olhar que eu lhe dirigia, enquanto me lança na impossibilidade de dizer o que teria me apreendido. "O que posso nomear não pode, na realidade, me ferir. A impotência para nomear é um bom sintoma de distúrbio."[62] O retorno em circuito[63] da pulsão escópica ocorreu, o fecho se fechou,[64] e me encontro surpreendido. O olhar que surge nesse campo cego me olha, me "atinge", "acerta

52 Ibid., p. 46.
53 Ibid.
54 Ibid.
55 Ibid., p. 146.
56 Ibid., p. 153.
57 Ibid., p. 136.
58 Ibid., p. 169.
59 Ibid., p. 159.
60 Ibid., p. 160.
61 Ibid., p. 86.
62 Ibid., p. 80.
63 Lacan, J. (1964-1965). *O seminário, livro 11: Os quatro conceitos fundamentais...*, op. cit., p. 170.
64 Ibid., p. 173.

em cheio",[65] e por aí me desvela, me revela sem que eu, no entanto, possa dizer aquilo que em mim, assim, se desnuda. Ele antes me toma, me presentifica e me revela em minha natureza de objeto. A redução do sujeito que Barthes evoca compreende, assim, no final do trajeto de retorno da pulsão escópica, a queda daquilo que sou como sujeito do significante e a revelação daquilo que, estando sujeitado à pulsão, também sou como objeto, este "intratável de que sou feito".[66] Ora, é exatamente isso que desenham também o destino do olhar e a redução do sujeito que constituem a vergonha.

B. Retorno à vergonha, de Sartre a Lacan

1. A redução do sujeito

Depois de tentar demonstrar a lógica da montagem da pulsão escópica, chego à famosa cena do *voyeur*, imaginada por Sartre em sua obra *O ser e o nada* e comentada por Lacan, ambos deduzindo várias proposições sobre a vergonha, de natureza diferente.

Surpreendido

Qual é a cena e quais são os comentários feitos pelo filósofo? "Imaginemos que, por ciúmes, curiosidade ou vício, eu tenha chegado ao ponto de grudar meu ouvido em uma porta ou olhar pelo buraco de uma fechadura."[67] Nesse instante – diz ele – não há um eu a habitar ainda minha consciência. Por estar sozinho, não julgo minha conduta, mais ainda, a desconheço. Meus atos não são conhecidos por

65 Ibid., p. 174 [Na edição da Zahar, a expressão "*fait mouche*" [acertar em cheio, acertar na mosca] foi traduzida por "faz mosca"; no presente livro, preferimos outra solução (N. T.)].

66 Barthes, R. (1980). *A câmara clara*, op. cit., p. 146.

67 Sartre, J.-P. (1943). *O ser e o nada*, op. cit., p. 334.

mim, eu os acompanho, eu os cumpro [*s'y colle*]. Minha consciência é irrefletida, ela adere [*colle*] ao mundo. "Sou pura consciência *das* coisas." Eu me reduzo a esse ponto, com o olho grudado [*collé*] na fechadura, sem que nada venha questionar o bem fundado desse ato. "Minha consciência adere aos meus atos", "ela *é* meus atos".[68] Mesmo meu ciúme, "eu o *sou*, mas não o conheço",[69] no sentido de que não faço disso uma questão, nem mesmo uma reivindicação. Eu o atuo, é tudo. Meu ciúme não é nada, senão o simples fato, objetivo, de que há "uma cena a *ser vista* atrás da porta". Esse sujeito que *é* seus atos sem conhecê-los[70] – conclui Sartre –, que é essa consciência irrefletida, está ali seu próprio nada.[71]

Nesse instante, passos são ouvidos no corredor. Alguém me olha. "Fui de súbito", diz Sartre, "atingido em meu ser e surgem modificações essenciais em minhas estruturas".[72] Minha consciência, até então irrefletida, é subitamente habitada por um eu e me toma de vergonha. Pois pelo olhar do outro, agora posso considerar minha intimidade. O olhar do outro é "antes de tudo, um intermediário que remete de mim a mim mesmo".[73] É por seu desvio que posso julgar minha intimidade. O surgimento do outro faz aparecer em mim um novo modo de ser, meu ser para o outro. E esse ser que momentos antes ainda desconhecia, "a vergonha me revela que *sou*", "o outro é o mediador indispensável entre mim e mim mesmo: sinto vergonha de mim *tal* como *apareço* ao outro".[74] Aí reside minha vergonhosa dependência, nos Outros. "A vergonha é sentimento de *pecado* [*chute*] *original*, não pelo fato de que eu tenha cometido

68 Ibid.
69 Ibid.
70 Ibid., p. 334.
71 Ibid.
72 Ibid.
73 Ibid.
74 Ibid., p. 289.

esta ou aquela falta, mas simplesmente pelo fato de ter 'caído' no mundo, em meio às coisas, e necessitar da mediação do outro para ser o que sou",[75] "a vergonha pura não é sentimento de ser tal ou qual objeto repreensível, mas, em geral, de ser um objeto, ou seja, de reconhecer-se neste ser degradado, dependente e determinado que sou para o outro",[76] subitamente aflito com o meu "próprio nada".[77]

Inteiramente olhar escondido

Ora, eis o ponto exato em que Lacan se separa de Sartre, apoiando-se em uma concepção diferente de olhar. "Não está claro", observa ele, "que o olhar só intervém na medida em que não é o sujeito nadificante, correlativo do mundo da objetividade, que se sente surpreendido, mas o sujeito se sustentando numa função de desejo?".[78] O sujeito envergonhado não é, para Lacan, um ser passivado por sua condição de objeto, mas aquele que é surpreendido desejando. O sujeito tem vergonha não por ser puro nada, mas por ser animado por uma causa, e que essa causa seja também o objeto que ele é, objeto *a*, causa de desejo. Não é por ser encontrado ali, com o olho grudado na fechadura, que o sujeito tem vergonha, mas por ser surpreendido olhando, inteiramente animado pelo desejo de ver. O olhar que me surpreende, se ele for uma condição da minha vergonha, não é, pois, essencial. Mais importante é que esse olhar me remete ao fato de que eu mesmo, ali, estava olhando pelo buraco da fechadura. Há aqui, portanto, um trajeto de ida e volta que se opera, e que nada mais é do que o trajeto da pulsão escópica. Olho pelo buraco da fechadura quando, de súbito, o olhar de um outro me remete a meu ponto de origem, o objeto que causa meu desejo de

75 Ibid., p. 369.

76 Ibid.

77 Ibid., p. 334.

78 Lacan, J. (1964-1965). *O seminário, livro 11: Os quatro conceitos fundamentais...*, op. cit., p. 84.

ver. É isso que, aos olhos do outro, aparece para mim e me enche de vergonha. Estava olhando e gozava disso, sem saber.

Com efeito, é sempre possível gozar sem saber. Sartre nos indica isso à sua maneira. Uma aposta de gozo preside a cena do *voyeur*. É por "ciúmes, curiosidade ou vício" que poderia ter grudado o olho na fechadura. Só que, sem o olhar do outro, não há nada "ao que possa relacionar meus atos a fim de qualificá-los. Esses atos não são de modo algum *conhecidos*; eu *sou meus atos*".[79] Desde que o outro não aponte a ponta de seu olhar, posso gozar irresponsavelmente, me igualar a meu vício e não ter nenhum ponto de vista sobre ele. Inversamente, o surgimento do olhar, mesmo que apenas imaginado no campo do Outro, me restitui esse ponto de vista. O trajeto em círculo da pulsão escópica então se fecha nesse ponto, onde "o objeto aqui é olhar – olhar que é o sujeito, que o atinge, que acerta em cheio".[80] O *voyeur* era o alvo. O olhar que ele lança pelo buraco da fechadura volta para ele, por meio do outro, e acerta em cheio.

Consequentemente, observa Lacan, "se esta análise faz surgir a instância do olhar, não é no nível do outro cujo olhar surpreende o sujeito que está olhando pelo buraco da fechadura. É que o outro o surpreende, ele, o sujeito, como inteiramente olhar oculto".[81] O que, na verdade, a introdução do outro permite nesse circuito? Que o olhar que é, como todo objeto da pulsão, um objeto perdido, seja, no instante da vergonha, "reencontrado".[82] Apreendo, no olhar do outro, qual gozo me levou a espiar pelo buraco da fechadura. A vergonha me descobre, a mim mesmo, como ao outro, animado pelo desejo de ver, inteiramente banhado em minhas satisfações escópicas. É por ser desalojado em seu gozo escópico que o sujeito

79 Ibid., p. 334.

80 Ibid., p. 172.

81 Ibid.

82 Ibid., p. 173.

abaixa o olhar e tenta, assim, subtrair o objeto e o gozo em jogo. É no final do ciclo que se situa o sujeito envergonhado. Assim, o sujeito envergonhado *é* o sujeito da pulsão, quando a vergonha é a confissão diante do Outro desse gozo pulsional.

2. Ver-se sendo visto

Ainda falta esclarecer que tipo de redução a vergonha produz. A vergonha necessariamente comporta esse efeito de redução, até mesmo de *fading* [desaparecimento] do sujeito. Não dizemos nesses momentos que o sujeito gostaria de desaparecer, de se esvair? Lacan insiste nisso em três ocasiões,[83] e poderíamos sublinhar a ocorrência do termo em Sartre,[84] assim como em Merleau-Ponty.[85] Porém, como defini-la com Lacan? É uma redução do sujeito àquilo que ele é, não mais na vertente do significante, mas como objeto de gozo. "O objeto propriamente dito . . . é mesmo de fato ao que o se reduz sujeito", afirma Lacan.[86] A vergonha desvela e presentifica uma das duas faces do sujeito, não mais sua face significante, seu ser de semblante, mas seu valor de objeto. O sujeito envergonhado é aquele que nada mais tem a dizer, senão justamente que ele é apenas ç(*a*) [*iss(a)*].[87] A vergonha reaparece no ponto em que faltam os significantes, em que vacilam os semblantes, e se descobre o ser de gozo do sujeito. Ela é a revelação de um segredo, o desnudamento diante do Outro do gozo do sujeito, ou seja, de sua equivalência, na fantasia, ao objeto. "O outro o surpreende", Lacan propõe, "ele, o sujeito, como

83 Ibid., p. 197, 207.

84 Sartre, J.-P. (1943). *O ser e o nada*, op. cit.

85 Merleau-Ponty, M. (1979). *O visível e o invisível* (José Artur Gianotti & Armando Mora d'Oliveira, Trad.). São Paulo: Perspectiva, 2019.

86 Lacan, J. (1964-1965). *O seminário, livro 11: Os quatro conceitos fundamentais...*, op. cit., p. 184.

87 Equívoco entre o pronome indefinido ça [isso] e o objeto (*a*) (N. T.).

inteiramente olhar escondido", "o olhar é esse objeto perdido, e repentinamente reencontrado, na conflagração da vergonha, pela introdução do outro".[88]

Pensée

Há, portanto, um instante de ver[89] da vergonha, que é um "instante do olhar",[90] esse instante de retorno da pulsão escópica, em que o olhar acerta na mosca. Outra referência de Lacan demonstra isso, dessa vez retirada de seu Seminário *A transferência*, em que o tema da surpresa e o do pudor serão cruzados.

Lacan, ao comentar a tragédia *Père humilié* [Pai humilhado], de Paul Claudel, detém-se na figura de Pensée, uma jovem cega e heroína da peça. "Não parece", ele enuncia, "ser ela (Pensée)[91] protegida por uma espécie de figura sublime de pudor? – que se apoia no seguinte: por não poder se ver, ser vista, ela parece estar ao abrigo do único olhar que desvela".[92] Em seguida, conclui: "Pensée . . . não pode ser surpreendida".[93] Pensée é cega e por isso não pode ser surpreendida. Encontraremos uma indicação disso no próprio texto de Claudel: "Bem-aventuradas trevas", dizia Pensée, "que me permitem estar aqui tão bem escondida".[94]

O olhar que desvela é, pois, menos o do outro do que o do próprio sujeito. Para ser desvelado e surpreendido não é preciso somente

88 Ibid., pp. 172-173.

89 Ibid., p. 111.

90 Lacan, J. (1945). O tempo lógico e a asserção de certeza antecipada. In *Escritos* (Vera Ribeiro, Trad.). Rio de Janeiro: Zahar, 1998, p. 205.

91 Os parênteses são meus.

92 Lacan, J. (1960-1961). *O seminário, livro 8: A transferência*. Rio de Janeiro: Zahar, 1992, p. 299.

93 Ibid., p. 300.

94 Claudel, P. (1920). Le père humilié. In *Théâtre II*. (Col. La Pléiade). Paris: Gallimard, 1965, p. 494.

ser visto, mas se ver sendo visto. "Vemo-nos ser vistos", continua Lacan, "é por esse motivo que nos furtamos a isso".[95] Certa vez, uma garotinha de dois anos me ensinou isso com seu belo jeitinho. Diante de mim, ela de repente cobriu os olhos com as duas mãos e exclamou, encantada: "Escondida!". Para se esconder, bastava-lhe as duas mãos tapando os olhos e, assim, deixar de se ver sendo vista.

Um verdadeiro toque do real

O sujeito envergonhado é, portanto, um sujeito que se *vê sendo visto.* Assim podemos definir o trajeto de retorno da pulsão escópica, que envergonha. O sujeito envergonhado é um sujeito surpreendido, mas também afetado em sua imagem, isto é, um sujeito que se olha, depois que o Outro o viu. "Fechar os olhos para não ser visto", diria Antonio Quinet, fixando, ao fazê-lo, a política de avestruz do sujeito envergonhado.[96]

Ora, se o sujeito se vê sendo visto é porque, nesse ínterim, terá encontrado um olhar, mesmo que só tenha sido imaginado, no campo do Outro. Mais ainda, esse sujeito terá encontrado um olhar: "esse olhar que encontro" e que "de modo algum é um olhar visto, mas um olhar imaginado por mim no campo do Outro".[97] E é por isso que há, na surpresa que constitui a vergonha, mais do que os registros do imaginário e do simbólico que não estejam concernidos. Há também, naquilo que surpreende e apreende o sujeito, um encontro, que é com um real. Ou seja, o encontro, não necessariamente com um olhar visto, mas com o objeto do olhar, *a*. A vergonha, em seu instante, é para o sujeito aquilo que Lacan dizia sobre outros afetos, "um toque real do real".[98] Há, no instante de surpresa que a vergonha

---

95 Lacan, J. (1960-1961). *O seminário, livro 8: A transferência*, op. cit., p. 300.

96 Quinet, A. (2002). *Um olhar a mais*. Rio de Janeiro: Zahar.

97 Lacan, J. (1964-1965). *O seminário, livro 11: Os quatro conceitos fundamentais...*, op. cit., p. 84.

98 Lacan, J. (1973). Televisão. In *Outros escritos*, op. cit., p. 526.

constitui, o efeito de um verdadeiro toque do real, que "atinge"[99] o sujeito, e que poderia se fixar com um grito: "Visto!". A pulsão escópica retorna ao sujeito para atacá-lo nesse ponto em que ele se esquecia de seu gozo e reduzi-lo a esse instante, o qual constituirá sua vergonha. Talvez seja por isso que esses instantes decidirão um antes e um depois, às vezes um destino, e deverão ser classificados entre aquilo que Sartre chamava de "instante fatal", esse "corte".[100] É que um encontro com um real, uma *tiquê*, ocorreu nesse instante, o qual terá apreendido o sujeito e o terá afetado de diferentes formas, às vezes modificando-o, impelindo-o ao ato outras vezes, mas, com mais frequência, deixando traços. Assim escreveu Bachelard: "Tudo quanto é simples, tudo quanto é forte em nós, tudo quanto é duradouro mesmo, é o dom de um instante".[101] "A memória, guardiã do tempo, guarda apenas o instante."[102] A vergonha poderá ser um desses instantes guardados pela memória.

O instante de vergonha é aquilo que marca um sujeito. Não há encontro, *tiquê*, sem que o sujeito esteja marcado por isso, ao menos no instante. A razão primeira dessa marca é que a vergonha se sustenta, no final desse trajeto em retorno da pulsão escópica, de uma travessia que esclarece a imagem do sujeito e daquilo que essa travessia desvela, o pouco de que esse sujeito era feito, *a*. Instante de *ça-voir* [*issover/issaber*],[103] portanto. O sujeito envergonhado é um sujeito que não pode mais continuar a gozar sem saber,

99 Lacan, J. (1964-1965). *O seminário, livro 11: Os quatro conceitos fundamentais...*, op. cit., p. 172.

100 Sartre, J.-P. (1952). *Saint Genet, comédien et martyr*, Paris: Gallimard, p. 9.

101 Bachelard, G. (1932). *A intuição do instante* (2ª ed., Antônio de Pádua Danesi, Trad.). Campinas: Verus Editora, 2010, p. 35.

102 Ibid., p. 36.

103 Ça-voir soa em francês como *savoir*, ou seja, saber. Mas também coloca em evidência o "ça" freudiano (isso) e o "*voir*" (ver, em francês); por isso a escolha da tradução "issover/issosaber) (N. E.).

inocentemente, *visto* como está e tomado como é, com a boca na botija de seus gozos.

Falta dizer como ele se vê. E sobre esse ponto existe uma expressão que corre entre os adolescentes de hoje: vergonha é "pagar um mico" [*se taper l'affiche*].[104] Poderíamos não parar por aí e considerá-la até mesmo um pouco vulgar. Proporei, pelo contrário, que a levemos a sério e acreditemos na palavra desses grandes conhecedores da vergonha que são os adolescentes. Acrescentarei ainda outra de suas doces metáforas, o sujeito envergonhado é "um zé ruela" [*une tache*].[105] Retiremos, pois, as aspas, para concluir: a vergonha é isso, pagar um mico e ali pagar de zé ruela. É claro que alguns terão reconhecido a alusão que faço aqui a uma expressão que Lacan usa no Seminário *Os quatro conceitos fundamentais da psicanálise*, fazer "mancha no quadro" [*faire tache dans le tableau*].[106] A vergonha é esse sentimento para o sujeito, de manchar o cartaz [*faire tache dans l'affiche*], isto é, manchar o quadro.

No instante da vergonha, o sujeito está no quadro. O sujeito envergonhado é um "Visto!". O sujeito envergonhado sabe que força os olhares, que olhares, que algo do olhar, subitamente voltam para ele, o assaltam e violam sua imagem. "E mais envergonhados ficamos se corremos o risco de ser vistos e se temos de conviver às

---

104 Em francês, a expressão *se taper l'affiche* tem o sentido de "expor-se ao ridículo", "colocar-se numa situação de zombaria". Todavia, *affiche* pode ser traduzido por "cartaz" e *se taper* também pode significar "fazer algo difícil" ou "ter relações sexuais", donde a vulgaridade aludida pelo autor (N. T.).

105 Em francês, *être une tache* é uma gíria que equivale a dizer "indivíduo incompetente", "zero à esquerda". A palavra *tache*, todavia, também tem o sentido de mancha (N. T.).

106 Lacan, J. (1964-1965). *O seminário, livro 11: Os quatro conceitos fundamentais...*, op. cit., p. 94 [A expressão *faire tache dans le tableau* utilizada no Seminário citado pelo autor, contudo, quer dizer "chamar atenção indesejavelmente para si", "estar num lugar em que não se é desejado" (N. T.)].

claras", já escrevia Aristóteles, "com quem conhece os nossos atos". Daí o provérbio: "nos olhos está o pudor".[107] E também, o sujeito envergonhado é um sujeito que se vê sendo visto, como uma mancha [*une tache*]. Ele é alguém que se imagina manchando o quadro [*faire tache dans le tableau*] e, assim, se sente sendo visto e olhado de todos os lados. Aponta-se para ele, eis o instante de vergonha. Aí está o cúmulo da vergonha, pois uma mancha força os olhares. O instante de ver a vergonha é um instante que dá a ver a mancha que o sujeito é. Ele é, diria com Kierkeggard,[108] um olhar, um truque sujo até mesmo, o do mau, que olhado "cristaliza"[109] esse sujeito. Esse instante de ver é um instante em que o sujeito "é mortificado", isto é, estatificado, reduzido eternamente a uma imagem ou mortificado nessa imagem. "O instante de ver só pode intervir aqui como sutura, junção do imaginário e do simbólico."[110] O sujeito é trazido de volta para a imagem, para o quadro, e às vezes por muito tempo, como suas lembranças não deixarão de lembrá-lo. Mas isso não é tudo.

3. A extimidade vergonhosa

De fato, ressaltei que esse dar a ver consiste, para o sujeito, em um desvelamento. No instante de vergonha, é revelado aquilo que

---

107 Aristóteles. (2005). *Retórica*. Lisboa: Imprensa Nacional/Casa da Moeda, p. 182; p. 180 [Os tradutores da versão portuguesa (coordenada por António Pedro Mesquita) fazem uma ressalva importante (p. 180): "Trata-se do *pudor* . . . não da *vergonha* . . ., já que são duas noções próximas, mas distintas. Este provérbio, nas suas múltiplas variantes e muito popular na literatura grega clássica e helenística . . . sublinha aquilo a que, desde a época homérica, E. R. Dodds denominou *shame culture*" (N. T.)].

108 Kierkegaard, S. (1844). Le concept d'angoisse. In *Miettes philosophiques, le concept d'angoisse, traité du désespoir* (Jean-Jacques Gateau & Knud Ferlov, Trad.). Paris: Tel/Gallimard, 1990, p. 254.

109 Lacan, J. (1964-1965). *O seminário, livro 11: Os quatro conceitos fundamentais...*, op. cit., p. 114.

110 Ibid.

o sujeito é, por trás de sua imagem. O instante de vergonha é um instante de ver aquilo que a imagem nítida devia mascarar, apagar, limpar. O sujeito envergonhado se vê sendo visto, como falei baseando-me no Seminário *A identificação*, no ponto mais íntimo de seu ser, que macula sua imagem. E até mesmo essa imagem, subitamente perfurada, olha o sujeito, para, ao fazê-lo, cristalizá-lo e mortificá-lo, até "tornar ele próprio tão inerte quanto um quadro".[111]

Do íntimo ao êxtimo

Todavia, o sujeito envergonhado não é atingido apenas no ponto mais íntimo de seu ser, mas além, no ponto de sua *extimidade*. É isso que a teorização lacaniana do objeto também permite avançar, não mais como objeto imaginário de desejo, mas como objeto real. Pois se há na vergonha um instante de destituição subjetiva, um instante de "passagem",[112] é justamente porque o sujeito será reduzido a algo diferente de si mesmo, como se estivesse mais próximo dele e mais externo ao mesmo tempo. O que chamarei, portanto: sua *extimidade vergonhosa*, apoiando-me na definição que Lacan dará de extimidade em seu Seminário *De um Outro ao outro*: "o que nos é mais próximo, embora nos seja externo",[113] que conjuga "o íntimo com a exterioridade radical",[114] "o objeto *a* . . . êxtimo", pois sempre já perdido.

Esse é justamente o caso de nosso *voyeur*, cuja figura reencontraremos nessa mesma lição do Seminário. Lacan, de fato, reitera aí sua admiração pela análise sartreana da "função do *voyeur*"[115] e

111 Lacan, J. *Le Séminaire, "La logique du fantasme (1966-67)"*, inédito (lição de 25/01/1967).

112 Sartre, J.-P. (1952). *Saint Genet, comédien et martyr*, op. cit., p. 27.

113 Lacan, J. (1968-1969). *O seminário, livro 16: De um Outro ao outro*. Rio de Janeiro: Zahar, 2008, pp. 218-219.

114 Ibid., p. 241.

115 Ibid., p. 247.

retoma então seu comentário sobre a vergonha, denominado aqui como "redução (do *voyeur*) à posição humilhada e até mesmo ridícula", quando este se vê bruscamente apanhado a ponto de ser reduzido ao objeto causa de seu desejo. Não que, Lacan insiste nisso, esse desejo o impelisse a imaginar, atrás da porta, e que seria apenas um objeto imaginário de desejo. Mas justamente a esse objeto olhar, êxtimo ao sujeito, presente contra um fundo de ausência. "Nada pode fazê-lo levar um tombo maior do que ser surpreendido em sua captura dessa fenda. Não é à toa que se dá à fenda o nome de *vigia* ou *luz*."[116] Num Seminário anterior, *O desejo e sua interpretação*, Lacan já comentava isso: o *voyeur* é igual ao buraco da fechadura. Ele é esse buraco, essa fenda que ilustra aquilo que o objeto olhar é, um contorno de um olho repleto de vazio, um buraco de fechadura, uma janela, uma mama-scópio [*tété-scope*].

> *O sujeito reduz a si próprio ao artifício da fenda como tal. Esse artifício mantém seu lugar e o mostra efetivamente reduzido à função miserável que lhe é própria; mas é precisamente dele que se trata, na medida em que ele está na fantasia, que ele é a fenda.*[117]

Descobrir-se assim, reduzido a essa função miserável e ao seu gozo, envergonha o sujeito. A manobra do *voyeur* é "manobra de animal envergonhado, essa manobra oblíqua, essa manobra que o expõe aos sopapos".[118]

---

116 Ibid.

117 Lacan, J. *Le Séminaire, "Le désir et son interprétation (1958-59)"*, inédito (lição de 03/06/1959).

118 Ibid.

O sujeito, na conflagração de sua vergonha, descobrirá sua imagem atravessada, esse olhar que ele é "inteiramente", esse olhar "escondido",[119] isto é, esse olhar afetado pela falta, esse olhar castrado. E é por isso que o instante de vergonha, esse instante de surpresa, sempre compreende essa espécie de catástrofe ontológica que Merleau-Ponty evocava. "Surpreendido no ato de ver", o sujeito "torna-se subitamente uma delas (*uma coisa vista*)[120] e não há passagem de uma das vistas para a outra. Puro vidente, ele se torna coisa vista por uma catástrofe ontológica, por um acontecimento puro que é para ele o impossível".[121] O instante de vergonha é um instante de surpresa, que é um instante de verdade, que é um instante de redução do sujeito àquilo que constitui sua ontologia, essa extimidade vergonhosa, *a*, que ele é em sua fantasia. O sujeito envergonhado será revirado como uma luva no lugar dessa extimidade. Não é o objeto imaginário de um desejo, portanto. Esse objeto real já perdido, que faz uma "mancha" e se distingue como "buraco, como . . . ausência", esse "algo que falta atrás da imagem".[122] Essa duplicação vergonhosa do sujeito, essa "Coisa"[123] à qual ele reduzirá sua vergonha, essa "iminência intolerável do gozo"[124] na qual ele só se reconhecerá demais ou de menos. Sartre, o Escritor, teria demonstrado isso em *As palavras* e terá me insuflado essas hipóteses. Esperando que essas *Palavras* venham preencher, assim como completar, tudo o que desenvolvi até agora, concentrar-me-ei nelas agora.

---

119 Lacan, J. (1964-1965). *O seminário, livro 11: Os quatro conceitos fundamentais...*, op. cit., p. 172.

120 Grifos meus.

121 Merleau-Ponty, M. (1979). *O visível e o invisível*, op. cit.

122 Lacan, J. (1968-1969). *O seminário, livro 16: De um Outro ao outro*, op. cit., p. 281.

123 Ibid., p. 219.

124 Ibid.

4. *As palavras*, de Jean-Paul Sartre

Trata-se da lembrança que Jean-Paul Sartre relata de um instante de vergonha que o atingiu aos nove anos. Desenhemos inicialmente o ambiente de vida do jovem Sartre. "Há três quartos em nossa casa: o de meu avô, o de minha avó e o das 'crianças'. As 'crianças' somos nós."[125] "Nós", isto é, ele, a criança, e sua mãe, que voltara a morar com os pais após a morte de seu marido. Pois a criança não conhecera o pai. Além disso, a criança não tinha "curiosidade"[126] sobre o pai, não estava interessado em saber quem ele fora. "Aquele defunto me concernia tão pouco . . . Esse pai não é sequer uma sombra, nem sequer um olhar: ele e eu pesamos, por algum tempo, sobre a mesma terra, é só. Mais do que filho de um morto, deram-me a entender que eu era filho do milagre."[127] Para quem e contra o que Sartre se tornou esse filho do milagre?

O filho sagrado

Sartre foi, antes de tudo, o filho do milagre por ter, e por pouco, escapado da morte. Sua mãe naquela época tinha vinte anos e estava dividida entre dois "moribundos desconhecidos":[128] o marido, por quem devia velar ao passo que mal o conhecia, e o filho pequeno. Prostrada por tantas preocupações, ela não conseguia mais amamentar o filho e decide confiá-lo a uma ama de leite. É então, diz Sartre, que "também me empenhei em morrer: de enterite e talvez ressentimento".[129] Assim, as febres do pai se somam também às do filho. O jovem Sartre teve sucesso ali onde seu pai falhou.

---

125 Sartre, J.-P. (1963). *As palavras* (J. Guinsburg, Trad.). São Paulo: Difusão Europeia do Livro, 1967, p. 14.

126 Ibid., p. 13.

127 Ibid.

128 Ibid., p. 10.

129 Ibid.

Ele sobreviveu, talvez por um milagre, mas, sobretudo, quando sua mãe, na ocasião da morte de seu marido, veio procurá-lo: "À morte de meu pai, Anne-Marie e eu despertamos de um pesadelo comum; sarei. Mas ambos éramos vítimas de um mal-entendido: ela reencontrava com amor um filho que jamais abandonara realmente; eu voltava a mim no regaço de uma estranha".[130] "A morte de Jean-Baptiste foi o grande acontecimento de minha vida: devolveu minha mãe aos seus grilhões e me deu a liberdade."[131]

Pois o filho do milagre foi também o filho sagrado, e para sua mãe, inicialmente, de quem ele recebeu o amor que começaria a elevá-lo a fetiche. Ambos compartilham o mesmo quarto na casa da família, em camas de solteiro. E, se ambos são crianças, é também porque, sonha o jovem Sartre, ambos podiam ser irmãos... e amantes.

> *Em* meu *quarto é que puseram uma cama de moça. A moça dorme sozinha e desperta castamente; ainda estou dormindo quando ela corre para tomar o seu* tub *no banheiro; retorna inteiramente vestida: como terei nascido dela? Ela me conta suas desventuras e eu a ouço com compaixão; mais tarde hei de desposá-la a fim de protegê-la. Prometo-lhe: espalmarei minha mão sobre ela, porei a seu serviço a minha jovem importância.*[132]

Sartre, portanto, prometeu. Sartre tem sua própria promessa do amanhecer, alimentada por grandes esperanças. Ele servirá sua mãe, será seu "cavaleiro servente".[133] Por que não dar então a esse significante "cavaleiro" o sentido que Lacan lhe dava em relação a Hans?

---

130 Ibid., p. 11.
131 Ibid., p. 12.
132 Ibid., p. 14.
133 Ibid., p. 138.

"O pequeno Hans não será nada além de um cavaleiro"[134] afirma ele, ou seja, um "substituto do falo"[135] para sua mãe. Sartre, por sua vez, honrará a si mesmo por se identificar com o falo imaginário de sua mãe, colocando-se a serviço dela. Tanto para ela quanto para ele, ele fará brilhar a sua "jovem importância". Uma forma de já ser grande, elevada por sua promessa: "Prometo-lhe: espalmarei minha mão sobre ela".

O fato é que o jovem Sartre permanecerá felizmente limitado na via dessa identificação por meio do voto e pelo amor de um Outro, seu avô.[136] O qual verá, por milagre, chegar ao fim da "longa vida" esse netinho junto ao qual ele se tornará "Deus de amor". E coube a Sartre, aos poucos, adivinhar por quê. O avô olhava para a criança para não olhar para o "miserável fim"[137] que o esperava. Graças a ele, combateria "a angústia pelo êxtase",[138] o real pelo milagre. Ele se servia dele, portanto. E Sartre se prestou a isso. "Fui a sua 'maravilha', porque ele desejava findar os dias como um velho maravilhado . . . Eu o cumulava de satisfação com a minha simples presença . . . Ele me adorava, era patente."[139] Assim, em que banho de linguagem, ou melhor, em que campo de desejos a criança caiu? Sartre responde: "O encadeamento parece claro: feminizado pela ternura materna, desenxabido pela ausência do rude Moisés que me engendrara, enfatuado pela adoração de meu avô, eu era puro objeto".[140]

---

134 Lacan, J. (1956-1957). *O seminário, livro 4: A relação de objeto*, op. cit., p. 430.

135 Ibid.

136 Muito poderia ser dito sobre a relação do jovem Sartre com seu avô. Sobre esse ponto, podemos ler Demoulin, C. (2004). Sartre, de la mauvaise foi à l'hontologie. *L'en-je lacanien, 2, Revue de psychanalyse*. Toulouse: Érès.

137 Sartre, J.-P. (1963). *As palavras*, op. cit., p. 19.

138 Ibid.

139 Ibid., p. 15.

140 Ibid., p. 72.

Tudo pela vitrina

"Puro objeto", diz ele... E, no entanto, é com deleites, os de um sujeito não de um objeto, que a criança vai cair nesses papéis e funções que o Outro lhe havia devotado. Encarando a cada vez o desafio de ser essa bela imagem, tanto quanto essa maravilha. Subindo e voltando a subir em seu "pequeno poleiro",[141] escreve Sartre, escalando seu "hescabelo" [*hessecabeau*],[142] diria Lacan. Seja como for, em cada caso, elevar-se à categoria de fetiche, erigir o próprio ser fálico para finalmente gozar de ser aquilo que faz falta ao Outro. "Em uma palavra, eu me dou; dou-me sempre e em toda parte, dou tudo: basta-me empurrar uma porta para que também eu tenha a sensação de fazer uma aparição";[143] "Um só mandato: agradar, tudo para a vitrina";[144] "Eu respeito os adultos com a condição de que me idolatrem . . . Mantenho-me em um pequeno poleiro marginal, não longe dessas pessoas e minha radiação se estende de cima para baixo da escala";[145] "Virtuoso por comédia, nunca me esforço nem me obrigo: invento. Disponho da liberdade principesca do ator que mantém seu público de respiração suspensa e rebusca em seu papel; adoram-me, portanto sou adorável".[146]

A criança é comediante e experimenta seus prazeres. Só que nem tudo ali é comédia. Pelo contrário, nada mais sério do que o motivo dessa comédia. A criança, aí também, se compromete com isso *de verdade*. Ela quer se convencer de sua "boa índole"[147] para ganhar, em vez desse Outro, um lugar, uma razão de ser e um direito de

141 Ibid., p. 21.

142 Lacan, J. (1975). Joyce, o sintoma. In *Outros escritos* (Vera Ribeiro, Trad.). Rio de Janeiro: Zahar, 2003, p. 560.

143 Sartre, J.-P. (1963). *As palavras*, op. cit., p. 20.

144 Ibid., p. 21.

145 Ibid.

146 Ibid., p. 18.

147 Ibid.

existir. Falta ao jovem Sartre uma passagem no bolso daquilo que, na ocasião, como Lacan mostrou,[148] os pais entregam aos filhos. Por não ter sido filho ou por tê-lo sido em excesso, a criança vivencia o caráter injustificável de sua existência.

> *Já que ninguém me reivindicava seriamente, levantei a pretensão de ser indispensável ao universo. Que há de mais soberbo? Que há de mais imbecil? Na verdade, eu não tinha escolha. Viajante clandestino, eu adormecera no banco e o condutor me sacudia: "Sua passagem!".*[149]
>
> *Um pai ter-me-ia lastrado com algumas obstinações duradouras; fazendo de seus humores meus princípios, de sua ignorância meu saber, de seus rancores meu orgulho, de suas manias minha lei, ele teria habitado; este respeitável locatário dar-me-ia respeito por mim mesmo. No respeito eu basearia meu direito de viver.*[150]

A criança é, portanto, totalmente devorada pela comédia. Não por simples capricho, mas porque uma preocupação ontológica a impele a fazê-lo. Ei-la açodada em existir, pois está preocupada em perder isso. Ela precisa agradar não importa o que aconteça, a fim de ganhar, em vez do Outro, um direito de ser e uma justificação de seu ser. E é-lhe necessário agradar incansavelmente, já que essa falta de um pai, simbólica como vemos, não será suprida. Só que Sartre mostra a que custo. Reduzindo-se a esse jogo, a criança se reduzirá a um engodo, tão apropriadamente chamada aqui de supérfluo:

---

148 Lacan, J. (1956-1957). *O seminário, livro 5: As formações do inconsciente*. Rio de Janeiro: Zahar, 1999, p. 176.

149 Sartre, J.-P. (1963). *As palavras*, op. cit., p. 71.

150 Ibid., p. 56.

"Sei que carecem do necessário e me apraz ser-lhes o supérfluo".[151] No jogo do engodo, a criança quer ser isso, o supérfluo fálico do Outro. Na falta disso, porém, ela se verá justamente sendo apenas isso: supérflua, ou seja, um nada, algo em excesso, "um defeito de ser",[152] mais "um corpo injustificável".[153] O "instante de explosão"[154] que aos nove anos o mortificou de vergonha é a prova disso.

O questionário do Outro

Primeiramente, a cena. A mãe de Sartre recebe naquele dia a visita de uma amiga, Mme. Picard. Sartre insiste na data: novembro de 1915. Estava-se então em guerra e falava-se "em tom mais baixo do que em 1914". E eis que essa senhora oferece à criança um lindo questionário, que ela propõe que ele e seus amigos respondam. A criança, a princípio perplexa, rapidamente agarra a oportunidade que lhe é dada para brilhar. E ei-lo subindo em seu poleiro. Embora, notemos, esse poleiro seja o de um Outro, a cujo nível a criança pretende justamente se içar.

> *Desejei responder na hora, sentei-me à secretária de meu avô, coloquei o livrinho sobre o mata-borrão da pasta de mesa, peguei a caneta com cabo de galalite, mergulhei-a no vidro de tinta vermelha e pus-me a escrever enquanto os adultos trocavam olhares divertidos. De um salto eu me empoleirara mais alto do que minha alma a fim de efetuar a caça às "respostas acima de minha idade". Infelizmente, o questionário não me ajudava, interrogavam-me sobre os meus agrados e desagrados:*

151 Ibid., p. 22.
152 Ibid., p. 48.
153 Ibid., p. 60.
154 Ibid., p. 55.

> *aqui era minha cor preferida, meu perfume favorito? Inventava sem entusiasmo predileções, quando surgiu a ocasião de brilhar: "Qual é seu desejo mais caro?". Respondi sem vacilar: "Ser soldado e vingar os mortos". A seguir, excitado demais para poder continuar, saltei para o chão e levei minha obra aos adultos.*[155]

Assim, nada interessa menos ao pequeno do que dizer quem ele é. Ele deseja satisfazer uma imagem, dizer quão alto será, ou seja, como sonha consigo mesmo. Não é o pouco ou o excesso de que é feito que ele entrega, mas a que eu ideal ele logo se juntará, por qual identificação fálica ele já se sustenta. "Ser soldado e vingar os mortos." Ser herói e devolver a dignidade aos mortos, numa época em que a guerra os empilha e rouba seus nomes, não é isso que o Outro poderia esperar dele? Pois esse questionário é justamente o do Outro. Ao dar à criança a oportunidade de dizer que falo imaginário ela será para ele, como ela será grande para ele, como ela irá surpreendê-lo e satisfazer seu desejo. "Compreendi que me ofereciam uma oportunidade de ser maravilhoso."[156] Mais ainda, aqui, quem é esse Outro? Sob quais olhares a criança quer brilhar? Os olhares de duas mulheres, uma das quais é sua mãe. Duas mulheres que, se o destino quisesse de outra forma, poderiam ter sido movidas pelo desejo de vingar, assim, seus mortos. Mas, justamente, o destino quis de outra forma, para o *desgosto* da criança. E aquilo que deveria ser seu instante de glória será o instante de sua vergonha.

> *A seguir, excitado demais para poder continuar, saltei para o chão e levei minha obra aos adultos. Os olhares aguçaram-se, Mme. Picard ajustou os óculos, minha mãe*

155 Ibid., p. 69.
156 Ibid.

> *debruçou-se sobre o ombro dela, uma e outra avançavam os lábios com malícia. As cabeças levantaram-se juntas: minha mãe corara, Mme. Picard me entregou o livrinho: "Sabe, meu caro amiguinho, isso só é interessante quando se é sincero". Julguei morrer. Meu erro salta aos olhos; pediam a criança prodígio, e eu apresentara a criança sublime. Para minha desgraça, aquelas senhoras não tinham ninguém na linha de frente: o sublime militar permanecia sem efeito sobre suas almas moderadas.*[157]

Dessa forma, a criança acreditou ter morrido... de vergonha. E por quais motivos? Primeiro, o que Christian Demoulin muito apropriadamente chamou de "veredicto"[158] foi apresentado contra a criança. Uma voz, carregada de olhares cortantes, o "reprovou"[159] e denunciou sua impostura. Aquele ali não havia sido *sincero.* A partir daí, ele se vê imediatamente precipitado por sua identificação com o falo imaginário. A criança se vê ser reduzida a nada pelo Outro, a não ser a esse "impostor".[160] Ou, para dizer novamente com Lacan: "nada mais ser, não ser nada mais que este algo que parece ser alguma coisa, mas que ao mesmo tempo não é nada, e que se chama uma metonímia".[161] Nesse instante de explosão, um efeito de mortificação se produziu. A criança "acreditou ter morrido", pois se imaginou "como nada".[162] Ela queria arrebatar sua mãe e, graças a isso, existir. Mas ele a fará corar de vergonha e se verá despojado de sua razão

---

157 Ibid., pp. 69-70.

158 Demoulin, C. (2004). Sartre, de la mauvaise foi à l'hontologie. *L'en-je lacanien, 2*, op. cit., p. 140.

159 Lacan, J. (1956-1957). *O seminário, livro 4: A relação de objeto*, op. cit., p. 430.

160 Sartre, J.-P. (1963). *As palavras*, op. cit., p. 54.

161 Lacan, J. (1956-1957). *O seminário, livro 4: A relação de objeto*, op. cit., p. 251.

162 Ibid., p. 252.

de ser. Ali onde existia a "lei do agradar",[163] reaparece a lei da falta, para cada um. Mãe e filho haviam prometido muito um ao outro no jogo das ilusões [*jeu de dupes*], mas ambos se encontram, naquele instante, envergonhados daquilo que lhes falta. Pois a denúncia dessa impostura descobriu o nada no Outro. A criança era o que maravilhava a mãe, agora ela a envergonha. Ela enrubesce. A mãe, subitamente, falta a seu filho.

A vergonha é aqui o afeto por meio do qual a criança se imagina como nada, no Outro e para o Outro. Só que esse nada não é nada. "Defeito" do ser, escreve Sartre. O que isso quer dizer? Que na vergonha, a criança não apenas vivencia aquilo que lhe falta-a-ser imaginariamente, mas também sua mortificação no simbólico. O jovem Sartre queria adornar-se com os melhores ideais e dar a ver qual eu ideal ele podia ser. Mas eis que a reprovação do Outro desfaz seus atributos egoicos, desvelando-o em sua nudez de ser falante. A mortificação que lhe é imposta pela vergonha desperta e redobra sua mortificação no simbólico. Os significantes do veredicto o mortificam de vergonha porque o lembram brutalmente de que ele não é o que diz ser. Na verdade, a criança não era sincera. Mas pelo fato de que o eu se sustenta, por estrutura, por uma impostura, e que seu poder, como mostrou Lacan, é um poder de desconhecimento. A criança não era sincera, mas, por ter que falar de si mesma, só podia falhar nisso.

Por fim, a vergonha também mortifica a criança pelo fato de que ela lhe impõe uma subtração de gozo. Como acontece com todo afeto, o efeito do simbólico no corpo é patente aqui. A criança perdeu no instante de sua vergonha aquilo que antes era seu júbilo e a excitava "demais".[164] Os significantes do veredicto iniciaram seu

---

163 Demoulin, C. (2004). Sartre, de la mauvaise foi à l'hontologie. *L'en-je lacanien, 2*, op. cit., p. 140.

164 Sartre, J.-P. (1963). *As palavras*, op. cit., p. 69.

gozo narcisista. A criança já se satisfazia em se fazer ver, e ver bem, para o Outro. Ora, eis que esse Outro a reprova e a reduz, a seus olhos, a não ser nada além de uma impostora. Ele a atinge, assim, no registro do gozo, e isso por duas razões. Antes de tudo, ele subtrai uma parte de seu gozo. Isso a leva à vergonha e, ao fazer isso, fere seu narcisismo. E ele também a afugenta, impulsionada por um desejo culpado e envergonhado. A criança não era sincera, pois desejava se dar a ver. Para tanto, havia até mesmo apoiado seus efeitos.[165]

É preciso notar, então, que essas três ocorrências da mortificação vergonhosa se juntam em um ponto: uma mancha aparecida repentinamente na imagem da criança. A criança envergonhada não se vê como uma bela imagem, mas como "presença insólita neste mundo em ordem".[166] Ei-la nesse instante diferente de qualquer outro, envergonhando-se tanto quanto a si mesma. O resto e o fim da narrativa testemunham isso. A criança se viu como um monstro.

As caretas da vergonha

> *Desapareci, fui caretear diante de um espelho. Quando me lembro hoje daqueles trejeitos, compreendo que asseguravam minha proteção; contra as fulgurantes descargas da vergonha, eu me defendia com um bloqueio muscular. Além disso, levando ao extremo meu infortúnio, livravam-me dele: eu me precipitava na humildade a fim*

165 Refiro-me aqui a uma segunda cena de vergonha vivida pelo jovem Sartre, também datada de quando ele tinha nove anos, e ela também seguida de caretas diante do espelho. Encontramos isso descrito em *As palavras*, op. cit., p. 70, e comentado no artigo de Christian Demoulin, citado acima, Sartre, de la mauvaise foi à l'hontologie. *L'en-je*, *2*, op. cit., assim como em minha tese, *L'hontologie*, (Tese de doutorado em Psicopatologia não publicada). Universidade de Toulouse II Le Mirail, Toulouse.

166 Sartre, J.-P. (1963). *As palavras*, op. cit., p. 56.

de esquivar a humilhação, eu me subtraía os meios de agradar a fim de esquecer que eu os possuíra e que fizera mau uso deles; o espelho me prestava grande auxílio; eu o encarregava de me informar que eu era um monstro; se o conseguia, meus agros remorsos se transformavam em piedade. Mas, sobretudo, como o meu malogro revelasse minha servilidade, eu me fazia hediondo para torná-la impossível, para renegar os homens e para que eles me renegassem. A Comédia do Mal era encenada contra a Comédia do Bem; Eliacin assumia o papel de Quasímodo. Por torsão e plissagem combinadas, eu decompunha meu rosto; eu me vitriolava a fim de apagar meus antigos sorrisos.

Era pior o remédio do que o mal: contra a glória e a desonra, tentara refugiar-me em minha verdade solitária; mas eu não dispunha de verdade alguma: encontrava em mim apenas uma insipidez espantada. Sob meus olhos, uma medusa chocava-se com o vidro do aquário, franzia molemente seu colarete, esfiava-se nas trevas. A noite caiu, nuvens de tinta diluíram-se pelo espelho, amortalhando minha última encarnação. Privado de álibi, caí em mim mesmo. No escuro, adivinhava uma hesitação indefinida, um roçamento, pulsações, toda uma besta viva – a mais terrificante e a única que eu não podia temer. Fugi, fui retomar às luzes meu papel de querubim murcho. Em vão. O espelho me ensinara o que eu sabia desde sempre: eu era horrivelmente natural. Nunca mais me refiz.[167]

167 Ibid., p. 69.

Assim, o jovem Sartre escapou duas vezes, a primeira para sair de cena, depois disparou em direção ao espelho, para fugir novamente.[168] Aqui, com efeito, outro instante de ver responde ao instante de vergonha. Para encontrar uma saída para sua vergonha, a criança imaginariza no espelho, por meio de caretas, o produto de sua vergonha. O reflexo se torna um retrato. Digamos que *O retrato da criança envergonhada* é pintado no espelho. E o que vemos ali? Aquilo que a criança se tornou no instante de sua vergonha e como ela amarrotou e desconstruiu sua imagem. Em suma, aquilo que ela quis ver ali, um monstro: "o espelho me prestava grande auxílio; eu o encarregava de me informar que eu era um monstro". É isso que o espelho nos ensina. No instante de sua vergonha, Sartre experimentou ser um monstro. Ele se viu "hediondo", seu rosto tornou-se vitriólico.

A vergonha, portanto, não apenas o reduziu a nada, mas o reduziu ao excesso, ao hediondo, àquilo que aqui é mais que uma mancha, um real, algo horrível de se ver. Essas caretas de criança são, para usar uma expressão que tornarei a tomar emprestada de Lacan, as caretas de um real.[169] Elas indicam que, no instante de sua vergonha, um real afetou a criança. A criança está ferida em seu corpo e atingida na imagem desse corpo. A descarga fulgurante de vergonha faz ressaltar, do fundo dessa imagem, não apenas uma falta, imaginária e simbólica, mas também um real, um ponto de sua extimidade que horroriza a criança. E é por isso que a vergonha, que a mortifica, revela também nela o vivente, "uma besta viva", e o repugnante. Ela sente que não é mais nada para o Outro, mas que é também o objeto de sua repulsa. Será negada por todos. Apliquemos, então, a Sartre aquilo que ele mesmo dizia de Genet: aquele que exilamos

168 Devo esta preciosa observação a Marie-Jean Sauret.

169 A fórmula exata de Lacan é "careta do real". Cf. Lacan, J. (1973). Televisão. In *Outros escritos*, op. cit., p. 511 [Na edição citada, traduz-se *grimace* por "trejeito"; aqui, porém, preferiu-se outra solução (N. T.)].

do mundo ficará reduzido ao "i-mundo".[170] A criança foi realmente reduzida a isso e essa monstruosa extimidade, i-mundo, constitui sua vergonha.

Portanto, a criança faz careta *porque* estava envergonhada e porque a vergonha para ela constituía aquilo que Lacan chamava de um "toque do real".[171] E também faz careta *contra* sua vergonha, e isso por vários motivos. A criança é feia, pois deixou de ser o falo do Outro e, ao fazê-lo, descobriu sua castração. A falta a ter redobrou a falta-a-ser. E essas duas faltas são em parte a vergonha da criança. Sair da vergonha, portanto, suporia fazer cessar essa queda. Ora, Sartre indica qual é a sua solução aqui, seu esforço de réplica: identificar-se com a sua vergonha e, para isso, reduzi-la a uma imagem. As caretas são, antes de tudo, a tentativa, por parte da criança, de representar para si mesma sua queda. São a representação de uma falta simbólica, as dobras das caretas, uma imaginarização da castração. A criança usou o feio para opô-lo ao belo. Há um monstrinho no espelho, pelo fato de que não existe mais o lindo pequenino. As caretas são uma "ajuda", pelo fato de velarem, na medida em que representam a castração. Para não se ver mais feia, a criança fingiu ser feia. É um modo de reduzir a castração ao semblante, para não sentir seus efeitos no real, essa feiura "foi durante muito tempo meu princípio negativo, a cal viva em que a criança maravilhosa se dissolvera".[172] As caretas são, portanto, *uma máscara*. A criança que faz careta decerto se decompõe, mas para compor para si outra imagem, a do monstro. Para ela, as caretas são outra comédia, outra encarnação, um semblante, um misto de imaginário e simbólico, por trás do qual está a verdadeira vergonha do sujeito. A criança faz careta para não ser nada, pura falta-a-ser, mas também para ser aquilo que não se deixará de ver, um monstro, "última encarnação".

---

170 Sartre, J.-P. (1952). *Saint Genet, comédien et martyr*, op. cit., p. 374.

171 Lacan, J. (1973). Televisão. In *Outros escritos*, op. cit., p. 526.

172 Sartre, J.-P. (1963). *As palavras*, op. cit., p. 160.

Todavia, a criança também se decompõe de forma que o remorso se transforme em "piedade".[173] Ela está procurando um "álibi". Precisa, pois, tratar não somente uma falta-a-ser, mas também a falta de gozo, por ser em excesso. A criança quer se ver disfarçada de monstro, não só para não mais se ver afetada por uma falta, mas também para não se ver mais, nem se vivenciar, o diabo no corpo, maculado por seu gozo, "horrivelmente natural".[174] Esse será outro modo de identificação com a vergonha, na tentativa de sair dela. Não mais apenas se identificando com o feio, mas fingindo ser um monstro, para não o ser de verdade. Prova disso é que só então o remorso poderia se transformar em piedade e o sujeito deixar de ser responsável por seu gozo. As caretas são, portanto, também uma tentativa de tratar o gozo, o demônio interior da pulsão. Tanto uma representação imaginária quanto um véu colocado diante da parte i-munda do sujeito, esse objeto de gozo, *a*, que causa seu horror e sua vergonha. A criança, por meio das caretas, inventa para si assim uma alternativa: as caretas ou a vergonha. Christian Demoulin sublinhou essa "alternativa", significando algo que, aliás, tomo emprestado: "A vergonha põe em causa a imagem narcísica: o sujeito já não pode mais se olhar no espelho, ou então, como Sartre, faz uma careta. Essa desconstrução da imagem o remete a um *status* de objeto *a*: ele é o objeto vergonhoso".[175] "Como impostor, ele [Sartre][176] não é mais nada, reduzido ao objeto vergonhoso, ou então é a única alternativa, ele é um monstro carrancudo [*grimaçant*]."[177] Para sair da vergonha, a criança, portanto, terá inventado a alternativa da careta, sua própria solução do torniquete.[178]

---

173 Ibid., p. 70.

174 Ibid.

175 Demoulin, C. (2004). Sartre, de la mauvaise foi à l'hontologie. *L'en-je*, *2*, op. cit., p. 146.

176 Grifos meus.

177 Ibid., p. 140.

178 Sartre, J.-P. (1952). *Saint Genet, comédien et martyr*, op. cit., p. 286.

Um resto

Só que as caretas não terão superado a vergonha. As caretas terão falhado em imaginarizar toda a vergonha. A criança decerto quis ver um monstro, mas só se viu como "medusa", o que é mais ridículo. Esta topou com aquilo que não via, e não podia ver. O único vestígio para ela do obstáculo encontrado: o instante de um choque e seus efeitos. Bela metáfora, se assim for, do impossível com o qual a criança também terá topado. Ela terá sido capaz de apagar seus antigos sorrisos e mostrar, por meio de suas caretas, o que havia falhado em ser, assim como ter. E a vergonha também a terá reduzido a seu ser de objeto vergonhoso, *a*. Ora, ela não é algo que pode ser visto, nem mesmo horrível de se ver. Prova disso é que o remorso não poderá ser transformado em piedade. Nem tudo do gozo pulsional da criança poderá ser reduzido a essa imagem significantizada que é a imagem do monstro.[179] O ser de objeto da criança, esse *status* de objeto *a* que causa sua vergonha, resistiu à solução das caretas. Prova disso é também que não são as caretas que darão ao jovem Sartre a sensação de seu ser de gozo, de sua parte de "i-mundo".[180] Mas serão, uma vez caída a noite, o escuro mais completo e o desaparecimento do suporte da imagem especular.

"A noite caiu", escreve Sartre, "nuvens de tinta diluíram-se pelo espelho, amortalhando minha última encarnação. Privado de *álibi*, caí em mim mesmo. No escuro, adivinhava uma hesitação indefinida, um roçamento, pulsações, toda uma besta viva – a mais

179 Sobre esse ponto, cf. Strauss, M. (2005). Entre. *Revue des Collèges Cliniques du Champ lacanien, 2*, op. cit., pp. 201-202.

180 Sartre, J.-P. (1952). *Saint Genet, comédien et martyr*, op. cit., p. 374.

terrificante e a única que eu não podia temer".[181] Assim, a imagem pouco a pouco se dissolveu na escuridão, para ser reduzida a uma tela preta. E a criança se viu subitamente tomada de angústia. No instante em que perdia toda a encarnação imaginária possível, uma "hesitação indefinida" "pulsações", "toda uma besta viva" de repente a roçava. "A mais terrificante e a única que eu não podia temer",[182] isto é o que senão a Coisa, esse objeto mais próximo para ela e estranho ao mesmo tempo, *a*, o êxtimo, mais do que o íntimo. É isso que a criança encontrou no instante de sua vergonha e que a tornou monstruosa para si mesma. É também isso que a aterrorizou e precipitou sua fuga novamente. A criança fugiu, dessa vez tomada mais pela angústia do que pela vergonha, atingida de outra forma pelo objeto.

Assim, notemos o que se pintou, apenas a meios traços, nesse *Retrato da criança envergonhada*. A vergonha ataca a imagem do sujeito não só pela via do imaginário e do simbólico, mas também pela via do real. A vergonha é sustentada pela barra vergonhosa que divide o sujeito e constitui tanto sua falta quanto sua verdade de "objeto vergonhoso", *a*, segundo a fórmula definitiva proposta por Christian Demoulin.[183] Todavia, isso localizado, não teremos dito tudo, longe disso, sobre o *status* e o destino dos objetos na vergonha. O que Christian Demoulin apontava em seu estudo como "veredicto"[184] já permitia supor isso. A vergonha também poderá ser suportada pela voz, enodada ao olhar. Daí a questão: no fim das contas, quais são os objetos da vergonha?

---

181 J.-P. Sartre, *As palavras*, op. cit.

182 Ibid.

183 Demoulin, C. (2004). Sartre, de la mauvaise foi à l'hontologie. *L'en-je*, *2*, op. cit., p. 146.

184 Ibid., p. 140.

C. Os objetos de vergonha[185]

A vergonha, como observei, é o produto de um instante, e até mesmo de um instante de ver. O sujeito envergonhado é aquele que, ao final de um trajeto em retorno da pulsão escópica, se vê ser "Visto!". Aquele que "*se* vê ser olhado", escrevia Sartre.[186] Só que de qual olhar? Mau-olhado, é claro, aquele do supereu e cujos efeitos poderão ser redobrados pelo outro objeto dessa instância, a voz. Dois objetos, portanto, o olhar que observa e a voz que julga. Resta, então, verificar se um ou outro desses objetos do supereu prevaleceria no afeto da vergonha.

1. O olhar *mais* a voz

Para fazer isso, notemos primeiro que o próprio Freud, à sua maneira, distingue no supereu esses dois objetos. Uma de suas *Conferências introdutórias à psicanálise*, datada de 1933, atesta isso. Há, no caso do supereu, duas funções que devem ser separadas, uma função de auto-observação e uma função de autocrítica. Escreve Freud:

> *Poderia dizer simplesmente que a instância especial que estou começando a diferenciar no ego é a consciência. É mais prudente, contudo, manter a instância como algo independente e supor que a consciência é uma de suas funções, e que a auto-observação, que é um preliminar essencial da atividade de julgar da consciência, é mais uma de tais funções. E desde que, reconhecendo que*

---

185 Uma versão deste texto apareceu sob o título Les objets de la honte. *Cliniques Méditerranéennes, 75*, Toulouse: Érès, 2007.

186 Sartre, J.-P. (1952). *Saint Genet, comédien et martyr*, op. cit., p. 347.

> *algo tem existência separada, lhe damos um nome que lhe seja seu, de ora em diante descreverei essa instância existente no ego como o* "superego".[187]

Surge assim uma distinção entre auto-observação e consciência moral. Distinção essencial, por várias razões. Primeiro, ela nos indica que a instância superegoica ativa esses dois objetos que são o olhar que vigia e a voz que critica. E também demonstra algo menos percebido, a preexistência do olhar sobre a voz. O sujeito será primeiro um ser olhado com mau-olhado [*mauvais œil*] antes de ser criticado. Freud diz isso aqui com todas as letras: a auto-observação é "um preliminar essencial da atividade de julgar da consciência", ou seja, a voz de julgamento. O delírio de observação demonstrará isso clinicamente. A certeza do sujeito de estar sendo olhado precede e prepara o sentimento de perseguição. Os pacientes do delírio de observação, relata Freud:

> *queixam-se a nós de que, permanentemente, e até em suas ações mais íntimas, estão sendo molestados pela observação de poderes desconhecidos – presumivelmente pessoas – e que, em alucinações, ouvem essas pessoas referindo o resultado de sua observação: "agora ele vai dizer isto, agora ele está se vestindo para sair" e assim por diante. Uma observação dessa espécie ainda não é a mesma coisa que perseguição, mas não está longe disto.*[188]

---

187 Freud, S. (1933). Novas conferências introdutórias sobre psicanálise e outros trabalhos – Conferência XXXV: A questão de uma *Weltanschauung*. In *Edição standard brasileira das obras psicológicas completas de Sigmund Freud* (v. XXII, Jayme Salomão, Trad.). Rio de Janeiro: Imago, edição eletrônica.

188 Ibid. Podemos nos referir neste ponto a Quinet, A. (2002). *Um olhar a mais*, op. cit.

O olhar que envergonha

Freud parece, assim, concluir que há uma prevalência do objeto do olhar na instância do supereu, em uma pré-existência do olhar que vigia sobre a voz que critica. Só que para demonstrar isso ele se baseia em um exemplo extraído da clínica da paranoia. Ora, isso poderia ter afetado suas conclusões. Outra observação de Lacan vai nessa direção: "A paranoia . . . é um enviscamento imaginário. É uma voz que sonoriza o olhar que se faz prevalente, é um caso de congelamento de um desejo".[189] Colette Soler fez um breve comentário dessa observação, do qual trago aqui uma das conclusões:

> *Essa frase de Lacan pressupõe que consideremos, que admitamos que o olhar está mais ligado ao imaginário – especialmente em sua definição visual como campo das imagens, que não esgota, entretanto, o campo do imaginário –, enquanto a voz, por sua vez, está mais ligada ao simbólico da cadeia significante articulada.*[190]

Assim, Freud permite supor que, no cerne do supereu, o olhar poderia pré-existir à voz. Mas é porque ele quer como prova a clínica do paranoico, uma clínica marcada por esse enviscamento imaginário que Lacan diagnostica, uma clínica marcada por essa prevalência, para o sujeito, do sentimento de ser visto no real. Normalmente, portanto, não é certo que o supereu se caracterize mais pelo olhar do que pela voz, exceto pelo fato de que, justamente, trate-se aí questão de um afeto que diz respeito inicialmente ao campo do visual.

---

189 Lacan, J. *Séminaire, RSI* (1974-1975), lição de 08/04/1975. *Ornicar?, 5*. Paris: Navarin, 1976.

190 Soler, C. (2002). *O inconsciente a céu aberto da psicose*. Rio de Janeiro: Zahar, 2007, p. 210.

Obviamente, faço alusão aqui à vergonha, que prejudica a imagem do sujeito. Na vergonha, há uma prevalência do olhar sobre a voz. No instante de vergonha, o sujeito tem primeiro a sensação de estar sendo visto, ou seja, que um olhar único o surpreende, olhar do outro, "supereu de fora",[191] dizia Paul-Laurent Assoun, ou seja, que uma voz, a do veredicto, vem dar uma olhada nesse sujeito. A vergonha certamente também está ligada aos ideais do Outro, mas pelo fato de que o sujeito, por trás da voz que enuncia as convenções a serem respeitadas, supõe e imagina um olhar. O sujeito sabe o que esses ideais e outros significantes da lei escondem, aquilo que permanece atrás da voz que ruge e que comanda: o mau olhado, o do Outro "que se põe '*Surmoi*' [Supereu/sobre mim]", segundo a expressão de Guy Briole[192] ou mesmo do próprio supereu. Em cada caso, tratar-se-á aí desse olhar, desse olho que, de repente, poderá vir fixar o sujeito. Por exemplo, o olho do Papai Noel, me diria a criança que, espera ela, sabe bem quando sua irmã mais nova rouba secretamente um pedaço de chocolate: "Papai Noel vê Elodie no céu". Ou, outro exemplo, o olho do avô de Thomas, que do céu poderia ver bem e *issover/issaber* [ça-voir] tudo dos gozos de seu neto: "Sei que ele pode me ver, mas se ele me vir, não estou feliz com ele. Porque realmente não quero muito que ele me veja. Porque se eu fizer bobagens na escola, não quero que ele veja, saiba que estou fazendo bobagens".

O primeiro objeto da vergonha é o olhar, antes que surja ou não a voz, pelo fato de que o sujeito envergonhado é um sujeito cristalizado em uma imagem e reduzido à sua mácula. O que envergonha é, antes de tudo, o encontro, *tiquê*, com um olhar. Um

---

191 Assoun, P.-L. (1995). *Leçons psychanalytiques sur le regard et la voix* (t. 2). Paris: Economica, p. 34.

192 Briole, G. (1997). Honte et traumatisme. *Quarto*, *63*, Revue de la Cause freudienne/ACF Belgique, p. 20.

olhar aguçado, sabia Sartre, "um verdadeiro toque do real"[193] que chega a apontar o sujeito e violar sua imagem. Haveria nisso uma possível analogia entre paranoia e vergonha, e a ereutofobia era muitas vezes considerada, pelo próprio Freud,[194] como próxima da paranoia. Há na vergonha o esboço daquilo que ocorre no delírio de observação, o surgimento, no real, desse objeto olhar que vem bater e estatutizar o sujeito.

Uma voz que sonoriza o olhar que envergonha

Assim, o que dizer do julgamento, quando ele leva um sujeito à vergonha? Que ele poderia ser isso, uma voz que sonoriza um olhar para esse sujeito, senão no real ao menos no imaginário, e que inscreve seu efeito sobre ele. "A vergonha", propõe Antonio Quinet, "denuncia, além da presença do olhar que visa o sujeito do lugar do Outro, um julgamento. É um olhar que vê, julga e pune - um olhar superegoico".[195] Assim, esse olhar que em *A náusea*, ao sair de um retrato, será redobrado imaginativamente por uma voz. Não é mais apenas um olhar que aponta para o herói, mas um olhar que sonoriza uma voz, a qual o julga no ponto mais íntimo de seu ser e o afeta em seu direito de existir. Sartre escreve:

> *Recolhi-me por um instante e entrei. Um guarda dormia perto de uma janela. Uma luz amarelada que vinha das vidraças fazia manchas nos quadros. Nada de vivo na grande sala retangular, exceto um gato que se assustou*

---

193 Lacan, J. (1973). Televisão. In *Outros escritos*, op. cit., p. 526.

194 Sobre esse ponto, cf. Freud, S. (1978). *Les premiers psychanalystes. Minutes de la Société psychanalytique de Vienne* (t. II). Paris: Gallimard, p. 140; Jung, C. G. (1992). *Correspondance* (t. I), Paris: Gallimard, p. 52.

195 Quinet, A. (2002). *Um olhar a mais*, op. cit.

com a minha entrada e fugiu. Mas senti sobre mim o olhar de 150 pares de olhos . . .

No que me dirigia para o retrato de Olivier Blévigne, algo me reteve: do cimácio, o negociante Pacôme deixava cair sobre mim um olhar claro . . .

Desisti de lhe descobrir alguma falha. Mas ele não me largou. Li em seus olhos um julgamento calmo e implacável. Compreendi então tudo que nos separava: o que eu podia pensar a seu respeito não o atingia; não passava de psicologia como a que se faz nos romances. Mas seu julgamento me trespassava como um gládio e questionava até meu direito de existir. E era verdade, sempre me apercebera disso: eu não tinha o direito de existir.[196]

Também no imaginário, uma voz pode sonorizar um olhar. Mais uma prova disso, essas palavras com as quais uma jovem certa vez descrevia o olhar raivoso de sua mãe: "um olhar que diz ameaças". Ou aquilo que me confidenciava Sandrine, cujos rubores repetidos vinham macular a adolescência, como da vez em que seu professor de música lhe pedira para tocar um instrumento na frente de todos e em que sentiu o constrangimento crescer dentro de si. O mais terrível para ela? O que chama de "as humilhações", "o olhar dos outros e depois eles riem de mim", "olhares que parecem dizer: 'Você é esquisita!'", "olhares que dizem: 'Você não é normal'". E conclui: "É por isso que não olho as pessoas na cara, tenho medo que me julguem".

196 Sartre, J.-P. (1938). *A náusea* (Rita Braga, Trad.). Rio de Janeiro: Nova Fronteira, 2015, pp. 93-95.

O veredicto que envergonha procede desse enodamento do olhar e da voz. Ele é uma marca vergonhosa inscrita em letras de fogo sobre o sujeito, um julgamento pronunciado em plena luz do dia, um traço que se vê, uma insígnia que pisca, um S_1, significante mestre. Em suma, nada além daquilo que Nathaniel Hawthorne soubera transformar em romance, *A letra escarlate*.[197] Ou seja, em cada caso, um significante, uma frase que vêm subitamente denunciar o gozo envergonhado do sujeito e dá-lo a ver, inscrevendo-o nele como uma falha, tal como o arado de Kafka gravando "o parágrafo violado sobre a pele do culpado".[198] O veredicto imprime no sujeito sua falta de gozo, para que ela seja "Vista!", tanto no campo do Outro quanto pelo mau-olhado do próprio sujeito. Um olho onívoro, dará a entender Freud, já que "nada pode ser escondido do superego".[199] É isso que, na ocasião, um sujeito não poderá mais esquecer, esse instante em que um olhar o terá ferido de vergonha. Por meio desse olhar, seja ele somente imaginado no campo do Outro, esse sujeito se verá subitamente sendo visto com um mau-olhado, às vezes até mesmo com uma voz feroz. Sua vergonha o terá então marcado e manchado em sua imagem. De repente, ela o terá dado a ver, desvelando a letra já impressa de seu gozo, uma letra que forçava os olhares de todos.

Se uma voz consegue se enodar ao olhar na vergonha, ainda falta dizer qual será o seu efeito nesse olhar. Ora, nesse ponto, o romance de Nathaniel Hawthorne demonstra que, em vez de acentuar seu efeito, ela poderia muito bem diminui-lo. A voz poderia diminuir,

---

197 Hawthorne, N. (1850). *A letra escarlate* (Christian Schwartz, Trad.). São Paulo: Penguin, 2011, edição eletrônica.

198 Kafka F. *apud* Sartre, J.-P. (1952). *Saint Genet, comédien et martyr*, op. cit., p. 26.

199 Freud, S. (1930). O mal-estar na civilização. In *Edição standard brasileira das obras psicológicas completas de Sigmund Freud* (v. XXI, Jayme Salomão, Trad.). Rio de Janeiro: Imago, edição eletrônica.

um pouco, a potência desse olhar. Isso explicaria de passagem alguns dos benefícios das alucinações verbais em sujeitos inicialmente convencidos de serem vistos, observados... E isso por um motivo que já deixaria supor as observações de Colette Soler: a voz está mais próxima do registro do significante. A voz enodada ao olhar é aquilo que pode reduzir a força desse olhar com um significante e, consequentemente, desfiar sua força mortal.

Uma passagem de *A letra escarlate* nos explica como. A heroína dessa história, declarada culpada, se vê obrigada a usar em seu vestido, no lugar em que está o peito, uma letra A, S_1, insígnia de sua culpa. Quiseram, portanto, reduzi-la a essa insígnia-letra, "aquela letra escarlate, tão magnificamente bordada e iluminada em seu peito",[200] para, ao fazê-lo, exibi-la, mostrá-la a todos. Prova disso é, além da imposição dessa letra, o que será a ponta do castigo imposto à heroína. A culpada deverá subir com seu filho no cadafalso de um pelourinho para enfrentar todos os olhares. Esse é o desafio aqui, a "essência desse castigo":[201] querem impelir e reduzir essa mulher à vergonha, e, para isso, arrastar para fora a sua "impureza . . . à luz do sol".[202] Então, assim exposta, o que será mais terrível para ela? Nem a zombaria, nem os insultos, nem as caretas do público. Pelo contrário, ela teria sentido falta disso, pois se vozes tivessem acompanhado os olhares, essa mulher poderia ter respondido a elas. Ela poderia, então, não apenas ter recuperado um pouco de sua dignidade, mas, além disso, sair de cena, não estar mais congelada ali, estatificada, mortificada. Encontrar, assim, uma possibilidade de se defender como *falasser*. É por isso que, privada dessa ajuda do significante que as vozes zombeteiras teriam dado a ela apesar de tudo, essa mulher quase enlouqueceu. Como, de fato, responder a um olhar sem voz e, ao fazê-lo, não cair na vergonha? Ser assim

200 Hawthorne, N. (1850). *A letra escarlate*, op. cit.

201 Ibid.

202 Ibid.

entregue "inteiramente ao olho e ao olhar do Outro"[203] constituiu o ponto de horror para essa mulher a quem, em suma, o direito de se esconder fora recusado. As linhas a seguir testemunham isso.

> *Assim, a multidão mostrava-se sóbria e séria. A infeliz condenada mantinha-se no limite da contenção possível a qualquer mulher que se encontrasse sob o peso implacável de mil olhos, todos pregados nela e fixos ao que trazia no peito. Algo quase intolerável de ser suportado. De natureza impulsiva e apaixonada, Hester sentia-se forte para enfrentar os golpes e venenosas estocadas do público com insolência, suportando todo tipo de insulto; mas na solenidade com que a recebera o povo havia algo de muito mais terrível, a ponto de ela passar a desejar, em vez disso, ter diante de si rostos austeros temperados de um alegre escárnio do qual ela própria seria o alvo. Tivesse a multidão estourado em riso – cada homem, cada mulher, cada criancinha de voz estridente contribuindo com sua parte –, Hester Prynne retribuiria, talvez, com um sorriso de amargura e desdém. Mas, sob o pesado castigo que lhe coubera suportar, ela sentia, em alguns momentos, a necessidade de gritar com toda a força e jogar-se de cima daquele cadafalso, ou enlouqueceria de vez.*[204]

A vergonha é, antes de tudo, uma questão de olhar. A passagem anterior demonstra isso. A voz, na medida em que veicula significantes, poderá ser um recurso contra essa corrente de chumbo que,

---

203 Lacan, J. (1956-1957). *O seminário, livro 4: A relação de objeto*, op. cit., p. 232.
204 Hawthorne, N. (1850). *A letra escarlate*, op. cit.

do mau-olhado do Outro, transborda sobre o sujeito e o fixa em sua vergonha. Nisso também me juntarei ao que dizia Paul-Laurent Assoun sobre o sujeito envergonhado no sonho de nudez, tendo que enfrentar a perturbadora indiferença de seus espectadores: "Talvez ele preferisse uma zombaria a esse olhar vazio que torna a vergonha aguda para ele próprio".[205] Além disso, ressaltei aquilo que no último termo faltava à nossa heroína. A única maneira possível de responder ao olhar foi-lhe retirada: se esconder. Teriam retirado dessa mulher aquilo que Gérard Wajcman evocava em suas propostas sobre o tema do olhar e do oculto: o "direito à sombra"[206] do sujeito. "O oculto é uma condição do sujeito", escreve ele. "Não há sujeitos num mundo de vidro, de transparência absoluta. É preciso sombra para que o sujeito possa encerrar aí aquilo que *sua* vida é. O íntimo, território do sujeito, é necessário."[207] A esse respeito justamente, evoquemos outra criança[208] que, espantosamente, só conseguia dormir sentada na cama, encolhida sobre si mesma. Esse espanto terminou no dia em que ela confidenciou a uma de suas educadoras o motivo de seu medo. Ela estava convencida de que as pequenas manchas pretas no teto eram apenas câmeras que olhavam para ela. A partir daí, era-lhe impossível adormecer sob esses olhos, a não ser justamente que se escondesse desses olhares e mantivesse assim um pouco de seu direito à sombra. E então, ainda sobre esse direito à sombra, lembremos mais uma vez Thomas, que um dia me explicou por que razão a morte o obcecava: "Não consigo esquecer a morte na aula. Brinco na sala porque o vovô[209] está vendo tudo. Isso é o que me incomoda. Ele vê através de tudo. Não tenho como me esconder.

205 Assoun, P.-L. (1995). *Leçons psychanalytiques sur le regard et la voix*, t. 2, op. cit., p. 34.

206 Wajcman, G. (2004). *Fenêtre, Chroniques du regard et de l'intime.* Paris: Verdier--Philia, p. 465.

207 Ibid., p. 466.

208 Agradeço a Beatrice Lasbleiz por me relatar o caso dessa jovem.

209 O avô de Thomas já havia falecido há vários anos.

Sei disso porque Jesus vê tudo e vai contar ao meu vovô se eu fizer alguma besteira. Se ele me vir, estou morto".

O sujeito envergonhado poderia ser definido como aquele que, ao menos por um instante, teria perdido esse direito à sombra e se sentiria mortificado, congelado nessa terrível e absoluta transparência. Os carrascos de nossa heroína romântica entenderam bem isso, eles que, sabendo que a "natureza" do ser falante estava ali, vão querer executar aquela mulher reduzindo-a à sua vergonha. Ou seja, privá-la de seu direito à sombra, de seu direito de se esconder, para que o olhar do Outro possa reduzi-la completamente a uma categoria de dejeto, de objeto envergonhado. Em suma, matar o sujeito que havia nela, fazê-la morrer com uma primeira morte, decerto simbólica, mas repleta de efeitos reais. Fazer com que ela não saia mais de sua vergonha, senão como alguém já morto, abolido como sujeito, condenada daí em diante a vagar numa zona entre duas mortes. Evidentemente, trata-se apenas de um romance. Lembremos que os jornais, por vezes, ainda divulgam a existência de tais usos e abusos da vergonha.[210] E que, para torturar um sujeito, costuma-se começar despindo-o.

2. Melancolização e embaraço

Podemos, portanto, com um golpe de vergonha, matar alguém, no sentido de anulá-lo como sujeito. A seguir, gostaria de desenvolver isso e, para tanto, farei um breve desvio por outra definição possível da vergonha: o embaraço.

210 Vejamos, por exemplo, as humilhações infligidas aos detidos iraquianos na prisão de Abu Ghraib [Um complexo penitenciário situado em Abu Ghraib, cidade iraquiana perto de Bagdá (N. T.)].

Do incômodo ao embaraço supremo

A vergonha é um modo de embaraço do sujeito. E isso, da forma como Lacan entendia em seu Seminário *A angústia*:

> *O embaraço é, em termos exatos, o sujeito S revestido da barra, $\cancel{S}$, porque o* imbaricare *faz a mais direta alusão à barra,* bara, *como tal. Essa é justamente a imagem da vivência mais direta do embaraço. Quando vocês já não sabem o que fazer de si mesmos, procuram alguma coisa em que se escorar. É justamente da experiência da barra que se trata.*[211]

Mas também, no sentido de que ele mesmo a vivenciou um dia, como testemunhou em seu Seminário *De um Outro ao outro*,[212] qualificando ali explicitamente sua vergonha como um embaraço. Em primeiro lugar, a vergonha é, portanto, um embaraço, como o instante em que o sujeito não sabe mais o que fazer consigo e se sente demais em cena. A vergonha é uma experiência da barra, dessa mesma "barra" que o demônio do pudor, observava Lacan,[213] abate sobre o sujeito. Das profundezas de sua imagem, *a* saiu, atingiu o sujeito com a barra e, ao fazê-lo, redobrou sua divisão vergonhosa. Além disso, a vergonha é um embar(*a*)ço ontológico do sujeito. No instante de sua vergonha, o sujeito é um sujeito embaraçado por seu ser, não tendo mais uma imagem bela ou completa atrás da qual se resguardar. Despido diante do Outro, reduzido à sua causa ante o

---

211 Lacan, J. (1962-1963). *O seminário, livro 10: A angústia*, op. cit., pp. 19-20.

212 Lacan, J. (1968-1969). *O seminário, livro 16: De um Outro ao outro*, op. cit., p. 232. Voltarei a essa cena mais tarde.

213 Lacan, J. (1958). A significação do falo. In *Escritos* (Vera Ribeiro, Trad.). Rio de Janeiro: Zahar, 1998, p. 699.

"tribunal do Outro",[214] ele queria sair de cena. O sujeito envergonhado não sabe mais o que fazer com o pouco que é e com o que ele é, assim revelado à luz do Outro. O objeto *a*, dizia justamente Lacan, cai-lhe "quase tão mal quanto polainas num coelho",[215] ele mancha e causa embaraço. O sujeito envergonhado é um sujeito revirado, posto que é embaraçado.

Só que a natureza dessa reversão pode variar. Tomemos novamente aqui o exemplo de Dalio. Com o que ele está embaraçado? Decerto, com aquilo que o sustenta na existência, mas que consiste ainda numa fantasia. Com sua barra, *a* atinge o sujeito, mas o faz apenas corar e baixar os olhos. Seu embaraço aqui é o de um desejo, sustentado por uma fantasia. Retornar à sombra do Outro e recuperar o refúgio imaginário de seu eu sempre lhe será possível, e bastará para ele sair de cena. Ora, algo completamente diferente será o verdadeiro desespero que a vergonha também pode suscitar em um sujeito, quando este se encontrar reduzido não mais à vergonha de um desejo, mas àquilo que Lacan, em seu Seminário *O avesso da psicanálise*, chamará de "vergonha de viver".[216]

Passamos então do simples embaraço para o "embaraço supremo".[217] Este não só poderá fazer corar o sujeito, como impeli-lo ao ato, para fazê-lo sair definitivamente da cena do mundo. Aqui, e segundo a fórmula da fantasia, "a passagem ao ato está do lado do sujeito na medida em que este aparece apagado ao máximo pela barra". "O momento da passagem ao ato", continua Lacan, "é o do embaraço maior do sujeito".[218] A vergonha poderá assim reduzir um sujeito a esse supremo embaraço, no sentido de lhe impor

---

214 Lacan, J. (1960-1961). *O seminário, livro 8: A transferência*, op. cit., p. 177.

215 Lacan, J. (1962-1963). *O seminário, livro 10: A angústia*, op. cit., p. 60.

216 Lacan, J. (1969-1970). *O seminário, livro 17: O avesso da psicanálise*, op. cit., p. 174.

217 Lacan, J. (1962-1963). *O seminário, livro 10: A angústia*, op. cit., p. 125.

218 Ibid., p. 129.

essa "identificação absoluta . . . com o *a* ao qual ele se reduz".[219] E é por isso que a vergonha comporta um poder de melancolização do sujeito. A vergonha opera uma destituição brutal e instantânea do sujeito, que poderá se aproximar dessa travessia da imagem que Lacan evocava em seu Seminário *A angústia* a respeito do sujeito melancólico:

> *Mas o fato de se tratar de um objeto* a *e de, no quarto nível, este se encontrar habitualmente mascarado por trás do* i(a) *do narcisismo, e desconhecido em sua essência, exige que o melancólico, digamos, atravesse sua própria imagem e primeiro a ataque, para poder atingir, lá dentro, o objeto* a *que o transcende, cujo mandamento lhe escapa – e cuja queda a arrasta para a precipitação suicida.*[220]

A vergonha que reduz o sujeito a *a* e ataca sua imagem especular, se ela superar todas as defesas do sujeito, poderá então produzir esse afeto melancólico que é a vergonha de viver.

E é por isso que a esses dois objetos da vergonha que são o olhar e a voz se acrescenta um terceiro, o objeto anal. A vergonha joga na cara do sujeito o que ele é no fundo de sua imagem, uma merda. O sujeito queria se abrigar atrás de sua impostura egoica e, falicamente, dar-se a ver sob o olhar do Outro. Mas eis que nesse doloroso instante de ver, ele se verá sendo visto, não apenas por aquilo que falta-a-ser, $\$$, mas pelo que realmente é, *isso*. "Veja o quanto você falta-a-ser, e o que você realmente é", comanda a vergonha. Imperativo do qual Christian Demoulin terá declarado o resultado:

219 Ibid., p. 125.
220 Ibid., p. 364.

o sujeito envergonhado "vira 'merda' por ser surpreendido, circuito escópico-anal".[221] Tendo como consequência, então, esse poder de melancolização da vergonha, que Patrick Merot ressaltava com razão:

> *Ter vergonha é, paradigmaticamente, ter vergonha de se descobrir muito pequeno mesmo quando se acredita ser grande, ser reduzido a um verme miserável, um rebotalho, um dejeto quando se acreditava ser um ser humano. Já indicamos suficientemente a dimensão anal da identidade à qual o sujeito se encontra então reduzido: a vergonha é a sombra do abjeto que recaiu sobre o Eu. Formulação na qual se entende esse mais além da vergonha que encontramos na melancolia e na dimensão melancólica que a experiência da vergonha pode comportar.*[222]

Permanece o fato de que seria necessário listar aqui as várias ocorrências de tal destituição do sujeito.

---

221 Referência a uma conversa que tive com C. Demoulin sobre esse ponto. Vários autores, oriundos de outras correntes analíticas, também poderiam confirmar isso. Assim, por exemplo: "Reversão" da face do sujeito, na qual "o ânus oculto veio se inscrever", escreve Janine Chasseguet-Smirgel, em Essai sur l'Idéal du Moi. Contribution à l'étude psychanalytique de "la maladie d'idéalité". *Revue française de psychanalyse, 5-6*. Paris: PUF, 1973, p. 887; "reversão da exibição fálica na exposição anal", "autoscopia implacável do sujeito", "rapto vergonhoso" e "aplainamento brutal", continua Ghyslain Lévy em Une catástrofe: la honte [Uma catástrofe: a vergonha]. *Topique, 31*, 1983, pp. 41-45; "cavalo de pau fantasmático", segundo Jean Guillaumin, e "fecalização sob o olhar 'enojado' dos outros" em Honte, culpabilité et dépression [Vergonha, culpa e depressão]. *Revue française de psychanalyse, 5-6*, Paris: PUF, 1973, pp. 986, 990.

222 Merot, P. (2003). La honte: "si un autre venait à l'apprendre". *Revue française de psychanalyse, n. 5, t. LXVII*. Paris: PUF, p. 1747.

Uma coisa, por exemplo, será sentir-se "nulo" [*nul*] e "babaca" [*con*] simultaneamente. "Nulo", posto que dá subitamente a prova de sua vacuidade subjetiva $\mathcal{S}$ e "babaca" no sentido em que Lacan entendia isso: de um sujeito identificado com seu gozo, *a*. Algo totalmente diferente será a redução do sujeito a esse supremo embaraço que mencionei acima. Com sua imagem atacada e reduzida a uma mancha, o sujeito poderá então se ver sendo visto, envergonhado, como um dejeto do mundo. E, portanto, também desejar realmente desaparecer. Para sair da cena do mundo, para se juntar, em ato, a essa "exclusão fundamental em que se sente".[223] Sair de cena para fazer essa experiência ontológica cessar. Conseguir, por meio da passagem ao ato, se apagar, isto é, ser "apagado ao máximo pela barra",[224] essa barra cujo objeto atinge o sujeito. "Deixar-se cair" realmente, "realizar"[225] plenamente sua condição de objeto *a*, para deixar de se ver sendo visto assim, "corpo injustificável".[226] "O objeto *a*", dirá Lacan ainda, "é o que são todos vocês, na medida em que aqui enfileirados – todos abortos do que foi, para aqueles que os engendraram, a causa do desejo".[227] Não foi isso que as palavras certas de Antoine evocavam? Por trás dos rubores que lhe valeram o dom de sua carência a uma outra, uma vergonha mais surda, atingindo-o em sua razão de ser e em seu ser de vivente. "Acho que não deveria ter nascido", "Lá ninguém gosta de mim . . . então, me pergunto, o que estou fazendo nesta terra?", "Não fui feito para estar vivo". Aborto, portanto. Ou, como dizia Antoine ainda, "lixo". O que evocará essas outras expressões que Lacan usava para qualificar o

---

223 Lacan, J. (1962-1963). *O seminário, livro 10: A angústia*, op. cit., p. 124.

224 Ibid., p. 129.

225 Ibid., p. 125.

226 Sartre, J.-P. (1963). *As palavras*, op. cit., p. 60.

227 Lacan, J. (1969-1970). *O seminário, livro 17: O avesso da psicanálise*, op. cit., p. 170.

objeto *a* como resíduo: "porcaria"[228] ou "*abjeto*".[229] Quando esse objeto não constitui mais a causa de um desejo, sublimável no laço social, mas que, ocasionalmente, suja e constitui a vergonha de uma vida.

Assim, a vergonha poderá ser mínima e passageira, ou traumática e duradoura, dependendo do que cada um faz e dependendo do poder de cada um de se defender dela. Em cada caso, da vergonha do desejo à vergonha de viver, a vergonha decerto atinge o mais íntimo do sujeito, provando que ela é sim uma paixão do ser. "Sou a vergonha", me dizia um dia outra criança. Só que no instante de vergonha, o sujeito poderá não somente ser reduzido a corar por sua fantasia, ali onde o objeto *a*, conectado à castração, ainda conserva seu brilho fálico e sua potência de desejo. Pois a vergonha também poderá levar o sujeito à travessia selvagem dessa fantasia e, portanto, à visão brutal, forçada e imposta desse objeto como dejeto, dessa vez destituído de seu brilho fálico. Esse ponto do inominável, em que as palavras faltam e onde ele deveria ser capaz de desaparecer. Não mais esse ponto mais íntimo do sujeito, esse objeto imaginário de desejo que Lacan teorizava num primeiro momento em seu ensino, mas sua extimidade vergonhosa, a partir da qual o sujeito às vezes se imaginará como dejeto do Outro. Na vergonha, o sujeito poderá assim experimentar, apesar de si mesmo, sua condição de dejeto, de objeto *a* real, essa miséria ontológica que mascarava sua imagem. "Assim funciona a *i(a)*" – observava Lacan em seu "Discurso na Escola Freudiana de Paris" – "pela qual se imaginam o eu [*moi*] e seu narcisismo, a servir de casula para o objeto *a* que do sujeito faz a

---

228 Lacan, J. (1964-1965). *O seminário, livro 11: Os quatro conceitos fundamentais...*, op. cit., p. 243.

229 Lacan, J. (1973). Televisão. In *Outros escritos*, op. cit., p. 524, e Lacan, J. (1973). ...Ou pior. In *Outros escritos* (Vera Ribeiro, Trad.). Rio de Janeiro: Zahar, 2003, p. 548.

miséria".[230] Para pôr em evidência este último e supremo embaraço, evoquemos outro caso.

Oficial Lazé

Trata-se de uma cena que deu origem a uma sequência do filme *O quarto dos oficiais*, de François Dupeyron. Essa cena foi muito real e devemos isso a Henriette Rémi, uma enfermeira voluntária que trabalhou durante a Primeira Guerra junto aos feridos no rosto, conhecidos como os *caras quebradas* [*gueules cassées*], por ter testemunhado isso. Seria preciso nos determos na dor desses "caras quebradas". Seria preciso aprender com a coragem e a ironia graças às quais muitos deles, além do real impresso em suas faces, continuaram a viver, mesmo assim. "Rir mesmo assim"[231] era, além de seu lema, e para mais de um, o instrumento contra a vergonha. Mas já que se trata de examinar essa vergonha, leiamos o que ela representou naquele dia para o oficial Lazé, que Henriette Rémi acompanhou durante uma licença.

Lazé, um jovem pai, acabara de encontrar seu filho Gérard pela primeira vez. Henriette Rémi relata a cena.

> *"Gérard, meu filho . . .". Um grito agudo! Gerard balança os braços, as pernas. Seu pai, desconcertado, o coloca no chão. E Gérard fugiu, ainda mais rápido do que viera, gritando com uma voz aterrorizada: "Não é o papai! Não é o papai!". Lazé está horrorizado, arrasado, como se estivesse congelado ali. De repente, pega a cabeça dele com as mãos: "Imbecil, imbecil! Mas também, como eu*

230 Lacan, J. (1967). Discurso na Escola Freudiana de Paris. In *Outros escritos* (Vera Ribeiro, Trad.). Rio de Janeiro: Zahar, 2003, p. 267.

231 Delaporte, S. (2004). *Gueules cassées de la Grande Guerre*. Paris: Agnès Viénot, p. 153.

> *podia saber que estou tão horrível!... Ter sido homem, ter colocado todas as forças para compreender plenamente o que essa palavra significa e não ser nada mais do que isso. Um objeto de terror para seu próprio filho, um fardo cotidiano para sua esposa, uma vergonha para a humanidade. Deixe-me morrer".* Lazé suicidou-se ao regressar ao hospital.[232]

É claro que há tudo aquilo que ignoramos sobre esse homem. Há também essas palavras, com uma enunciação tão forte, que podemos acompanhá-las por um momento para apreender um pouco o que foi a vergonha desse sujeito. Um homem, então, é isso o que esse oficial pensava não ser mais. Não que ele tivesse se tornado mulher, não que fosse, por meio da castração, feminilizado. Mas pelo fato de que ele se viu sendo visto por seu filho como um monstro, objeto de angústia e terror para essa criança, o objeto *a*. Esta queria ver o pai novamente e ficou horrorizada com a imagem daquele homem, "Não é o papai", que se apresentava a ele. A criança não ficou decepcionada, mas horrorizada. Ali onde o filho desejava encontrar um pai e as feições desse pai, ela encontrou um real que dilacerou aquilo que ela queria ver. Esse instante, terrível, de um encontro de olhares, terá bastado para que o oficial se tornasse um monstro. Esse oficial se esforçara para ser homem, quisera "realizar plenamente" isso, identificar-se em ato, com aquilo que esse significante homem, do lugar de seu ideal, podia justamente recobrir. Ora, eis que naquele instante, essa imagem e o ideal que a sustentava se voltam contra ele. O homem não se reconhece mais ali, senão como o oposto, um monstro. Lazé, com seus próprios olhos e através do olhar horrorizado de seu filho, vê-se brutalmente destituído, reduzido a "não ser nada mais do que isso". Ei-lo de fato

---

232 Ibid., p. 149.

convencido de não ser nada mais do que *isso*, objeto *a* destituído de todo brilho fálico, reduzido à aparência do "deslustrado, do atirado aos cães, à imundície, à lata de lixo, ao rebotalho do objeto comum, na impossibilidade de colocá-lo em outro lugar".[233] Encontramos um eco disso nas palavras do próprio Lazé, que vê a si mesmo como "objeto de terror", "fardo cotidiano", "vergonha para a humanidade". Reduzido a uma vergonha de viver, da qual ele verá saída apenas ao desaparecer completamente sob essa barra que o atinge, dos olhos de todos e dos olhos do Todo. Morrer de vergonha, diremos com Lacan, mais do que "a vida como vergonha a engolir".[234]

O instante de vergonha é, portanto, sempre um instante de lucidez forçada para um sujeito, por mais melancólico que seja. A verdade que nele se revela diz respeito ao mais íntimo, ou seja, ao mais êxtimo do sujeito, ao fato de que ele não era nada, senão *isso*. O homem envergonhado é "homem em seu forro [*doublure*]"[235] para retomar aqui as palavras de Flaubert, mas um forro revirado, oferecido a todos os olhos, apenas por um instante. A vergonha é um "afeto instantâneo", segundo a expressão justa que François Regnault utilizava a respeito do rubor.[236] E também um instante de pequena ou grande "catástrofe ontológica",[237] segundo essa outra expressão, emprestada de Maurice Merleau-Ponty. Em suma, a vergonha é "uma catástrofe instantânea", como dizia essa jovem que mencionei acima, propensa a corar. Uma catástrofe instantânea, portanto, que é uma catástrofe ontológica.

---

233 Lacan, J. (1962-1963). *O seminário, livro 10: A angústia*, op. cit., p. 120.

234 Lacan, J. (1969-1970). *O seminário, livro 17: O avesso da psicanálise*, op. cit., p. 173.

235 Flaubert, G. (1975). *Correspondance*. Paris: Folio/Gallimard, p. 81.

236 Regnault, F. (1999). Je rougis, je pâlis à sa vue. *Revue La Cause Freudienne, 40*. Paris: Navarin, p. 68.

237 Merleau-Ponty, M. (1979). *O visível e o invisível*, op. cit.

Todavia, pode ser que essa vergonha, no instante revelada, já estivesse ali, sendo estrutural. Pode ser que a vergonha não tenha apenas como objeto a estrutura do ser falante, mas que ela mesma seja um efeito da estrutura. Em outras palavras, pode ser que Lacan tenha acertado e que devamos acrescentar à ontologia filosófica a "vergonha" que lhe faltava.[238] Nisso, os instantes de vergonha serão apenas o eco da *vergontologia* [*hontologie*] do sujeito, sempre pronta para surpreender e embaraçá-lo, pelo simples fato de que ele fala e se enreda em seus gozos. A vergonha, assim como o insulto, seria o sinal de que uma maldição *vergontológica* afeta o ser falante. Escreve Sartre acerca de Jouhandeau:

> *Um outro maldito expressou muito bem o que se poderia chamar de maldição ontológica: "O insulto é perpétuo. Ele não está apenas na boca deste ou daquele, explícito, mas em todos os lábios que me nomeiam; está no próprio* ser, *em meu ser e o encontro em todos os olhos que me olham. Ele está em todos os corações que têm a ver comigo; está no meu sangue e inscrito no meu rosto com letras de fogo. Acompanha-me sempre e por toda parte, neste mundo e nos outros".*[239]

A vergonha, ela também, estaria no ser. E quais são as razões estruturais dessa *vergontologia*?

---

238 Em francês, "*nous devions ajouter à l'ontologie philosophique, le 'h' qui lui manquait*". Traduzido ao pé da letra, teríamos algo como "devamos acrescentar à ontologia filosófica, o 'h' que lhe faltava", o que ficaria sem sentido no contexto, dado que em francês o vocábulo *honte* [vergonha] é grafado com "h", donde o comentário do autor (N. T.).

239 Jouhandeau, M. *apud* Sartre, J.-P. (1952). *Saint Genet, comédien et martyr*, op. cit., p. 28.

Parte II.
A *vergontologia*

1. A *vergontologia*, uma tentativa de definição

Antes de chegar à *vergontologia*, e para chegar a ela, perguntemo-nos primeiro se a psicanálise está em posição, e mesmo tem direito, de propor uma ontologia. Freud, na XXXV de suas *Novas conferências introdutórias sobre psicanálise*,[1] coloca explicitamente a questão. A psicanálise conduz a uma *Weltanschauung*, a uma *visão do mundo*? Está ela em condições de propor uma construção intelectual capaz de resolver todos os problemas de nossa existência, a partir de "uma hipótese superior dominante"?[2] Aqui, como em toda parte,[3] sua resposta é sem rodeios: não.

---

1 Freud, S. (1933). Novas conferências introdutórias sobre psicanálise e outros trabalhos - Conferência XXXV: A questão de uma *Weltanschauung*. In *Edição standard brasileira das obras psicológicas completas de Sigmund Freud* (v. XXII, Jayme Salomão, Trad.). Rio de Janeiro: Imago, edição eletrônica.

2 Ibid.

3 Cf. sobretudo sua carta de 16/02/1929, endereçada ao pastor Oskar Pfister. Freud, S. (1966). *Correspondance de Sigmund Freud avec le pasteur Pfister (1909-1939)*. Paris: Gallimard, 1966, p. 186.

A. Condições prévias

Não somente a psicanálise é, por estrutura, inapta[4] em propor uma visão de mundo, diz Freud, mas aí está em jogo seu dever de se resguardar disso.[5] O psicanalista não tem que se fazer de filósofo, este mesmo, nos lembra Freud, que o poeta Henrich Heine pontuava ironicamente: "Com suas toucas de dormir e os trapos de seu roupão/ Ele tapa os buracos do edifício do mundo".[6]

1. O risco de uma visão do mundo[7]

Todavia, se há visões de mundo, filosóficas, religiosas ou políticas, que ganham o consentimento das multidões, permanece um fato... que Freud não se contenta em denegri-las, e as interpreta. Um mesmo desejo, com efeito, está dissimulado ali desde o amanhecer, o de ser *consolado*.[8] Diante do mundo, de seus enigmas e outros vestígios da falta de significante no Outro de onde o real perfura, o homem "é sempre uma criança".[9] O sujeito, para evitar a angústia

---

4 Exceto se estiver de acordo com uma *Weltanschauung* científica, definida como tendo que tender a uma explicação homogênea do mundo, mas sabendo que falta aí.

5 Sobre esse ponto, é possível ler a crítica violenta e pertinente feita por Max Weber à "visão de mundo" que o Dr. Otto Gross afirmava extrair da psicanálise, em sua "Lettre à Else Jaffé du 13 septembre 1907". *Revue française de Sociologie, 43-44*, pp. 667-683, 2002.

6 Freud, S. (1933). Novas conferências introdutórias sobre psicanálise e outros trabalhos – Conferência XXXV: A questão de uma *Weltanschauung*, op. cit.

7 As duas páginas a seguir retomam em parte um artigo publicado sob o título: "La psychanalyse conduit-elle à une vision du monde?". *Mensuel, 34*, École de psychanalyse des Forums du Champ lacanien, maio 2008.

8 Ibid., p. 217, 224.

9 Ibid., p. 218.

e a "impotência", apela ao Outro e às suas falsas esperanças,[10] anexadas a seus imperativos de conduta. Desejando ser consolado do impossível, ele continua a esperar desse Outro, ao cair da noite, uma história na qual acreditar.

O impossível

A partir daí, qual pode ser a resposta da psicanálise? Digamos primeiro com Lacan: ali onde os Discursos são definidos por um domínio vão,[11] dar prova pelo impossível. Ou seja, cingir o impossível que resiste a eles, para demonstrar o real que é sua causa. Sabemos quais impossíveis Freud já havia diagnosticado: governar, educar, psicanalisar[12] (curar, precisará Lacan).[13] Freud, no texto dessa conferência, volta ao primeiro deles. "Os homens são ingovernáveis", porque o caráter indomável da natureza humana, nunca se libertando das pulsões que o forçam, "[se opõem] a qualquer espécie de comunidade social".[14] Tomemos Lacan também e a segunda dessas profissões impossíveis: educar. Lacan retornará a ela pelo menos duas vezes,[15] para demonstrar o quê? Que educar sempre falha.

---

10 "Garantias de felicidade", diz Freud. Ibid., p. 216.

11 Lacan, J. (1969-1970). *O seminário, livro 17: O avesso da psicanálise*, op. cit., pp. 65-66. Também encontramos vestígios disso neste texto de Freud, criticando a vontade de "dominar", no entanto impossível, do discurso religioso sobre o mundo sensível. Cf. Freud, S. (1933). Novas conferências introdutórias sobre psicanálise e outros trabalhos - Conferência XXXV: A questão de uma Weltanschauung, op. cit.

12 Freud, S. (1925). Prefácio a *Juventude desorientada*, de Aichhorn. In *Edição standard brasileira das obras psicológicas completas de Sigmund Freud* (v. XIX, Jayme Salomão, Trad.). Rio de Janeiro: Imago, edição eletrônica.

13 Lacan, J. (1970). Radiofonia. In *Outros escritos* (Vera Ribeiro, Trad.). Rio de Janeiro: Zahar, 2003, p. 444.

14 Freud, S. (1933). Novas conferências introdutórias sobre psicanálise e outros trabalhos - Conferência XXXV: A questão de uma *Weltanschauung*, op. cit.

15 Lacan, J. (1963). Kant com Sade. In *Escritos* (Vera Ribeiro, Trad.). Rio de Janeiro: Zahar, 1998, p. 799; Lacan, J. (1970). Radiofonia. In *Outros escritos*, op. cit., p. 444.

A tal ponto que a intenção educativa, ao omitir o impossível que zomba e faz caretas para ela, se espalhará na "impotência".[16] Enfim, curar. Lembremos de que é em seu artigo "Análise terminável e interminável" que Freud, ao tropeçar na resistência do sintoma, retornará a esses três impossíveis.[17] Em cada caso, é, portanto, o real como impossível de suportar que se verá, assim, demonstrado pela psicanálise, convidando a levá-lo em consideração em vez de negá-lo.

Com efeito, no final dessa conferência, publicada em 1933 (!), qual é a oferta de Freud e, com ele, a da psicanálise? Contra a "proibição do pensamento"[18] que toda visão de mundo programa, ousar saber o real que fura seu edifício. Recusar[19] e desmontar as falsas consolações que levam ao pior. Lacan insistia nisso: avançar no discurso analítico uma "concepção do mundo"[20] confinará ao cômico... a menos que ela se limite à linguagem[21] e seus efeitos de gozo, ou "inaugura-se a única ôntica admissível por nós".[22] "Certamente", dirá ele, "tenho minha ontologia – por que não? – como todo mundo tem, ingênua ou elaborada. Mas certamente o que

---

16 Encontramos o termo nessas duas referências de Lacan.

17 Freud, S. (1937). Análise terminável e interminável. In *Edição standard brasileira das obras psicológicas completas de Sigmund Freud* (v. XXIII, Jayme Salomão, Trad.). Rio de Janeiro: Imago, edição eletrônica.

18 Freud, S. (1933). Novas conferências introdutórias sobre psicanálise e outros trabalhos – Conferência XXXV: A questão de uma *Weltanschauung*, op. cit.

19 Ibid.

20 Lacan, J. (1972-1973). *O seminário, livro 20: Mais, ainda* (M. D. Magno, Trad.). Rio de Janeiro: Zahar, 1985, p. 44.

21 "Não tentem descobrir qual é a minha *Weltanschauung*", dirá Lacan em 1972, "– eu não tenho *Weltanschauung* alguma, porque aquilo que eu poderia ter disso, a rigor, consiste em dizer que o *Welt*... o mundo, é construído com linguagem". Lacan, J. (1972). Conférence faite à l'Université de Milan le 12 mai 1972. In *Lacan in Italia 1953-1978*. Milano: La Salamandra, 1978.

22 Lacan, J. (1968). A lógica da fantasia. In *Outros escritos* (Vera Ribeiro, Trad.). Rio de Janeiro: Zahar, 2003, p. 327.

tento desenhar em meu discurso . . . não tem de modo algum a pretensão de cobrir todo o campo da experiência".[23]

Seguindo Lacan, a constituição de uma ontologia comporta, portanto, um risco, o de uma pretensão em dizer toda a verdade, em poder dizer tudo tanto do sujeito quanto do mundo em que ele vive. Ele volta a isso quatro anos depois, em seu Seminário *Mais, ainda*. Se a ontologia deve ser considerada como uma concepção do mundo, então ela não pode proceder do discurso analítico, é um efeito da estrutura.

> *Só há mesmo ocasião para sorrir quando se ouve colocar, sobre o discurso analítico, que ele comporta qualquer coisa da ordem da tal concepção*
>
> . . .
>
> *já aqui, por mais nada a não ser por avançarmos na corrente do discurso analítico, demos esse salto que se chama* concepção do mundo, *e que deve, entretanto, ser para nós o que há de mais cômico. O termo concepção do mundo supõe um discurso inteiramente outro que não o nosso, o da filosofia.*[24]

A referência ao gozo

Essas referências são suficientes para mostrar a relutância de Lacan em responder definitivamente à questão da ontologia. Seu objetivo não é, e não pode ser, produzir uma ontologia[25] que valesse

---

23 Lacan, J. (1964-1965). *O seminário, livro 11: Os quatro conceitos fundamentais da psicanálise* (M. D. Magno, Trad.). Rio de Janeiro: Zahar, 1988, p. 73.

24 Lacan, J. (1972-1973). *O seminário, livro 20: Mais, ainda*, op. cit., pp. 43-44.

25 Lacan, J. (1970). Radiofonia. In *Outros escritos*, op. cit., p. 425.

como visão do mundo, como um saber que se igualasse à verdade.[26] Por causa do real, faltam aí palavras, por estrutura.[27] E permanece o fato de que, não dizer toda a verdade não impede que a digamos pela metade [*mi-dire*]. A partir de sua experiência de analista, do fato de que sua "prova . . . toca no ser",[28] Lacan se autoriza a se pronunciar sobre a questão. Ele faz isso de forma alusiva e sugerindo o que, então? Que em se tratando do ser, devemos nos referir ao campo do gozo: "Com essa referência ao gozo inaugura-se a ôntica admissível por nós".[29] Poder-se-á esperar que o psicanalista circunscreva[30] o real e o impossível que dele se deduzem,[31] assim como faça saber qual gozo se satisfaz na impotência dos discursos em controlá-los. Pensemos nisso, o que seria, por exemplo, uma *educação bem-sucedida*, tal como tantas ideologias terão sido capazes de fantasiar com elas na História? Kafka terá nos ensinado isso em sua *Carta ao Pai*: uma "fúria".[32]

Enfim, Lacan voltará alguns anos depois a esse enodamento de uma ontologia com o registro do gozo: "O artifício dos canais pelos quais o gozo vem causar o que se lê como o mundo, aí está,

---

26 Da mesma forma, cf. Freud, S. (1933). Distinguindo-se da filosofia em: Novas conferências introdutórias sobre psicanálise e outros trabalhos – Conferência XXXV: A questão de uma *Weltanschauung*, op. cit.

27 Lacan, J. (1973). Televisão. In *Outros escritos* (Vera Ribeiro, Trad.). Rio de Janeiro: Zahar, 2003, p. 508.

28 Lacan, J. (1970). Radiofonia. In *Outros escritos*, op. cit., p. 425.

29 Lacan, J. (1968). A lógica da fantasia. In *Outros escritos*, op. cit., p. 327.

30 Cf. sobre esse ponto, Lacan, J. (1968). A lógica da fantasia. In *Outros escritos*, op. cit., p. 327, e Lacan, J. (1973). Posfácio ao *Seminário 11*. In *Outros escritos*, op. cit., pp. 505-506.

31 Seguindo o exemplo de Lacan, que acrescentará aos três impossíveis freudianos a posição impossível da ciência, em "Conferência de imprensa do Dr. Jacques Lacan no centro cultural francês, Roma, 29 de outubro de 1974". Lacan, J. (1974). *O triunfo da religião*. Rio de Janeiro: Zahar, 2005, p. 61.

32 Kafka, F. (1952). *Carta ao pai* (Modesto Carone, Trad.). São Paulo: Companhia das Letras, 2002, edição eletrônica.

convenhamos, o que justifica que o que se lê dele evite a onto- toto, tome nota, a onto ou a ontotautologia".[33] À ontologia Lacan opõe, portanto, a *vergontologia*, na medida em que ela inclui o real e o campo do gozo. Essa referência ao gozo é o que fundamenta a invenção lacaniana do conceito e do neologismo *vergontologia* [*hontologie*] – "*É uma vergonha*, como dizem, que deveria produzir uma *vergontologia*, ortografada enfim corretamente".[34]

Há uma proximidade temporal entre essas duas citações, mas não só. Porque o "*h*" que Lacan acrescenta à ontologia [*ontologie*] sucede à ideia primeira de confissão [*aveu*], "a única ôntica admissível [*avouable*] por nós".[35] O que poderia estar mais próximo da confissão do que o afeto de vergonha [*honte*]? A vergonha é aquilo que permite inscrever a dimensão do gozo na expressão da *vergontologia* [*hontologie*] e, de imediato, vincular o questionamento ontológico ao ser de gozo do sujeito. É isso que a psicanálise, que tem, por meio da cura, um conhecimento e uma experiência do ser, descobre e demonstra. E é também aquilo que a filosofia, por não ser ensinada e orientada por uma prática clínica, não podia perceber. A filosofia não pôde ortografar como deveria ser o conceito de *vergontologia*, pois para isso ter-lhe-ia faltado os conceitos de real, de gozo, de objeto *a*. "Esse objeto", nos diz Lacan, "é o que falta à consideração filosófica".[36] Na falta de conhecimento e manejo desse conceito de objeto *a*, a filosofia não poderia mensurar, em seu questionamento ontológico, o ser de gozo do sujeito.

---

33 Lacan, J. (1973). Posfácio ao *Seminário 11*. In *Outros escritos*, op. cit., pp. 506-507.

34 Lacan, J. (1969-1970). *O seminário, livro 17: O avesso da psicanálise*, op. cit., p. 172.

35 Lacan, J. (1968). A lógica da fantasia. In *Outros escritos*, op. cit., p. 327.

36 Lacan, J. (1966). Respostas a estudantes de filosofia. In *Outros escritos* (Vera Ribeiro, Trad.). Rio de Janeiro: Zahar, 2003, p. 214.

Ele conclui em *Radiofonia*: "fiz de seu onto [*onto*] o vergonhoso [*honteux*]".[37] À ontologia filosófica, Lacan opõe a *vergontologia*, uma ontologia que não é toda a verdade, mas que, de forma alusiva, articula a questão do ser no campo do gozo. O neologismo *vergontologia* comporta, portanto, essa dupla função: indicar por meio de sua própria escrita esse enodamento, permanecendo suficientemente enigmático para que alguns venham a deduzir uma concepção psicanalítica do mundo. Contra a cola do sentido, uma *vergontologia*, que seria apenas um meio-dizer [*mi-dire*].

2. Freud já: o sonho do homem exilado

Quis, na primeira parte deste estudo, examinar o alcance ontológico do afeto de vergonha, no instante. Trata-se agora de verificar a sua dimensão estrutural, não mais aquilo que a vergonha deve ao instante, mas o que ela deve ao necessário, à condição de ser falante. Ora, o próprio Freud, em sua análise do sonho típico de estar despido, nos deixava supor uma via de passagem entre um instante de ver, sempre contingente, e a *vergontologia* estrutural do ser falante.

Hoje quase não ouvimos falar, ao menos na orientação lacaniana, de sonhos típicos. O conceito poderia, de fato, parecer empoeirado se ainda se tratasse de interpretar o sonho no registro do imaginário, de nutrir aqui o sujeito com mais sentido. Só que isso não leva em conta um fato, clinicamente observado e sublinhado por Freud em sua *Interpretação dos sonhos*: certos sonhos se distinguem por seu retorno frequente e idêntico de conteúdo em muitos sujeitos. Assim, cada um de nós terá, um dia ou outro, um desses sonhos típicos que são sonhos de estar despido, com a morte de entes queridos, com exame, com queda...

37 Lacan, J. (1970). Radiofonia. In *Outros escritos*, op. cit., p. 425.

Esses sonhos constituem uma exceção, e por outro motivo. Para serem interpretados, não necessitam de material associativo, pois teriam sempre a mesma significação para qualquer sujeito. Além disso, nota Freud, quando se trata de interpretá-los, aquele que sonha não consegue associar, senão de forma obscura e incompleta. E conclui: "Há um interesse especial ligado a esses sonhos típicos porque, presumivelmente, eles decorrem das mesmas fontes em todos os casos e, assim, parecem particularmente aptos a esclarecer as fontes dos sonhos".[38] Esses sonhos poderiam, portanto, designar uma invariante, um ponto de estrutura no ser falante, como evidenciado pelo fato de que eles resistem à associação livre, à relativização significante. Assim, o que os sonhos de estar despido nos dizem sobre a estrutura do ser falante? Os comentários de Freud, assim como os de Lacan dedicados ao olhar em seu Seminário *Os quatro conceitos fundamentais da psicanálise*, respondem a isso e mostram que, como observava Paul-Laurent Assoun, "o 'sonho com confusão de estar nu' . . . fornece uma verdadeira cena original da vergonha".[39]

O ser-olhado

O que para Freud define o sonhar com estar despido ou o sonhar com confusão? São sonhos em que nos encontramos malvestidos, até mesmo nus, na presença de estranhos. Só que, para que esse sonho seja qualificado como sonho típico, deve haver outra condição, a vergonha do sujeito. Aquele que sonha gostaria de fugir, de se esconder para dissimular sua nudez e subtrair-se do olhar alheio, mas se encontra fixado no lugar.

---

38 Freud, S. ([1899]1900). A interpretação dos sonhos. In *Edição standard brasileira das obras psicológicas completas de Sigmund Freud* (v. V, Jayme Salomão, Trad.). Rio de Janeiro: Imago, edição eletrônica.

39 Assoun, P.-L. (1995). *Leçons psychanalytiques sur le regard et la voix* (t. 2). Paris: Economica, p. 33.

Em relação à nudez, Freud acrescenta algumas observações. Normalmente aquele que sonha não sabe até que ponto está despido, a imagem permanece desfocada. Por outro lado, a vergonha parece exagerada. Pois a falha na toalete geralmente será mínima. Tratar-se-á, por exemplo, do traje um pouco sumário de Freud que, de repente, cruza com uma criada na escada; ou ainda a roupa não regulamentar daquele ex-oficial que, subitamente, vê os policiais se aproximando. Enfim, nesses instantes, diante de quem temos vergonha? Quase sempre há estranhos, cujos rostos são indistintos e que dão mostra de uma curiosa indiferença. O vestuário daquele que sonha nunca suscita neles qualquer comentário ou zombaria. Essas pessoas parecem indiferentes ou ainda exibem "expressões faciais indiferentes ou . . . solenes e tensas".[40] Isso faz pensar, Freud diz a si mesmo. Esse contraste entre a vergonha do sujeito e a indiferença dos espectadores, no entanto, o impede.

O que ele conclui? Que os sonhos com estar despido são sonhos de exibição, fundados nos prazeres outrora consumidos da exibição infantil. Na época da infância, lembra ele, o sujeito não tem vergonha alguma de se mostrar nu diante de seu entorno, e até experimenta uma certa embriaguez com isso. Mas, passado o complexo de Édipo, esse desejo, constrangido pela angústia da castração, passa para o inconsciente. O sonho típico de estar despido será, então, o retorno e a realização desse desejo de exibição, não elidido, mas até então reprimido, no inconsciente. A cena da exibição, como no momento da primeira infância, se realiza no sonho. Todavia, tanto aos olhos do outro quanto da instância moral, ela agora é julgada proibida e vergonhosa. Freud então desmascara os efeitos de censura do sonho: os estranhos indiferentes tomaram o lugar de parentes, sua indiferença é o oposto estrito simbólico dos olhares coléricos daqueles que

---

40 Freud, S. ([1899]1900). A interpretação dos sonhos. In *Edição standard brasileira das obras psicológicas completas de Sigmund Freud*, op. cit.

os cercam. Lembremo-nos de que o olhar não é o olho, uma esquize passa entre os dois. Por conseguinte, a indiferença dos espectadores, com efeito, tem a força do olhar, aquele que o sujeito imagina no campo do Outro. O olhar deles é aquilo que Paul-Laurent Assoun dizia ser "um olhar estranho ainda mais fixo porque não vê nada".[41] O sujeito não é visto, pois é olhado de toda parte.

Quanto à embriaguez exibicionista, ela aqui cede lugar à vergonha e à paralisia do sujeito, sinais de sua divisão, do "conflito de vontade", do "Não!", da proibição superegoica que lhe são impostos. A vergonha aponta assim uma posição de gozo do sujeito, gozo exibicionista pelo qual este último, ao dar a ver seu corpo, força o olhar dos outros. Também deve-se notar que se seu desejo estiver aí, esse desejo falha. Aquele que sonha, longe de forçar e dominar o olhar do outro, tropeça em sua indiferença. A pulsão escópica, que sempre se satisfaz, efetua então seu trajeto de retorno sobre o sujeito e acerta na mosca. Ela o enche de vergonha, por meio da indiferença alheia, que não é um olhar perturbado ou fascinado, mas um olhar voltado para o próprio sujeito. Agora ele se descobre sendo visto e nu, não tendo conseguido exibir ao Outro seu ser falicizado.

O sonho de estar despido interpreta[42] o sujeito, portanto, e duplamente. Ele estava nu, mas não sabia disso. Ele desejava se mostrar nu, mas também não sabia. Aquele que sonha é o capitão sem seu sabre, Freud sem seu colarinho, um sujeito manchado em sua imagem, porque afetado por uma falta, subitamente visível e mostrada. Aí está o que causa sua vergonha, o efeito de conformação de uma dialética do ser sobre a do ter. Não só ele não é o falo, mas descobre no olhar do Outro que ele não o tem. Essa era a sua pretensão vergonhosa, ter

41 Assoun, P.-L. (1995). *Leçons psychanalytiques sur le regard et la voix* (t. 2), op. cit., p. 34.

42 Lacan, J. (1964-1965). *O seminário, livro 11: Os quatro conceitos fundamentais...*, op. cit., p. 125. Sobre o sonho intérprete, cf. também Lacan, J. (1968-1969). *O seminário, livro 16: De um Outro ao outro*. Rio de Janeiro: Zahar, 2008, p. 193.

algo para mostrar, querer "se fazer ver",[43] quando tinha apenas que mostrar sua falta.

A análise freudiana do sonho de estar despido nos lembra, pois, que o sujeito envergado é, primeiramente, o sujeito de um desejo.[44] Aliás, Freud voltará a isso durante um dos encontros noturnos da *Sociedade psicanalítica de Viena*. Na ocasião, a respeito de um paciente ereutofóbico de Adler,[45] uma definição inédita da vergonha. O afeto de vergonha seria sinal de uma "incapacidade de impressionar as pessoas".[46] Uma definição que Adler, durante a discussão clínica que se seguiu, retomaria nos seguintes termos: "O desejo de impressionar pode se manifestar de uma centena de maneiras diferentes – e todo o conceito de sentimento de vergonha . . . faz parte disso".[47] Com efeito, qual era a angústia desse paciente? A de falhar em seu "desejo de impressionar", esse voto mais caro que o obcecava e polarizava todo o seu comportamento. Mas também, tropeçar no ridículo dessa pretensão. Ou seja, aquele que quisesse se passar por alguém, ser "pego em flagrante delito de enganação".[48] A fórmula é notável porque indexa justamente o desejo aqui culpado, o desejo narcísico do sujeito de se fazer ver e, para isso, se fazer passar por outro que ele não é. Causar impressão de sua imagem, mas sob uma luz escolhida, aos olhos do Outro. A vergonha comporta o fracasso do desejo de impressionar e, ao fazê-lo, a revelação desse desejo exibicionista do sujeito, o de se fazer ver e de enganar o Outro. Isso no que seria uma leitura freudiana do sonho de estar despido.

---

43 Lacan, J. (1964-1965). *O seminário, livro 11: Os quatro conceitos fundamentais...*, op. cit., p. 184.

44 Observação feita por Marc Strauss durante uma jornada de estudo no Collège Clinique de l'Ouest, em Morlaix, junho de 2003.

45 Freud, S. (1978). *Les premiers psychanalystes. Minutes de la Société psychanalytique de Vienne* (t. II, sessão de 03/02/1909). Paris: Gallimard.

46 Ibid., p. 141.

47 Ibid., p. 144.

48 Ibid., p. 138.

Com Lacan

Os comentários que Lacan fez sobre a questão do olhar em seu Seminário *Os quatro conceitos fundamentais da psicanálise* permitem prolongar essa análise, destacando primeiro que, no sonho de estar despido, o sujeito se descobre repentinamente olhado de toda parte. Ora, isso vai ao encontro do que Lacan enfatiza nesse Seminário, não mais uma simples ocorrência do gozo do sujeito, como é o caso em Freud, mas um ponto estrutural do ser falante. Sabíamos que ele era falado pelo Outro – Lacan, referindo-se a Maurice Merleau-Ponty, nos ensina que ele também é, originalmente, um ser olhado. Diferença de objeto, portanto. "Eu só vejo de um ponto", Lacan nos diz, "mas em minha existência sou olhado de toda parte";[49] "eu entendo, e Maurice Merleau-Ponty nos mostra isto, que somos seres olhados no espetáculo do mundo".[50] O sonho de estar despido revela esse ponto estrutural no ser falante e desvela, assim, uma primeira causa da *vergontologia*. Se sou olhado de toda parte é porque minha própria existência faz mancha, por estrutura, e de forma ontológica. Sou olhado de toda parte em minha existência, isto é, não como um organismo, mas no fato de ser [être], de ser/estar ali [être *là*].

Só que, e essa é uma oportunidade para cada um, no estado de vigília, esquecemos, o olhar é elidido. Podemos ocasionalmente saber que estamos sendo olhados, podemos temer ou esperar isso, mas repugnamos que nos mostrem. Pelo menos foi isso que Lacan constatava junto às mulheres, elas gostam de saber estar sendo olhadas, com uma condição: que não lhes mostrem.[51] O objeto olhar deve permanecer em seu lugar, não sair de sua órbita, continuar ali contra um fundo de ausência, ser temperado pela castração, caso

---

49 Lacan, J. (1964-1965). *O seminário, livro 11: Os quatro conceitos fundamentais...*, op. cit., p. 73.

50 Ibid., p. 76.

51 Ibid.

contrário, um sentimento de estranheza toma conta do sujeito. Pensemos aqui nas torpezas do neurótico, preocupado em saber por que, naquele dia, o teremos olhado de soslaio ou, ao contrário, por que teremos fingido não vê-lo. Pensemos também no paranoico, convicto de estar sendo vigiado de toda parte, filmado, observado, e logo sabendo que ameaças esses olhares proferem.

Mais ainda, dirá Sartre:[52] não posso olhar e ser visto ao mesmo tempo. Por exemplo, não posso olhar para um olhar, a menos que esse olhar recaia sobre outra pessoa que não eu. Mas se eu mesmo sou percebido, não sou mais sujeito, passando a ser objeto desse olhar. É-me então estruturalmente proibido perceber, estar olhando, sujeito de uma percepção. E, até mesmo, é-me impossível, se sei que estou sendo visto, olhar para qualquer coisa no mundo. O olhar do outro que me visa arrebata meu próprio olhar. "Agora diria", conclui Sartre: "não podemos perceber o mundo e captar ao mesmo tempo um olhar lançado sobre nós; terá de ser uma coisa ou outra".[53] Uma tese que, ela também, deveria ser pensada sobre a clínica das psicoses. Pensemos no autismo, em que os sujeitos com olhar vazio ou fugidio parecerão como que retirados do mundo e, no entanto, à espreita, sempre com medo dos olhares que gostaríamos de lhes lançar. O esquizofrênico oferece ainda outros exemplos. É o caso dessa paciente do professor Bobon, reclusa no silêncio há seis anos, antes de poder escapar, um pouco, dos olhares que ela delirou, colocando-os sobre o véu-tela de uma folha de papel, pintando-os subitamente, e nela inscrevendo "a fórmula de seu segredo":[54] "*Io sono sempre vista*" – "Eu sempre sou vista". Ela, para

---

52 Sartre, J.-P. (1943). *O ser e o nada: ensaio de fenomenologia ontológica* (13ª ed., Paulo Perdigão, Trad.). Petrópolis: Vozes, 2005, p. 332.

53 Ibid., p. 333.

54 Lacan, J. (1962). *Le séminaire "L'angoisse"* (extraído da lição de 19/12/1962). *Ornicar?, 29*. Paris: Navarin, 1984, pp. 164-165. Encontramos o texto dessa lição

dizer nas palavras de Merleau-Ponty, pintara "para surgir".[55] Pintar esses olhos, ou seja, revelar, tanto quanto destruir, descompletar os olhares que estão ali. Por meio da pintura, essa mulher terá se retirado da pintura em que foi congelada, "ali tomada como objeto num cartão-postal",[56] alienada no real de sua condição ontológica de ser olhada, encontrando ali, diremos nas palavras de Freud, seus espectadores.[57]

Daí, voltemos então ao sonhar com estar despido, em que essa força do olhar reaparece, dessa vez no imaginário. "Isso mostra vem antes",[58] afirma Lacan. As imagens do sonho têm, na verdade, um certo peso, elas mostram e forçam a ver algo. Elas têm um caráter particular, de nitidez ou de desfoque, uma intensidade nas cores, suscitam o arrebatamento ou o pavor. Com o sonhar com estar despido, elas revelam ainda que no campo escópico, "o olhar está do lado de fora", que "sou olhado", que "sou quadro",[59] e até mesmo que "me situo no quadro como mancha".[60] Ora, enquanto mancha, capto os olhares. O afeto penoso do sonho se situa aí. Eu, que pensava estar vendo, sou antes de tudo um ser olhado, e eis que subitamente me mostram isso. No sonho, isso me olha. Robert Walser irá descrever isso de maneira forte, relatando-nos em *O ajudante*, o sonho de estar despido de seu anti-herói Joseph Marti:

---

em Lacan, J. (1962-1963). *O seminário, livro 10: A angústia*, Rio de Janeiro: Zahar, 2005, p. 86, assim como a reprodução de uma das aquarelas dessa paciente.

55 Merleau-Ponty, M. (1960). *O olho e o espírito* (Paulo Neves & Maria Ermantina Galvão Gomes Pereira, Trad.). São Paulo: Cosac Naify, 2013, p. 18.

56 Lacan, J. (1962-1963). *O seminário, livro 10: A angústia*, op. cit., p. 86.

57 "É só na paranoia que esses espectadores reaparecem", dizia Freud. Freud, S. ([1899]1900). A interpretação dos sonhos. In *Edição standard brasileira das obras psicológicas completas de Sigmund Freud*, op. cit.

58 Lacan, J. (1964-1965). *O seminário, livro 11: Os quatro conceitos fundamentais...*, op. cit., p. 76.

59 Ibid., p. 104.

60 Ibid., p. 96.

> *Desceu ao escritório de Tobler, e lá Joseph se via em camisa, escrevendo algo em sua escrivaninha, e tudo o questionava com o olhar, o penetrava e o questionava. O que eram todas essas coisas que o observavam, ele não conseguia discernir claramente, mas era tudo, justamente, parecia ser o mundo inteiro, vivo. Olhos por toda parte, que se regozijavam perversamente com sua estranha nudez. O escritório estava todo verde de alegria maligna, um verde agressivo. Então José tentava se levantar para fugir desse lugar de vergonha, mas ficava inexoravelmente preso ali, sentiu-se pavorosamente mal e acordou.*[61]

O sonho típico de estar despido revela, portanto, um primeiro ponto da estrutura do *falasser*, um "ver ao qual estou submetido de modo original",[62] o caráter "*onivoyeur*"[63] desse mundo no qual eu surjo como mancha. Prova disso é essa paralisia que afeta o sujeito do sonho, em que se desvela o efeito de petrificação, o qual, para Lacan, é o efeito da potência direta do olhar.[64] Não dizemos que a vergonha mortifica o sujeito, que o abate, não lhe deixando outro recurso senão o desejo único de desaparecer? A vergonha é um efeito dessa potência direta do olhar.

O exílio envergonhado do falasser

No sonho de estar despido, encontra-se assim esse olhar que me olha de fora, sempre um pouco mau-olhado. Porém, esse olhar,

---

61 Walser, R. (1908). *O ajudante* (José Pedro Antunes, Trad.). São Paulo: Arx, 2003, edição eletrônica.

62 Lacan, J. (1964-1965). *O seminário, livro 11: Os quatro conceitos fundamentais...*, op. cit., p. 73.

63 Ibid., p. 76.

64 Ibid., pp. 110-111.

imaginado por mim no campo do Outro, é também aquele que me surpreende e me reduz a alguma vergonha. Se o ser falante é originalmente um ser olhado, pode ser então que essa vergonha designe nele um ponto da estrutura, que ela diga algo sobre a ontologia do sujeito para além da pura contingência de suas experiências. Está aí outra revelação do sonhar com estar despido. Assim como há um ver ao qual estou de modo original sujeito, há que se conceber uma vergonha ontológica. Para continuar a estabelecer as razões para isso, passo agora a outra referência de Freud a respeito do sonho de estar despido.

> *Um de meus amigos [relata Freud] chamou-me a atenção para a seguinte passagem de* Der grüne Heinrich, *de Gottfried Keller . . .: "Espero, meu caro Lee, que você jamais aprenda por experiência própria a verdade peculiar e maliciosa dos apuros de Ulisses quando apareceu, nu e coberto de lama, diante dos sonhos de Nausícaa e suas servas! Devo eu dizer-lhe como isso pode acontecer? Vejamos o nosso exemplo. Se você estiver vagando por terras estranhas, longe de sua pátria e de tudo que lhe é caro, se tiver visto e ouvido muitas coisas, conhecido a tristeza e a inquietação, e se sentir desolado e desesperançado, então infalivelmente sonhará, uma noite, que está se aproximando de casa; você a verá resplandecente e iluminada nas mais vivas cores, e as mais doces, mais caras e mais amadas formas se encaminharão em sua direção. Então, subitamente, você perceberá que está em trapos, nu e empoeirado. Será tomado de indizível vergonha e terror, tentará encontrar abrigo e se esconder, e acordará banhado em suor. Este, enquanto respirarem os homens, será o sonho do viajante infeliz; e Homero*

> *evocou a imagem de seus apuros da mais profunda e eterna natureza do homem.*[65]

O exílio em questão aqui é duplo. É, antes de tudo, o de um sujeito em dificuldade de ser, que busca em vão uma justificativa possível para sua existência. Essa busca assume o aspecto desses reencontros sonhados, mas perdidos, de um sujeito com sua pátria, suas origens, esse lugar do Outro onde poderia assegurar seu direito de estar ali. Ora, o que ele descobre? Que esse lugar falta. Ei-lo, então, onde quer que esteja, exilado a partir de dentro. Prova, se necessário, que esse exílio o constitui. Trata-se aí de uma primeira vertente daquilo que constitui o exílio estrutural do ser falante,[66] tal como Lacan o teria demonstrado. Advindo à fala, o sujeito deverá, com efeito, consentir à dupla perda que lhe impõe o significante. Por ser tomado sob seu reinado, o sujeito, primeiramente, não é mais nada, condenado a desaparecer sob os significantes que o representam, a ser nada além de um efeito de significante. Ei-lo, portanto, exilado de uma razão de ser. O ser falante estará condenado à falta-a-ser, desamparado, sempre, de uma possível justificativa para sua existência. Forçado, por estrutura, por se sentir "um ente cujo ser está sempre alhures".[67]

Esse exílio é também o do gozo, paraíso original do qual esse homem teria sido banido. E enquanto sonha voltar para lá, eis que, perante esses olhares imaginados, essas cores que cintilam, essas formas amáveis e delicadas que avançam em sua direção, ele se descobre bruscamente nu e envergonhado, como no primeiro dia. Reconheço aí aquilo que o significante impõe ao homem, dessa vez,

---

65 Freud, S. ([1899]1900). A interpretação dos sonhos. In *Edição standard brasileira das obras psicológicas completas de Sigmund Freud*, op. cit.

66 Lacan, J. (1972-1973). *O seminário, livro 20: Mais, ainda*, op. cit., p. 198.

67 Ibid., p. 195.

como perda de gozo. O sujeito é afetado não somente no campo de suas representações, mas também em seu corpo. Um corpo afetado pelo simbólico e, ao fazê-lo, afetado em seu gozo. Esse exílio do gozo, coextensivo ao primeiro, constitui a marca que o sujeito recebe do significante sobre seu corpo.[68] O corpo do ser falante está manchado por um gozo que, sendo reduzido pelo simbólico, será sempre culpado,[69] nunca em boa medida.

Daí a consequência: o sujeito, por estrutura, será sempre exilado de um gozo todo e harmonioso, outro nome dessa beatitude que Lacan evocava. "O espantoso", observa ele em "Televisão", "não é que ele [o sujeito][70] seja feliz sem desconfiar do que o reduziu a isso – sua dependência da estrutura –, mas que adquira a ideia da beatitude, uma ideia que vai tão longe que o sujeito sente-se exilado dela".[71] Colette Soler, sobre isso, concluía:

> *O sujeito é afetado por ser* falasser, *afetado pelo fato de que seu gozo é afetado pela perda, parcialização e fragmentação pelo saber que a linguagem veicula, . . . poderíamos classificar os afetos pela distância que eles traduzem com a ideia de beatitude, em outras palavras, pelo sentimento de exílio que incluem. E, de fato, há afetos correlacionados à falta de gozo – falta de gozar –, o tédio, por exemplo; há afetos correlacionados com a inadequação do gozo à relação sexual, a saber, ao gozo que não seria necessário – a vergonha entre outros.*[72]

---

68 Lacan, J. (1973). ...Ou pior. In *Outros escritos* (Vera Ribeiro, Trad.). Rio de Janeiro: Zahar, 2003, pp. 547-548.

69 Lacan, J. (1972-1973). *O seminário, livro 20: Mais, ainda*, op. cit., p. 82.

70 Grifos meus.

71 Ler-se-á também no *Seminário Mais*, ainda: Lacan, J. (1973). Televisão. In *Outros escritos*, op. cit., p. 525.

72 Soler, C. (1986). Affect et savoir. *Actes de l'École de la Cause freudienne*, *X*, p. 67.

Rumo à vergontologia

Assim, os sonhos de estar despido nos ensinam que o ser falante desejava se fazer ver, tanto quanto se esconder do Outro, por meio de sua impostura fálica. Forçar e saborear o olhar do Outro, para desviá-lo para o lugar certo. E permanece o fato de que, visto originariamente do lugar do Outro, o ser falante poderá sempre se ver sendo visto no lugar de sua curta condição de *falasser*, esse exílio vergonhoso. Essa é a "verdade contundente e bem escolhida" que o sonho do homem atormentado nos permite abordar. Não mais apenas o sujeito surpreendido no lugar de sua castração imaginária, tal como o simples sonho de estar despido representa para nós. Mas, além disso, o sujeito envergonhado de sua existência, como Jacques Rolland[73] nos propunha reconhecê-lo no afresco de Masaccio, visível na Capela dos Brancacci, na igreja de Santa Maria del Carmine, em Florença.

Trata-se aí de uma representação de *Adão e Eva expulsos do paraíso terrestre*[74] que, além de suas qualidades como obra de arte, nos interessa aqui por dois motivos. Ela nos oferece primeiramente uma figuração desse exílio original e vergonhoso dos homens, que a religião teria mitificado, dando-nos, talvez, *a* versão do sonho típico de estar despido. Rolland observa aí outra particularidade. O texto bíblico menciona que Adão e Eva, antes de serem expulsos do paraíso, estavam vestidos com túnicas de pele. Ora o afresco os retrata nus. E enquanto Eva, com os olhos quase fechados, eleva seu desespero ao céu, Adão, com as costas curvadas, esconde o rosto. Adão, ressalta então com grande precisão Rolland, não sonha em esconder seu sexo, mas seu rosto e, portanto, também, como especificarei, os olhos. Adão e Eva, sob o olhar do Outro divino, aqui substituído pelo do anjo que aponta para eles, têm na verdade vergonha de serem vistos.

---

73 Rolland, J. *apud* Lévinas, E. (1935). *De l'évasion*. Paris: Fata Morgana, 1982, p. 84.

74 Baldini, U. (2001). *Masaccio*. Paris: Gallimard, p. 50.

O excesso de olhares os aflige, tanto o deles quanto o daqueles que eles imaginam no campo do Outro. É contra esse excesso de olhar que Adão vela os olhos com as duas mãos. Fechar os olhos para se desvencilhar do olhar e da vergonha, para poder deixar de se ver sendo visto. Outra observação de Rolland vai além: se Adão não esconde o sexo, mas o rosto, começamos então a pensar "que, nesse gesto é, além de seu corpo, a patência de seu ser que Adão busca esconder e que o pintor representou 'erroneamente' sua nudez apenas para mostrar ali sua 'necessidade de desculpar sua existência'".[75] Esse afresco também seria uma pintura da vergonha de ser.

Muitos autores, e não apenas Lacan, terão de fato evocado, às vezes antes dele, uma vergonha original, existencial, ontológica até mesmo. E isso principalmente no campo da filosofia. Seria preciso reservar nesta pesquisa uma grande parte à filosofia, cuja contribuição para a questão da vergonha e, além disso, da *vergontologia*, é notável. A título de prova, façamos chocarem-se aqui algumas das fórmulas desses autores: Heidegger, "O ser traz consigo mesmo a vergonha, a vergonha de ser";[76] Lévinas, "A vergonha é, no fim das contas, uma existência que busca desculpas para si própria";[77] Sartre, "A vergonha é sentimento de *pecado original*, não pelo fato de que eu tenha cometido esta ou aquela falta, mas simplesmente pelo fato de ter 'caído' no mundo";[78] Deleuze, "A vergonha mais profunda vinda de outro lugar, consubstancial, ao ser";[79] Agamben, "A vergonha é, pois, uma espécie de sentimento ontológico, que encontra seu lugar próprio no encontro entre o homem e o ser".[80] Tantas afirmações que

---

75 Rolland, J. *apud* Lévinas, E. (1935). *De l'évasion*, op. cit., p. 84.

76 Citado por Agamben, G. (1998). *O que resta de Auschwitz* (Selvino J. Assmann, Trad.). São Paulo: Boitempo Editorial, 2008, p. 111.

77 Lévinas, E. (1935). *De l'évasion*, op. cit., p. 114.

78 Sartre, J.-P. (1943). *O ser e o nada*, op. cit., p. 369.

79 Deleuze, G. (1993). *Crítica e clínica* (Peter Pál Pelbart, Trad.). São Paulo: Editora 34, 1997, p. 142.

80 Agamben, G. (1998). *O que resta de Auschwitz*, op. cit., p. 110.

mereceriam um estudo mais atento, o que o escopo limitado deste trabalho me impede de fazer. Na falta desse desenvolvimento, remeto aqui às análises de Stéphane Dawans,[81] que confronta proveitosamente as teses desses autores e, mais especialmente, as de Sartre e de Lacan.

Lacan, todavia, em seu Seminário *O avesso da psicanálise*, não diz vergonha de ser, mas vergonha de viver. Para tentar lançar alguma luz sobre isso, entrarei agora no cerne da lição de 17 de junho de 1970.

B. Da dor à vergonha de existir

Nessa lição do Seminário, Lacan convida aqueles de seus alunos – que, por estarem inflados demais de sua importância, não saberiam nada sobre a vergonha – a tirar (novamente) "uma casquinha". Em seguida, acrescenta: "esse ar avoado que vocês têm, vão vê-lo tropeçar a cada passo numa vergonha de viver".[82] Isso quer dizer que, passadas as contingências da experiência, Lacan reconhecia no afeto de vergonha um alcance estrutural do ser falante, o qual o levará a pensar essa "*vergontologia*", escrita "enfim corretamente".[83] Ora, parece-me que aqui vale a pena fazer uma divisão entre a vergonha de viver e aquilo que ela inclui e completa, a vergonha de existir.

1. Um signo de ser

Se por um lado Lacan não evoca explicitamente a vergonha de existir, falará, no entanto, tanto da "dor de existir"[84] quanto do "afeto

---

81 Dawans, S. (2001). *Sartre, le spectre de la honte*. Liège: Éditions de l'Université de Liège.

82 Lacan, J. (1969-1970). *O seminário, livro 17: O avesso da psicanálise*, op. cit., p. 174.

83 Ibid., p. 172.

84 Lacan, J. (1963). Kant com Sade. In *Escritos*, op. cit., p. 788.

de ex-sistir".[85] A existência, o próprio fato de existir, afeta, portanto, o ser falante, ocasionalmente na vergonha e, na maioria das vezes, na dor. É verdade que, a menos que eu esteja enganado, Lacan nunca falou da alegria ou da felicidade de existir. Qual é então, para ele, a manifestação dessa dor?

Diagnóstico

Em seu texto "Kant com Sade", ele dá o exemplo de várias de suas manifestações. Ele constata em primeiro lugar sua presença na religião budista, em que, para milhões de homens, ela constitui uma "evidência original".[86] Essa dor não lhes causaria dúvida alguma, mas corresponderia a uma dor originária, a qual determinaria sua prática religiosa de "salvação".[87] Ela é também essa dor que afeta mortalmente os sujeitos melancólicos, que determina a náusea da existência e se expressa no *leitmotiv* de sua queixa. Enfim, é aquela que se fez ouvir no sonho de uma analisanda de Lacan, a qual estava prometida a um renascimento infinito, a uma existência eterna, a uma vida que nenhuma morte viria pontuar, a um excesso de vida. Essa paciente, conclui Lacan, havia atingido o "âmago da dor de existir",[88] a exemplo da dor infinita desses outros sujeitos condenados à existência eterna, que são os melancólicos que sofrem da síndrome de Cotard.[89]

---

85 Lacan, J. *Séminaire, RSI*, lição de 21/01/1975. *Ornicar?*, *3*. Paris: Seuil, 1975, p. 107.

86 Lacan, J. (1963). Kant com Sade. In *Escritos*, op. cit., p. 788.

87 Ibid.

88 Ibid.

89 A síndrome de Cotard, conhecida também como "delírio de negação", é um transtorno psicológico raro, no qual o paciente acredita ter morrido ou que partes de seu corpo desapareceram, ou ainda que seus órgãos estão apodrecendo e que, por estar morto em vida, a pessoa em questão não pode morrer (N. T.).

Parece, portanto, que se a dor de existir dá lastro à queixa dos sujeitos melancólicos, ela permanece, contudo, transestrutural. O melancólico, em sua terrível lucidez, denuncia uma verdade do ser falante. Os neuróticos, ainda que mais ocasionalmente, e talvez de forma mais moderada, poderão, por sua vez, experimentar essa dor. Não é o caso, com efeito, de transformar milhões de budistas em sujeitos melancólicos e nada indica que essa analisanda de Lacan fosse psicótica. Resta definir as causas dessa dor, também chamada de "náusea"[90] por Lévinas e o que ela revela sobre o ser falante.

Uma dor criada e atenuada pelo simbólico

Lacan define ainda nesse texto a dor de existir como uma "dor em estado puro".[91] Colette Soler, ao comentar essa expressão, primeiro notava que "só é puro aquilo que não passa no significante".[92] Portanto, o que constitui a pureza da dor de existir é que ela é "a dor de uma vida que ex-siste ao simbólico".[93] A dor de existir é a dor de uma existência que constata uma falta no simbólico, de um defeito no Outro e que não se recupera das consequências desse defeito, S(Ⱥ). Quais são essas consequências?

A primeira: nada no simbólico garante ao sujeito uma justificativa para sua existência. Há, afirma Lacan, uma "hiância que o neurótico atesta ao querer justificar sua existência".[94] "Por que a si?"[95] pode se perguntar o ser falante. Ora, justamente, não há como ele dizer no

---

90 Lévinas, E. (1935). *De l'évasion*, op. cit., p. 115.

91 Lacan, J. (1963). Kant com Sade. In *Escritos*, op. cit., p. 788.

92 Castanet, H., Giudicelli, S., Dugnat, M., & Soler, C. (1990). *Le sujet dans la psychose: paranoïa et mélancolie*. Nice: Z'éditions, p. 116.

93 Ibid.

94 Lacan, J. (1958). A direção do tratamento. In *Escritos* (Vera Ribeiro, Trad.). Rio de Janeiro: Zahar, 1998, p. 619.

95 Lacan, J. (1955). A psicanálise e seu ensino. In *Escritos* (Vera Ribeiro, Trad.). Rio de Janeiro: Zahar, 1998, p. 451.

fundo aquilo que justifica que ele esteja ali, e esteja ali tal como é, para fornecer a razão de sua presença e da qualidade de sua presença. O ser falante, por estrutura, poderá assim experimentar sua falta-a--ser, "pela qual todo ente poderia não ser ou ser outro".[96] Na melhor das hipóteses, mas não em todos os casos, esse sujeito poderá dizer que foi desejado, que é um efeito, a consequência, a queda de um desejo. Ele sempre poderá questionar e lançar uma suspeita sobre a causa desse desejo. Era ele realmente desejado? Também poderá muito rapidamente, e não faltam aí os filhos, se perguntar se seu ser e sua existência estão à altura da expectativa e da esperança de seus genitores. Decerto, ele *é*, mas poderia "ser outro".[97] Os pais não o escolheram com conhecimento de causa. A criança, que sabe muito bem disso, é apenas o objeto caído de um desejo. O que significa dizer que essa criança precisará, em seguida, da chance de ter sido adotada, no e pelo desejo de seus pais, para poder se elevar como sujeito. "De qualquer carne que tenha nascido, o sujeito nunca é adotado senão por um desejo", concluía ainda Colette Soler, "se ao menos ele não se reduzir ao objeto que foi inicialmente".[98] Um sujeito, portanto, sempre poderá mensurar a diferença que existe entre o que ele é e a causa, ocasionalmente vazia, de sua vinda ao mundo. A dor de existir participa desse sentimento para o sujeito, de sua impostura, de seu ser em excesso, quando a ilusão egoica e suas identificações imaginárias vacilam para ele e ele então se encontra por aquilo que é, um simples efeito de significante, assim como aborto espontâneo de um desejo.[99] "Protuberância injustificada e injustificável",[100] escreveu Sartre.

---

96 Lacan, J. (1960). Observação sobre o relatório de Daniel Lagache. In *Escritos* (Vera Ribeiro, Trad.). Rio de Janeiro: Zahar, 1998, p. 673.

97 Ibid.

98 Soler, C. (jan.-fev. 1985). Eros enchaîné. *L'Ane, Le magasine freudien, 20: Enfants adoptés, enfants de la science.* Paris.

99 Lacan, J. (1969-1970). *O seminário, livro 17: O avesso da psicanálise*, op. cit., p. 170.

100 Sartre, J.-P. (1943). *O ser e o nada*, op. cit., p. 463.

Mas o matema S(A̸) também escreve, eis a segunda de suas consequências, o não sentido [*non-sens*] da vida. Nada no simbólico diz com certeza por que estamos aqui, mas nada também diz qual sentido devemos dar à nossa existência. Essa significação ainda está por ser inventada e, para isso, necessita que a falta se converta em desejo. O homem precisa de uma causa suficiente para orientar sua existência e insuflar-lhe uma vida. Assim, observava Colette Soler, o simbólico cria a dor de existir, mas também a atenua, porque "introduz uma falta; e com ela, a busca por objetos que a colmatariam".[101] Contra a dor de existir, portanto, há o desejo, tal como Lacan sublinhava em seu Seminário *O desejo e sua interpretação*. A dor de existir é essa "dor fundamental", essa dor "da existência como tal", que surge "quando todo desejo se apaga, quando todo desejo desaparece".[102] A dor de existir é uma dor que surge quando o desejo abandona a existência, quando ele deixa de animá-la. O sujeito que sofre da dor de existir é um sujeito que, por querer ser animado por um desejo, é afetado em seu ser de vivente, aquele que não consegue esquecer o peso da existência, seu não sentido e sua justificativa frágil. E é por isso que quem toca o desejo, mortifica-o, impede-o, afeta as condições de seu advento, correrá sempre o risco de rejeitar o sujeito na dor de existir, de lembrá-lo do não sentido de sua existência. Em suma, Lacan conclui ainda,[103] o homem é de tal forma constituído, que será necessário interpor entre ele e sua existência um desejo. Desejar alivia o sentimento de existir, a náusea existencial que Lévinas evocava, e permite se defender dela. E é também assim que uma psicanálise às vezes permite a sujeitos, senão sair da dor de existir, ao menos atenuá-la.

---

101 Castanet, H., Giudicelli, S., Dugnat, M., & Soler, C. (1990). *Le sujet dans la psychose: paranoïa et mélancolie*, op. cit.

102 Lacan, J. *Le séminaire "Le désir et son interprétation (1958-59)"*, inédito (lição de 07/01/1959).

103 Ibid.

A essas duas definições da dor de existir acrescentarei uma terceira, recolhida no Seminário *As formações do inconsciente*: a dor de existir é "um signo [*signe*] de ser".[104] Pois essa dor dá sinal [*fait signe*] ao sujeito de sua divisão, lembra-o e a demonstra para ele. Ela lhe atesta de que forma enquanto "existência, o sujeito vê-se constituído desde o início como divisão. Por quê? Porque o seu ser tem de se fazer representar alhures, no signo".[105] O signo, ou seja, aquilo que representa alguma coisa para alguém.[106] A dor de existir constitui um signo de ser para o sujeito, na medida em que ela representará para ele a mortificação que recebe do simbólico,[107] sua condição de ser falante, o fato de que ele é um ser dividido,[108] e que lhe é imposto desaparecer mediante os significantes que o representam. Por causa do significante, argumenta Lacan, "o ser se cinde de sua própria existência"; "o destino do sujeito humano está essencialmente ligado à sua relação com seu signo de ser, que é objeto de toda sorte de paixões e que presentifica, nesse processo, a morte".[109]

A vergonha de existir poderá, portanto, ser incluída entre essas paixões. Ela é um signo de ser para o sujeito, o sinal [*signe*] de sua dor de existir, dessas vacuidades vividas, sensação de ser nada e do não sentido da vida, subitamente desvelados sob o olhar do Outro. Ela é, por exemplo, essa vergonha que Sartre descreverá em Baudelaire que, segundo ele, o teria afetado quando, em novembro de 1828, sua mãe se casara novamente. O jovem Baudelaire, que até então

---

104 Lacan, J. (1956-1957). *O seminário, livro 5: As formações do inconsciente*. Rio de Janeiro: Zahar, 1999, p. 266.

105 Ibid.

106 Lacan, J. (1970). Radiofonia. In *Outros escritos*, op. cit., p. 411.

107 "É sempre um grande triunfo da lucidez", dizia Romain Gary, "quando se percebe que não se está ali". Gary, R. (1974). *Gros-câlin*. Paris: Folio/Gallimard, 1977, p. 153.

108 Lacan, J. (1970). Radiofonia. In *Outros escritos*, op. cit., p. 411.

109 Lacan, J. (1956-1957). *O seminário, livro 5: As formações do inconsciente*, op. cit., p. 266.

era "devotado"[110] pelo carinho que sua mãe lhe dava, que constituía um casal com ela, foi então para um internato. Ora, dessa separação ele nunca se recuperou totalmente. Pois naquele dia, afirma Sartre, Baudelaire fora privado da razão de sua existência, condenado à "existência separada"[111] e "seu olhar encontrou a condição humana".[112] A partir daí, o olhar do poeta se voltou contra si mesmo, para afligi-lo com a vergonhosa sensação de não ser nada, senão "demais no mundo".[113] "Essa vida se retirou como uma maré, deixando-o só e seco, ele perdeu suas justificativas, descobre com a vergonha que é um, que sua existência lhe é dada por nada."[114] "Baudelaire", dirá ainda Sartre, "o homem que se sente um abismo. Orgulho, tédio, vertigem: ele se vê até o fundo do coração, incomparável, incomunicável, incriado, absurdo, inútil, abandonado ao mais total isolamento, suportando sozinho seu próprio fardo, condenado a justificar sozinho sua existência".[115] Teriam tirado do jovem Baudelaire sua "desculpa de existir".[116]

Enfim, a vergonha de viver diagnosticada por Lacan inclui essa vergonha de existir. Um sujeito afetado pela vergonha de viver é aquele que se sente privado de suas identificações egoicas e reduzido à sua nudez de ser falante. No fundo, não sou nada e eis que sinto isso por meio desse olhar do Outro que imagino, apontando para o caráter injustificável de minha existência. O sujeito envergonhado é um sujeito que se vê sendo visto, a ponto de ser "signo de nada",[117]

110 Sartre, J.-P. (1946). Introduction. In Baudelaire, C. *Écrits intimes*. Paris: Point du jour, p. II.

111 Ibid., p. VI.

112 Ibid., p. XXV.

113 Ibid., p. CLXII.

114 Ibid., p. III.

115 Ibid., p. XXIV.

116 Sartre, J.-P. (1943). *As moscas* (Nuno Valadas, Trad.). Lisboa: Editorial Presença, 1965, p. 125.

117 Lacan, J. *Le séminaire "L'identification (1961-62)"*, inédito (lição de 21/03/1962).

ali onde se coloca para ele a "questão do ser", "por que a si?",[118] a "questão de sua existência", o "Que sou eu nisso?".[119] A vergonha de existir, que também constitui a vergonha de viver, é uma modalidade por meio da qual "a questão de sua existência inunda o sujeito, suporta-o", invade-o, e até "o dilacera por completo".[120]

2. A vergonha, a morte e o ideal

Para demonstrar isso, volto ao próprio texto da lição do Seminário *O avesso da psicanálise* e suas primeiras palavras: "É preciso dizer, morrer de vergonha é um efeito raramente obtido. Contudo, é o único signo – falei disso há um momento, como é que um significante se torna um signo –, o único signo cuja genealogia se pode assegurar, ou seja, ele descende de um significante".[121] Morrer de vergonha, ser um signo, representa alguma coisa para alguém. Além disso, morrer de vergonha é o único signo em que sua essência se revela, ou seja, descende do significante. Morrer de vergonha é, portanto, o próprio signo do efeito causal do significante.

Morrer de vergonha

Todavia, são necessários mais esclarecimentos. "Morrer de vergonha, então", continua Lacan. "Aqui, a degenerescência do significante é segura – segura por ser produzida por um fracasso do significante, ou seja, o ser para a morte, na medida em que ele concerne ao sujeito."[122] Morrer de vergonha é o signo não apenas do

---

118 Lacan, J. (1955). A psicanálise e seu ensino. In *Escritos*, op. cit., p. 451.

119 Lacan, J. (1958). De uma questão preliminar a todo tratamento possível da psicose. In *Escritos* (Vera Ribeiro, Trad.). Rio de Janeiro: Zahar, 1998, p. 555.

120 Ibid., p. 556.

121 Lacan, J. (1969-1970). *O seminário, livro 17: O avesso da psicanálise*, op. cit., p. 172.

122 Ibid.

efeito causal do significante sobre o homem, mas também da degenerescência do significante, ou seja, de seu fracasso em representar o sujeito, depois que ele o tenha mortificado. O significante, é verdade, não dá uma consistência unitária ao sujeito, não o torna Um, mas, ao contrário, determina sua divisão. A mortificação vergonhosa é o signo da mortificação que o sujeito recebe do simbólico,[123] daquilo que ele vivencia do "drama do sujeito no verbo".[124] O sujeito envergonhado é aquele que cai de sua representação no significante e que, aspirando somente a se apagar, se junta ao desaparecimento estrutural que o significante unário lhe impõe. "Não há melhor maneira de caracterizar o significante-mestre S_1 . . . do que identificá-lo com a morte",[125] propõe Lacan.

$$\frac{S_1}{\$}$$

O sujeito envergonhado é um sujeito que experimenta, como em ato, sua condição de ser falante, essa morte que, por meio de seu corpo, lhe impõe o significante, seu ser para a morte. Lacan, ainda nessa mesma passagem, insiste nisso, indicando dessa vez qual seria o cartão de visita do *falasser*. "Morrer de vergonha", declara ele. "Aqui, a degenerescência do significante é segura – segura por ser produzida por um fracasso do significante, ou seja, o ser para a morte, na medida em que ele concerne ao sujeito – e a quem outro poderia concernir?". Ele continua: "O ser para a morte, ou seja, o cartão de visita pelo qual um significante representa um sujeito para outro significante – vocês começam a saber isso de cor,

123 Lacan, J. (1960). Subversão do sujeito e dialética do desejo. In *Escritos* (Vera Ribeiro, Trad.). Rio de Janeiro: Zahar, 1998, p. 816.

124 Lacan, J. (1960). Observação sobre o relatório de Daniel Lagache. In *Escritos*, op. cit., p. 661.

125 Lacan, J. (1969-1970). *O seminário, livro 17: O avesso da psicanálise*, p. 162.

espero".[126] Enfim, "esse cartão de visita nunca chega a bom porto, já que, por levar o endereço da morte, é preciso que este seja rasgado".[127] Por que seria preciso rasgar esse cartão, senão porque a única forma de se representar realmente como sujeito do significante seria desaparecer, não ser nada a não ser esse cartão rasgado, que ilustra a divisão que afeta o ser falante. O sujeito, no fundo, se iguala a esse desaparecimento, é esse desaparecimento, uma identificação falha. O verdadeiro habitat do ser falante é sua falta-a-ser. O sujeito só pode se alojar no intervalo dos significantes que o representam. Se o cartão de visita deve indicar quem é o sujeito, deverá, portanto, carregar o endereçamento dessa morte que o significante lhe impõe. Quanto à vergonha, ela constituirá a lembrança abrupta feita ao sujeito desse ser para a morte. A vergonha é sempre, *a minima*, uma pequena morte, "catástrofe ontológica",[128] eu dizia com Merleau-Ponty, signo do efeito primeiro do significante sobre o sujeito.

A vergonha é, portanto, o oposto exato do pudor. Seu trajeto é inverso. A vergonha desvela o ser para a morte do *falasser*, quando o pudor o recobre, o véu da matéria significante. A vergonha sinaliza uma falha do significante, ao passo que o pudor, antes, sublinha seu sucesso. A vergonha desnuda o S(A̸), ao passo que o pudor o recobre e propõe fazer com. Lacan menciona isso em seu texto "A significação do falo". O pudor é aquilo que surge quando o "significável"[129] passa à qualidade de significante, em que o significado é então atingido pela latência, que deve permanecer oculto, secreto, velado. O ser falante se veste com palavras, o que constitui seu pudor. Quando a vergonha é o momento em que essas palavras deixam de poder representá-lo no significante, ao menos falham ali. O sujeito então

126 Ibid., p. 172.

127 Ibid.

128 Merleau-Ponty, M. (1979). *O visível e o invisível*, op. cit.

129 Lacan, J. (1958). A significação do falo. In *Escritos* (Vera Ribeiro, Trad.). Rio de Janeiro: Zahar, 1998, p. 816.

desaparece "sob mil pés de vergonha",[130] logicamente não tendo mais nada a dizer.

A vergonha e o significante mestre

Nisso, a vergonha poderá levar à identificação e, às vezes, ao extremo. A vergonha, propunha Lacan nessa lição, "talvez seja justamente isso, o buraco de onde brota o significante mestre".[131] Com efeito, do que precede deduz-se que a vergonha deve ser concebida como um buraco, o signo de que o sujeito, no campo do símbolo, é um buraco. Só que essa falta-a-ser, que toma o sujeito de vergonha, clama por ser recoberta. É porque o sujeito não sabe quem é, e isso o afeta, que ele escolherá se identificar. A vergonha é esse buraco de onde brotam os significantes mestres, no sentido em que esses significantes terão que representar o sujeito junto a outros significantes. Por trás da paixão narcísica do sujeito poderia, assim, correr o medo de que sejam denunciados sua mentira de ser e a vacuidade vergonhosa que ele dissimula. A vergonha estaria em primeiro lugar, assim como o orgulho [*fierté*], a soberba [*orgueil*], o pudor e outras edificações egoicas seriam seu tratamento. "O orgulho", Sartre sabia, "não exclui a vergonha original. É inclusive no terreno da vergonha fundamental, ou vergonha de ser objeto, que ele se edifica".[132] O orgulho é "uma primeira reação à vergonha", "uma reação de fuga e má-fé".[133] Em sua análise do caso Genet, ele retornará novamente a isso: o orgulho é o "avesso da vergonha".[134] E, aliás, Freud já nos

130 Walser, R. (1908). *O ajudante*, op. cit.

131 Lacan, J. (1969-1970). *O seminário, livro 17: O avesso da psicanálise*, op. cit., p. 180.

132 Sartre, J.-P. (1943). *O ser e o nada*, op. cit., p. 370.

133 Ibid., pp. 370-371.

134 Sartre, J.-P. (1952). *Saint Genet, comédien et martyr*. Paris: Gallimard, p. 53.

ensinara por si próprio, ele que, no decorrer de sua análise dos sonhos, descobria a origem da ambição. "Esse menino não vai dar para nada",[135] exclamara seu pai quando um dia o pequeno Freud se autorizara a urinar na cama de seus pais. Essas palavras não deixaram de marcá-lo, a ponto de Freud reconhecer nelas o motivo de sua ambição futura, uma forma de responder a seu pai: "Estão vendo, eu *dei* para alguma coisa".[136] Portanto, é no lugar da vergonha que o ideal do eu se constitui. O sujeito, ao se voltar para o olhar que centra seu ideal, sempre protesta: "Estão vendo, eu *dei* para alguma coisa!".

O jorrar dos significantes mestres, com aquilo que isso pode suscitar como orgulho, ambição, glória, mas também perigosa submissão, consentimento cego, paixões e fúrias identitárias, poderão ser tanto quanto defesas contra a vergonha primeira, contra aquilo que constitui minha "inefável e estúpida existência".[137] Aliás, observava Aristóteles,[138] não serão quaisquer significantes que causarão a vergonha ao serem abalados, mas justamente aqueles que são caros ao sujeito, aqueles a partir dos quais o sujeito tenta representar a si mesmo, quer saiba disso ou não. Esses significantes mestres, lastreados de narcisismo, são aqueles a partir dos quais o sujeito terá constituído sua identidade e dado uma significação à sua existência. Que sejam abalados, ocasionalmente sobre um divã, e o sujeito poderá mensurar aquilo que ficou para trás como vergonha de viver.

---

135 Freud, S. ([1899]1900). A interpretação dos sonhos. In *Edição standard brasileira das obras psicológicas completas de Sigmund Freud*, op. cit.

136 Ibid.

137 Lacan, J. (1958). De uma questão preliminar a todo tratamento possível da psicose. In *Escritos*, op. cit., p. 555.

138 Aristóteles. (2005). *Retórica*. Lisboa: Imprensa Nacional/Casa da Moeda, p. 183.

C. A vergonha de viver, mais do que a vergonha de existir

Comentei até aqui uma primeira vertente da *vergontologia* lacaniana e aquilo que ela pode suscitar como vergonha de viver. Trata-se da vergonha de existir, que determina nossa condição de *falasser*, dado que no simbólico não somos nada, senão um efeito de significante. Só que é manifesto que não há vergonha sem gozo, nem sem corpo. Como é manifesto que nossa condição de *falasser* não se reduz ao desaparecimento do sujeito mediante os significantes que o representam. Há um segundo efeito do significante que redobra o primeiro. Esse efeito secundário afeta o corpo e decidirá a relação do sujeito não mais com suas representações, mas com seu gozo. O efeito do significante é duplo, na medida em que determina, por um lado, o *status* do sujeito no simbólico e, por outro, o seu *status* no campo do gozo. O ser falante, sujeito do significante, é também um "sujeito do gozo",[139] aquele que não determina mais suas identificações imaginárias ou simbólicas, mas esse objeto batizado por Lacan de objeto *a* ou objeto mais-de-gozar. O ser falante oscila entre esses dois polos, é feito desses dois polos. Há, se acreditarmos em Lacan, "uma polaridade . . . do sujeito do gozo e do sujeito que o significante representa para um significante que é sempre outro".[140] Para definir uma *vergontologia* é necessário, portanto, distinguir, ainda que eles respondam um ao outro, o sujeito como falta-a-ser do sujeito do gozo. Em que a vergonha de viver incluirá, além da vergonha de existir, a vergonha de estar vivo.

---

139 Lacan, J. (1966). Apresentação das *Memórias de um doente dos nervos*. In *Outros escritos* (Vera Ribeiro, Trad.). Rio de Janeiro: Zahar, 2003, p. 221.

140 Ibid.

1. Teoria do afeto

Vergonha de estar vivo: o que isso quer dizer? "A força para gozar", dizia o poeta Leopardi, "tudo o que torna a vida nobre e viva depende do vigor do corpo e não existe sem ele. Um homem fraco de corpo não é um homem, mas uma criança, e pior do que isso: seu destino é ver os outros viverem, enquanto ele, no máximo, tagarela; mas a vida não é para ele".[141]

Não há vergonha sem corpo

Para o poeta, sentir-se vivo passaria pelo corpo. Assim como a vergonha de viver será a vergonha de um sujeito afetado, por meio de seu corpo. Mais simples, para ter vergonha é preciso um corpo. Condição não suficiente, mas necessária. Lévinas, Sartre e Merleau-Ponty haviam percebido isso, cada um a seu modo, a partir de uma tese comum: o corpo do sujeito é sua presença em ato no mundo, o *fato* de sua presença. Nada no simbólico lhe permite justificar sua existência, nomear sua razão de ser e, entretanto, seu corpo atesta que está ali mesmo. Por onde o sujeito verifica que ele não é evanescente, que ele não é feito apenas do simbólico. Algo em seu corpo excede o simbólico, resiste a ele e o constitui como vivente. Lévinas será mais preciso aqui. A vergonha seria a lembrança repentina desse corpo em excesso, injustificável, e isso por meio de seus fracassos no gozo. Pois o gozo, acrescenta o filósofo, que é uma satisfação da necessidade, nunca é completo. Ele é uma tentativa de evasão, de "perda de si, uma saída para fora de si, um êxtase",[142] que está sempre fadada ao fracasso. O prazer é uma "evasão enganosa".[143]

---

141 Leopardi, G. (1832). Dialogue de Tristan et d'un ami. In *Canti, avec un choix des œuvres morales/Poésie*. Paris: Gallimard, 1982, p. 221.

142 Lévinas, E. (1935). *De l'évasion*, op. cit., p. 109.

143 Ibid., p. 110.

Ao final, o sujeito, que acreditava estar aliviado do peso de seu ser, aflige-se por se descobrir existindo, enredado em seu corpo, estando ali. "No momento em que o prazer se rompe, depois da ruptura suprema em que o ser acreditou no êxtase integral . . . ele fica completamente decepcionado e envergonhado de se descobrir existindo."[144] O sentido do fracasso do prazer, conclui Lévinas, "é sublinhado pela vergonha".[145]

Para ter vergonha, portanto, é preciso um corpo vivo, ou seja, um corpo que, a mais ou a menos, é vivenciado como vivo, um corpo que, em excesso ou em falta, possa gozar. A vergonha de viver é, além da vergonha de existir, a vergonha de estar vivo, de ter um corpo. De que corpo estamos falando aqui e o que acontece com suas relações com o gozo? Para responder, partamos novamente dessa frase de Lacan: "Morrer de vergonha é o único afeto da morte que merece – que merece o quê? – que a merece".[146] Aqui, deduz-se uma primeira definição de vergonha: a vergonha é um afeto... da morte. Claro, isso não é privilégio da vergonha e a frase de Lacan sugere isso. Outros afetos, talvez todos eles, são afetos da morte. A exceção da vergonha é outra, a de merecer a morte. Para apreciar as razões disso, portanto, requer-se aqui um pré-requisito: definir com Freud e Lacan o que são os afetos, a fim de verificar o que eles devem essencialmente a *uma* morte.

Com Freud

Uma teoria do afeto atravessa vários dos textos de Freud, que, de forma bastante estreita, estará ligada ao conceito de pulsão. Visto que

144 Ibid., p. 108.

145 Ibid., p. 110.

146 Lacan, J. (1969-1970). *O seminário, livro 17: O avesso da psicanálise*, op. cit., p. 172.

não posso fazer aqui um relato detalhado disso,[147] vou diretamente aos seus pontos principais. O afeto consiste primeiramente em um *quantum* de afeto, isto é, em um "*quantum* de moção pulsional".[148] O que afeta um sujeito? A pulsão, "força *constante*", dirá Freud.[149] E como ela o afeta? Por meio de suas representações. Para que uma pulsão afete um sujeito, ele precisará do revezamento e do apoio de um representante pulsional.[150] Há, portanto, uma dependência do afeto em sua representação. Só que dependência não é fixação. Em razão do processo de recalque, o *quantum* de afeto, que não pode, diz Freud, passar para o inconsciente, será libertado de sua representação. O afeto poderá sair "livre"[151] para ser derivado para o corpo, caso da neurose histérica,[152] ou para outra representação, caso de neurose obsessiva.[153] Liberdade de afeto, portanto, mas relativa liberdade, porque, para deslizar, terá que se amarrar a novas representações. "O afeto", observa Freud, "de modo geral, não se apresenta até que o irromper de uma nova apresentação no sistema Cs tenha sido alcançado com êxito".[154] Para que um afeto possa tocar um sujeito, será necessário, portanto, o afeto propriamente dito, a carga libidinal,

---

147 Sobre esse ponto, remeto aqui ao meu artigo "L'affect", que foi publicado na obra coletiva, editada por Laetitia Jodeau-Belle e Laurent Ottavi, *Les fondamentaux de la psychanalyse lacanienne* (Rennes: PUR, 2010).

148 Freud, S. (1915). Os instintos e suas vicissitudes. In *Edição standard brasileira das obras psicológicas completas de Sigmund Freud* (v. XIV, Jayme Salomão, Trad.). Rio de Janeiro: Imago, edição eletrônica.

149 Ibid.

150 Freud, S. (1915). O inconsciente. In *Edição standard brasileira das obras psicológicas completas de Sigmund Freud* (v. XIV, Jayme Salomão, Trad.). Rio de Janeiro: Imago, edição eletrônica.

151 Freud, S. (1894). As neuropsicoses de defesa. In *Edição standard brasileira das obras psicológicas completas de Sigmund Freud* (v. III, Jayme Salomão, Trad.). Rio de Janeiro: Imago, edição eletrônica.

152 Ibid.

153 Ibid.

154 Freud, S. (1915). O inconsciente. In *Edição standard brasileira das obras psicológicas completas de Sigmund Freud*, op. cit.

o *quantum* de afeto, mas também, condição necessária para seu poder de afeto, uma representação. Isso também é o que indica o caráter deslocado do afeto. No sentido de Freud, e além da exceção da angústia, o afeto é aquilo que é sempre deslocado, *na* via e *pela* via de suas representações.

Com Lacan

No sentido de Freud, mas também no sentido de Lacan. Na verdade, essa definição freudiana de afeto não somente foi adotada cedo por Lacan,[155] mas também mantida ao longo de seu ensino. Prova disso é esse trecho de "Televisão", de 1973: "Quanto a mim, só fiz restabelecer o que Freud enuncia num artigo de 1915 sobre o recalque, e em outros que voltam ao assunto: que o afeto é deslocado".[156] Porém, no decorrer desse ensino, Lacan terá acrescentado seus próprios conceitos à tese de Freud. O *retorno a Freud* terá assim produzido uma renovação da teoria do afeto, notadamente em apoio a duas contribuições.

A primeira diz respeito à constatação de Freud recordada acima: o afeto é aquilo que está sempre deslocado, *na* via e *pela* via de suas representações. Se o afeto precisa se enodar a uma representação, se ele, por natureza, se desloca, é, portanto, conclui Lacan, porque não está fora do campo do simbólico, mas que ele se desdobra, ao contrário, em uma "estruturação simbólica".[157] O afeto passaria pelo corpo, não se absterá de palavras. Mais ainda, esse representante na representação, esse *Vorstellungsrepräsentanz*, que pode passar sozinho ao inconsciente, é estritamente equivalente, dirá Lacan, "à

155 Lacan, J. (1938). Os complexos familiares na formação do indivíduo. In *Outros escritos* (Vera Ribeiro, Trad.). Rio de Janeiro: Zahar, 2003, p. 80.

156 Lacan, J. (1973). Televisão. In *Outros escritos*, op. cit., p. 523.

157 Lacan, J. (1953-1954). *O seminário, livro 1: Os escritos técnicos de Freud*. Rio de Janeiro: Zahar, 1975, p. 259.

noção e ao termo significante".[158] O processo de recalque revela que o representante da pulsão, que constitui o afeto, é um significante. Há apenas afetos ignorados, isto é, deslocados, pelo e por meio dos significantes.

> *O afeto, quando se fala de afeto inconsciente, isto quer dizer que ele é percebido, desconhecido, desconhecido em quê? Em suas ligações, mas não que ele seja inconsciente, pois é sempre percebido, nos diz ele [ao falar de Freud],*[159] *simplesmente foi prender-se a uma outra representação, não recalcada.*[160]

O *quantum* de afeto "vai passear em outro lugar", mas "onde ele pode",[161] seja lá onde os significantes poderão levá-lo.

Para Lacan, o afeto é, portanto, deslocado, em razão do significante e em virtude de sua dependência ao significante. Então, o que ainda leva a sugerir essa dependência do afeto ao significante? Que o significante poderia ser a causa do afeto, não apenas seu meio. A tese aparece claramente no Seminário *RSI*: "Não é pela linguagem que somos predominantemente afetados?".[162] Da mesma forma, em "Televisão", Lacan pergunta: onde se descarrega o afeto? No corpo,

---

158 Lacan, J. *Le séminaire "Le désir et son interprétation (1958-59)"*, inédito (lição de 26/11/1958). Outra citação: "É o significante que é recalcado, pois não há outro sentido a dar nesses textos à palavra *Vorstellungsrepräsentanz*". Lacan, J. (1959). Sobre a teoria do simbolismo de Jones. In *Escritos* (Vera Ribeiro, Trad.). Rio de Janeiro: Zahar, 1998, p. 722.

159 Especificações minhas.

160 Lacan, J. *Le séminaire "Le désir et son interprétation (1958-59)"*, inédito (lição de 26/11/1958).

161 Lacan, J. (1964-1965). *O seminário, livro 11: Os quatro conceitos fundamentais...*, op. cit., p. 206.

162 Lacan, J. *Séminaire, RSI*, lição de 17/12/1975, op. cit., p. 104.

onde ele descarrega, Freud mostrou, uma moção pulsional. Só que, outra pergunta, *de onde* o afeto é descarregado? De um pensamento, e, portanto, do significante. "Que me respondam apenas uma coisa", pergunta ele: "afeto diz respeito ao corpo? Uma descarga de é ou não é do corpo? Que perturba suas funções, é verdade. Mas, em que isso provém da alma? O que isso descarrega é pensamento".[163] Assim, o afeto toca o corpo, mas sua causa está em outro lugar, nessas palavras, justamente, que tocam o corpo. O sujeito padece de um corpo, que ele próprio padece do significante. A "paixão do significante"[164] produz e encobre outra, "a paixão do corpo".[165]

Lacan reafirma isso em outros textos. O relatório de seu Seminário *...Ou pior*, constitui a ponta de sua demonstração. Eis o axioma inicial: "O saber, como tal, sem dúvida afeta".[166] Saber – o que isso quer dizer? Digamos, muito rapidamente, todas essas causas de afeto até aqui observadas: representações, palavras, um pensamento, significantes e aquilo que em *Mais, ainda* será redefinido, com outras consequências, como *lalíngua*.[167] Em seguida, depois do axioma vem a pergunta: "O saber, como tal, sem dúvida afeta. Mas o quê? Essa é a pergunta em que as pessoas se enganam".[168] Lacan dirá, portanto, aquilo que o afeto não é, antes de dizer o que ele é. Tudo consistindo

---

163 Lacan, J. (1973). Televisão. In *Outros escritos*, op. cit., p. 522. Outra ocorrência dessa tese, desta vez em uma conferência proferida em Nice em 1974 e intitulada "Le phénomène lacanien": "Os pretensos afetos, de fato, só testemunham a afetação de quem fala deles. O que é que constitui a emoção? Creem vocês que sejam as entranhas se revirando? Sobre o que elas estão se revirando? Eles reviram as palavras. Não há nada que afete mais, como se diz, aquele que qualifiquei como ser falante". Lacan, J. (jun. 1998). Le phénomène lacanien. *Les Cahiers Cliniques de Nice, 1.*

164 Lacan, J. (1959-1960). *O seminário, livro 7: A ética da psicanálise*. Rio de Janeiro: Zahar, 2008, p. 174.

165 Lacan, J. *Séminaire, RSI*, lição de 21/01/1975, op. cit., p. 106.

166 Lacan, J. (1973). ...Ou pior. In *Outros escritos*, op. cit., p. 547.

167 Lacan, J. (1972-1973). *O seminário, livro 20: Mais, ainda*, op. cit., p. 113.

168 Lacan, J. (1973). ...Ou pior. In *Outros escritos*, op. cit., p. 547.

em poucas palavras: o saber não afeta o sujeito nem a alma desse sujeito. Mas afeta o corpo desse sujeito, que é um *falasser*.

> *Por mim, digo que o saber afeta o corpo do ser que só se torna ser pelas palavras, isso por fragmentar seu gozo, por recortar este corpo através delas até produzir as aparas com que faço o (*a*), a ser lido objeto pequeno* a *– ou então, abjeto, como dirão quando eu houver morrido, ocasião em que enfim me entenderão – ou ainda (a) causa primária de seu desejo.*[169]

O retorno a Freud está nessa frase patente e rica nas contribuições de Lacan. A causa do afeto é o significante, isto é, antes de tudo, o que aí se faz ouvir. O saber é aquilo que produz o afeto. Lacan evocava isso desde seu Seminário *A identificação*: o homem é afetado, razão pela qual está "condenado a habitar a linguagem".[170] É preciso agora, todavia, completar: o homem está forçado a habitar a linguagem com seu corpo.[171] Essa é a causa do afeto, e aí está a tese do relatório do Seminário *...Ou pior*.

Aliás, Lacan voltará a isso em outros momentos de seu ensino: por exemplo, em "Radiofonia", "é incorporada que a estrutura faz o afeto",[172] ou em seu seminário *RSI*, "o efeito da linguagem, é patema [*pathême*], a paixão do corpo".[173] Assim, o significante não afeta diretamente o sujeito, mas o afeta por meio de seu corpo. O afeto,

169 Ibid.

170 Lacan, J. *Le séminaire "L'identification (1961-62)"*, inédito (lição de 02/05/1962).

171 "Assim, o afeto vem a um corpo cuja propriedade seria habitar a linguagem." Cf. Lacan, J. (1973). Televisão. In *Outros escritos*, op. cit., p. 526.

172 Lacan, J. (1970). Radiofonia. In *Outros escritos*, op. cit., p. 406.

173 Lacan, J. *Séminaire, RSI*, lição de 21/01/1975, op. cit., p. 106.

paixão da alma, é aquilo que São Tomás dizia: um "ato do corpo",[174] antes de tocar a alma, "acidentalmente".[175] Uma "transmutação corporal",[176] que, por repercussão, irá abalar essa alma. Observará Lacan:

> *Reconsiderar o afeto a partir de meus dizeres reconduz, pelo menos, ao que dele é dito de assegurado. Será que a simples ressecção das paixões da alma, como São Tomás denomina com mais justeza esses afetos, a ressecção, desde Platão, dessas paixões segundo o corpo – cabeça, coração, ou até como diz ele . . . sobrecoração –, já não atesta ser necessário, para abordá-las, passar pelo corpo, que afirmo só ser afetado apenas pela estrutura?*[177]

Por fim, um último esclarecimento é necessário. O significante certamente afeta o corpo, mas como? Aqui, novamente, o relatório do Seminário ...*Ou pior* responde, seguindo o caminho de um retorno a Freud. Freud havia isolado o conteúdo pulsional do afeto, conhecido como *quantum* do afeto. Nesse ponto, Lacan retoma a tese de Freud. O afeto tem o peso de uma carga pulsional, que ele rebatiza como *a*, o objeto da pulsão. O afeto se relaciona necessariamente com um corpo pulsional. O afeto, seguindo Freud e Lacan, é *a*feto. E quanto à causa do afeto, então? É a pulsão? O significante? Resposta: ambos, segundo, como Colette Soler observou, "não há aí um redobramento" o sujeito "é afetado na medida em que *seu*[178] corpo

174 São Tomás de Aquino. *Suma teológica*. Disponível em: https://tinyurl.com/yb2zvtnf. Acesso em: 10 mar. 2021.

175 Ibid.

176 Ibid.

177 Lacan, J. (1973). Televisão. In *Outros escritos*, op. cit., p. 524.

178 Grifos meus.

é afetado".[179] O significante certamente é a causa do afeto, mas na medida em que toca o corpo e que faz dele corpo pulsional. O ser falante está condenado a endossar um corpo afetado pelo simbólico, marcado e cisalhado[180] por meio da linguagem. Em virtude dessa incorporação do simbólico, esse corpo será mortificado em seu gozo e duplamente afetado. Por um lado, será afetado por uma perda de gozo, será corpo "desarticulado de seu gozo",[181] "deserto"[182] de gozo. Por outro lado, também, esse corpo será afetado pelos restos de gozo. Pois a operação do simbólico sobre o corpo produz um resto. Ela não só terá uma perda de gozo, mas também um resto de gozo, *a*:

> *Terceiro "mais além" em sua relação com o gozo e com o saber, o corpo faz leito para o advento do Outro pela operação do significante. Mas, com esse efeito, o que resta dele? Insensível pedaço a derivar ali como voz e olhar, carne devorável, ou então seu excremento, eis o que dele vem a causar o desejo, que é nosso ser sem essência.*[183]

É verdade, portanto, que segundo a tese de Freud, cabe às representações, aos significantes, produzir o *a*feto, pois é o simbólico que, ao se incorporar no corpo, produzirá a pulsão, como observou Pierre Bruno.[184] O homem afetado é um homem afetado por um corpo pulsional, isto é, um corpo mortificado pelo simbólico, por um

---

179 Soler, C. (1986). Affect et savoir. *Actes de l'École de la Cause freudienne*, op. cit., p. 67

180 Lacan, J. (1966). Pequeno discurso no ORTF. In *Outros escritos* (Vera Ribeiro, Trad.). Rio de Janeiro: Zahar, 2003, p. 229.

181 Lacan, J. (1967). Da psicanálise em suas relações com a realidade. In *Outros escritos* (Vera Ribeiro, Trad.). Rio de Janeiro: Zahar, 2003, p. 356.

182 Ibid., p. 357.

183 Ibid.

184 Bruno, P. (2004). *Papiers psychanalytiques, expérience et structure*. Toulouse: PUM, p. 124.

corpo certamente vivo, mas já morto, por essa morte aí. Um corpo para o qual "é secundário que ele esteja morto ou vivo".[185]

2. A vergonha, um afeto da morte

Parece, assim, que os afetos são sempre afetos da morte, na medida em que são oriundos e produzidos a partir dessa morte que o significante impõe ao corpo, a qual, em rebote, afetará o sujeito. O homem afetado é um homem embaraçado por seu corpo de *falasser*, um homem afetado por um corpo, ele próprio afetado pelo significante. Ele é um sujeito afetado em seu ser por uma divisão, mas uma divisão que o objeto mais-de-gozar, que afeta esse sujeito, virá redobrar. Um sujeito afetado em seu ser, portanto, e um sujeito afetado por meio de seu corpo. O *falasser* é um homem embaraçado com essa morte que lhe é imposta pelo simbólico e que, por estrutura, o condenará à falta-a-ser, ao mesmo tempo que fragmenta o seu gozo. "Não há senão um afeto", dirá Lacan em seu Seminário *O avesso da psicanálise*, "ou seja, o produto da tomada do ser falante num discurso, na medida em que esse discurso o determina como objeto"; "que objeto é feito desse efeito de um certo discurso? Sobre esse objeto nada sabemos, salvo que é a causa do desejo, quer dizer, falando propriamente, é como falta-a-ser que ele se manifesta".[186]

A vergonha, um afeto

Então, podemos precisar. A vergonha é um *a*feto da morte, isto é, o afeto de um *falasser*. Ela é um efeito do fato de o homem estar condenado a habitar a linguagem com o seu corpo. Um corpo sem

---

185 Lacan, J. (1970). Radiofonia. In *Outros escritos*, op. cit., p. 406.

186 Lacan, J. (1969-1970). *O seminário, livro 17: O avesso da psicanálise*, op. cit., pp. 143-144.

razão de ser, um corpo marcado por suas "cicatrizes"[187] e manchado por seu gozo. Um gozo faltoso decerto, mas não no sentido do pecado. No sentido em que, como demonstra antes Lacan, ele será sempre "defeituoso"[188] em relação ao gozo esperado, sempre será aquele que não convém.[189] O sujeito será afetado por um corpo a ser justificado, assim como um corpo a ser vestido, pelo fato de que o simbólico é incorporado nele. Esta anedota de Franz Kafka atesta isso. Quando é instado a terminar de ditar uma circular, o escritor se recusa, para desespero de sua secretária, a lançar algumas parcas palavras finais. "Por fim, mantenho a palavra 'estigmatizar' e a frase que a acompanha, mas continuo a guardar tudo na boca com nojo e uma sensação de vergonha, como se as palavras fossem carne crua, carne cortada bem na minha carne (tanto que me custou)."[190] Se se acreditar aí que, para vergonha também, seria secundário que o homem esteja "morto ou vivo"[191] e que a vergonha poderá "sobreviver"[192] ao ser falante. Que a operação da linguagem sobre o corpo poderá, sempre e para sempre, deixar rastro nesse sujeito e manchá-lo com seu produto, a pulsão. Freud, com Goethe, chamará isso de forma mais bonita, *um resíduo de terra*. Mancha de nascença, então. Mas também, mancha de morte. Mancha de nascença do ser falante, nascido tanto quanto morto para a linguagem.

> *Enquanto vivia em Paris, em 1885, como aluno de Charcot – se recorda Freud –, o que principalmente me atraía, à parte as próprias conferências do grande homem, eram as demonstrações e preleções dadas por Brouardel. Ele*

---

187 Lacan, J. (1968). A lógica da fantasia. In *Outros escritos*, op. cit., p. 327.

188 Lacan, J. (1972-1973). *O seminário, livro 20: Mais, ainda*, op. cit., p. 75.

189 Ibid., p. 83.

190 Kafka, F. (1954). *Journal*. Paris: Grasset, p. 90.

191 Lacan, J. (1970). Radiofonia. In *Outros escritos*, op. cit., p. 406.

192 Kafka, F. (1925). *O processo*. Alfragide: Leya, 2009, edição eletrônica.

nos costumava mostrar, de material post-mortem *no necrotério, quanto havia que merecia ser conhecido por médicos, mas de que a ciência preferia não fazer caso. Certa ocasião, ele estava discutindo as indicações que permitiam imaginar a categoria social, o caráter e a origem de um corpo não identificado, e ouvi-o dizer:* "Les genoux sales sont le signe d'une fille honnête" *[Os joelhos sujos são sinal de uma moça direita]. Utilizava os joelhos sujos de uma moça como prova de sua virtude!*

A lição de que a limpeza corporal é muito mais prontamente associada ao vício que à virtude amiúde me ocorreu posteriormente, quando o trabalho psicanalítico me familiarizou com a maneira pela qual os homens civilizados lidam hoje com o problema de sua natureza física. Ficam claramente embaraçados com qualquer coisa que os faça lembrar demasiadamente sua origem animal. Tentam emular os "anjos mais aperfeiçoados" da última cena de Fausto, *que se queixam:*

Uns bleibt ein Erdenrest
zu tragen peinlich,
und wär'er von Asbest,
es ist nicht reinlich[193]

Entretanto, desde que devam necessariamente permanecer muito afastados de tal perfeição, os homens decidiram

193 "Resta-nos um terrenal resíduo/ que penosamente carregamos/ e, mesmo sendo de amianto,/ jamais se tornaria limpo." Freud, S. (1913). Prefácio a *Scatalogic Rites of All Nations*, de J. G. Bourke. In *Edição standard brasileira das obras psicológicas completas de Sigmund Freud* (v. XII, Jayme Salomão, Trad.). Rio de Janeiro: Imago, edição eletrônica.

> *fugir ao dilema, negando, tanto quanto possível, a própria existência deste inconveniente "resíduo da Terra", ocultando-o mutuamente e negando-lhe a atenção e o cuidado que poderia reivindicar como componente integrante de seu ser essencial.*[194]

O homem é afetado por sua "corporeidade", seu corpo mortificado, seu despojo às vezes "difícil de carregar", porque "não é puro". "Nojo do trapo",[195] Flaubert dirá um dia. O homem é afetado pelo fato de que o significante, desde a origem, o marca no corpo, e o mancha com esse "doloroso 'resíduo de terra'".[196] Um resíduo de terra cujas pulsões que constituem a "vergonha",[197] segundo Freud, serão o "núcleo"[198] e o depósito. E um resíduo de terra que fará "sinal" para o sujeito e terá que ser escondido. Evitar a vergonha, para que ela não faça signo [*signe*], até mesmo "sinal"[199] [*signal*], tanto para o sujeito quanto para o Outro. Mas também evitar a vergonha para que aquela que já estava ali, vergontológica, não apareça.

A vergonha, incorporada

Agora reúno as conclusões deste capítulo. Que ser constitui aquele que fala? O que resta dele no final da operação do significante? Um

---

194 Freud, S. (1913). Prefácio a *Scatalogic Rites of All Nations*, de J. G. Bourke. In *Edição standard brasileira das obras psicológicas completas de Sigmund Freud*, op. cit.

195 Flaubert, G. (1975). *Correspondance*. Paris: Folio/Gallimard, p. 204.

196 Freud, S. (1913). Prefácio a *Scatalogic Rites of All Nations*, de J. G. Bourke. In *Edição standard brasileira das obras psicológicas completas de Sigmund Freud*, op. cit.

197 Ibid.

198 Ibid.

199 Sobre esse ponto, cf. Freud, S. (1926). Inibições, sintomas e ansiedade. In *Edição standard brasileira das obras psicológicas completas de Sigmund Freud* (v. XX, Jayme Salomão, Trad.). Rio de Janeiro: Imago, edição eletrônica, e Lacan, J. (1959-1960). *O seminário, livro 7: A ética da psicanálise*, op. cit., p. 127.

ser no centro do qual permanece um vazio, constituído por uma falta-a-ser, redobrado por uma falta de gozar, mais o que esse vazio produz, um movimento de vida. Escreve Lacan:

> *O ser que, em nós operando a partir do campo da fala e da linguagem, responde do para-aquém da entrada da caverna, quem é ele? Vamos dar-lhe corpo com as próprias paredes da caverna, que viveriam, ou melhor, se animariam com uma palpitação cujo movimento de vida deve ser captado.*[200]

O ser falante oscila entre dois polos, o vazio e a palpitação, esse movimento de vida. Já em 1966, Lacan vislumbrara essa dupla polaridade do sujeito. Ele volta a ela dois anos mais tarde, especificando o que para ele "a realidade do sujeito" abrange:

> *Quanto à realidade do sujeito, sua imagem de alienação, pressentida pela crítica social, se revela enfim por desenrolar-se entre o sujeito do conhecimento, o falso sujeito do "eu penso", e esse resíduo corporal em que penso haver encarnado suficientemente, e esse* Dasein *para chamá-lo pelo nome que ele deve a mim: ou seja, o objeto* (a)*.*[201]

Para Lacan, portanto, não há consistência do sujeito senão ali onde está seu ser de gozo. O "eu sou" é o "eu sou" do gozo, esse

---

200 Lacan, J. (1960). Posição do inconsciente. In *Escritos* (Vera Ribeiro, Trad.). Rio de Janeiro: Zahar, 1998, p. 858.

201 Cf. também sobre essa questão H. Ricard, "Lacan lecteur de Heidegger. Vérité e Dasein", La Célibataire, Printemps, 2003. Lacan, J. (1967). Da psicanálise em suas relações com a realidade. In *Outros escritos*, op. cit., p. 357.

"sujeito do gozo".[202] Mas no que diz respeito ao seu "penso", da representação do sujeito, por um significante junto a outro significante, haverá aqui apenas uma vacuidade subjetiva. Aqui o sujeito desapareceu mediante os significantes que o representam. O ser falante é assim feito, de modo que não é nada senão esse objeto *a*, mais-de-gozar, esse resíduo corporal que constitui seu ser de gozo.

É por isso que é com "essa referência ao gozo" que "inaugura-se a única ôntica admissível por nós".[203] Dizer "eu sou" para o ser falante não é dizer quem ele é, mas *o que* ele é, "*just so*", segundo a feliz expressão de François Regnault,[204] esse objeto de gozo que o presentifica, ao qual ele se iguala em sua fantasia. A vergonha de existir, tal como os filósofos ressaltavam, é, pois, aquela cujo sujeito o *Dasein* afeta, esse fato de estar lá. Com a condição, contudo, de acrescentarmos ao conceito de *Dasein* a referência ao gozo que lhe faltava. A vergonha, a qual sustenta o conceito de *vergontologia*, e que pode afetar o sujeito com a vergonha de viver, é o que o reduz a *a*, verdadeiro nome de *D*(a)*sein*, sob os olhos do Outro.[205] Se o objeto *a* for, como bem indica Lacan, essa queda que atesta que "o sujeito é apenas um efeito de linguagem",[206] então a vergonha será o instante renovado dessa queda.

Para concluir e enodar a vergonha de viver com a vergonha de existir, poderemos, portanto, aplicar à vergonha o que Lacan dizia sobre a estrutura da fantasia. A vergonha é uma estrutura que liga ". . . na condição de um objeto . . . o momento de um *fading* ou

202 Lacan, J. (1966). Apresentação das *Memórias de um doente dos nervos*. In *Outros escritos*, op. cit., p. 221.

203 Lacan, J. (1968). A lógica da fantasia. In *Outros escritos*, op. cit., p. 327.

204 Regnault, F. (1998). Du comme ça au *just so*. *Ornicar?*, *49*. Paris: Agalma, p. 154.

205 Sobre esse ponto, cf. Lacan, J. *Le séminaire, "L'objet de la psychanalyse (1965-66)"*, inédito (lição de 25/05/1966).

206 Lacan, J. (1968). A lógica da fantasia. In *Outros escritos*, op. cit., p. 324.

eclipse do sujeito, estreitamente ligado à *Spaltung* ou fenda que ele sofre por sua subordinação ao significante. . . . Isso é o que simboliza a sigla ($\$\diamond a$)”.[207] A vergonha pode ser o afeto e o instante desse eclipse do sujeito diante de sua causa. Razão pela qual o sujeito envergonhado é justamente um sujeito que vivencia, como estando em ato, sua condição de ser falante, seu “ser para a morte”.[208] A vergonha é sempre no mínimo, uma pequena morte [*petite mort*], mas que, no fim das contas, é apenas o despertar e o redobrar dessa outra morte que o significante já lhe infligira. A vergonha redobra o efeito e a marca do significante no corpo,[209] essa insígnia, esse S_1, essa pequena “mão escarlate”,[210] “sangrenta”[211] e “fatal”[212] colada pelo Outro ao rosto de cada ser falante, “estigma fatal da humanidade”.[213] A vergonha é exatamente o signo e o produto dessa incorporação do significante. E é por isso que a vergonha, assim como o significante, eterniza e mortifica o sujeito ao mesmo tempo.

---

207 Lacan, J. (1960). Subversão do sujeito e dialética do desejo. In *Escritos*, op. cit., p. 830.

208 Lacan, J. (1969-1970). *O seminário, livro 17: O avesso da psicanálise*, op. cit., p. 172.

209 Sobre essa questão da marca, poderíamos listar em série várias citações de Lacan. Entre elas: a função simbólica “impressa na carne”, em Lacan, J. (1955). A coisa freudiana. In *Escritos* (Vera Ribeiro, Trad.). Rio de Janeiro: Zahar, 1998, p. 416; “a marca do ferro do significante no ombro do sujeito que fala”, em Lacan, J. (1958). A direção do tratamento. In *Escritos*, op. cit., p. 636; a “falha” deve ser “lavada”, em Lacan, J. (1960). Observação sobre o relatório de Daniel Lagache. In *Escritos*, op. cit., p. 673; “o sujeito que traz sob sua cabeleira o codicilo que o condena à morte”, em Lacan, J. (1960). Subversão do sujeito e dialética do desejo. In *Escritos*, op. cit., p. 818.

210 Refiro-me aqui ao conto de Hawthorne, N. (1843). La marque sur le visage. In *Le manteau de Lady Eléonore, et autres contes*. Paris: GF-Flammarion, 1993, p. 163.

211 Ibid., p. 161.

212 Ibid., p. 197.

213 Ibid., p. 163. “Sabemos se é possível, dirá a envergonhada heroína, custe o que custar, libertar-se dessa mãozinha terrível, que me agarrou antes de eu nascer” (Ibid., p. 167).

A partir daí, um sujeito poderá morrer de vergonha tanto quanto reivindicá-la, ver nela o sinal de seu protesto de *falasser*, a marca de seu esforço para responder à sua rejeição subjetiva, o lembrete de que, no instante de sua vergonha, ele ainda era um sujeito. Pois é preciso ser sujeito para conhecer a vergonha, mesmo que seja aquela de vivenciar sua condição de objeto. A vergonha pode ser uma dor infinita tanto quanto um "bem" precioso. É isso o que Claudel, pelas palavras de Sygne Coûfontaine, nos ensina, ao fazer da vergonha aquilo que Lacan fará do significante, a "pedra" sepulcral do sujeito, uma "sepultura",[214] o próprio signo da incorporação do simbólico.

> Sygne. – *Me acusas de um pensamento vil?*
>
> Georges. – *A vergonha que conseguistes alcançar já basta.*
>
> Sygne. – *Alcançar com a dor de minha alma e o suor da minha testa!*
>
> Georges. – *É tua.*
>
> Sygne. – *É minha, mesmo!*
>
> *É o bem que não vai ser tirado de mim, a vergonha é mais fiel que o elogio!*
>
> *Ela me acompanhará até o túmulo e além, está selada em mim como uma pedra, está incorporada*
>
> *A estes ossos que serão julgados!*[215]

214 Lacan, J. (1970). Radiofonia. In *Outros escritos*, op. cit., p. 407.

215 Claudel, P. (1911). L'otage. In *Théâtre II*. (Col. La Pléiade). Paris: Gallimard, 1965, p. 286.

D. O segredo

Antes de continuar essa lição do Seminário *O avesso da psicanálise*, farei um desenvolvimento final sobre essa "ôntica admissível por nós".[216] E isso para recolher aí uma dimensão outra, que supõe a confissão vergonhosa, o segredo. Com efeito, se há um *ça-voir* [*issaber/issover*] na vergonha que embaraça o sujeito ele também poderá assumir as características de um saber. Ora, conhecemos sua forma mais comum, o segredo vergonhoso, aquele que o sujeito guarda em si e não ousa revelar, ou aquele que ele suspeita no lugar do Outro e não ousa questionar. Além disso, pode ser que os segredos do Outro presidam e condicionem os do sujeito. Como poderia ser que o segredo vergonhoso, em sua própria estrutura, seja aquele relativo à ontologia do ser falante. "Psiu!", dizemos às vezes, e quando isso? Sempre diante dos grandes enigmas que embaraçam o ser falante e que dizem respeito a seu sexo e à sua existência, o amor e a morte. "A tumba vazia e o coração disposto – dois enigmas de cuja solução a vida há de continuar a me ser devedora", escreveu Walter Benjamin.[217]

Por que e como nasce um segredo? De que ele é feito? São essas as questões que abordarei para demonstrar isso,[218] resumindo-as numa: o que nos revela a neurose infantil sobre essa "questão secreta",[219] que embaraça e divide o ser falante a tal ponto que Lacan tornará isso uma definição possível de neurose? Para chegar lá, façamos um desvio pela psicose.

---

216 Lacan, J. (1968). A lógica da fantasia. In *Outros escritos*, op. cit., p. 327.

217 Benjamin, W. (1900). Infância em Berlim por volta de 1900. In *Rua de mão única. Obras Escolhidas 2* (Rubens Rodrigues Torres Filho e José Carlos Martins Barbosa, Trad.). São Paulo: Brasiliense, 1987, p. 93.

218 O texto a seguir retoma parcialmente dois artigos que foram publicados: Qu'est-ce qu'un secret? In *L'en-je lacanien, 9*. Toulouse: Érès, 2008; e L'enfant et le secret. In *Cliniques Méditerranéennes, 82*. Toulouse: Érès, 2010.

219 Lacan, J. (1955-1956). *O seminário, livro 3: As psicoses*. Rio de Janeiro: Zahar, 1985, p. 199.

1. O direito ao secreto

Em uma lição de seu Seminário *O sinthoma*,[220] Lacan evoca o caso de um homem que ele conhecera alguns dias antes, durante sua apresentação de pacientes. Do que esse homem reclamava?

Um homem sem segredo

Primeiramente, palavras que lhe foram impostas, e que ele identificava como manifestações de seu inconsciente. Essas palavras têm a característica de não ter significação[221] racional na língua comum e comportam, portanto, um peso de enigma. Poderá ser, por exemplo: "Você matou o pássaro azul". Além disso, possuem uma materialidade sonora. O sujeito não apenas as ouve internamente,[222] e por isso mesmo pode sofrer com seu equívoco. Ele ouvirá, em outro momento: "É uma assistência [*assistanat*] política... uma assistência política". Lacan reconhecerá nesse equívoco outra dimensão do significante em seu estado puro: não mais somente sua ausência de significação, mas o fato de esse significante ser suportado pelo objeto voz, uma simples torção da voz suficiente aqui para transformar *assassinato* [*assassinat*] em *assistência* [*assistanat*]. Enfim, terceira característica, por seu caráter imposto, assim como por essa ausência de significação enodada a essa materialidade sonora, essa fala, diz o sujeito, "é força de lei", adquire para ele "um peso".[223]

Ora, eis o primeiro comentário que Lacan faz. Até aqui, de que esse sujeito se queixa? Em suma, de algo muito sensato: do caráter parasitário da linguagem. Ele pergunta a seu público:

---

220 Lacan, J. (1975-1976). *O seminário, livro 23: O sinthoma*. Rio de Janeiro: Zahar, 2007, pp. 88-89.

221 Entretien de Jacques Lacan avec M. Gérard Lumeroy. *Le discours psychanalytique*, 7. Association freudienne, fev. 1992, p. 56.

222 Ibid., p. 58.

223 Ibid., p. 72.

> *Como é que todos nós não sentimos que as falas das quais dependemos são, de algum modo, impostas? É justamente por isso que o que chamamos de doente vai algumas vezes mais longe do que o que designamos como um homem saudável. A questão é antes saber por que um homem dito normal não percebe que a fala é um parasita, que a fala é uma excrescência, que a fala é a forma de câncer pela qual o ser humano é afligido.*[224]

Assim, naquilo que esse sujeito testemunha, nada além do que um efeito da estrutura. A linguagem, e *lalíngua* em sua materialidade mesmo, se revelam aí afetando o *falasser.* O significante é o verdadeiro mestre do sujeito, do qual esse homem sofre no real, a céu aberto.

Passo agora àquilo que constituiu, sublinha Lacan, o agravamento da psicose desse sujeito, que o levou a uma tentativa de suicídio. Esse homem, assim como o Presidente Schreber, tentou replicar essas frases que se impunham a ele, por meio daquilo que chamou de frases reflexivas.[225] Ou seja, frases que lhe são próprias, com as quais ele se esforça a contrabalançar as frases impostas. Assim, ele relata: "Com o médico, que se chama Sr. Duhamel, tenho uma frase imposta que diz: 'O Sr. Duhamel é legal', e em seguida tenho uma oscilação de frases que é minha, um reflexo . . ., uma frase reflexiva, digo: 'Mas eu sou louco'. Digo a mim mesmo: 'O Sr. Duhamel é legal', frase imposta... 'Mas eu sou louco', frase reflexiva". Outro exemplo: "Eles querem monarquizar meu intelecto. Mas a realeza não é vencida".[226] O *mas* anuncia, portanto, a reflexão própria desse homem. Nessa conjunção "*mas*", o sujeito tenta se manter, responder à fala imposta, isto é, poder separar-se dela e, assim, poder se defender

224 Lacan, J. (1975-1976). *O seminário, livro 23: O sinthoma*, op. cit., p. 92.

225 Entretien de Jacques Lacan avec M. Gérard Lumeroy, op. cit., p. 57.

226 Ibid., p. 77.

como sujeito. Ela é aquilo por meio do que o sujeito não poderia ser completamente reduzido aos significantes impostos do Outro.

Ela é também o ponto exato em que esse sujeito fracassou em se salvar e teve que padecer daquilo que ele chamou de sua "telepatia". Com efeito, esse homem se descobriu um "telepata transmissor", convencido de que seus pensamentos, aqueles mesmos pelos quais tentava responder ao Outro, seriam difundidos, imediatamente transmitidos a esse Outro, que os ouviria. Daí o drama subjetivo para esse homem: ali onde ele tentava se separar do Outro, eis que será sentido como radicalmente transparente para ele, isto é, sem o auxílio de nenhum segredo. Assim, enquanto Lacan lhe pergunta como ele vislumbra o futuro, ele responde: "Se eu conseguir me desangustiar, encontrar uma possibilidade de diálogo... sempre haverá esse fenômeno da telepatia que me prejudicará, porque que não poderei agir, todas as minhas ações serão logo reconhecidas por telepatia . . . Não poderei viver em sociedade enquanto essa telepatia existir . . . pelo fato de que", acrescentará ele logo depois, "meu jardim secreto é percebido por certas pessoas".[227] Depois de o paciente sair, Lacan fará o seguinte comentário:

> *Até então, ele se contentava em ter falas impostas, mas é, aliás, muito especificamente esse sentimento de ser percebido que o desespera. Devo dizer que não há mais jeito de viver, de sair disso. Não vejo de modo algum como ele encontrará seu caminho de volta. Há tentativas de suicídio que acabam tendo sucesso.*[228]

Em seguida, alguns dias depois, em seu Seminário: "Ele era . . . *telepata transmissor*. Dito de outro modo, não tinha mais segredo,

227 Ibid., p. 88.

228 Ibid., pp. 91-92.

reserva alguma. Foi precisamente o que o fez cometer a tentativa de acabar com aquilo".[229]

Após a apresentação do caso, vemos que lógica Lacan retém dele. É por não poder se separar da fala que o persegue que esse sujeito poderia morrer. A perda da possibilidade do segredo se revela aqui como o efeito de uma destituição radical e selvagem do sujeito, a ponto de este ser atingido na junção mais íntima do sentimento de vida. Pois está aí também o que ele nos ensina: a possibilidade do segredo seria necessária para viver. E isso vale para qualquer sujeito. Disso decorre que cada um é necessariamente afetado pela linguagem, que o torna *falasser*, que o banha e condiciona antes mesmo de sua vinda ao mundo, o testemunho desse homem nos ensina sobre as virtudes do segredo. O segredo se revela aqui em sua necessidade estrutural. É aquilo por meio de que um sujeito pode se separar de *lalíngua* do Outro. Não para se libertar dela, o que é impossível, mas para guardar a possibilidade de uma enunciação e de um desejo. A possibilidade de segredo é necessária para que um sujeito advenha, pelo fato de que nisso consiste sua possibilidade de não se reduzir à devastação de *lalíngua*. Entre o sujeito e a lei do Outro deve subsistir um direito ao segredo.

O segredo e a linguagem

Um autor como August Aichhorn, em sua obra *Jeunesse en souffrance* [*Juventude abandonada*], prefaciada por Freud, testemunhava isso a seu modo, insistindo na necessidade, em uma instituição infantil, desse direito ao segredo. É isso que o fará se opor às ideologias da boa ordem e outras paixões higienistas que na época já queriam limpar da instituição tudo aquilo que tivesse constituído rastro de um sujeito. "Mas lembremo-nos", escreve ele, "de nossa própria infância: o que significavam para nós uma gaveta, um baú, um bolso, um

229 Lacan, J. (1975-1976). *O seminário, livro 23: O sinthoma*, op. cit., p. 92.

canto, que pertenciam somente a nós, onde podíamos esconder de nossos pais e de nossos irmãos e irmãs nossos segredos . . .!".[230] O filósofo Walter Benjamin não teria contradito isso, o qual, por sua vez, se lembrava do que eram para ele *os haveres da infância*, que deviam ser protegidos das buscas intempestivas do Outro parental, sempre inclinado a guardar muito os pequenos negócios da criança. Ele escreveu:

> *Cada pedra que ela [a criança desordeira] encontra, cada flor colhida e cada borboleta capturada já é para ela princípio de uma coleção e tudo que ela possui, em geral, constitui para ela uma coleção única . . . "Arrumar" significaria aniquilar uma construção cheia de castanhas espinhosas que são maças medievais, papéis de estanho que são um tesouro de prata, cubos de madeira que são ataúdes, cactos que são totens e tostões de cobre que são escudos . . . Era assim que cresciam e se mascaravam os haveres da infância, em gavetas, arcas e caixas.*[231]

Da psicose, passamos, portanto, à infância, por meio dessa questão do segredo. Ora, há um autor que, por esse mesmo trajeto, terá revelado essa estreita ligação entre o segredo e a própria possibilidade do sujeito. Trata-se de Victor Tausk, que abordou essa questão durante uma conferência proferida em 1919, hoje presente em sua *Œuvres psychanalytiques* e intitulada *De la genèse de "L'appareil à influencer" au cours de la schizophrénie* [*Da gênese do "Aparelho de influenciar" no curso da esquizofrenia*]. O autor começa relatando

---

230 Aichhorn, A. (1925). *Jeunesse en souffrance: psychanalyse et éducation spécialisée.* Paris: Champ social, 2000, p. 133.

231 Benjamin, W. (1900). Infância em Berlim por volta de 1900. In *Rua de mão única*, op. cit., p. 39, 124.

vários casos de delírios de influência, os quais, para alguns sujeitos, são acompanhados pela certeza de que o Outro está manipulando seus pensamentos por meio de uma máquina, que poderá ser constituída por caixas, manivelas, alavancas, rodas, botões, fios, baterias[232] etc. É aí que ele chama de *aparelho de influenciar* uma verdadeira imaginarização daquilo que é o aparelho de linguagem. Tausk então argumenta, especialmente em certos casos de delírios telepáticos, o que essa certeza produz: a sensação de que o sujeito está despojado de todos os segredos, o que, se o seguirmos, aboliria seu direito mais vital. A partir da psicose, o autor generaliza de fato a necessidade de todo sujeito do direito ao segredo, e ainda mais, e é esse o passo que ele nos leva a dar: suspeitar por trás da angústia de sua abolição, o infantil da estrutura.[233] "O sintoma: 'Criam pensamentos para o doente' provém da concepção infantil de que os outros conhecem seus pensamentos". Ele continua:

> *Conhecemos o estágio em que, numa criança, reina a concepção de que os outros conhecem seus pensamentos. Os pais sabem de tudo, até o que há de mais secreto, e sabem disso até que a criança consiga contar sua primeira mentira . . . A luta pelo direito de possuir segredos sem o conhecimento dos pais é um dos fatores mais poderosos da formação do eu, da delimitação e da realização de uma vontade própria.*[234]

Uma nota de rodapé no texto nos diz que Tausk havia ministrado essa conferência na presença de Freud, durante uma das noites da

---

232 Tausk, V. (1879-1919). Œuvres psychanalytiques. Paris: Payot, 1975, p. 179.

233 Tomo emprestada de Marie-Jean Sauret essa fórmula, presente em *De l'infantile à la structure*. Toulouse: PUM, 1991.

234 Tausk, V. (1879-1919). Œuvres psychanalytiques, op. cit., p. 194.

Sociedade psicanalítica de Viena. Infelizmente, ao contrário de outras reuniões como essas, não temos a ata da discussão que se seguiu à conferência. Todavia, nessa nota Tausk nos conta qual foi o teor daquilo que Freud dissera na ocasião. Ao acompanhá-lo, a crença da criança de que os outros conhecem seus pensamentos seria solidária a seu aprendizado da fala. Por isso, Freud teria dito que "a criança, com a linguagem, recebe os pensamentos dos outros, e sua crença de que os outros conhecem seus pensamentos aparece nos fatos assim como na sensação de que outros *criaram*[235] a fala para ela e, com ela, os pensamentos".[236]

Daí em diante, podemos restringir o conjunto dos desdobramentos realizados até o momento, a fim de identificar o que, na estrutura, preexiste à possibilidade de segredo na criança e fundamenta sua necessidade. A dimensão do segredo é um efeito e uma resposta à condição de *falasser* do sujeito. O segredo, insisto, é a maneira pela qual um sujeito poderá se defender da linguagem, para não se reduzir à devastação em que ela consiste inicialmente, repleta de significantes mestres e de efeitos de gozo. É isso que essa angústia da criança atesta. Assim como a telepatia delirante não é apenas uma declaração de um louco, essa angústia não é uma tolice inocente, ambas, antes, nos ensinam sobre a estrutura do *falasser*. Aquela que Freud destaca aqui: o homem é um sujeito cujas palavras foram criadas primeiro pelo Outro e, com elas, os pensamentos.

2. A criança e o segredo

Lacan, em seu Seminário *O desejo e sua interpretação*, interessou-se, por sua vez, por essa angústia infantil e em dar a sequência a essa tese de Freud que ela merece. Se a criança experiencia em

---

235 Grifos meus.

236 Tausk, V. (1879-1919). Œuvres psychanalytiques, op. cit., p. 194.

determinado momento que "o Outro sabe tudo sobre seus pensamentos" é porque "seus pensamentos estão, por natureza e estruturalmente, na origem desse discurso do Outro".[237] E, se ela teme que o Outro adivinhe seus pensamentos, é também, observava Michel Silvestre,[238] porque é no lugar do Outro que a criança verá seu desejo e seu gozo interpretados.

Não dizer

Por exemplo, essa breve troca de palavras entre Hans e sua mãe. Hans tem quatro anos e três meses. Naquela manhã, sua mãe lhe dá um banho, depois o seca e passa talco nele. Enquanto ela passava talco ao redor de seu pênis, tomando cuidado para não tocá-lo, Hans pergunta:

> *Hans: Por que é que você não põe seu dedo aí?*
>
> *Mãe: Porque seria porcaria.*
>
> *Hans: Que é isso? Porcaria? Por quê?*
>
> *Mãe: Porque não é correto.*
>
> *Hans:* (rindo*) Mas é muito divertido.*[239]

Do lugar do Outro, assim, retornou para a criança uma interpretação de seu desejo, como faltoso e vergonhoso. E quais serão as consequências clínicas disso? A primeira: dois dias depois, o pai

237 Cf. também sobre este ponto J. Lacan, *O seminário, livro V, As formações do inconsciente*, op. cit., p. 357. Lacan, J. (1958). *Le séminaire "Le désir et son interprétation (1958-59)"*, inédito (lição de 10/12/1958).

238 Silvestre, M. (1993). Retour sur l'Œdipe. In *Demain la psychanalyse*. Paris: Seuil, p. 51.

239 Freud, S. (1909). Duas histórias clínicas: O "Pequeno Hans" e o "Homem dos ratos". In *Edição standard brasileira das obras psicológicas completas de Sigmund Freud* (v. X, Jayme Salomão, Trad.). Rio de Janeiro: Imago, edição eletrônica.

constata que Hans, que costumava gostar de se exibir na frente dos colegas, advém à dimensão do pudor. "Ontem, quando ajudava Hans a urinar, ele pela primeira vez me pediu que o levasse para trás da casa, de modo que ninguém pudesse vê-lo."[240] A segunda ocorre algumas semanas mais tarde. Hans tem um sonho, ainda sobre o tema do exibicionismo, mas que, observa Freud, pela primeira vez, comporta um caráter de censura. De um exemplo a outro, o que vemos? A enunciação de um desejo, pudicamente oculto, até mesmo reprimido. Tal foi a resposta do Outro a esse dito: surgiu uma nova responsabilidade da criança em sua fala. Com o que isso supõe como *ato* e *tomada* de palavra: doravante, a criança vai medir o que diz, e o que não deve dizer, no lugar do Outro. Em sua fala, passará sua divisão, em que o enunciado será diferenciado da enunciação. E é nessa diferença que surgirá a possibilidade do segredo vergonhoso. Em sua fala, a criança poderá agora querer apagar a marca de seu desejo, a ponto de apagar a si mesma.[241] Instaura-se uma partilha de segredos: que a criança apague o que queria dizer e será seu segredo, ou que ela o recalque e então é ela mesma que, ao se apagar no processo de sua enunciação, se tornará um segredo, no próprio lugar de seu inconsciente. Ter ou ser segredo, portanto.

Assim, não são todos os pensamentos que a criança teme ver divulgados, mas aqueles que a dividirão, os maus, impregnados pela voz da enunciação, os que devem ser calados para não sucumbir à vergonha. Jean-Paul Sartre, que sabia da existência desse sentimento angustiante nas crianças, atesta isso em *Saint Genet, comédien et martyr*: "Uma menina que jantava com a família, tendo ousado pensar que a mãe era burra, corou até os olhos e saiu da mesa, convencida de que seus pais tinham *ouvido* sua voz interior".[242] Quanto

240 Ibid.

241 Lacan, J. (1968-1969). *O seminário, livro 16: De um Outro ao outro*, op. cit., p. 304.

242 Sartre, J.-P. (1952). *Saint Genet, comédien et martyr*, op. cit., p. 19.

a Freud, ele terá tido a oportunidade de ouvir dizer da própria boca do Homem dos ratos: "Naquela época eu costumava ter uma ideia mórbida de que meus pais conheciam meus pensamentos; dei-me a explicação disso supondo que os havia revelado em voz alta, sem haver-me escutado fazê-lo".[243] Talvez seja até com base nesse testemunho que ele retornará, em uma de suas *Novas conferências*, a essa angústia original e estrutural da criança. "Aqui nos recordamos da frequente ansiedade sentida pelas crianças ante a ideia de que seus pais conhecem todos os seus pensamentos, sem que estes tenham sido contados a eles – equivalente exato e talvez fonte da crença dos adultos na onisciência de Deus."[244]

Revolução da alma infantil

A partir daí, Lacan permite então prosseguir, indicando-nos a etapa seguinte, que é um tempo lógico salutar e necessário para a criança. Ela descobrirá que o Outro não conhece seus pensamentos. "É uma das revoluções da alma infantil, o momento em que a criança, depois de ter acreditado que todos os seus pensamentos . . . [eram] do conhecimento de seus pais, percebe que o Outro pode não saber",[245] que "os outros, os adultos, não sabem nada".[246] Ora, é justamente nesse ponto, ali onde *o Outro não sabia*, lugar de S(Ⱥ), aí onde no Outro falta um saber, que poderá advir um sujeito e a

243 Freud, S. (1909). Duas histórias clínicas: O "Pequeno Hans" e o "Homem dos ratos". In *Edição standard brasileira das obras psicológicas completas de Sigmund Freud*, op. cit.

244 Freud, S. (1933). Novas conferências introdutórias sobre psicanálise e outros trabalhos – Conferência XXX: Sonhos e ocultismo. In *Edição standard brasileira das obras psicológicas completas de Sigmund Freud* (v. XXII, Jayme Salomão, Trad.). Rio de Janeiro: Imago, edição eletrônica.

245 Lacan, J. *Le séminaire "Le désir et son interprétation" (1958-59)*, inédito (lição de 04/03/1959).

246 Ibid., lição de 03/12/1958. Sobre esse ponto, cf. também Lacan, J. (1962-1963). *O seminário, livro 10: A angústia*, op. cit.

possibilidade do segredo, assim como de sua vergonha. E qual é esse momento lógico e clínico, durante o qual ocorreria essa revolução da alma infantil? Lacan permanece aqui um tanto vago.[247] Voltemo-nos então a Freud, que também detectou uma revolução nas crianças, oriunda de uma nova relação com o saber do Outro, que o tornará diferente do que era.

O ponto de partida dessa revolução provém da chegada da criança à sua primeira questão, na qual ela questionará a causa de todas as coisas, começando com o seu *ato* de nascimento. Freud proporá uma formulação simples dessa questão inaugural. "'De onde vêm os bebês?' . . . Trata-se da questão mais remota e premente a atormentar a humanidade."[248] Só que, acrescenta Freud, essa pergunta é insolúvel, sem resposta possível. Lacan, porém, desde seu Seminário *As psicoses*, terá demonstrado o caráter estrutural dessa ausência de resposta. "Há, com efeito, algo radicalmente inassimilável ao significante. É, simplesmente, a existência singular do sujeito. Por que será que ele está ali? De onde ele sai? Que está fazendo ali? Por que vai desaparecer? O significante é incapaz de dar-lhe a resposta."[249] Assim, à pergunta "*De onde vêm os bebês?*" não há resposta, não há solução, dizia Freud na frase anterior. A criança, ao começar a questionar o lugar do Outro, necessariamente experimentará ali a falta de um significante final, S(Ⱥ), que lhe permitiria justificar sua existência. Quer contemos a ela algumas histórias água com açúcar de babás e outros mitos da cegonha, quer tentemos, como Melanie Klein com seu pequeno Fritz,[250] explicar racionalmente o

247 Lacan, J. *Le séminaire "Le désir et son interprétation (1958-59)"*, inédito (lição de 03/12/1958).

248 Freud, S. (1908). Sobre as teorias sexuais das crianças. In *Edição standard brasileira das obras psicológicas completas de Sigmund Freud* (v. IX, Jayme Salomão, Trad.). Rio de Janeiro: Imago, edição eletrônica.

249 Lacan, J. (1955-1956). *O seminário, livro 3: As psicoses*, op. cit., p. 205.

250 Klein, M. (1921). Le développement d'un enfant. In *Essais de psychanalyse*. Paris: Payot, 1968.

processo de reprodução, nada ajudará aí, a resposta não conseguirá fechar a pergunta aberta pela criança sobre o motivo de sua vinda ao mundo.

Os primeiros segredos

Assim, ali onde essa primeira questão não receberá uma resposta, milhares de outras surgirão. Pode ser que, na verdade, por trás das múltiplas perguntas e outros porquês com os quais ela deixa os adultos embaraçados, a criança faça apenas uma pergunta, aquela que poderia explicar o motivo de ela estar no mundo. E é por estar atormentada por essa questão sem resposta que a criança chegará aos seus primeiros segredos.

A tese é explícita em Freud e reiterada pelo menos duas vezes em seu ensino, em *Leonardo da Vinci e uma lembrança da sua infância*,[251] depois em *Contribuições à psicologia do amor*. Por trás do desejo de saber pelo qual a criança é animada, há uma questão, única e secreta, rastro de um *insubstituível*.

> *A noção de algo insubstituível, quando é ativa no inconsciente, muitas vezes surge como subdividida em uma série infindável: infindável pelo fato de que cada substituto, não obstante, deixa de proporcionar a satisfação desejada. É esta a explicação do desejo insaciável de fazer perguntas, demonstrado pelas crianças de certa idade: têm apenas uma simples pergunta a fazer, mas nunca chegam a formulá-la. Explica também a garrulice*

251 Freud, S. (1910). Leonardo da Vinci e uma lembrança da sua infância. In *Edição standard brasileira das obras psicológicas completas de Sigmund Freud* (v. XI, Jayme Salomão, Trad.). Rio de Janeiro: Imago, edição eletrônica.

> *de certas pessoas atingidas pela neurose; veem-se sob a pressão de um segredo que estão ansiosos por divulgar.*[252]

A questão primordial, por ser mantida em segredo, será, portanto, repetida, tornando-se causa do dizer. Assim como não há sujeito que não cuide de sua imagem para dissimular uma falta nela, pode ser que, para falar, o sujeito deva ter algo a esconder.

Todavia, é preciso agora questionar a responsabilidade da própria criança. Por que, então, ela guarda calada, em segredo, sua pergunta? Pelo fato de que, como Freud demonstra, ela deseja acreditar em seus pais e, portanto, velar sua impotência, outro nome para a castração do Outro parental, da barra sobre o Outro. Para dar conta disso, notemos que esse momento em que a criança avalia a falta de resposta do Outro será para ela um momento de forte desventura. Aqui, pela primeira vez, sua crença no Outro vacila. Freud insistiu nisso em várias ocasiões. Até então, a criança havia reconhecido em seus pais "a autoridade única e a fonte de todos os conhecimentos",[253] um Outro do Outro. Ora, é justamente essa fé no Outro que se verá diminuída aqui. "De onde vêm os bebês?", perguntava Freud: "Trata-se da questão mais remota e premente a atormentar a humanidade". Antes de continuar: "As respostas usualmente concedidas à criança . . . danificam seu genuíno instinto de investigação e, via de regra, também desferem o primeiro golpe na confiança que ela deposita em seus pais".[254]

---

252 Freud, S. (1910). Contribuições à psicologia do amor. In *Edição standard brasileira das obras psicológicas completas de Sigmund Freud* (v. XI, Jayme Salomão, Trad.). Rio de Janeiro: Imago, edição eletrônica.

253 Freud, S. (1908). Romances familiares. In *Edição standard brasileira das obras psicológicas completas de Sigmund Freud* (v. IX, Jayme Salomão, Trad.). Rio de Janeiro: Imago, edição eletrônica.

254 Freud, S. (1908). Sobre as teorias sexuais das crianças. In *Edição standard brasileira das obras psicológicas completas de Sigmund Freud*, op. cit.

Em seu apelo por uma resposta do Outro, a criança encontra ali, Freud observa ainda, um "impasse".[255]

> *A criança recebe respostas evasivas, ou repreensões por sua curiosidade, ou ainda é despedida com a explicação mitológica que, nos países germânicos, é a seguinte: "A cegonha traz os bebês; ela os retira da água". Tenho motivos para acreditar que o número de crianças que não se satisfazem com essa solução, recebendo-a com fortes dúvidas que entretanto não admitem abertamente, é bem maior do que os pais supõem.*[256]

Freud postula, assim, que há uma "descrença"[257] fundamental da criança, que a levará a se separar[258] dos pais, quando esta encarnação do Outro será suspeita de não mais dizer a verdade sobre a verdade. O encontro da criança com a falta no Outro acontecerá sob a figura de uma verdade enganosa. "As crianças se negam a aceitar as poucas informações que se lhes dão." "Iniciando sua independência intelectual com esse ato de incredulidade . . ., sentindo-se muitas vezes em franco antagonismo com os adultos e . . . jamais lhe perdoam por tê-las decepcionado naquela ocasião omitindo os fatos reais."[259]

---

255 Freud, S. (1905). Três ensaios sobre a teoria da sexualidade e outros trabalhos. In *Edição standard brasileira das obras psicológicas completas de Sigmund Freud* (v. VII, Jayme Salomão, Trad.). Rio de Janeiro: Imago, edição eletrônica.

256 Freud, S. (1908). Sobre as teorias sexuais das crianças. In *Edição standard brasileira das obras psicológicas completas de Sigmund Freud*, op. cit.

257 Ibid.

258 Freud, S. (1905). Três ensaios sobre a teoria da sexualidade e outros trabalhos. In *Edição standard brasileira das obras psicológicas completas de Sigmund Freud*, op. cit.

259 Freud, S. (1910). Leonardo da Vinci e uma lembrança da sua infância. In *Edição standard brasileira das obras psicológicas completas de Sigmund Freud*, op. cit.

Assim, Freud, tanto quanto Lacan, identifica uma revolução da alma infantil. Ela é o encontro da criança com a impotência do Outro para dar conta de sua vinda ao mundo. É o encontro da criança com a inexistência da relação sexual, aqui a de seus pais. Esse é seu primeiro encontro, traumatizante, com a falta de significante no Outro. Freud insiste nisso: a criança nunca mais os perdoará por ter sido enganada sobre a verdade. A criança guardará a marca desse encontro com a falta de saber do Outro, lampejo do qual ela sairá diferente, desligada, diz Freud. Sartre, em seu prefácio para os *Écrits intimes* de Charles Baudelaire sublinhará essa *passagem* selvagem da criança:

> *A criança toma seus pais como deuses. Seus atos, assim como seus julgamentos, são absolutos . . . . Ela sabe que sua verdade não está naquilo que pode saber sobre si mesma, mas que se esconde nesses grandes olhos terríveis e doces que se voltam para ela . . . . O drama começa quando a criança cresce, ergue a cabeça acima dos pais e olha por cima dos ombros. Ora, atrás deles não há nada.*[260]

O silêncio do Outro

Qual será a consequência disso? Freud volta ao tema em seus *Três ensaios sobre a teoria da sexualidade*: uma "profunda" desconfiança com relação ao dizer parental, mas "uma desconfiança . . . silenciosa",[261] a partir do momento em que a criança, angustiada

260 Sartre, J.-P. (1946). Introduction. In Baudelaire, C. *Écrits intimes*, op. cit., p. XXXV-XXXVI.

261 Freud, S. (1905). Três ensaios sobre a teoria da sexualidade e outros trabalhos. In *Edição standard brasileira das obras psicológicas completas de Sigmund Freud*, op. cit.

por aquilo que descobre, lançará um véu sobre isso. A criança não quer saber que o Outro parental possa estar em falta. Sua pergunta secreta, a única que ela não faz, explica o motivo disso. Se a criança mantém sua crença no Outro, se não consegue renunciar a essa figura simbólica, é porque mantém a esperança de que um Outro possa responder. Alguém [*Un*] que possa responder ao enigma do desejo materno, mas também Um outro [*Un*] que possa consolá-la por sua falta-a-ser, assim como por sua falta de gozar.

Isto posto, o que a criança fará com esse silêncio ou com essa mentira do Outro vislumbrado? A hipótese, no lugar do Outro, de um segredo. "Deduzi", argumenta Freud, "que as crianças se recusam a crer na teoria da cegonha e que, a partir dessa primeira decepção, começam a desconfiar dos adultos e a suspeitar que estes lhe escondem algo proibido, passando como resultado a manter em segredo suas investigações posteriores".[262] Assim, ali onde falta a resposta do Outro, a criança não chega a uma conclusão de uma falta de saber, S(Ⱥ), mas de um segredo. É isso que Lacan notará, por sua vez: "Para a criança, os adultos são transcendentes na medida em que são iniciados".[263]

No lugar do Outro, lhe faltaria justamente uma *senha* [*mot de passe*],[264] que selaria a comunidade dos adultos, na qual o "segredo da vida sexual"[265] estaria, no fim das contas, cifrado. Ser grande seria, então, finalmente se tornar possuidor desse segredo, o qual incluirá a promessa de um gozo, por fim, oferecido sem limite e, notemos aí,

---

262 Freud, S. (1908). Sobre as teorias sexuais das crianças. In *Edição standard brasileira das obras psicológicas completas de Sigmund Freud*, op. cit.

263 Lacan, J. (1963). *Nomes-do-Pai*. Rio de Janeiro: Zahar, 2005, p. 44.

264 Em francês, *mot de passe* é o equivalente a "senha" em português; traduzida ao pé da letra também pode significar "palavra de passe" ou "palavra que permite passar", "palavra de passagem" (N. T.).

265 Freud, S. (1910). Contribuições à psicologia do amor. In *Edição standard brasileira das obras psicológicas completas de Sigmund Freud*, op. cit.

sem vergonha. Freud observa isso novamente. O problema insolúvel de saber de onde vêm os bebês levará o jovem pensador a se perguntar sobre essa passagem ao estado de ser casado. E o que ele conclui daí? "A criança vê no casamento uma promessa de prazer e acredita que esse prazer esteja relacionado com uma ausência de pudor."[266] É isso que acarreta esse segredo de iniciado que a criança aloja no lugar do Outro: uma conversão subjetiva, que abre a um gozo sem vergonha.

Por fim, como vimos no trecho citado acima, é em troca da hipótese desse segredo que a criança virá a construir seus próprios segredos. Uma passagem do artigo *O Esclarecimento sexual das crianças* (1907) insiste nisso:

> *Se as dúvidas que as crianças levam aos mais velhos não são satisfeitas, elas continuam a atormentá-las em segredo, levando-as a procurar soluções nas quais a verdade adivinhada mescla-se da forma mais extravagante a* grotescas falsidades,[267] *e a trocar entre si informações furtivas em que o sexo é apresentado como uma coisa horrível e nauseante.*[268]

Em suma, haveria em algum lugar ali um saber sobre o gozo do qual cada um, um dia, terá ouvido falar, e que, da boca da criança ao ouvido de outra criança, circulará em segredo. Esse saber não somente diz respeito ao gozo, mas há um gozo a ser mantido. O que equivale também a dizer que esse saber nunca é livresco. As teorias sexuais infantis, outro nome para esses segredos, serão construídas com base em migalhas de saber que a criança terá recolhido do discurso dos

---

266 Freud, S. (1908). Sobre as teorias sexuais das crianças. In *Edição standard brasileira das obras psicológicas completas de Sigmund Freud*, op. cit.

267 Grifos meus.

268 Freud, S. (1908). Sobre as teorias sexuais das crianças. In *Edição standard brasileira das obras psicológicas completas de Sigmund Freud*, op. cit.

pais. A saber, menos as longas explicações dadas a ela por eles, às quais a criança se recusa a dar crédito, mas mais aquilo que ela terá ouvido atrás da porta de seus pais, assim como apanhado nessa ou naquela palavra solta um dia, a que ela ainda vai misturar, precisa Freud, o registro pulsional.[269] Assim, serão sempre migalhas que a criança terá colhido, o âmago da verdade a partir do qual ela inventa, sem saber ainda que esse saber, justamente, são apenas migalhas. Revelado o segredo, não haveria "nada" a dizer, pois "esse segredo não é 'nada'", como ressaltava Pierre Boutang.[270]

3. O segredo vergonhoso

Assim, a criança logo percebe que existem coisas no lugar do Outro sobre as quais não se fala, ou se fala pouco ou mal. Como se permanecesse ali, em algumas grandes questões, um segredo compartilhado e guardado. Haveria ali um segredo vergonhoso no lugar do Outro, que incide na ontologia do ser falante e que a criança perceberá às suas custas. Ora, é isso justamente que a levará a constituir, por sua vez, seus primeiros segredos. Agora, deduzirei a partir daí três proposições sobre o segredo e a vergonha.

O segredo, feito de um Nada

A primeira é que, na verdade, o segredo sempre é feito de um nada. De *quase nada*, mesmo quando a falta-a-ser do sujeito, $\$$, se combinar aí com a falta de gozar, temperada pelo objeto perdido, *a*. O segredo é feito desse primeiro "nada" que o reinado do significante impõe ao sujeito, impedindo-o sempre de responder aos enigmas de seu sexo e de sua existência. Palavras não são para dizer, porque, na realidade, elas faltam, devido à incapacidade do simbólico em

---

269 Ibid.

270 Boutang, P. (1988). *Ontologie du secret*. Paris: Quadrige/PUF, p. 126.

significar tudo. "A questão da morte, a do nascimento, são, com efeito, as duas últimas que justamente não têm solução no significante",[271] concluiu Lacan. E é por isso que, ao chegar à linguagem, o homem chega ao segredo, assim como à vergonha. O homem terá feito desses sujeitos tabus agora aqui "uma significação proibida",[272] até mesmo vergonhosa quando, na realidade, ela era apenas impossível. Uma defesa decerto, mas que é apenas proteção, uma forma de "não se aproximar do lugar em que não há resposta à questão".[273]

É da palavra final que não existe que o *falasser* fará um segredo vergonhoso em vez de consentir a ele. Vimos como a hipótese desse segredo, do qual o Outro parental seria o iniciado,[274] nutria o desejo da criança de crescer. Ora, Lacan então põe em destaque seu destino quando, no decorrer da adolescência, ela supostamente se tornará grande. Ali onde o sujeito desejaria ser finalmente iniciado no saber secreto que o especificaria como homem ou mulher, mas também ali onde sonhava com um gozo sem vergonha que unisse os sexos, ele se encontrará dividido por um Outro saber, voltando para ele do lugar de seu inconsciente. O "saber da castração", dirá Lacan, é "aquilo que, aos catorze anos, se evita com dificuldade".[275] Não o saber esperado, mas esse saber que o sujeito não evitará, por se tratar de um saber que se imporá a ele e que, por estrutura, não há iniciação.[276] "Que o véu levantado não mostre nada", escreve Lacan, "eis o princípio da iniciação".[277] Ou seja, não há iniciação à relação [*rapport*] sexual, que não existe.

271 Lacan, J. (1955-1956). *O seminário, livro 3: As psicoses*, op. cit., p. 217.

272 Ibid., p. 229.

273 Ibid.

274 Lacan, J. (1963). *Nomes-do-Pai*, op. cit., p. 44.

275 Lacan, J. (dez. 1972). En conclusion. *Lettres de l'École freudienne*, *9*, p. 513.

276 Lacan, J. (1974). *Le séminaire "Les non-dupes errent (1973-74)"*, inédito (lição de 08/01/1974).

277 Lacan, J. (1974). Prefácio a *O despertar da primavera*. In *Outros escritos* (Vera Ribeiro, Trad.). Rio de Janeiro: Zahar, 2003, p. 558.

O segredo, aí novamente, era feito de uma falta, que afetará a adolescência[278] entre vergonha e desespero. Lembremo-nos do jovem Moritz, em *O despertar da primavera*, aflito por não conseguir ler nesse tesouro de significantes que é um dicionário, de onde vêm os bebês: "Palavras, só palavras e mais palavras! Mas nem uma única e simples explicação do que realmente acontece. Essa sensação é estranha – de vergonha. Para que serve uma enciclopédia que responde tudo, menos a pergunta mais importante sobre a vida?".[279] Protesto que poderia lançar uma nova luz sobre os embates entre a adolescência e a linguagem e desvelar o secreto desejo de toda adolescência: levar a espada à língua arrumada do Outro. Contra a morte de que a linguagem é portadora,[280] contra o senso comum cujas palavras os dicionários drenam,[281] contra esses falsos e velhos pudores, para tornar a linguagem menos morta.[282] E, para isso, torcer e revirar a linguagem, tanto quanto esperar em sua obscenidade. Escreve Pascal Quignard:

> *O que, enquanto crianças, lemos nos armários de madeira dos parquinhos, no frio e no nojo, o que gravamos dentro das portas das cabines dos chuveiros das piscinas, o que murmuramos com angústia nos matagais, corando à meia-luz, estendendo as mãos, tremendo, dá origem à*

---

278 Sobre esse ponto, remeto ao meu artigo "Lacan et l'adolescence". *L'Évolution psychiatrique*, *v. 73, n. 4*. Paris: Elsevier Masson, out-dez., 2008.

279 Wedekind, F. (1906). *O despertar da primavera* (Sheila Ewert, Trad., Zé Henrique de Paula, adaptação). Disponível em: https://tinyurl.com/3s5sckfw. Acesso em: 23 abr. 2021.

280 Lacan, J. (1975). Talvez em Vincennes... In *Outros escritos* (Vera Ribeiro, Trad.). Rio de Janeiro: Zahar, 2003, p. 317.

281 Sobre esse ponto, ver Leiris, M. (1985). *Langage Tangage*. Paris: L'imaginaire/ Gallimard, p. 102, 90, 96.

282 Ibid., pp. 100-102. Remeto também ao meu artigo "La mort et le langage". *Mensuel, 54*. École de Psychanalyse des Forums du Champ lacanien.

> *matéria de uma língua anterior que tem todo o embaraço, toda a curiosidade, todo o pedantismo dessa idade de violência e de angústia . . . . As palavras obscenas são palavras de amor porque são hostis à detumescência da linguagem.*[283]

Daí o matema do segredo que proporei, seja ele vergonhoso ou não: nada mais do que esse S(Ⱥ), justamente. O segredo, *in fine*, é esse S que mascara assim como designa a barra no Outro, esse ponto em que, no Outro, consiste em um impossível de se dizer. "Esse é o grande segredo", afirmou Lacan, "não há Outro do Outro".[284] O segredo, assim como a mentira, é aquilo que vela o inconfessável,[285] ou seja, a impotência do Outro, a falta de garantia em seu âmago, a carência do significante último. O segredo vergonhoso, portanto, mais do que consentimento à inexistência do Outro, ao fato de que as palavras faltam para justificar quem somos e como gozamos.

Todavia, tenhamos cuidado com a confusão. O segredo poderá ser também constituído por uma falta de gozo em excesso, outra versão do impossível de se dizer e que poderá então isolar o sujeito de todos. Esses segredos não são nada, a ponto de poderem pesar sobre um sujeito ao longo de sua vida, às vezes reduzindo-o à vergonha de viver. São as relações entre o segredo, a vergonha e o trauma que teriam, então, que ser declinadas, quer vão da memória tela às tragédias que constituem a história.[286] Nesses casos, a necessidade do

283 Quignard, P. (1994). *Le sexe et l'effroi*. Paris: Gallimard, p. 245.

284 Lacan, J. *Le séminaire "Le désir et son interprétation (1958-59)"*, inédito (lição de 08/04/1959).

285 Sobre esse ponto, cf. Leon-Lopez, P. (2004). Le mensonge. *Psychanalyse, 1*. Toulouse: Érès.

286 Sobre esse ponto, é possível ler o testemunho de Sam Braun, um ex-deportado de Auschwitz, em Braun, S. (2008). *Personne ne m'aurait cru, alors je me suis tu*. Paris: Albin Michel, pp. 166-170.

segredo será ainda mais aguda quanto permitir que um sujeito não se reduza a isso sob o olhar do Outro. Daí que um tratamento deverá desconfiar de um empuxo à confissão da parte de um sujeito e, por que não, antes, eventualmente reabrir a possibilidade do segredo, quando esta se junta às virtudes da fala ali onde a devastação da linguagem ameaça. E permanece o fato de que, em cada caso, nada está em causa, quando ao sujeito faltam palavras para dizer o real encontrado no traumatismo. Ou ainda, que o segredo revelado, palavras finalmente ditas, estas se revelarão impotentes e aumentarão a vergonha.

O ser falante é, portanto, um ser embaraçado por esse Nada, pelo fato de que as palavras lhe faltam ou por elas serem muito "grandes", enfim, nunca como deveriam ser com relação a essas questões. E é por isso que desse nada, até mesmo quase nada, o sujeito poderá fazer toda uma história. Reconheço aí a razão das afinidades do segredo e desse significante fálico, do qual Lacan terá feito, precisamente, o significante da falta no Outro. O segredo do ser falante é, em suma, aquele de sua castração, $(-\varphi)$, que simboliza a falta do significante no Outro, S(Ⱥ). O segredo é um véu colocado com relação a esse nada, e, das ocorrências desse nada para o sujeito, nos registros do ser e do gozo, a significação fálica vem colorir os segredos com as cores da vergonha. A isso seria preciso acrescentar, em estreita ligação com o pudor, uma clínica diferencial do segredo, dependendo se o sujeito se distribui como homem ou como mulher. Pelo fato de que estas últimas, muito cedo, poderão jogar diferentemente com o véu fálico que constitui o segredo. E também porque no âmago do segredo, além do gozo fálico, poderá se dissimular o gozo Outro, aqueles que as mulheres experimentam, sem poder dizer nada a respeito, outra guisa do impossível de se dizer que o segredo recobre. Além dessas distinções, diremos então que é da estrutura que o pudor afeta os dizeres do sexo? Por que não se, com efeito, o gozo está "vedado a quem fala como tal", e que "ele só pode ser dito nas entrelinhas por quem quer que seja sujeito da Lei, já que a lei se funda justamente nessa proibição".[287] Consentir que ela só seja dita entre as linhas, com um saber imperfeito que, na melhor das hipóteses, beira o impossível, seria talvez devolver ao pudor suas virtudes. Não para dissimular, para foracluir a falta, mas mais como uma forma de consentir e lidar com esse impossível. "A única virtude", propunha Lacan em 1974, "que vejo sair desse questionamento – e estou indicando isso a vocês enquanto é tempo, porque não a veremos mais – a única virtude é, se não há relação sexual como eu enuncio, é o pudor".[288]

O segredo é o segredo do Outro

Do que precede, pode-se deduzir uma segunda conclusão: o segredo é o segredo do Outro. Uma obra de Marcel Duchamp, qualificada como "*readymade* assistido" e intitulada *À bruit secret*,[289] atesta isso em particular. Esse *ready-made* é composto por um novelo de barbante, preso entre duas placas de cobre e dentro do qual o artista havia pedido a um amigo, Walter Arensberg, para colocar um pequeno objeto que fizesse barulho, assim que se mexesse nele. Marcel Duchamp teria pedido ao amigo, sobretudo, para manter em segredo a identidade desse objeto. "Até hoje", escreve o artista, "não sei o que é, nem, imagino, ninguém mais além de mim. Desenhei nas placas de cobre três frases curtas em que certas letras estão ausentes, como em um letreiro em néon quando uma letra não está acesa e torna a palavra ininteligível".[290] Um estudo deve ser reservado

287 Lacan, J. (1960). Subversão do sujeito e dialética do desejo. In *Escritos*, op. cit., p. 836.

288 Lacan, J. (1974). *Le séminaire "Les non-dupes errent (1973-74)"*, inédito (lição de 12/03/1974).

289 Sobre esse ponto, cf. o fascinante artigo de Lascault, G. (mar. 1984). La femme 100 têtes garde son secret. *Traverses, 30/31*. "Le secret", *Revue du Centre de Création Industrielle*, Centre Georges Pompidou.

290 Citado por Lascault, G. (1984). La femme 100 têtes garde son secret, op. cit., p. 129.

para essa obra. Por ora, reterei apenas a equação de sua montagem: o segredo do artista é o segredo do outro, que consiste em um objeto, invisível, mas oculto, indizível senão por enigma e do qual só temos indícios, ruídos, de sua presença. O segredo é o segredo do Outro e que, no fim das contas, é Nada. Eis o que se verifica aqui, o que dá a ver e ouvir a máquina de segredo de Duchamp.[291] "Nesse *ready-made*", comenta Gilbert Lascault, "o segredo vem à tona, sem se revelar, sem se definir: enigma sem solução, espécie de rebus hermético e sonoro".[292] "O segredo como uma ignorância da origem",[293] dirá ainda esse autor. Ora, justamente esse segredo como ignorância da origem não é aí uma forma de designar, no âmago do segredo, a falta de significante no Outro, S(Ⱥ), onde virá se alojar, indizível, o objeto de desejo?

O segredo, portanto, é o segredo do Outro, a tal ponto que é em resposta a esse segredo do Outro, como frisei, que a criança chegará aos poucos ao segredo, consentindo em se calar, por sua vez, e indo, durante a fase de latência, pudicamente tricotar seus segredos na sombra do Outro. O embaraço em dizer do Outro se acopla e se duplica pela recusa da criança em ouvir. A criança, assim como o adulto, é responsável por suas ignorâncias. Aqui, um princípio vale para todos: "Não é o desejo que preside ao saber, é o horror",[294] o que jorra desse ponto de impossibilidade da estrutura e que S(Ⱥ) designa. É isso que causa horror, o que se quer... não saber, que tudo não pode ser dito, que ninguém dirá como homens e mulheres podem se entender, que ninguém explicará não como, mas por que fazemos bebês, que ninguém explicará o que é a morte. Em outros

---

291 "O outro . . . detém o segredo", dirá Sartre, "o segredo de meu ser e sabe o que *sou*". Sartre, J.-P. (1943). *O ser e o nada*, op. cit., p. 453.

292 Lascault, G. (1984). La femme 100 têtes garde son secret, op. cit., p. 132.

293 Ibid., p. 130.

294 Lacan, J. (1974). *Le séminaire "Les non-dupes errent (1973-74)"*, inédito (lição de 09/04/1974).

termos, aquilo que o *falasser* quer não saber, seja ele criança ou não, é a castração, a sua e a do Outro.

Atesta isso esse instante de ver que Roger Martin du Gard relata, repentinamente transformado em um *issover/issaber* [ça-voir] vergonhoso, quando, aos dez anos, ele surpreende três jovens se banhando nuas.

> *Fiquei ali, um longo minuto, prendendo a respiração, com o estômago embrulhado, e não foi de imediato que percebi a diferença... Então, tomado de pânico, fugi em desespero... De onde, pois, vinha essa angústia que se apoderava de mim com a lembrança dessas três meninas nuas: de um sentimento absurdo de culpa involuntária que me despertava as agonias de uma vergonha e de um remorso igualmente injustificados. Tinha consciência de, ao mesmo tempo, ter cometido uma falha inconfessável e, ainda assim, de não ter feito nada de errado. Havia descoberto, sem o conhecimento de todos, um segredo que tinha a ver com essas partes do corpo sobre as quais não se devia falar; um segredo "indecente" que eu certamente era obrigado a ignorar, já que haviam tido o cuidado de escondê-lo de mim... Eu havia, portanto, infringido não sei que defesa tácita, cruzado involuntariamente um limiar proibido: e permaneci semanas esmagado sob o peso de meus escrúpulos e de meu pecado.*[295]

Não haveria, pois, um saber "como inferno",[296] segundo o dizer de Lacan, e que poderia envergonhar pequenos e grandes, cada um

295 Citado por Duche, D. J. (nov. 1998). La honte chez l'enfant. *Nervure, t. XI, n. 8.*

296 Lacan, J. (1978). *Le séminaire "Le moment de conclure (1977-78)"*, inédito (lição de 11/04/1978). Sobre esse ponto, cf. também Bousseyroux, M. (set. 2002).

segurando a ponta da confissão e convidando cada um ao recalque, outro nome do segredo. Verdadeiro segredo de Polichinelo, portanto, que esse nada no Outro, que o neurótico persiste em ignorar apaixonadamente. Assim, observava Marc Strauss,[297] passamos nossa questão de geração em geração, e até mesmo nossa "questão secreta".[298] Segredos são inventados, compartilhados, impostos e endossados para melhor calar esse segredo fundamental do ser falante, escrito pelo matema S(Ⱥ).

Só que não há segredo sem que o sujeito não se tenha separado ao menos da cadeia significante, que ele não tenha constatado no Outro o enigma de um desejo, e que tenha feito disso uma questão. A etimologia de segredo atesta isso.[299] Segredo deriva do adjetivo latino *secretus*, que significa "separado, à parte", ou até mesmo "rejeitado". É, portanto, no lugar exato dessa separação, da qual Lacan terá feito, após a alienação, o segundo tempo da causação do sujeito, que se sustenta a própria possibilidade do segredo. A necessidade do segredo equivale à necessária separação do sujeito para com o Outro, quer esse Outro aqui seja personificado, quer represente mais fundamentalmente o Outro da linguagem. Daí poderíamos abrir para uma outra clínica diferencial do segredo, passando do sujeito autista, sem nada a esconder do Outro, à paranoia, situando, no lugar do Outro, as veleidades secretas de um gozo todo do qual ele seria o objeto. Lacan deixava supor isso, o que tornará a metáfora paterna o "princípio da separação".[300] Não é, portanto, todo sujeito

Un savoir comme enfer. *Link*, *14-15*. Bulletin des Forums du Champ lacanien, École de Psychanalyse du Champ lacanien.

297 Strauss, M. (fev. 2006). Le désir d'enfant. *Revue de psychanalyse du champ lacanien*, *3*, p. 87.

298 Lacan, J. (1955-1956). *O seminário, livro 3: As psicoses*, op. cit., p. 199.

299 *Le Robert, Dictionnaire historique de la langue française*. Paris: Le Robert, 1995.

300 Lacan, J. (1960). Posição do inconsciente. In *Escritos*, op. cit., p. 863.

que advirá *a* e *na* dimensão do segredo e que nela ganhará o direito vital de se esconder do Outro.

O segredo em transmissão

Por fim, esta será a minha terceira observação, o segredo é o segredo do Outro, não é isso também o que a clínica com crianças demonstra? Seja nesses casos em que, afirma Lacan, "o sintoma da criança acha-se em condição de responder ao que existe de sintomático na estrutura familiar".[301] De minha parte, terei de fato constatado isso em minha prática, essa resposta da criança muitas vezes é uma resposta dada à questão que esse sintoma do "casal familiar" encarna, à razão secreta desse sintoma e à sua "verdade". A criança preferirá se sacrificar a essa verdade, mantida em segredo. A criança irá, por meio de seu sintoma, dirá ainda Lacan, "representar a verdade do casal familiar";[302] o que isso quer dizer? Tomar a culpa para si, eventualmente encarregar-se do segredo e assim encarnar, por meio de seu sintoma, essa questão. Fazendo-se, assim, de emissário dessa questão secreta, dessa carta roubada, que permaneceu em suspenso[303] no Outro parental. E isso, em vez de ousar fazer as perguntas proibidas, em vez de ousar levar a barra a esse Outro, e até mesmo descobrir que essa barra já existia ali, há muito tempo.

Lembremo-nos aqui de Gary que, em *Promessa ao amanhecer*, confessa que não são tanto as palavras cheias de sentido de sua mãe que o terão marcado, mas o enigma que corria por trás

---

301 Lacan, J. (1969). Nota sobre a criança. In *Outros escritos* (Vera Ribeiro, Trad.). Rio de Janeiro: Zahar, 2003, p. 369.

302 Ibid.

303 Sobre as relações do segredo com a carta roubada, remeto a Lacan, J. (1955). O seminário sobre "A carta roubada". In *Escritos* (Vera Ribeiro, Trad.). Rio de Janeiro: Zahar, 1998, em particular nas páginas 28-32, 41, 45; assim como em Lacan, J. (1954-1955). *O seminário, livro 2: O eu na teoria de Freud e na técnica da psicanálise*. Rio de Janeiro: Zahar, 1985, p. 247.

delas. A saber, as lágrimas de sua mãe, quando na hora de dormir, ela misteriosamente pedia a ele para levantar os olhos, para que ela pudesse olhar para eles, e então ela começava a chorar. A criança nunca questionou sua mãe sobre suas lágrimas. Foi para outra mulher, próxima de sua mãe, que ousou perguntar *por quê*? "Por que mamãe chora quando me olha nos olhos?" Respondem-lhe: "É por causa da cor deles". Mais tarde, ele compreendeu:

> *Às vezes seu olhar procurava meus olhos com infinita tristeza e eu sabia muito bem que no suspiro que então lhe levantava o peito, não era de mim que se tratava. Eu a deixava fazer isso. Deus me perdoe, ocorreu-me, quando era homem, levantar os olhos para a luz de propósito, e ficar assim, para ajudá-la a se lembrar:*[304] *sempre fiz por ela tudo o que pude.*[305]

Assim, à sombra do sintoma da criança, estaria sua promessa de alvorada, feita em segredo, de salvar o Outro parental. Ocasionalmente também, a de poupá-lo da vergonha de uma confissão. "Página de vergonha" na história do sujeito, escreveu Lacan, "que se esquece ou se anula". Só que "o esquecido é lembrado nos atos, e a anulação opõe-se ao que é dito alhures".[306]

Para concluir este capítulo: há muito de dissimulado por trás dos devaneios narcísicos e (re)seguranças egoicas do sujeito, essa questão do ser com Lacan, como mencionava acima, essa "questão

---

304 Quando Eva dizia à mãe: "Sempre fiz o que você queria". Bergman, I. (1978). *Sonate d'automne*. Paris: Gallimard, p. 56.

305 Gary, R. (1960). *Promessa ao amanhecer* (Mauro Pinheiro, Trad.). São Paulo: Estação Liberdade, 2008, edição eletrônica.

306 Lacan, J. (1953). Função e campo da fala e da linguagem. In *Escritos* (Vera Ribeiro, Trad.). Rio de Janeiro: Zahar, 1998, p. 263.

pura e simples, a do 'por que a si?' com que o sujeito projeta no enigma seu sexo e sua existência".[307] Ora, essa questão, em virtude da impotência da linguagem, permanecerá sem resposta, sempre aberta. Não surpreende quando o sujeito deseja fazer disso uma questão secreta. Quando, por não poder receber uma resposta, esta última poderia contradizer as pretensões identitárias do eu, revelar a impostura e a mentira em que ele se sustenta e, por isso, afetá-lo com vergonha. Haveria assim, por trás do abrigo rebuscado de um eu forte, o tratamento esperado dessa questão que causa a intranquilidade, e até mesmo a vergonha, do *falasser*. Essa questão, repitamos, que "o inund[a] . . ., suport[a]-o, invad[e]-o ou até o dilacer[a] por completo".[308]

A *vergontologia* que afeta o ser falante é também um efeito dessa questão secreta que sua inscrição na linguagem lhe traz, questão essa que o sujeito encarna, ainda que sem saber, quando seu inconsciente faz segredo para ele mesmo. E é por isso que essa questão secreta, vergonhosa, a mesma que cria a neurose,[309] poderá ser designada pela simples barra que afeta o sujeito, $\$$, essa barra que desmentirá o pudor identitário e deixará a questão do ser aberta. Há, decerto, a resposta que a fantasia trará a essa questão. "A fantasia é propriamente o 'estofo' daquele [Eu] que é primordialmente recalcado, por só ser indicável no *fading* da enunciação",[310] escrevia Lacan. Em outros termos, *a* é também uma resposta a essa questão encarnada que é o sujeito do inconsciente, $\$$, esse "Eu" primordialmente recalcado. A fantasia é uma metonímia do ser, a ponto de constituir para o sujeito outro modo de nomeação, outro estofo. Só que a escrita da

---

307 Lacan, J. (1955). A psicanálise e seu ensino. In *Escritos*, op. cit., p. 451.

308 Lacan, J. (1958). De uma questão preliminar a todo tratamento possível da psicose. In *Escritos*, op. cit., p. 556.

309 Lacan, J. (1955-1956). *O seminário, livro 3: As psicoses*, op. cit., p. 199.

310 Lacan, J. (1960). Subversão do sujeito e dialética do desejo. In *Escritos*, op. cit., p. 831.

fantasia, ($\$ \lozenge a$), comporta para o sujeito a questão e a resposta, em diferentes registros. Hiato salutar, portanto, uma vez que, sendo deixada para cada um, a questão permanece aberta. Mas também hiato que deixará esse cada um sob a ameaça, sempre, de se surpreender com relação a essa falta de ser, e de ser reduzido a ela. Nisso o sujeito envergonhado é um sujeito reduzido à sua questão sem resposta, repentinamente forçado a tomar ciência da inexistência do Outro, daquilo que o segredo desse grande respondente ao qual ele apelava, e que ele se exauria em manter, poderia ser sua ausência.

Isso é demonstrado por essa anedota relatada por Clément Rosset em *Loin de moi*, ele próprio tomando-a emprestada de Roland Manuel, homem de rádio e de música. Em vez de parafraseá-lo inutilmente, citemos quase *in extenso* o relato dessa história de um segredo, *À ne pas ouvrir* [Não abrir], mas que, uma vez revelado, se abrirá sobre: nada.[311] *À ne pas ouvrir*: como nomear melhor o segredo ontológico do ser falante, S($\barA$), que este último tornará vergonhoso, em vez de consentir na revelação de sua causa, esse nada?

Eis a feliz desventura que ocorreu com alguém próximo a Roland Manuel.[312]

> *O amigo em questão, filho de um dono de gráfica – mas gráfica de bairro, isto é, de cartazes e cartazetes, bilhetes, fórmulas que podem ser utilizadas por muitas pessoas ou comunidades numa ou noutra circunstância . . . –, com o falecimento do pai, assume a gráfica e, ao fazer o inventário do lugar no dia seguinte ao funeral, topou com um grosso envelope lacrado contendo, com a*

311 Esta é também a conclusão feita por Clément Rosset em *Loin de moi*. Paris: Minuit, 1999, p. 38.

312 Ibid., pp. 36-37.

> *caligrafia de seu pai, a menção* Não abrir. *Deferindo a confissão póstuma de seu pai, e embora consumido pela curiosidade, nosso gráfico respeitou o segredo paterno por cerca de seis anos, que se passaram longamente, ao final dos quais ele decidiu violar o segredo e abrir o envelope.*

O que encontrou ele ali, então?

> *O misterioso envelope continha uma centena de etiquetas idênticas nas quais estavam impressas a menção que aparecia no envelope:* Não abrir. *O que o gráfico júnior interpretou como injunção testamentária era, assim, apenas a simples marca com a qual seu pai havia indicado o envelope em que se encontrava o estoque de uma frase banal destinada à clientela.*

2. Vergonha de viver e mal-estar na civilização

A vergonha é em parte determinada pela relação do sujeito com uma figura do Outro, tanto por seu olhar quanto por seu veredicto. Isto posto, ela também deve ser concebida como um efeito do laço social e, portanto, de um discurso, segundo a definição dada por Lacan. Deve-se frisar também que é por ocasião de seu Seminário dedicado em grande parte à apresentação dos quatro discursos que Lacan propõe o conceito de *vergontologia* e o afeto de vergonha de viver.

Na lição de 17 de junho de 1970, Lacan de fato destaca uma tese, que é dupla. A vergonha de viver é também produto de um discurso, definido como "discurso do mestre pervertido",[1] e situável historicamente já que é qualificado como "discurso do mestre moderno".[2] A vergonha de viver seria, portanto, moderna. Por outro lado, essa vergonha de viver afeta paradoxalmente sujeitos desavergonhados.

---

1 Lacan, J. (1969-1970). *O seminário, livro 17: O avesso da psicanálise*. Rio de Janeiro: Zahar, 1992, p. 174.

2 Ibid., p. 29 [Em francês, *maître moderne*, que na edição oficial aparece como "senhor moderno", e que preferimos traduzir por mestre moderno (N. T.)].

Ela é aquela que mal disfarça a suficiência e a fatuidade do sujeito moderno. Pois, sob o reinado do capitalismo, Lacan considera que não há mais vergonha, ao menos visível, que aja na determinação dos comportamentos. "Não façam cara feira, vocês estão servidos, podem dizer que não há mais vergonha."[3] Haveria, portanto, vergonhas, a vergonha de viver, que afeta secretamente o sujeito moderno, e aquela que não existe mais, efeito de um outro discurso.

A. O capitalismo e a vergonha (I)
O proletário e seu saber-fazer

O que significa "discurso do mestre pervertido" em primeiro lugar? A perversão em questão aqui consiste em uma modificação do discurso do mestre. Examinarei essa modificação apoiando-me na escrita dos discursos que Lacan propõe nesse Seminário, para então considerar suas consequências clínicas e sociais.

1. A vergonha do autômato

Essa transformação, indica Lacan, é uma transformação do discurso do mestre antigo no discurso do mestre moderno. Ocorreu uma "mutação capital", "que confere ao discurso do mestre seu estilo capitalista".[4] Em seguida, ele precisa: "o que se opera entre o discurso do mestre antigo ao do mestre moderno, que se chama capitalista, é uma modificação no lugar do saber. Até pensei que poderia chegar a dizer que a tradição filosófica tinha sua responsabilidade nessa transmutação".[5] O discurso do mestre pervertido é, portanto, um

3 Ibid., p. 174.
4 Ibid., p. 160.
5 Ibid., pp. 29-30.

discurso do mestre modificado, que Lacan relaciona com o discurso capitalista. Por sua vez, a modificação que terá produzido esse novo discurso do mestre diz respeito a uma mutação do lugar dos saberes.

Uma modificação no lugar dos saberes

Para esclarecer essa mudança, é preciso primeiro considerar a escrita do discurso do mestre antigo. Nesse discurso, não é o mestre, S_1, mas o escravo que está em posição de saber, S_2. Com efeito, a função do mestre não é saber, mas comandar o escravo. E o que ele comanda? Apenas uma coisa: que o negócio dê certo, que funcione. O mestre, portanto, não é dividido pela questão de seu desejo, nem de saber como acessar o gozo. Um verdadeiro mestre não sabe, não quer saber, mas passa o fardo para o outro, o escravo. O escravo é o detentor de um saber, que é um saber-fazer, saber lidar com aquilo que o mestre quer. Tal é sua função como escravo, o que torna seu *status*, eventualmente, sua dignidade. Por meio de seu saber-fazer, o escravo é o dono dos meios de gozo. Ele sabe como produzir não todo o gozo desejado, mas um resto, o objeto mais-de-gozar, *a*, objeto causa do desejo do mestre.

Lugares do discurso:

$$\frac{\text{agente}}{\text{verdade}} \rightarrow \frac{\text{trabalho}}{\text{produção}}$$

Discurso do mestre:

$$\frac{S_1}{\$} \rightarrow \frac{S_2}{a}$$

"Ora, o que acontece sob nossos olhos", observa Lacan, "e que dá um sentido, um primeiro sentido – vocês terão outros – à filosofia? Afortunadamente, temos sinais disso graças a Platão . . . Isso – o roubo, o rapto, a subtração de seu saber à escravaria, pela operação do mestre".[6] É essa a operação que ordena a transformação do discurso do mestre antigo em discurso do mestre moderno: o mestre vai subtrair o saber do escravo. Resta, então, dizer o que teria levado o mestre antigo a operar esse rapto, ele que, de forma alguma, se preocupava com o saber. Lacan responde: o discurso histérico, o único que insufla o desejo de saber.[7] Será preciso ao mestre encontrar o discurso histérico para que a ele advenha o desejo de roubar o saber do escravo. E é à filosofia que Lacan incumbe essa responsabilidade. A filosofia foi, na história, aquilo por meio de que o discurso histérico veio a despertar o mestre para o desejo de saber e motivar essa mudança de discurso. Portanto, é animado por esse desejo de saber que o mestre teria se empenhado em subtrair o saber do escravo.

Então, segunda pergunta, como ele procedeu a isso? Lacan toma aqui como ponto de apoio uma distinção fundamental.[8] O saber compreende duas faces opostas, uma face articulada, formalizada, batizada como *episteme*, e uma outra do saber-fazer. Salientei que o saber-fazer era propriedade do escravo. Roubá-lo, portanto, supõe fazer dele um saber transmissível e, para isso, extrair sua essência. A *episteme* consiste em uma purificação, uma interrogação do saber do escravo, a ponto de torná-lo um saber teórico. Por exemplo, a *episteme* poderá consistir na transformação de um saber-fazer artesanal em um saber científico, por vezes uma fórmula, que permitirá a produção em série do fruto desse saber. Reduzido a uma fórmula, esse saber poderá ser transmitido e se tornar propriedade do mestre, deixando então o escravo despojado de sua função e de seu *status*. Do saber-fazer do escravo, passamos ao saber da ciência, saber teórico e formal, de agora em diante propriedade do mestre.

---

6 Ibid., p. 19 [Novamente, aqui preferimos manter "mestre" [*maître*] em vez de "senhor", adotado pela edição oficial (N. T.)].

7 Ibid., pp. 20-21.

8 Ibid.

Entretanto, não só o saber é modificado, como ele muda de lugar. Opera-se, na verdade, uma dupla modificação, naquilo que faz a passagem do discurso do mestre antigo para o discurso do mestre moderno, denominado capitalista ou discurso do mestre pervertido. Ao término dessa passagem, o saber S_2, que passou a ser saber do mestre, ou melhor, ele próprio mestre, muda de lugar, pois passa a ocupar a posição de agente do discurso. Assim, uma mudança de discurso se opera. Lacan batiza esse novo discurso de discurso universitário e propõe a ele a escrita a seguir:[9]

Discurso universitário:

$$\frac{S_1}{S_2} \rightarrow \frac{a}{\$}$$

Nesse momento de seu ensino, Lacan de fato relaciona o capitalismo, assim como a ciência, com o discurso universitário. O discurso do mestre moderno encontra sua "clave no discurso do capitalista, com sua curiosa cópula com a ciência".[10] A escrita do discurso universitário poderá, assim, ser declinada de diferentes formas. Ela convém, por definição, ao discurso universitário, mas situa também o discurso da ciência, unido ao discurso capitalista. A primeira consequência disso é que para cada um desses discursos, o saber, na posição de agente, se transforma em comando, do tipo, indica Lacan, "Vai, continua. Não para. Continua a saber sempre mais".[11] Mas é também por isso que Lacan poderá nesse Seminário situar em *a* o estudante, em outros momentos o proletário, e em outros ainda ressaltar semelhanças entre essas duas figuras. Seja como for, a figura do escravo, por sua vez, não existe mais. Não há

9 Ibid., p. 65.

10 Ibid., p. 103.

11 Ibid., p. 98.

mais escravo, S_2, assim como também não há mais mestre. No lugar do mestre antigo aparecem agora o saber formal e seu comando, ao passo que no lugar do escravo[12] foram substituídos, em *a*, o proletário e o estudante, ambos definidos como figuras do sujeito contemporâneo.

A fórmula do discurso universitário em 1970 equivale, portanto, à fórmula do discurso do mestre moderno, ou discurso do mestre pervertido. A perversão que Lacan evoca aqui se refere a essa transformação do discurso do mestre antigo em discurso do mestre moderno. Mas ela também diz respeito às consequências negativas e perversas desse novo discurso sobre os sujeitos de hoje. Digo *as* consequências, pois Lacan frisará várias delas, concomitantes entre si, e todas participam do mal-estar moderno denominado por Freud como mal-estar na civilização. O discurso do mestre pervertido é o discurso que nutre esse mal-estar. Essa é também sua perversão. Quais são, então, as consequências, no que diz respeito à vergonha, desse novo discurso, segundo os sujeitos aos quais ela se aplica? Começarei com a figura do proletário, depois voltarei para a do estudante.

Perda de saber-fazer

Para Lacan, a figura do proletário não se limita a uma classe da sociedade, mas constitui o paradigma do sujeito moderno. "Cada indivíduo é realmente um proletário", dirá ele um pouco mais tarde.[13] Então, em que medida esse sujeito é afetado pelo discurso do mestre moderno?

Primeiramente, em seu *status*, isto é, em sua função. Lacan insiste nisso em várias ocasiões nesse Seminário. Ali onde estava o escravo, em S_2, vem o proletário, em *a*. Entre os dois, um saber, que

12 Ibid., p. 139.

13 Lacan, J. (1974). La troisième. *Lettres de l'École freudienne, XVI*, nov. 1975, p. 187.

era o saber-fazer do escravo, cai no esquecimento. O proletário é um sujeito cuja utilidade de seu saber não é mais reconhecida pelo Outro, em que agora somente vale o saber moderno, formal, generalizável, do discurso científico-capitalista. Quer o proletário tenha ou não um saber, no sentido de um saber-fazer, o que constituía a dignidade do escravo, o discurso capitalista não se importa. "Seu saber", diz Lacan, "a exploração capitalista efetivamente o frustra, tornando-o inútil".[14] "O proletário não é simplesmente explorado, ele é aquele que foi despojado de sua função de saber".[15] Dessa forma, não somente o capitalista explora o proletário, mas atenta contra seu *status*.[16] Há, na passagem de S_2 a *a*, uma destituição do sujeito.

Walter Benjamin, que se interessou muito pela condição do homem moderno,[17] já evocava essa questão do saber-fazer em sua época: "Nestes dias ninguém pode aferrenhar-se naquilo de que 'é capaz'. Na improvisação está a força. Todos os golpes decisivos são desferidos com a mão esquerda".[18] Isso porque ele compartilha outra referência com Lacan: Marx. Benjamin extrai de Marx uma tese que parte da seguinte constatação: o operário da fábrica não está mais em posição de controlar as condições e as finalidades de sua tarefa. O trabalho na linha de montagem não exige que ele decida mais nada, senão submeter-se, adaptar-se, seguir um ritmo e uma ordem de produção. Ao fazer isso, observa Marx, a produção capitalista opera uma reversão, uma transformação da relação do homem com seu trabalho: "Em toda produção capitalista, na medida em que não só

14 Lacan, J. (1969-1970). *O seminário, livro 17: O avesso da psicanálise*, op. cit., p. 30.

15 Ibid., p. 140.

16 Ibid., p. 78.

17 Sobre esse ponto, cf. Agamben, G. (1985). *A ideia da prosa*. Lisboa: Edições Cotovia, 1999.

18 Benjamin, W. (1900). Infância em Berlim por volta de 1900. In *Rua de mão única. Obras Escolhidas 2* (Rubens Rodrigues Torres Filho e José Carlos Martins Barbosa, Trad.). São Paulo: Brasiliense, 1987, p. 16.

cria coisas úteis, mas também mais-valia, as condições de trabalho dominam o trabalhador, longe de estarem submetidas a ele, mas é a mecanização que confere primeiramente a essa reversão uma realidade técnica".[19] Essa é a mudança que o capitalismo opera com o surgimento do trabalho em cadeia. O trabalhador é agora um homem dominado, dirigido pela máquina. Isso terá várias consequências, que Benjamin identifica com grande perspicácia e que poderíamos formalizar com Lacan da seguinte forma:

$$S_2 \rightarrow a$$

Se o proletário está em *a* é primeiramente porque ele não está mais em S_2. Entre os dois há a perda, a exclusão do seu saber-fazer. O trabalhador é um homem que perdeu o controle de seu trabalho, daquilo que tem que fazer e de como o fará. Nesse ponto, não tem mais nada a inventar, mas a executar. É um homem que, em princípio, poderia ter perdido a responsabilidade por seu trabalho e até mesmo a possibilidade de um trabalho responsável, que pudesse levar seu nome. As produções em série substituíram o trabalho artesanal, a marca de fábrica substituiu a assinatura. E mais ainda, devido à perda de seu saber-fazer, da utilidade desse saber, observa Marx, uma nova classe de trabalhadores surgiu, o trabalhador não qualificado ou o trabalhador inábil.[20] Os trabalhadores inábeis serão os explorados no trabalho em cadeia, operários aos quais será solicitado que repitam sempre o mesmo gesto, mecanicamente. O trabalhador não qualificado ou inábil de fato não tem mais nenhum saber a ser ressaltado que possa honrá-lo, fazer seu valor e seu *status*. Só lhe resta consentir com o adestramento, outra expressão de Marx, que lhe é imposta pela máquina.

---

19 Citado por Benjamin, W. (1979). *Charles Baudelaire*. Paris: Petite Bibliothèque Payot, p. 180.

20 Ibid., p. 181.

A perda de seu saber-fazer é então redobrada por outra perda, como enfatiza Benjamin. E essa segunda perda dessa vez atinge o ser, pois é uma perda de dignidade, que eventualmente trará vergonha. "O trabalhador 'inábil' sofre uma profunda perda de dignidade", escreve ele. "Seu trabalho se torna impermeável à experiência. Nele, o exercício perdeu todos os seus direitos."[21] O adestramento que o trabalhador tem de sofrer por meio da máquina não deve ser confundido, pois, com a aprendizagem do ofício, a experiência adquirida. Ela contradiz e foraclui, pelo contrário, o valor da experiência. Porque justamente, para o trabalho em cadeia, não há necessidade de experiência, só valem o consentimento e a submissão. Não há, para fazer e refazer o mesmo gesto, nada a se saber, nada a aprender. Em vez disso, há algo a desaprender, a ser reduzido ao próprio gesto, a nada ser senão o gesto, repetido. O trabalho em cadeia não promete outra coisa senão essa repetição do mesmo, assim como o empobrecimento novo que resulta disso. O homem moderno é, para Benjamin, um homem pobre,[22] pois é um "homem que perdeu a experiência",[23] despojado, como dizia Lacan, da função de saber. "A vaidade, o vazio, a incompletude" são agora o seu lote, o "lote do assalariado industrial".[24] Uma nova pobreza que poderia alimentar a indignidade e a vergonha do trabalhador, assim como esse autodesprezo que o escritor Robert Walser, por sua vez, destacava:[25] "O que, talvez, melhor caracterize nossa época é o desprezo por si mesmo que foi inspirado no trabalhador. Ele não dá um pingo de valor àquilo que faz".[26]

---

21 Ibid., pp. 181-182.

22 Benjamin, W. (1933). Experiência e pobreza. In *O anjo da história* (João Barrento, Trad.). Belo Horizonte: Autêntica, 2012, pp. 85-90.

23 Benjamin, W. (1979). *Charles Baudelaire*, op. cit., p. 187.

24 Ibid., p. 183.

25 Aliás, autor admirado por Walter Benjamin, que escreveu lindas páginas sobre ele.

26 Walser, R. (1920). Ce qui, peut-être, caractérise le mieux notre époque. In *Le territoire du crayon*. Chêne-Bourg: Zoé, 2003, p. 95.

Valor de uso

No trabalho em cadeia, o operário fica, portanto, reduzido ao seu gesto repetido, sempre condenado a partir de zero, não a partir de algo adquirido. É o que o matema *a* poderia ilustrar dessa vez, o qual, para Lacan, identifica a redução do proletário a uma unidade de valor. Com a perda de seu saber, o trabalhador se reduz a "ser apenas valor".[27] O operário não é nada além do que uma unidade de valor, pois se reduz, por seu trabalho, a um simples valor de uso[28] e valor de mercado. "Proletariado, que quer dizer isso?", perguntava Lacan em seu Seminário *De um Outro ao outro*. "Quer dizer que o trabalho é radicalizado no nível da mercadoria pura e simples, o que significa que isso reduz ao mesmo nível o próprio trabalhador."[29] As análises fenomenológicas de Benjamin permitem ilustrar essa redução do trabalhador a um valor de uso, ao que alguns teriam chamado, Lacan sublinha a expressão, de *material humano*.[30]

Tomemos um desses exemplos, talvez o mais revelador. Benjamin, mais uma vez, se inspira em uma reflexão de Marx, segundo a qual o operário é agora adestrado por sua máquina. Daí em diante, ele mesmo não é nada além do que um elo da cadeia, não tendo outra função senão completar, servir à máquina. A fábrica produz seus objetos e seus operários. Os trabalhadores, escreve Marx, devem aprender a "adaptar seus movimentos ao movimento contínuo e uniforme do autômato".[31] Só que, continua Benjamin, o operário não somente é adestrado pelo autômato, mas se iguala a ele, pois, por sua vez, se torna um autômato, *a*, simples valor de uso, material

27 Lacan, J. (1969-1970). *O seminário, livro 17: O avesso da psicanálise*, op. cit., p. 79.

28 Lacan, J. (1968-1969). *O seminário, livro 16: De um Outro ao outro*, op. cit., p. 25.

29 Ibid., p. 169.

30 Lacan, J. (1969-1970). *O seminário, livro 17: O avesso da psicanálise*, op. cit., p. 30.

31 Citado por Benjamin, W. (1979). *Charles Baudelaire*, op. cit., p. 180.

extra. O operário é um sujeito destituído, pois reduzido à categoria de autômato. Isso é verdade de um ponto de vista simbólico, mas será encontrado em seus comportamentos mais cotidianos. Por exemplo, a conduta dos habitantes das grandes cidades industriais constitui, segundo Benjamin, um forte testemunho disso, como já teriam notado outros autores, como Poe ou Baudelaire. O modo de ser e de circulação das multidões nessas grandes cidades é, mais do que uma metáfora, a continuação da jornada passada na fábrica. Há uma continuidade entre as condutas repetidas impostas a todos pelo trabalho em cadeia e as uniformidades que caracterizam a multidão moderna. Uniformidades de vestimentas, de condutas, e também expressões faciais, na época em que nasce o *keep smiling*.[32] Nas massas, as particularidades se dissolvem. Aliás, o filme *Tempos Modernos*, de Charlie Chaplin, mostra isso em duas grandes cenas: a primeira, em que veremos um rebanho de ovelhas correndo para as portas da fábrica, a segunda, mais famosa, em que Charlot, uma vez que deixou sua estação de trabalho, continuará a ser animado em seu corpo como um autômato.

Assim é, segundo Benjamin, com o homem que se reduz à repetição do gesto. Ele, em seu próprio corpo, parece ter se mecanizado, ter se feito de autômato. Os transeuntes das grandes cidades, escreve Benjamin, "vivem sua existência como autômatos, semelhantes àqueles personagens fictícios de que fala Bergson, que liquidaram completamente sua memória".[33] Eles se comportam "como seres que, adaptados a mecanismos dos autômatos, não poderiam mais ter, eles próprios, senão gestos de autômatos. Sua conduta é apenas uma série de reações a choques: 'Quando nos deparamos com eles' diz Poe, 'eles se curvam diante daquele com quem toparam'".[34]

---

32 Ibid., p. 181.

33 Ibid., p. 184. Sobre a metáfora do autômato, cf. também Leopardi, G. (1832). *Canti, avec un choix des œuvres morales/Poésie*. Paris: Gallimard, 1982, p. 180.

34 Benjamin, W. (1979). *Charles Baudelaire*, op. cit., p. 182.

De acordo com Benjamin, o capitalismo terá, portanto, modificado radicalmente o estilo de vida dos habitantes das grandes cidades. As consequências disso são múltiplas. Uma nova e vergonhosa pobreza afeta o sujeito moderno em sua dignidade, doravante despojado do saber-fazer que lhe conferia *status*. A isso, acrescenta-se o desaparecimento formal das particularidades em prol da homogeneização da multidão. Enfim, terceira consequência, essa espécie de destituição subjetiva que atinge o proletário, reduzido a essa figura paradigmática do autômato, simples valor de uso, *a*. A isso, por que não acrescentar então a anedota que Lacan relata em seu Seminário *De um Outro ao outro*. Ao recordar sua visita a uma fábrica Fiat, sob a condução de seu proprietário, Giovanni Agnelli, ele confessa:

> *Tive a viva sensação de ver pessoas ocupadas num trabalho, sem que eu soubesse absolutamente o que elas faziam. A mim, isso me deixou envergonhado. A vocês não envergonha, tanto melhor.*[35] *Mas, enfim, fiquei muito incomodado. Eu estava justamente com o patrão, Johnny, como é chamado, como eu o chamo. Johnny também estava manifestamente... enfim, também sentia vergonha.*

E conclui Lacan: "O capitalismo serve para alguma coisa, justamente, e não devemos esquecer disso. São as coisas que ele faz que não servem para nada".[36]

É isso que poderia causar vergonha ao proletário, e que Lacan, ao se ver vendo-os, experimentará aqui por si próprio: o operário

---

35 Notemos que Lacan já nota e aponta a falta de vergonha de seu público, um ano antes de seu Seminário *O avesso da psicanálise*.

36 Lacan, J. (1969-1970). *O seminário, livro 17: O avesso da psicanálise*, op. cit., p. 232.

reduzido a servir um discurso, fazendo coisas que não servem para nada. Para continuar a ilustrar isso em suas formas e consequências, consideremos aquilo que aconteceu em outras dessas fábricas, primeiro a Ford, depois a Peugeot. Onde veremos que vergonha e outras aflições modernas podem vencer um sujeito que, assim, perdeu "o sentido daquilo que ele faz", reduzido à sua função de autômato, *a*, de um discurso.

2. A ideologia do "defeito zero"

Trata-se agora das fábricas da Peugeot, em Sochaux-Montbéliard, onde dois sociólogos, Stéphane Béaud e Michel Pialoux, fizeram longas enquetes. Sua pesquisa, iniciada em 1983, durou mais de dez anos. Em uma obra notável, *Retour sur la condition ouvrière* [*Retorno à condição operária*],[37] eles retraçam seu método e os resultados.

O ano da qualidade

Essa pesquisa terá como foco as transformações do trabalho operário nas oficinas de montagem dessa fábrica. Com efeito, nessa época, e isso desde o início da década de 1980, estamos em um momento de transformação dos métodos de produtividade. As montadoras francesas abandonam o taylorismo e adotam, para melhores ganhos de produtividade, o modelo japonês. Os operários, rebatizados de "operadores", terão que ser "cooperativos", "participativos", "disponíveis", e, daqui por diante, cumprir os chamados novos imperativos de *qualidade*: "estoque zero", "zero problema", "defeito zero".[38] "Em Sochaux, ficamos sabendo, o ano de 1981 é proclamado

37 Beaud, S., & Pialoux, M. (1999). *Retour sur la condition ouvrière. Enquête aux usines Peugeot de Sochaux-Montbéliard.* Paris: Fayard.

38 Ibid., p. 29.

'ano da qualidade'. Em 1980, a direção do centro declara que a era do taylorismo está definitivamente encerrada e que as últimas escórias deveriam ser eliminadas o mais rápido possível."[39] Vejamos, portanto, por meio do trabalho desses dois sociólogos, o destino agora reservado aos operários sob esse novo reinado da qualidade. Pois poderemos então constatar a atualidade da tese de Lacan, a redução vergonhosa, e ainda mais acentuada, desses trabalhadores, à categoria de valor de uso, *a*.

Com efeito, esses métodos forçarão os trabalhadores a servir à máquina ainda mais, sob o olhar atento dos controladores, cronometristas e outros sargentos de qualidade.

> *A expressão ""trabalho em cadeia" parece designar uma realidade arcaica e residual. Ora, mesmo que signifique decepcionar aqueles que acreditam na "modernidade", o levantamento etnográfico e estatístico nos lembra que "trabalho encadeado" (como se dizia outrora) continua a existir, e não de forma marginal. Decerto que as palavras do trabalho mudaram – os "operadores" oficiam ao longo das "linhas", usam macacões verde fluorescente, são convidados a tratarem informalmente seus chefes –, mas o trabalho operário, por seu turno, continua fortemente restritivo, e é cada vez mais assim.*[40]

O resultado disso, segundo as palavras dos próprios operários, é a sensação de "trabalho do cão",[41] a sensação de não ser respeitado[42]

39 Ibid.

40 Ibid., p. 17.

41 Ibid., p. 328.

42 Ibid., p. 50.

por e em seu trabalho, enfim, a sensação de ter sido reduzido, "quase morto",[43] à categoria de "escravo civilizado".[44]

Fadigas

Além disso, os efeitos dessa redução dos operários serão sentidos em suas próprias vidas. Como se, ao serem assim reduzidos e renegados em seu *status* de sujeitos, alguns perdessem pouco a pouco o poder de um desejo a orientar suas vidas. A fábrica está fora dos muros, e o sujeito não sabe mais para onde ou para quem recorrer. As pequenas alegrias da existência se fazem mais raras, assim como os laços com outros, pelas quais perdeu-se a vontade. O sujeito não sabe mais onde *habitar*, mas também pelo fato de que ele não sabe mais onde alojar sua particularidade. Ele agora não tem um lugar, dentro e fora da fábrica, e com o que fazer causa de um desejo para si. Daí a consequência denunciada, o afastamento do sujeito exausto, o retirar-se sobre suas faltas a ser, assim como sobre estar lá [l*a*], e lá [*là*] demais, pesando por não poder mais se converter em um desejo.

Mais uma vez, esses autores sublinham:

> *A intensificação do trabalho . . . inevitavelmente repercute na vida dos operários especializados [OS] fora do trabalho. Durante as entrevistas, muitos insistem na maneira como estão ficando cada vez mais irascíveis não somente na fábrica, mas também "em casa", na maneira como também se surpreendem ao passarem os fins de semana trancados em casa, pois parecem ter perdido progressivamente a vontade de ver o mundo.*

43 Ibid., p. 316.
44 Ibid., p. 328.

> *Muitos trabalhadores que moram em bairros de conjuntos habitacionais [HLM] nos dizem que suportam barulho com cada vez mais dificuldade, assim como a convivência nos "blocos" dos bairros periféricos, e que sonham com "construir suas próprias casas". Outros percebem que quase já não têm vontade de "sair", de sair de férias, praticar as atividades às quais antes dedicavam muito tempo – caçar, pescar, caminhar, ler, tirar fotos. É como se o que costumava ser "recolhido" na vida fora da fábrica e tomado pelo cansaço – e que constituía uma parte das "pequenas" alegrias da existência – murchasse à medida que a fadiga se acumulava. Sentem-se esgotados e sua fadiga – que é coletiva ("todo mundo dorme no ônibus", observam, para nos dar uma prova tangível dessa fadiga que aflige a todos) – pode ser lida nos rostos, ela se inscreve nos corpos, nas formas de andar que, com o tempo, se tornam mais pesadas e arrastadas.*[45]

Isso, portanto, menos desejo e mais tristeza, quando nada pode ser recolhido na vida. Isso, mas não só. Pois a intensificação dos ritmos e das exigências de produção não só terá acentuado aquilo que já estava em curso, como a desapropriação do sujeito de seu saber-fazer e de sua dignidade. Outra coisa que aconteceu aqui, o desaparecimento da classe operária, tal como ela foi constituída no século XIX. "Dessa 'classe', o que resta?", questionam Stéphane Béaud e Michel Pialoux. "À primeira vista, indivíduos isolados, atomizados, divididos entre si, cada vez mais sujeitos à intensificação do trabalho e que parecem ter desistido da ação coletiva."[46]

---

45 Ibid., p. 60.

46 Ibid., pp. 13-14.

Resultado: "os trabalhadores existem, mas não os vemos mais".[47] As transformações produzidas pelo capitalismo terão conseguido nisso também a fragmentação de uma "classe social", a ruptura de laços de solidariedade que nela se teciam e o desaparecimento daquilo que os trabalhadores conseguiam encontrar aí, um ideal identificatório e um possível orgulho em troca.

> *Sem querer ceder aqui à ilusão retrospectiva e em grande parte anacrônica de uma idade de ouro operária – a condição operária sempre foi uma condição sofrida, sujeita à necessidade, o que não muda o fato de que os trabalhadores do tempo da "classe operária" dispunham de um arcabouço político acumulado (os partidos "operários", os sindicatos), de um conjunto de recursos culturais (associações que se referiam sem vergonha à palavra operário) e simbólicos (o orgulho de ser operário, o sentimento de pertencer à "classe"), o que permitia a defesa coletiva do grupo.*[48]

O trabalhador inscrito, nomeado e defendido, por e em sua comunidade, ainda podia "salvar sua honra social",[49] e dela tirar, contra a vergonha de ser explorado, o orgulho de ser um trabalhador. O orgulho de se reconhecer dentre outros, e com outros, "uma espécie de orgulho . . . de saber que se é representante de um grupo",[50] mas também, e graças a isso, orgulho de poder dizer não quando os direitos e a dignidade dessa comunidade eram violados.

---

47 Ibid., p. 15.

48 Ibid., p. 417.

49 Ibid., p. 83.

50 Ibid., p. 71.

Vergonha e ódio contra si mesmo

Portanto, é isso que teria desaparecido, a guarida, a dignidade e os poderes da classe operária. Prova e paradigma disso é o que aconteceu nessa fábrica de Sochaux durante as transformações dos métodos de produção. Os operários, que tiveram que consentir a essas transformações sem dizer uma palavra, que tiveram que se adaptar a elas, chegaram a "perder a moral [*perdre la face*]"[51] diante da Peugeot. O que quer dizer o "perder a moral"? Perder a dignidade de poder dizer não. Mas também, e sobretudo, provar, tendo perdido a expressão [*face perdue*], sua condição de *a*utômato, de seu *status* de valor de uso, até mesmo de sua condição vergonhosa de "material humano".[52] Provar sua condição de trabalhador substituível, corpo móvel e descartável, com o que essa condição implica: para os mais jovens, a angústia de ser um dia a mais; para os mais velhos (os "inconversíveis",[53] os *up to date*), a vergonha ou a angústia de já o ser.

Os autores insistem nisso, descrevendo para cada um o que Benjamin havia frisado, o atentado à dignidade, mas acrescentando um fato novo a isso também, a perda dessas solidariedades que até então permitiam a defesa dessa dignidade. "Nesse universo de trabalho", aprendemos, "onde os OS[54] aparecem objetivamente dominados (com o tempo sempre contado, o trabalho repetitivo, a influência das relações hierárquicas), a questão central é: como defender a dignidade?".[55]

51 Ibid., p. 72 [Em francês, *perdre la face*, isto é, sofrer um ataque à honra, ao prestígio, ser ridicularizado (N. T.)].

52 Lacan, J. (1969-1970). *O seminário, livro 17: O avesso da psicanálise*, op. cit., p. 30.

53 Beaud, S., & Pialoux, M. *Retour sur la condition ouvrière...*, op. cit., p. 78.

54 *Ouvriers spécialisés* [Operários especializados].

55 Beaud, S., & Pialoux, M. *Retour sur la condition ouvrière...*, op. cit., p. 35.

> *Muitos deles ficam como que exilados por dentro, encerrando-se em uma microcultura feita de autodepreciação, autoderrisão, ódio voltado contra si mesmo. Na maioria das vezes, contudo, seu mal-estar se traduz por meio de um retraimento em si mesmo (no alcoolismo, por exemplo), da impossibilidade de falar, por uma violência frequentemente transportada para dentro da família. Por não encontrarem recursos externos – especialmente aqueles que lhes eram fornecidos há tempos pelo grupo de trabalho (quando este era unido), o sindicato e às vezes o partido político no nível de uma certa representação que eles podiam fazer de si próprios, permitindo-lhes lutar contra esse sentimento intenso de ilegitimidade –, muitos têm ficado cada vez mais isolados e cada vez mais infelizes.*[56]

Lemos ainda:

> *Paralelamente à transformação da organização técnica do trabalho nos anos 1980, a direção trabalhou para dissolver progressivamente aquilo que pode ser chamado em uma primeira aproximação de espírito ou cultura da resistência – as formas de solidariedade (passivas ou ativas) que se haviam constituído nas oficinas –, isolando os operários, afastando-os dos delegados sindicais para, de certa forma, conseguir fazer com que as solidariedades das oficinas trabalhassem em prol da direção.*[57]

56 Ibid., p. 328.
57 Ibid., p. 40.

Autodepreciação e ódio contra si são muitas as declinações dessa queda do sujeito no nível de um objeto *a* e de sua impotência em se reerguer a partir daí, em dizer não, com outros. Assim como os inúmeros afetos que acometem esse sujeito quando ele vislumbra sua queda, vendo-se ser visto por tão pouco e se vendo "consentir", identificar-se com essa queda, não suportando mais isso. A fadiga e o esgotamento do operário, assim como o ódio e a vergonha voltados contra si, são a marca dessa destituição forçada do sujeito. Fadiga de se experienciar dess*a* forma [*comme* ça], simples valor de uso, reduzido ao serviço de uma máquina e de uma produtividade que exige cada vez mais sacrifício, cada vez mais qualidade. E também ódio e vergonha de se ver dess*a* forma, simples valor de mercado, a serviço de um Outro, de seu discurso e de seu gozo. Resultado: "humilhações há muito caladas, reprimidas e vivenciadas no ressentimento e na vergonha de si".[58] Ódio contra si e contra a vida, assim como vergonha de beber, justamente, quando esses sujeitos se virem ceder a tudo, apesar de e contra si mesmos, e que considerarem com relação a isso sua vergonhosa impotência.

Aliás, Stéphane Béaud e Michel Pialoux apontam outro efeito dessa destituição do sujeito: "Em muitas das famílias operárias, os filhos já não continuam [com o trabalho dos] pais".[59] Ou os próprios pais encorajam seus filhos a isso, esperando que sua honra possa assim ser vingada por um outro. Ou os próprios filhos se recusam a fazê-lo, para não aumentar a vergonha.

> *A grande maioria dos operários especializados se deixou convencer da necessidade de "empurrar os filhos" o mais longe possível, a fim de evitar que eles próprios sofressem na fábrica: humilhações e estigmatizações.*

58 Ibid., p. 82.

59 Ibid., p. 20.

> *A escola apareceu progressivamente, assim, como o lugar de postergação de todas as aspirações frustradas das famílias operárias, como se os filhos tivessem recebido por procuração a missão de salvar simbolicamente a honra dos genitores, em particular dos pais.*[60]

Os pais pedem aos filhos que lavem suas vergonhas, mas também os filhos coram por serem filhos de... Seguindo o exemplo desses alunos de colégios técnicos,[61] tomando cuidado em "arrancar a sigla Peugeot quando usam um velho carro azul do pai que trabalha na fábrica".[62]

Para concluir, trarei agora vários excertos desses testemunhos de operários, recolhidos durante as entrevistas realizadas por Stéphane Beaud e Michel Pialoux. Esses depoimentos bastam por si mesmos. Limitar-me-ei a sublinhar, em itálico, alguns desses momentos.

Jean, operário de acabamento:

> *Agora é incrível, tudo é anotado... Eles vigiam as pessoas cada vez mais individualmente... Por exemplo, com relação aos defeitos, o chefe tem um gráfico... Sexta-feira justamente, fui convocado, gritamos um com o outro porque ele não achou normal que tenha aumentado o número de defeitos em minha ficha: "Janeiro foi assim, depois..."; então, disse a ele: "É trabalho demais, chefe, trabalho demais. – Ah! Não é isso, mas temos que encontrar uma*

60 Ibid., p. 161.

61 Em francês, *LEP*, ou seja, *lycée d'enseignement professionnel*, colégios que dispensam ensino voltado para carreiras técnicas, mais ou menos como as escolas técnicas brasileiras (N. T.).

62 Ibid., p. 172.

> *solução". Eles nos rastreiam, é uma loucura... Porque eu, o que quero dizer é: se não cometer erros é porque você trabalha bem; se trabalha bem é porque pode. Então, eles vão lhe dar ainda mais trabalho no próximo mês... Aí, pensei bem, falei: Bom, hoje não esqueci nada, porque em geral, já que faço sempre o mesmo trabalho, é raro; acontece, mas é raro eu esquecer das coisas, digo: Bom, hoje ainda não esqueci de nada. Pronto, voluntariamente esqueço algo para manter minha linha,* minha pequena média de falhas, *porque senão...*[63]

Aziz, ex-carroceiro temporário:

> *No começo, quando cheguei, tinha medo, vi a galera trabalhando... Ah! que rolo! Batia em tudo quanto é lugar, era demais para mim. Disse a mim mesmo que não conseguiria levar minha vida inteira assim. Três meses! Aí ia para o trabalho, voltava para casa, comia, tomava banho e dormia. E, nossa, acordava só para ir trabalhar! Não conseguia fazer mais nada durante a semana...*
>
> Namorada. – *Há mais desvantagens do que vantagens... as vantagens para a Peugeot, quais são?*
>
> – *Bem, nada! ...*
>
> Namorada. – *É para ter um lugar seguro... ter carteira assinada.*
>
> (Silêncio). – *Seguro...*

63 Ibid., p. 42.

> Ele (violentamente). *Mas eu* não chamo isso de trabalho! *É um trabalho do cão! Não é trabalho...*
>
> E você já ouviu pessoas que trabalham em linha de montagem falarem disso?
>
> *Sim, eles diziam, "É, é difícil". Eles me disseram: "Vá em frente, você vai ver! Você descobrirá. Verá como é o trabalho em linha de montagem".*
>
> Namorada. – *E depois eles bebem. Acabam bebendo... Bem, é isso...*
>
> Namorada. – *Vocês são escravos...*
>
> Ele. – *É, é isso, né! De toda forma !...*
>
> Namorada. – *Escravos...* escravos... *(ela procura a palavra certa)* civilizados.[64]

Um ex-operário de carroceria:

> Acima de tudo, não se deixe enterrar, *permanecer OS, isso não é possível... Não é o fato de ser OS, porque eu também sou OS... Enfim, a única coisa que mudou é que sou profissional... Mas continuar na produção em cadeia, parafusar os parafusos* (ele faz um gesto de horror, cobre o rosto com as mãos), *quando você é OS, não tem mais tempo para ler porque as cargas de trabalho... Antes [alusão aos anos 1979-1983], a gente sempre tinha um livro para emprestar, uma informação, um* flyer *dessa ou daquela boate, isso circulava, mas*

64 Ibid., p. 50.

> *agora tudo isso acabou. A carga de trabalho é tão grande, que até as pessoas na produção não conseguem mais conversar entre si... No final, me enchia completamente, não vinha trabalhar... Nessa lógica, chega uma hora em que ou a gente fica malvado, ou* a gente não tem mais consciência do que está fazendo, *ou age de acordo com a fábrica pela qual se é influenciado, e isso não é nada bom, porque a gente acaba tendo reflexos que são todos dirigidos contra a Peugeot.* A gente trabalha por ódio e trabalha bem por ódio.[65]

Sébastien, jovem monitor de oficina:

> Eles funcionam como autômatos, *é uma loucura (*ele manterá o mesmo tom, um pouco enjoado, para falar deles*)... Então, isso me chocou... Porque, como dizer... A reação das pessoas, elas fazem seu trabalho, como autômatos... e depois ficam (*ele procura as palavras certas*) não "gagás", mas . . .*
>
> *Tem muitos deles que estão* desgastados... *Quando os vejo assim... e depois já... bem pequeno... meu pai trabalhou na Peugeot... por vinte e cinco anos, na fundição. E eu o via sair... (*Silêncio*). Quando era jovem... quando saía com amigos, quando voltávamos da farra às quatro da manhã, quando víamos os ônibus, isso me deixava doente. Nós os víamos chegando... em bondes, de bicicleta também. Eu dizia: "Olha lá, os pobres...", são pobres... Eu sou um deles (*levantando a cabeça, elevando um

65 Ibid., pp. 60-61.

pouco a voz). *Então, realmente não tenho vontade, não tenho mais* (hesitando)*... De ficar como eles... Dá para ver isso... nos rostos deles, no jeito de ser deles, e agora que já faz três anos que estou em linha de montagem... pois bem, eu entendo, eu entendo.* Realmente, é escravidão... *Dizem que a escravidão foi abolida, mas acho que não... não é possível... as cargas de trabalho... os ganhos de produtividade... a qualidade. "Vocês têm que ser os melhores, os primeiros, sei lá . . .*

Para mim, felizmente, há música! Porque, então, uma oficina assim, sei lá, se não tiver música.... Já não tem conversa entre os caras, porque não temos tempo para conversar... A gente trabalha, não tem tempo para conversar. Antes, na finalização antiga, eles ficavam todos apertados uns contra os outros, se conversava, era menos rápido... era mais amigável... era mais... Bom, agora acabou, acabou! Então, se não tiver rádio, bem, nem falo nada! No limite mesmo, felizmente tem isso... Quase que entendo eles... Eu entendo que eles gritam às vezes... no limite, prefiro um cara que dá uns gritos, como um [em meu setor], que do nada diz "Ah, ya, ya!" (ele dá uma espécie de grito gutural bem alto)*, mas tem que gritar... Na primeira vez, quando o ouvi, fiquei com medo, pensei que tinha acontecido algo impossível, algo sério, entende? Aí bem, não, ele* (ele dá um grande suspiro)*... ele se esvazia, tudo, tudo o que tem na cabeça... todo o cansaço, toda a "estafa" deles, enfim, de repente, ploft, explode assim, é demais . . .*

Então, digo a mim mesmo, bem, não, não quero, não quero fazer isso. E depois por que essa decisão, essa vontade de ir embora? Porque digo a mim mesmo, 27 anos, se não der o passo... se eu não der... se eu não tomar minha decisão agora, será minha vida inteira nisso, e então, não quero isso. Quando os vejo, não, mas também estou muito... É, é, não, mas é demais, é lamentável... Eu não quero ser infeliz... estou infeliz, estou infeliz. Eu estou infeliz...

De todas as formas, no trabalho e ao mesmo tempo...

*Mas fico mais infeliz aqui (*bate na cabeça*), enfim, intelectualmente falando, na minha cabeça, do que fisicamente. Porque fisicamente, ainda sou jovem, posso aguentar o tranco novamente. Não tenho 60 primaveras, em que se começa... em que a fadiga é mais sentida. Sou jovem, então ainda posso... me esforçar e pronto! Mas não aguento, me questiono, digo a mim mesmo: como assim? Mas por quê? Por que todos esses fenômenos, tudo o que estou lhe contando? Mas penso nisso o dia todo, o tempo todo, penso nisso constantemente. E gostaria de tentar entender! E sei que meu encarregado me fez entender que era preciso... justamente, não tento entender. Não, mas é verdade! Não você não deve... sabe?* Na Peugeot, não se deve pensar! *E é verdade, aliás. Você não deve pensar, eles me fizeram entender que não, eu não devia pensar, porque, no fim das contas, eu desestabilizo o grupo ali (*com ironia*)...*

Eu, na primeira oportunidade, vou embora. De toda forma, disse que preferia, é uma pena dizer isso porque tem muita gente que gostaria de um trabalho... Mas prefiro não fazer nada. Prefiro morrer sem fazer nada a morrer na Peugeot.[66]

---

66 Ibid., pp. 306-313.

B. O capitalismo e a vergonha (II) *Vergonhas, discursos*

Comecei a estudar como a transformação do discurso do mestre antigo em discurso do mestre moderno, unindo ciência e capitalismo, poderia alimentar a vergonha do sujeito contemporâneo, aqui destacado sob a figura do proletário. Lacan, no Seminário *O avesso da psicanálise*, propunha assim pensar o capitalismo não mais como tal, mas situando-o a partir da estrutura dos discursos. Ele volta a isso dois anos depois, em uma conferência proferida em Milão. Ele, então, sempre faz do discurso capitalista um "substituto"[67] do discurso do mestre, mas dessa vez oferece a ele uma escrita própria, a ser diferenciada do discurso universitário. Essa reescrita do discurso capitalista, no entanto, nos permite estender nossos desenvolvimentos sobre a vergonha.

1. Partida e retorno da vergonha

Para frisar isso, é preciso já destacar um paradoxo desse novo discurso. O discurso capitalista produz uma desintegração do laço social. Essa é outra tese de Lacan, proposta numa passagem de sua conferência *A terceira*, que mencionei acima. Agora concluo a citação, à qual voltarei várias vezes: "Há apenas um sintoma social: cada indivíduo é realmente um proletário, isto é, não tem nenhum discurso com o qual fazer laço social, em outras palavras, semblante".[68] Paradoxo, pois Lacan teria definido o discurso por meio da função inversa, o que permite, e pelo contrário sustenta, o laço social. "Um discurso é aquilo que determina uma forma de laço social", dirá ele,

67 Lacan, J. (1972). Conférence faite à l'Université de Milan le 12 mai 1972. In *Lacan in Italia 1953-1978*. Milano: La Salamandra, 1978.

68 Lacan, J. (1974). La troisième. *Lettres de l'École freudienne, XVI*, op. cit., p. 187.

por exemplo, em seu Seminário *Mais, ainda*.[69] O discurso capitalista deve, portanto, ser distinguido de outros discursos, incluindo o discurso universitário. O discurso capitalista é uma exceção porque contradiz e desfaz o laço social.[70] E isso, tal é a minha hipótese, a ponto de reavivar a vergonha de viver do sujeito moderno. Para demonstrar isso, continuaremos agora nossa leitura dessa lição sobre a vergonha do Seminário *O avesso da psicanálise*, a partir da fórmula nova desse discurso proposta por Lacan:

Discurso do capitalista:

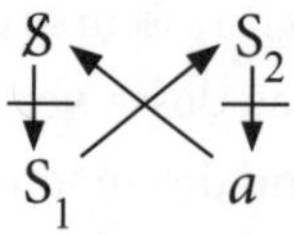

O indivíduo desavergonhado

A inversão à qual procede esse discurso ilumina inicialmente a razão pela qual Lacan, nessa lição, pode dizer que não há mais vergonha. Há aí uma inversão do discurso do mestre antigo, ao final da qual o sujeito, que passa à posição de mestre, $\$/S_1$, não está mais sujeito aos significantes mestres. "No fundo", comenta Colette Soler, "isso escreve que os semblantes passíveis de fazer traço unário se renderam".[71] Ora, isso terá várias consequências.

69 Lacan, J. (1972-1973). *O seminário, livro 20: Mais, ainda* (M. D. Magno, Trad.). Rio de Janeiro: Zahar, 1985, pp. 109-110.

70 Prova disso é que em sua conferência em Milão, enquanto os cinco escritos estão presentes no quadro, Lacan reafirma que "não há milhares [de discursos] possíveis, há apenas quatro". Lacan, J. (1972). Conférence faite à l'Université de Milan le 12 mai 1972. In *Lacan in Italia 1953-1978*, op. cit.

71 Soler, C. (2002). Les droits du sujet. *Letterina, 10. Bulletin de l'Association Cause freudienne.* Normandie, p. 9.

A primeira é que esse é um sujeito com "identificações instáveis",[72] nota ainda Colette Soler, a partir do momento em que um traço unário falta para dar arrimo a essas identificações. No modelo de Pessoa, a experiência identificatória desses sujeitos poderá variar, indo do sentimento de inexistência até a necessidade vital de se tornar alguém. A dor de existir anda de mãos dadas com o sonho moderno do *self-made man* e suas agitações estéreis.[73] Mais ainda, a aspiração a ser re-conhecido aparecerá aqui como um tratamento vão dessa dor de existir. Por trás das tentativas e tristes esperanças de se tornar alguém, corre a angústia de não ser nada, de "não servir para nada", de "não mais fazer parte de alguém", como me confidenciou uma jovem mulher. Há aí a angústia de sujeitos à deriva, por não estarem mais orientados por um ideal ou desejo. A angústia de sujeitos, cuja leveza enfim adquirida poderá às vezes afligir, por não serem mais lastreados por nada. Não é isso que Baudelaire já evocava, ao falar desses "milhares de existências flutuantes",[74] "pobres almas", dirá novamente Benjamin, "que se agitam muito, mas não têm história",[75] a vida desses homens, observava Rilke, que "erra e flutua em todas as direções".[76]

Outra consequência desse discurso deve ser sublinhada, o conhecido declínio dos valores. O sujeito moderno é também um sujeito com identificações instáveis, precisa Colette Soler, pelo fato de "que já não tem deveres", de que já não está "em dívida".[77] O sujeito-mestre promovido pelo discurso capitalista é um sujeito pretensamente liberto desses ideais que, no discurso do mestre antigo,

---

72 Ibid., p. 10.

73 Rilke, R. M. (1875). *Le livre de la pauvreté et de la mort*. Arles: Actes Sud, 1982, p. 30.

74 Baudelaire, C. (1846). Salon de 1846. In Œuvres complètes. (Col. Bouquins). Paris: Robert Laffont, 1980, p. 688.

75 Benjamin, W. (1979). *Charles Baudelaire*, op. cit., p. 195.

76 Rilke, R. M. (1875). *Le livre de la pauvreté et de la mort*, op. cit., p. 28.

77 Soler, C. (2002). Les droits du sujet. *Letterina, 10*, op. cit., p. 10.

lhe prescreviam deveres. Baudelaire, novamente, ressaltava isso em sua crítica ao progresso: "Essa ideia grotesca, que floresceu no solo podre da fatuidade moderna, liberou todos de seus deveres, livrou todas as almas de sua responsabilidade".[78] Gilles Lipovetsky, hoje: "Temos proibições, mas não mais prescrições sacrificais, valores, mas não mais imperativos heroicos, sentimentos morais, mas não mais um senso de dívida"; ". . . nada mais no absoluto obriga, ou mesmo encoraja, os homens a se dedicarem a algum ideal superior que seja, o dever não é nada mais do que uma opção livre".[79] A aspiração moderna, com efeito, não é de fazer seus deveres. É, antes, "se distinguir".[80] Daí a frequentemente denunciada impudência dos sujeitos de hoje. Há uma fatuidade do sujeito moderno, desses sujeitos que, "inflados por seus próprios vazios",[81] queriam não dever mais nada a ninguém.[82]

Isso lança luz sobre a tese de Lacan: a vergonha teria desaparecido. Ou melhor, uma certa forma de vergonha. Em seu Seminário *O avesso da psicanálise*, Lacan de fato repreende seus jovens alunos por não terem vergonha o bastante. Em suma, por que ele os repreende? Antes de tudo, por se contentarem com o pensamento pronto [*prêt-à-penser*] universitário, por terem se deixado adormecer, embalar por esse discurso e pelas verdades que ele rumina. A verdade, "é tentador sugar o leite da verdade, mas é tóxico. Faz você dormir, e isso é tudo que esperamos de você".[83] Ele também os

78 Baudelaire, C. (1855). Exposition universelle 1855. In Œuvres complètes. (Col. Bouquins). Paris: Robert Laffont, 1980, p. 725.

79 Lipovetsky, G. (1992). *Le crépuscule du devoir*. Paris: Folio/Gallimard, p. 73.

80 Soler, C. (2002). Les droits du sujet. *Letterina, 10*, op. cit., p. 11.

81 Adamov, G. Préface. In Rilke, R. M. (1875). *Le livre de la pauvreté et de la mort*, op. cit., p. 9.

82 Sobre esse ponto, cf. Regnault, F. (1996). *La doctrine inouïe. Dix leçons sur le théâtre classique français*. Paris: Hatier, p. 76.

83 Lacan, J. (1969-1970). *O seminário, livro 17: O avesso da psicanálise*, op. cit., p. 175.

repreende por sua enfatuação, "aquele ar avoado que vocês têm",[84] e aquilo que ele supõe por trás disso, a complacência com que os estudantes consentem em não ser nada mais do que unidades de valor: "Todos, unidades de valor, créditos – tendo na algibeira de vocês o bastão da cultura, marechal à bessa, mais medalhas, como nos concursos de animais, que vão etiquetá-los ao que se ousa chamar de maestria. Formidável, terão disso em profusão".[85] Lacan critica o enquadramento e o embrutecimento produzidos pelo discurso universitário. E ao fazer isso, para o que ele convida seus alunos? Para o despertar, para um pouco de subversão e, portanto, a serem responsáveis por sua enunciação: "Pelo menos os jovens dentre vocês, há um bom tempo que são, quanto ao que digo, igualmente capazes de dizê-lo sem mim. Para isso, só lhes falta justamente um pouco de vergonha".[86]

Portanto, haveria vantagens para a vergonha. Essa é outra tese de Lacan. A vergonha tem suas virtudes, quando está bem situada, quando lança um sujeito "para a frente",[87] quando ela o incita a não ceder em sua particularidade, qualquer que seja o discurso em que ele é tomado, capitalista, universitário ou outro... A boa vergonha, observava Colette Soler, é a vergonha que se tem diante dos exemplos.[88] Os mesmos cujo esplendor Leopardi cantava: "Se o esplendor de tais exemplos não te desperta, levanta-te e vai embora!".[89] Sem vergonha, dirá ainda o poeta: "nunca faremos nada".[90] Tratar-se-á da vergonha que leva a se inspirar não naquilo que se espera, acordado no lugar do

84 Ibid., p. 174.

85 Ibid., p. 175.

86 Ibid., p. 174.

87 Ibid., p. 180.

88 Essa observação foi feita na discussão que se seguiu a uma palestra intitulada *Qu'est-ce qu'um moi fort?*, apresentada por Colette Soler em Nantes, em 10 de junho de 1995 (inédito).

89 Leopardi, G. (1832). Sur le monument de Dante. In *Canti...*, op. cit., p. 37.

90 Leopardi, G. (1998). *Tout est rien.* Paris: Allia, p. 81.

Outro, mas no exemplo de sujeitos "que não cederam em seu desejo e em seu ser de gozo".[91] Aquele que o sujeito deveria ter com seu eu forte, sua autossuficiência, e não do que há de mais particular nele, um desejo, sintomas... "Quando os meus filhinhos ficarem adultos", Sócrates pedia aos atenienses pouco antes de morrer, ". . . se acreditarem ser qualquer coisa não sendo nada, reprovai-os, como eu a vós: não vos preocupeis com aquilo que não lhes é devido".[92] Lacan, em uma lógica semelhante, deseja envergonhar seus alunos. "Não demasiado, mas o suficiente",[93] dirá ele. Haveria, pois, um bom uso da vergonha, a partir do momento em que há uma ética da psicanálise, um dever para cada um, o de não ceder em seu desejo. Desse ponto de vista, a psicanálise não deveria libertar os sujeitos da vergonha, mas, ocasionalmente, de acordo com a feliz fórmula de Agamben,[94] libertar a vergonha. Não é isso que Ajax exortava seus amigos a fazer, que eles redescobrissem o sentido da vergonha, de modo que ela os lançasse para a frente: "Amigos, sejam homens; coloquem-se no âmago da sensação de vergonha".[95]

Podemos concluir sobre este primeiro ponto. Lacan, ao afirmar "que não há mais vergonha",[96] alude à vergonha que o discurso do mestre antigo poderia gerar. Trata-se de uma vergonha que o discurso do mestre moderno, justamente, tende a fazer desaparecer, a vergonha devida à dívida simbólica, aos deveres éticos. Já não há mais vergonha, acredita-se, pois já não há ideal ou ética que não

---

91 Agradeço a Colette Soler por ter me apontado isso.

92 Platão. *Apologia de Sócrates*. Disponível em: https://tinyurl.com/uru992k2. Acesso em: 20 abr. 2021.

93 Lacan, J. (1969-1970). *O seminário, livro 17: O avesso da psicanálise*, op. cit., p. 184.

94 Agamben, G. (1985). A ideia da vergonha. In *A ideia da prosa*, op. cit., p. 79.

95 Citado por Williams, B. (1998). *La honte et la nécessité*. Paris: PUF.

96 Lacan, J. (1969-1970). *O seminário, livro 17: O avesso da psicanálise*, op. cit., p. 174.

possam ser questionados, que não possam cair sob a influência da suspeita ou da crítica. Escreve Agamben:

> *O abismo sobre o qual vacila a nossa razão não é o da necessidade, mas o da contingência e da banalidade do mal. Não se pode ser, nem culpado nem inocente de qualquer coisa de contingente: pode apenas ter-se vergonha disso, como quando, na rua, escorregamos numa casca de banana. Nosso Deus é um Deus que se envergonha.*[97]

O imperativo ético, devido às mudanças no discurso do mestre, ao enfraquecimento do poder dos significantes-mestres, vacilou. A figura de Vatel, por exemplo, que, por não ter podido servir ao rei com perfeição, preferirá o suicídio à desonra, é uma figura do passado. Lacan, que escolhe esta referência a Vatel, declara-a: "É preciso dizer, morrer de vergonha é um efeito raramente obtido"[98] e sem dúvida já datado, se acreditarmos na notável obra de Maurice Pinguet, *La mort volontaire au Japon* [A morte voluntária no Japão]. Pinguet escreve:

> *Vatel teve o mérito de ter nascido japonês. Seu gesto, na corte de um* shogun, *não foi excessivo, doentio, ambíguo como em Chantilly. O que foi apenas um sintoma brutal de depressão teria recebido a dignidade plena de um suicídio de responsabilidade,* sekinin jisatsu, *previsto no contexto do luto.*[99]

97 Agamben, G. (1985). A ideia da vergonha. In *A ideia da prosa*, op. cit., p. 78.
98 Lacan, J. (1969-1970). *O seminário, livro 17: O avesso da psicanálise*, op. cit., p. 172.
99 Pinguet, M. (1984). *La mort volontaire au Japon*. Paris: Gallimard, 1984, p. 60.

O que constitui a honra

Todavia, e esta é outra tese de Lacan, por trás do desaparecimento dessa antiga forma de vergonha, e seu corolário, a desavergonhada suficiência do sujeito moderno, haveria outra vergonha, esta pungente. "Tirem uma casquinha", dirá ele a seus alunos. "Esse ar avoado que vocês têm, vão vê-lo tropeçar a cada passo numa fenomenal vergonha de viver."[100] O que isso quer dizer? Para tentar responder, primeiro, outra pergunta: o que é uma vida vergonhosa para Lacan? Uma vida que não merece que se morra por ela!

> *Dizer que a morte possa ser merecida – ao menos enquanto se morre de vergonha por não acontecer nada, que ela seja merecida. Se ocorresse agora, pois bem, seria a única forma de merecê-la. Seria a chance de vocês. Se não ocorresse, o que em relação à surpresa precedente seria um azar, resta-lhes então a vida como vergonha a engolir, porque não merece que se morra por ela.*[101]

Céline, sem dúvida, não o teria contradito:

> *Parece que sempre se pode encontrar para qualquer homem um tipo de coisa pela qual ele está disposto a morrer e de imediato e além do mais muito contente. Só que sua ocasião de morrer fantasticamente nem sempre se apresenta, a ocasião que o agradaria. Então ele vai morrer como pode, em algum lugar... Fica ali o homem, na terra, ainda por cima com cara de babaca e de covarde para todo mundo, não convencido, só isso.*[102]

---

100 Lacan, J. (1969-1970). *O seminário, livro 17: O avesso da psicanalise*, op. cit., p. 188.

101 Ibid., p. 173.

102 Céline, L.-F. (1932). *Viagem ao fim da noite* (Rosa Freire Aguiar, Trad.). São Paulo: Companhia das Letras, 2009, edição eletrônica.

Portanto, pode ser que seja merecido morrer por uma vida, e que aí esteja a sua dignidade. Mais ainda, pode ser que essa morte restaure a dignidade dessa vida e a salve da desonra. Essa mesma desonra a que a *Fedra* de Eurípides conclamava seus votos: "Isto é o que eu quero, dessa vergonha, fazer algo nobre",[103] "morrer sem mais delongas, minha única salvação em meu presente desastre".[104] O que Pinguet ainda chama de suicídio de responsabilidade, a exemplo do suicídio de Vatel ou a tradição do *Seppuku* no Japão é, de fato, um suicídio feito em nome da vida.[105] Trata-se de um suicídio para a vida, para que essa vida conserve menos seu conforto do que sua dignidade, algo que a transcenda.

Só que o que é a honra? O que constitui a dignidade do ser falante? Se acompanharmos Lacan, a dívida simbólica, ou seja, o engajamento do sujeito com sua palavra. "Honra", dirá ele, "é assim designada: ser engajado por sua palavra. Chamaremos isso de dom".[106] Trata-se, nas palavras de Pinguet, da "palavra dada",[107] aquela que o sujeito terá recebido e que constitui sua dívida, assim como aquela que ele dará por sua vez. Além disso, nessa palavra dada, o corpo também estará engajado. Engajar-se em sua palavra, precisa Lacan, impõe o sacrifício de uma libra de carne, a castração, $(-\varphi)$. Uma perda, portanto, mas que não será um sacrifício puro. Pois em seu

---

103 Euripide. (1962). Hippolyte. In *Tragédies complètes I*. Paris: Folio/Gallimard, p. 225.

104 Ibid., p. 236.

105 Ao que se deve comparar e contrastar os suicídios e a retração desses adolescentes japoneses de hoje, batizados de *Hikikomori*, não aguentando mais "ser mimados e entupidos com mesadas, conselhos e elogios, como animais de competição", e cuja retração será "a única forma de recusar o sistema (e) de abster-se dele". Cf. Werly, R. (26 jul. 2001). Ados au pays du soleil déprimant. *Liberation*.

106 Lacan, J. *Le séminaire "Le désir et son interprétation (1958-59)"*, inédito (lição de 22/04/1959).

107 Pinguet, M. (1984). *La mort volontaire au Japon*, op. cit., p. 306.

lugar, o objeto causa de um desejo poderá se constituir. E é por isso que, ao contrário de uma *vergontologia*, a honra de um sujeito poderá ser assumir sua condição de ser falante. Ou seja, em nome de..., consentir com a perda imposta pelo significante e o desejo assumido.[108] "Enquanto intelectual, cumprir meu dever e pagar o preço por isso",[109] dizia, por exemplo, o escritor egípcio Alaa al-Aswany, ao falar de suas crônicas publicadas em um jornal de oposição. Não o máximo, portanto, mas o "mínimo". Isto é, algo bem diferente das pequenas virtudes com as quais o homem honesto se adorna.

O honesto preza a honra, diz Lacan, "por não mencionar a vergonha".[110] Mas é porque ele preza à sua honra assim como ao seu eu forte. As pessoas honestas, como cantava Brassens,[111] se aquecem com suas virtudes. Assim como a vergonha, a honra poderia ser colocada no lugar errado, reduzindo-se aqui a uma identificação imaginária na qual se espelha e não valendo mais como um engajamento simbólico. A honra do homem honesto é não fazer menção à vergonha, isto é, aquilo que macula. Esse sujeito honra a si mesmo por não olhar para aquilo que poderia dividi-lo, ali onde estariam seus gozos e desejos obscuros, querendo demais se adornar com uma imagem bela e limpa. Além disso, Lacan observar ainda acerca da vergonha: "Ficamos calados muito tempo",[112] "Não é cômodo falar disso".[113] Haveria então que se pensar uma honra

---

108 Lacan, J. *Le séminaire "Le désir et son interprétation (1958-59)"*, inédito (lições de 13/05/1959 e 20/05/1959).

109 Cito de memória as palavras do autor, ouvidas em 2 de junho de 2006, no programa *Les matins de France Culture*.

110 Lacan, J. (1969-1970). *O seminário, livro 17: O avesso da psicanálise*, op. cit., p. 173.

111 Referência ao músico George Brassens (1921-1981) e suas diversas canções (N. T.).

112 Lacan, J. (1969-1970). *O seminário, livro 17: O avesso da psicanálise*, op. cit., p. 173.

113 Ibid., p. 180.

solidária com a covardia moral do neurótico, daquele que não quer saber nem aprender nada com suas vergonhas, da forma como ele padece com o real. "Morrer de vergonha", afirma Lacan, "é, para o honesto, impossível. Vocês sabem, de mim, que isto quer dizer o real".[114] Em seguida, ele continua: "elidir o impossível não é o que no caso estaria em questão, mas sim ser seu agente. Dizer que a morte possa ser merecida – ao menos enquanto se morre de vergonha por não acontecer nada, que ela seja merecida".[115] Lacan nos convida, portanto, não a elidir o impossível, no caso a morte, mas conviver com ele. É isso o que a honra poderá fazer do ser falante. "Tinha a morte dentro de si", dizia Rilke com relação aos tempos antigos, "e ela era uma *posse*, e isso conferia à pessoa uma dignidade peculiar e um orgulho calado".[116]

Da vergonha em retorno

O discurso capitalista, bem ao contrário, será uma forma de impelir o sujeito a elidir esse impossível, convidando-o a se livrar dessa dívida simbólica. Não arriscar nada é uma forma de não se fazer de agente do impossível. Claro, livrar-se da dívida poderá produzir certas liberdades, mas terá outro custo. Como diz a palavra do Evangelho, que Lacan gostava de citar: "Quem quer manter a vida, perde-a".[117] Porque a partir daí, o preço dessa vida, que constitui o seu valor, cai. Nada mais importa, a começar por essa própria vida, reduzida a mera futilidade: "*Aquilo não merece a morte*, diz-se a propósito de qualquer coisa, para reduzir tudo à

---

114 Ibid., p. 173.

115 Ibid.

116 Rilke, R. M. (1910). *Os cadernos de Malte Laurids Brigge* (Renato Zwick, Trad.). Porto Alegre: LP&M, 2009, edição eletrônica.

117 Lacan, J. *Le séminaire "Le désir et son interprétation (1958-59)"*, inédito (lição de 13/05/1959).

futilidade".[118] É "a era da indiferença pura", escreve Lipovetsky, com o desaparecimento das grandes metas e grandes empreendimentos pelos quais a vida merece ser sacrificada: "tudo imediatamente" e não mais "*per aspera ad astra*"[119] ("além dos obstáculos, em direção às estrelas"). Trata-se, decerto, de uma vida em que o dever já não conta, em que nada mais é vergonhoso, mas que em troca já não tem mais dignidade a conceder, não se abrindo para as estrelas, mas para o nada. Maurice Pinguet, em seu comentário e análise do suicídio de Mishima, coloca isso de maneira mais bela:

> *Todos os valores pelos quais antes se merecia morrer foram apagados, a imanência não conhece mais limites, a morte nada mais é do que um nada com o qual nada há a se fazer, tudo está nivelado. Nada existe para cada um, exceto sua vida, e quando, finalmente, ela se revela ser nada, como evitar a angústia, o escândalo do absurdo e do desespero? Ao banir o sacrifício, pensa Mishima, a modernidade esgotou a transcendência, não resta nada de soberano de que a vida pudesse receber um sentido. Talvez não tenhamos mais ilusões, mas tampouco uma meta que nos ultrapasse, nos una e nos exalte. Sob a freneticidade laboriosa, a apatia se estende, e a própria revolta, degradada em contestação, não pode mais dar a si como causa. Ao subtrair a morte, a vida perdeu sua vitalidade, sua efervescência . . . Como o Kirilov de Dostoiévski, Mishima se matará a fim de indicar a saída, fará a saúde do futuro apostando na autoridade*

---

118 Lacan, J. (1969-1970). *O seminário, livro 17: O avesso da psicanálise*, op. cit., p. 173.

119 Lipovetsky, G. (1983). *A era do vazio: ensaios sobre o individualismo contemporâneo*. Barueri: Manole, 2005, p. 32.

> *da morte voluntária. Em 25 de novembro de 1970, ele oporá seu último ato ao nada da modernidade.*[120]

Seguindo-se Lacan, uma causalidade aparece da seguinte forma: a vergonha de viver "se justifica por não morrerem de vergonha".[121] Por foracluir a dívida simbólica, o engajamento com a palavra, a vergonha, que se acreditava ter desaparecido, da qual se acreditava estar liberto, poderá repercutir em surdina ou com estrondo na própria vida. Não são mais os atos ou palavras do sujeito que o envergonharão, visto que não o engajam mais. Mas é a própria vida que perde a dignidade e o envergonha. Pois se nada nesta vida merece a morte, então o que ela é?

Nisso, a modificação do discurso do mestre poderia produzir uma nova vergonha. O discurso capitalista terá mudado o *status* da vergonha. A vergonha dos sujeitos de hoje não é mais ligada à consistência do Outro, ao pacto simbólico, ao trágico.[122] Ela é aquela que constitui a miséria do sujeito, que afeta sua própria vida e seu desejo de viver. Uma vergonha de viver em estado puro, diríamos, parafraseando aquilo que Lacan dizia sobre a dor de existir. "Quem é que se mexe", pergunta Viviane Forrester, "a não ser para fechar um jornal, desligar a televisão, obediente à injunção de permanecer confiante, sorridente, brincalhão e beato (se já não se estiver escondido, derrotado e envergonhado)?".[123] Tal é o efeito em retorno da vergonha e sua equação moderna. Aquele que com um empurrão terá conseguido livrar-se das velhas vergonhas, não deixará de estar sujeito à vergonha, contudo. Por trás dessa enfatuação e impudência do sujeito moderno, a vergonha de uma vida sem vida ameaça, vida

---

120 Pinguet, M. (1984). *La mort volontaire au Japon*, op. cit., p. 272.

121 Lacan, J. (1969-1970). *O seminário, livro 17: O avesso da psicanálise*, op. cit., p. 174.

122 Cf. sobre esse ponto: Agamben, G. (1985). A ideia da vergonha. In *A ideia da prosa*, op. cit., p. 76.

123 Forrester, V. (1996). *L'horreur économique*. Paris: Fayard, p. 202.

na qual não acreditamos mais. A vergonha de uma vida em que o sujeito, tendo voltado de tudo, não vai mais em direção a nada, passando, antes, a errar. Que ele pergunte a si mesmo o que é sua vida e que alegria a anima, e às vezes se dará conta, se ainda não o sabia, como a vergonha lhe vem de fora. A partir daí, resta verificar quais serão as declinações desse retorno da vergonha.

2. A vergonha de uma vida sem vida

Para tanto, vale a pena voltar a esse primeiro aspecto da *vergontologia* que é a vergonha de existir. Se se trata aí de um efeito da estrutura, em que o discurso capitalista poderia, no entanto, no plano das identificações, fragilizar o sujeito moderno, a ponto de redobrar essa vertente da vergonha?

O sujeito avaliado

O seminário *O avesso da psicanálise* nos permitiu isolar uma das consequências desse discurso. O proletário, entendido como o paradigma do indivíduo hoje,[124] é um sujeito despojado de sua função de saber, reduzido a uma unidade de valor e, por essas duas razões, possivelmente afetado em sua dignidade. Essa é uma primeira ocorrência da vergonha, ou seja, o sujeito que cora ao se ver destituído à categoria de autômato, de material humano, a serviço de um Outro e de seu discurso. Mero valor de mercado, *a*, sempre substituível por outro.

Todavia, a nova escrita do discurso capitalista torna possível, aqui também, continuar. Há certamente uma fatuidade, uma suficiência do sujeito moderno, aliviada que seria do peso dos ideais e, portanto, da vergonha que eles poderiam gerar. Mas assim livre

---

124 Lacan, J. (1974). La troisième. *Lettres de l'École freudienne, XVI*, op. cit., p. 187.

das dívidas, o sujeito moderno terá vencido? Às vezes sem dúvida, e muito, quando o sujeito terá ali encontrado a nova possibilidade de rir de um Outro em quem já não acredita mais, assim como se libertar de seus constrangimentos, quando ele queria programar excessivamente seu destino e encurralar a vergonha de falhar aí. Nada aí que não deva ser lamentado, quando o sujeito poderá provar, ao contrário, o uso de uma ironia salvadora. Mas, ainda assim, não se deveria ignorar o risco, e até mesmo o custo, dessa liberdade do sujeito moderno, de renunciar à dívida "como agora podemos fazer isso", indica Lacan, "estamos encarregados de uma desgraça ainda maior, de modo que o destino não é mais nada para nós".[125]

Ademais, esse sujeito não tem contas a prestar com mais ninguém, mas por um motivo que relativiza esse ganho de liberdade é que ele, justamente, está sozinho. O sujeito do mal-estar na civilização é um sujeito que ocasionalmente não sabe mais onde se alojar, nem com quem compartilhar sua existência. A partir daí, essa existência poderá voltar para ele como excessiva, vazia de sentido por um lado, porque sem dinâmica libidinal, por outro, e afetar esse sujeito, acometê-lo de uma vertigem vergontológica. Prova disso é que, de acordo com Benjamin, diante da progressiva desintegração do laço social, cada um se viu gradativamente com pressa de justificar sua existência, de forjar seu ponto de vista isolado. Escreve o filósofo:

> *Quem não se subtrai à percepção do declínio passará sem demora a reivindicar uma justificação particular para sua permanência, sua atividade e sua participação nesse caos. Quantas forem as evidências do malogro geral, tantas serão as exceções para a própria esfera de*

---

125 Lacan, J. (1959-1960). *O seminário, livro 7: A ética da psicanálise*. Rio de Janeiro: Zahar, 2008, citado e comentado por Regnault, F. *La doctrine inouïe...*, op. cit., p. 76.

> *ação, local de morada e momento. A cega vontade de salvar o prestígio da existência pessoal, de preferência a destacá-la, pelo menos, através da soberana avaliação de sua impotência e de seu embaraço, do pano de fundo do enceguecimento geral, impõe-se quase por toda parte. Por isso o ar está tão cheio de teorias de vida e visões do mundo, e por isso elas fazem aqui nesta terra um efeito tão pretensioso, porque no fim quase sempre valem como sanção de alguma situação privada totalmente insignificante.*[126]

O que isso quer dizer? A angústia de não ser nada alimenta muitas tentativas desesperadas, senão de justificação, ao menos de valorização da própria existência. Colette Soler observa isso, apontando no sujeito moderno essa aspiração a se distinguir, que batiza com o termo *narcinismo*.[127] Tudo sendo, então, questão de operar uma reversão. Não mais estar só, porque excluído e sem interesse para os outros, mas só, porque único, não devendo nada a ninguém, tendo voltado de tudo e finalmente satisfeito consigo mesmo, livre de todas as perdas. Só que, nota Benjamin, ao tentar salvar o prestígio de sua existência, ao inventar desesperadamente um "savoir-vivre"[128] para si, essa existência será ameaçada de ridículo.[129] E por que não o extremismo, quando não haverá mais como único recurso, contra essa vergonhosa vacuidade da existência, senão o desencadeamento de uma aspiração aos significantes-mestres. Lembremo-nos, a vergonha "talvez seja justamente isso[,] o buraco

---

126 Benjamin, W. (1900). *Rua de mão única*, op. cit., pp. 23-24.

127 Soler, C. (out. 1997). L'angoisse, pas sans nouvel objet. *Letterina, 5. Bulletin de l'Association Cause Freudienne-Normandie*, p. 18.

128 Lacan, J. (1969-1970). *O seminário, livro 17: O avesso da psicanálise*, op. cit., p. 181.

129 Ibid., p. 174. Lacan escolherá outro termo, "a bufonaria".

de onde brota o significante-mestre".[130] Ridículo ou extremismo, é isso o que não desmentirá o aparecimento hoje desses saberes-viver, e de outros fanatismos *orgânicos*, em que veremos algumas pessoas, ansiosas por não acreditar em mais nada, se convencerem com fúria da qualidade certificada das abobrinhas.

Além disso, esse sujeito que se queria sem dívidas, responsável por sua existência, será doravante o único responsável por essa existência. Ele será um sujeito do qual nada, nenhum Outro no imaginário, lhe assegurará um lugar, lhe garantirá de fato o direito de ser. Escreve Maurice Pinguet:

> *A sociedade moderna acreditou dar liberdade ao indivíduo; na verdade, ela o condenou à solidão e à insegurança . . . . Tudo é permitido: sociedade de concorrência em que todos estão fadados ao sucesso, deserto da contingência em que o homem não encontra mais a proteção de uma condição estável e de um dever permanente.*[131]

A liberdade moderna tem esse preço, o sujeito terá que justificar seu direito de viver e, para isso, mostrar que é útil, que, por seu saber, *vale* alguma coisa. "Quem é você?", escreve ainda Maurice Pinguet. "Você é o que você conseguirá se tornar. Nada mais".[132] O indivíduo proletário, conclui Lacan, é e deve ser o equivalente homogêneo dos objetos que consome, *a*. O discurso capitalista promove em vez disso o sujeito individual, o sujeito reduzido a uma unidade de valor. Isso quer dizer que seu ser será julgado como mais ou menos valor, e outras qualidades. No entanto, os critérios de avaliação devem ser especificados aqui. Pois esses valores serão os impostos pelo

130 Ibid., p. 180.

131 Pinguet, M. (1984). *La mort volontaire au Japon*, op. cit., p. 38.

132 Ibid., p. 48.

mercado, não os da ética. O sujeito é reduzido àquilo que ele vale, não em função das sequências que dá ou não ao seu desejo, mas ao que ele vale no mercado. O sujeito, despojado do saber-fazer que poderia honrá-lo e particularizá-lo, deverá ser reduzido a modos de ser prontos [*aux prêt-à*-être], saberes e aptidões buscados. E sua vergonha será falhar nisso.

O que dizer, com efeito, sobre esse sujeito quando ele não vale mais nada, por não mais poder trabalhar? Pois se é verdade que o discurso capitalista agora dispensa a encarnação de um mestre, isso não quer dizer que esse discurso fomenta seu imperativo categórico: "Vai, continua".[133] A partir daí, certamente a vergonha não será mais a de outrora, aquela do dever a cumprir segundo os ideais do Outro e a dívida contraída para com ele. Mas ela poderá ser a de não conseguir acompanhar o serviço ordenado pelo discurso capitalista, a de desacelerar, senão de obstruir sua marcha frenética. Ou seja, a vergonha de não "servir para nada", segundo a expressão justa de meu paciente. Vergonha de não produzir mais nada, segundo o único imperativo moderno, e para isso, a de compartilhar o destino e o *status* desses objetos forjados, tal como Lacan definia o objeto *a* desse discurso.

E é por isso que aparece aqui uma nova vergonha de existir, produto do capitalismo e ligada ao aparecimento de milhões de homens desempregados. Benjamin já constatava isso em seu tempo:

> *Quando havia trabalho que alimentava seu homem havia também pobreza que não desonrava, quando o atingia por má colheita ou outra fatalidade. Mas é desonra, sim, essa penúria, da qual milhões já nascem dentro, e em que são enredados centenas de milhares, que empobrecem.*

---

133 Lacan, J. (1969-1970). *O seminário, livro 17: O avesso da psicanálise*, op. cit., p. 98.

> *Sujeira e miséria crescem como muros, obra de mãos invisíveis, em torno deles. E assim como o indivíduo pode suportar muito por si, mas sente justa vergonha quando sua mulher o vê suportá-lo e ela própria o atura, assim é lícito ao indivíduo aturar muito enquanto está sozinho e tudo enquanto o esconde. Mas nunca é lícito a alguém firmar sua paz com a pobreza quando ela cai como uma sombra gigante sobre seu povo e sua casa.*[134]

Viviane Forrester, por sua vez, ressalta isso hoje, ao tornar a vergonha uma das ocorrências do *horror econômico*:

> *Milhões de pessoas, digo precisamente* pessoas *entre parênteses, têm direito por um tempo indefinido, talvez sem um limite diferente que o de sua morte, à miséria ou à sua ameaça mais ou menos próxima, muitas vezes à perda de um teto, à perda de qualquer consideração social e até mesmo de qualquer autoconsideração. Ao* pathos *das identidades precárias ou naufragadas. Ao mais vergonhoso dos sentimentos: a vergonha. Pois todos então acreditam serem (são encorajados a pensarem assim) mestres falidos de seu próprio destino, quando foram apenas uma cifra dada ao acaso em uma estatística.*[135]

Esses "milhões de pessoas postas entre parênteses", talvez sejam uma metáfora possível para essa "ideologia da supressão do sujeito",[136] que Lacan via no princípio do discurso da ciência. Um discurso

---

134 Benjamin, W. (1900). *Rua de mão única*, op. cit., p. 22.

135 Forrester, V. (1996). *L'horreur économique*, op. cit., p. 13.

136 Lacan, J. (1970). Radiofonia. In *Outros escritos* (Vera Ribeiro, Trad.). Rio de Janeiro: Zahar, 2003, p. 436.

que não deixa "para o homem lugar algum"[137] e cujos resultados são atestados aqui, quando esse discurso será acoplado, conforme aquilo que constitui o discurso do mestre moderno, ao capitalismo. A vergonha de existir do sujeito moderno poderá ser a vergonha de um sujeito que experimenta essa ideologia por si mesmo. Oscilando entre o sentimento de vacuidade e de inutilidade de sua existência, ele se verá ser visto como em excesso, recusado em seu direito de estar lá. Esse é o paradigma novo do homem *sem papel*, $\$$, prometido sempre à expulsão de um discurso, *a*.

Gozos forjados

Contudo, a vergonha de viver, como enfatizei, não inclui somente a vergonha de existir, pois ela introduz a dimensão do gozo, do objeto *a*, para aquilo que constitui a vida. "A vida", afirma Lacan, "a vida provisória que se aposta contra uma chance de vida eterna, é *a*".[138] O discurso capitalista, que alimenta a vergonha de viver, produzirá efeitos também nesse nível e a escrita desse discurso permite que essas consequências sejam explicitadas. Recordemos que essa escrita consiste numa inversão da parte esquerda do discurso do mestre. $\$$ passa para a posição de agente do discurso. Ali onde estava o mestre, S_1, advém $\$$. Ora, o que é esse $\$$? O indivíduo, no sentido que Lacan lhe dá aqui: "Cada indivíduo é realmente um proletário".[139] Um indivíduo, isto é, como precisará Colette Soler, "o sujeito completado por seu mais-de-gozar".[140] É isso que uma das diagonais desse discurso escreve: um sujeito completado com seu mais-de-gozar, *a*. De que maneira esse sujeito é assim completado e quais são seus efeitos?

---

137 Lacan, J. (1969-1970). *O seminário, livro 17: O avesso da psicanálise*, op. cit., p. 138.

138 Ibid., p. 93.

139 Lacan, J. (1974). La troisième. *Lettres de l'École freudienne, XVI*, op. cit., p. 187.

140 Soler, C. (2002). Les droits du sujet. *Letterina, 10*, op. cit., p. 6.

Discurso do capitalista:

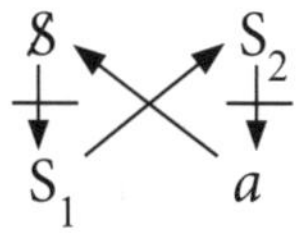

A direção da flecha merece primeiro ser ressaltada, porque o sujeito não é somente completado, mas também comandado, explorado, dirá Lacan,[141] por aquilo que aqui faz papel de mais-de-gozar. Por que dizer "faz papel" [*fait office*]? Pela razão de que o que Lacan situa em *a*, no discurso capitalista, não é qualquer mais-de-gozar, mas um mais-de-gozar forjado. "A sociedade de consumidores", afirma ele em 1970, "adquire seu sentido quando ao elemento, entre aspas, que se qualifica de humano se dá o equivalente homogêneo de um mais-de-gozar qualquer, que é o produto de nossa indústria, um mais-de-gozar forjado".[142] Ora, essa tese anuncia e lança luz sobre a escrita do discurso capitalista. O objeto mais-de-gozar forjado, *a*, é antes de tudo definido como o produto de nossa indústria, desse discurso da tecnociência unido ao discurso capitalista.[143] Daí, a parte direita do discurso capitalista escreve o resultado dessa cópula. O saber científico S_2, posto a serviço do discurso capitalista, produz esses objetos mais-de-gozar forjados, *a*, que Lacan batizou com o curioso nome de *latusas*, "pequenos objetos *a*", ele precisa, "que vão encontrar ao sair, no pavimento de todas as esquinas, atrás de todas as vitrines, na proliferação desses objetos feitos para causar o desejo de vocês, na medida em que agora é a ciência que o governa, pensem neles como latusas".[144] Então, como esse objeto *a* forjado afeta

141 Lacan, J. (1970). Radiofonia. In *Outros escritos*, op. cit., p. 413.

142 Lacan, J. (1969-1970). *O seminário, livro 17: O avesso da psicanálise*, op. cit., p. 76.

143 Ibid., p. 103.

144 Ibid., p. 153.

o indivíduo em seus gozos e por que, segundo Lacan, ele poderia pedir contas a esses objetos de exploração que ele sofre?[145]

Sob a égide do discurso capitalista, a ciência governa nossos desejos por meio da produção dessas *latusas*, objetos "mais-de-gozar forjados". Esses objetos serão chamados forjados porque "enganam o *mais-de-gozar*",[146] oferecendo ao sujeito apenas um gozo da falta, um gozo da perda de gozo. As latusas enganam o sujeito moderno que por elas se deixa enganar ao pretender compensar essa perda de gozo, ao passo que eles apenas manterão o gosto por essa mesma perda e sua repetição. Eles encarnam a felicidade perto de casa, que pode ser paga em três parcelas. Assim, as pretensões dessas latusas serão tanto maiores quanto enganosas. Esse é o segredo do sucesso capitalista. O gozo está em outro lugar que não o prometido e é de outra natureza. Ele consiste em seu próprio malogro e nos sacrifícios impostos ao sujeito para acessar aquilo que, no final, será apenas esse gozo forjado. O sujeito, na melhor das hipóteses, apenas "banca o mais-de-gozar".[147] Se há gozo, não é aquele fornecido pelo objeto a ser consumido, de antemão, *has been*. Mas é aquele que consiste no ato de consumir, nas perdas e nos sacrifícios que esse ato impõe. E é por isso que a produção da falta de gozar, observa Lacan, é extensível e insaciável, incapaz de "proporcionar um gozo com que possa tornar-se mais lenta".[148] A moral capitalista tem seu imperativo categórico. É preciso "renunciar aos prazeres"[149] e se satisfazer com essa renúncia. Lacan propõe em 1969, mas voltará a isso mais tarde.

145 Lacan, J. (1970). Radiofonia. In *Outros escritos*, op. cit., p. 413.

146 Lacan, J. (1968-1969). *O seminário, livro 16: De um Outro ao outro*, op. cit., pp. 100-101.

147 Lacan, J. (1969-1970). *O seminário, livro 17: O avesso da psicanálise*, op. cit., p. 76.

148 Lacan, J. (1970). Radiofonia. In *Outros escritos*, op. cit., p. 434.

149 Lacan, J. (1968-1969). *O seminário, livro 16: De um Outro ao outro*, op. cit., p. 107.

A economia capitalista cria falta de gozar, ele dirá em "Radiofonia". Os explorados padecem, participando aí na "sede de falta de gozar".[150]

E o discurso capitalista, por meio desses objetos forjados, afetará ainda o sujeito moderno de maneira diferente. Retomemos uma última vez a tese de Lacan: "Há apenas um sintoma social: cada indivíduo é realmente um proletário, isto é, não tem nenhum discurso com o qual fazer laço social, em outras palavras, semblante".[151] Em outros termos, diz Colette Soler, "o proletário é aquele que não tem nada para fazer laço social com seu mais-de-gozar".[152] É isso o que também desnaturaliza o mais-de-gozar do sujeito moderno. O discurso capitalista, que produz as latusas e as impõe como modo de gozar universal, terá por efeito deixar o indivíduo moderno sem o auxílio de qualquer laço social. O proletário é alguém que goza da falta de gozar e que, ao fazer isso, se encontra só, sem que esses objetos mais-de-gozar com os quais o empanturramos vetorizem um laço com o outro. No entanto, isso terá uma consequência, de aspecto paradoxal. O discurso capitalista diz ao homem de hoje qual "indivíduo bem-sucedido",[153] perfeito, ele deve ser, e como ele deve ser. Assim, ele nutre e força a esperança de uma colmatagem da hiância do sujeito.[154] Ele oferece a ele um gozar pronto [*prêt-à-jouir*] assim como um modo de ser pronto [*prêt-à-être*], quais latusas terão que ser consumidas, quais identificações imaginárias do momento serão necessárias. O resultado é duplo: homogeneização dos indivíduos e das multidões, homogeneização de seus gozos e das identificações forjadas. Mas, também, solidão prometida a cada um. Na medida em

150 Lacan, J. (1970). Radiofonia. In *Outros escritos*, op. cit., p. 435.

151 Lacan, J. (1974). La troisième. *Lettres de l'École freudienne, XVI*, op. cit., p.

152 Soler, C. (2002). Les droits du sujet. *Letterina, 10*, op. cit., p. 6.

153 Sauret, M.-J. (2000). *Psychanalyse et politique. Huit questions de la psychanalyse au politique*. Toulouse: PUM, p. 33.

154 Soler, C. (2002). Les droits du sujet. *Letterina, 10*, op. cit., p. 8.

que sermos todos semelhantes não é o mesmo que estarmos todos juntos, mas o contrário disso, cada um no seu canto.

Assim, o discurso científico-capitalista rompe o laço social, pois exclui, por estrutura, a particularidade daqueles a quem se aplica. Outra forma, diremos com Lacan, de suprimir o sujeito.[155] "As grandes cabeças do nosso século", escrevia já Leopardi, "encontraram . . . um remédio novo, quase divino: incapazes de fazer alguém feliz na terra, esqueceram o homem para procurar a felicidade geral".[156] Esse sujeito, excluído do laço social, terá então como fardo sua própria singularidade. Ele é alguém que se experimenta só porque é diferente dos outros. É sujeito culpado por não se satisfazer com as ofertas a serem gozadas e ofertas de ser que lhe são impostas, culpado por gozar e ser, de outra forma. O *reality show* de hoje não desmentiria isso, conseguindo mercantilizar aquilo que o próprio discurso havia produzido, os gozos sujos de uns, as vacuidades subjetivas de outros, e às vezes os mesmos. Em suma, o *reality show* cozinha os restos desse discurso, aproveitando, não sem cinismo, misérias de sujeitos à deriva, necessitados de ser e de se inscreverem em um laço social, convidados a virem gozar de sua vergonha, e outras faltas de gozar.

Parece, então, que o capitalismo afeta o sujeito moderno em sua relação com o gozo, e duplamente. Ele cultiva e lhe impõe a sede de falta de gozar, esse gozo de tipo superegoico, na raiz, segundo Lacan, do mal-estar na civilização: "O que representa o mal-estar da civilização, como se costuma dizer? É um mais-de-gozar obtido através da renúncia ao gozo".[157] Esse é o avesso, amargo, de suas promessas de gozos plenos e completos. Ao fazê-lo, ele exclui também a particularidade do sujeito, a começar por esse verdadeiro

---

155 Lacan, J. (1970). Radiofonia. In *Outros escritos*, op. cit., p. 436.

156 Leopardi, G. (1832). *Canti...*, op. cit., p. 132.

157 Lacan, J. (1968-1969). *O seminário, livro 16: De um Outro ao outro*, op. cit., p. 40.

objeto *a*, e não mais forjado, que o funda. O sujeito já não está mais em condições, a partir desse objeto que o constitui como nenhum outro, de tecer um laço com o outro. Com efeito, o capitalismo tem a pretensão de foracluir a castração,[158] ou seja, de atenuar a falta de gozar do sujeito. Essa foraclusão, de fato, contradiz a relação do sujeito com o objeto perdido, substituindo aí a profusão de objetos forjados e o imperativo de consumo que eles geram. O capitalismo mina isso, que com a pulsão se possa fazer desejo. Isso, entretanto, era possível, "pois o *Trieb* freudiano 'constitui o desejo reproduzindo nele a relação do sujeito com o objeto perdido'",[159] escrevia Éric Laurent. O capitalismo, ao foracluir a castração, refuta de fato essa relação do sujeito com o objeto perdido. E é por isso também que ele ataca o laço social. O indivíduo moderno é afetado em sua capacidade de transformar a pulsão em desejo e de encontrar, nesse desejo, o vetor possível de um laço com o outro. O risco será então de se sentir sozinho, embaraçado por pulsões com as quais ele não sabe o que fazer e que, por isso, podem nutrir sua vergonha.

3. Excluídos do laço social

Com efeito, surge então a pergunta: se ao sujeito falta mais-de-gozar para fazer laço social, como isso afeta a própria vida? Ao fazer dessa vida uma vida miserável, que poderá constituir o fundo de sua vergonha de viver. O filósofo Agamben, em sua distinção entre o homem antigo e o homem moderno, destacava esse novo aparecimento da miséria, chegando até a sugerir, a exemplo de Lacan, o efeito em retorno da dimensão foracluída do destino.

---

158 Lacan, J. (1971). *Le savoir du psychanalyste. Entretiens de Sainte-anne*, inédito, p. 46.

159 Laurent, É. (1994). Sept problèmes de logique collective. *Barca, 3 – Revue de poésie, politique, psychanalyse*. Paris: Éditions Barca, p. 148.

> *O homem antigo não conhece o sentimento de miséria e contingência que, aos nossos olhos, e em última instância, retira toda a grandeza à desventura humana... Trágico, e não mesquinho, é o naufrágio do homem antigo face ao seu destino: nem a sua infelicidade nem a sua felicidade revelam qualquer sinal de tacanhez.*[160]

A miséria do sujeito

Então, como dizer, dessa vez com os conceitos da psicanálise, o que seria essa miséria do sujeito moderno? O discurso capitalista, que rejeita a particularidade do sujeito, não o remete apenas à vaidade de suas identificações, mas também ao seu *status* de objeto *a*. O indivíduo, culpado de sua falta-a-ser, de não ter valor suficiente, descobrirá nesse movimento de destituição, sua condição de objeto. Ora, eis o que poderá reduzi-lo àquilo que era evocado acima: a contrapartida desse objeto que ele é, na qual, justamente, Lacan classificará a miséria do sujeito. "A contrapartida do *a*, desse mais-de-gozar que constitui a coerência do sujeito como eu", escreveu ele, é "o não gozo, a miséria, o desamparo e a solidão".[161] Miséria, não gozo, desamparo e solidão, não é curioso encontrar aí tantas maneiras possíveis de descrever a confusão do sujeito moderno? Uma vida miserável será, portanto, aquela de um sujeito em desespero de *causa*. Uma vida que perdeu o seu brio, em que o objeto *a* não consegue causar um desejo e permitir, por meio do laço social, o ganho desses benefícios de gozo que animam. O sujeito moderno, contudo, é um sujeito que já não goza? Não, já que a pulsão sempre é satisfeita. Ela satisfará, portanto, por outras vias, a começar por esse gozo superegoico já sublinhado. De modo que a vergonha de viver poderá ser nesse caso

---

160 Agamben, G. (1985). A ideia da vergonha. In *A ideia da prosa*, op. cit., p. 76.

161 Lacan, J. (1968-1969). *O seminário, livro 16: De um Outro ao outro*, op. cit., pp. 24-25.

a vergonha, para o sujeito, de se satisfazer apesar de tudo e contra si mesmo, com essa vida, por mais miserável que ela seja. Gozo da falta de gozar, dizia Lacan, que terá substituído o desejo de viver pelo tédio de viver e a vergonha de uma vida sem vida. Rilke retrata isso em seus *Os cadernos de Malta Laurids Brigge.*

> *Estou aqui sentado em meu quartinho, eu, Brigge, que completei 28 anos e sou desconhecido de todos. Estou aqui sentado e não sou nada. E, contudo, esse nada começa a pensar e pensa, no quinto andar, numa cinzenta tarde parisiense, estes pensamentos:*
>
> *É possível, pensa ele, que ainda não tenhamos visto, conhecido e dito nada de real e de importante? É possível que tenhamos tido um tempo de milênios para ver, refletir e anotar, e que tenhamos deixado os milênios passar como um intervalo entre as aulas em que comemos um pão com manteiga e uma maçã?*
>
> *Sim, é possível.*
>
> . . .
>
> *É possível que todas essas pessoas conheçam com perfeita exatidão um passado que nunca existiu? É possível que todas as realidades nada sejam para elas, que suas vidas transcorram sem estar ligadas a nada, tal como um relógio num quarto vazio...?* [162]

A vergonha de viver do sujeito moderno poderá ser essa vergonha de uma vida sem vida, desertada pelo "vivente" e, por isso, prometida tanto à errância como ao tempo suspenso, uma vida que

---

162 Rilke, R. M. (1910). *Os cadernos de Malte Laurids Brigge*, op. cit., pp. 14-15.

já não oferece à libido via para sua satisfação e que, a partir daí, recai em seu *non-sense*. Uma vida pobre em desejos que orientam, deixando o sujeito empanturrado com seus gozos forjados, dos quais logo retornará, mas que ele, no entanto, prolongará. A vergonha de viver será o índice desse gozo ou da falta de gozar. A isso devemos adicionar os restos com os quais essa vida se sustém, os pequenos gozos que falham em amenizar essa falta de gozar. Estes podem ser vividos pelo sujeito como miseráveis e vergonhosos quando não poderão mais ser sublimados no laço social, patinhando sob sua forma de origem, pulsional, sem que o sujeito consiga fazer desse objeto *a* "uma causa com o mais-de-gozar",[163] um desejo que dá início a um laço com o outro. O risco será então de que o sujeito venha a provar esse objeto na condição de "porcaria",[164] de coisa "*abjeta*".[165] É isso também pelo que ele poderá ser afetado, e por dois motivos. Primeiro, na medida em que o sujeito se relaciona com esse objeto no registro do ter, que o sujeito *tem* gozos. Seus gozos pulsionais poderão então ser julgados vergonhosos, na medida em que são incapazes de se satisfazerem no laço social, que só mantém consistência ao rejeitá-los. Esses são gozos abandonados por um laço social. E se esse sujeito não pode a partir deles estabelecer um laço social, é porque eles, portanto, não são confessáveis. O sujeito poderá ser aqui um sujeito afetado, maculado, embaraçado por suas pulsões com as quais não sabe mais o que fazer, senão calá-las, apenas satisfazê-las, causando um curto-circuito no laço com o outro. Essas pulsões poderão então causar as "pequenas sujeiras de sua existência",

---

163 Lacan, J. (1967). Discurso na Escola Freudiana de Paris. In *Outros escritos* (Vera Ribeiro, Trad.). Rio de Janeiro: Zahar, 2003, p. 283.

164 Lacan, J. (1964-1965). *O seminário, livro 11: Os quatro conceitos fundamentais da psicanálise* (M. D. Magno, Trad.). Rio de Janeiro: Zahar, 1988, p. 243.

165 Lacan, J. (1973). Televisão. In *Outros escritos* (Vera Ribeiro, Trad.). Rio de Janeiro: Zahar, 2003, p. 524. E também Lacan, J. (1973). ...Ou pior. In *Outros escritos* (Vera Ribeiro, Trad.). Rio de Janeiro: Zahar, 2003, p. 547.

segundo a expressão de François Regnault,[166] os "vícios ocultos",[167] como um jovem chamava o laço amoroso.

Todavia, esse objeto *a* é também aquilo a que o sujeito é reduzido como ser de gozo. O sujeito não só se relaciona com o objeto *a*, mas se iguala a ele, é esse objeto. Assim, o discurso capitalista, por meio de sua operação de exclusão, também correrá o risco de devolver brutalmente o sujeito à sua condição de objeto excedente. Consequentemente, não são somente os gozos do sujeito que poderão ser julgados sujos e vergonhosos, mas todo o seu ser quando ele se reduz a nada, a não ser *isso*. Isso está de acordo com outra tese de Agamben. Para sublinhar o caráter ontológico da vergonha, relata ele, Heidegger propõe o termo asco. Ora, esse termo repugnância, observa o filósofo,[168] é encontrado em Benjamin, e nos permite comparar com vantagem a vergonha com o nojo. Em cada caso, observa ele, o sujeito se reconhece em uma "alteridade inassumível", um ponto êxtimo que o enche de vergonha. "Mas, tal como toda a relutância", escreve Agamben, "trai, naquele que a experimenta, uma secreta solidariedade com o objeto do seu desprezo, assim também a vergonha é o sinal de uma inaudita e tremenda proximidade do homem em relação a si próprio",[169] o homem que experimenta repugnância se reconhece em uma "inassumível, ou seja, subjetiva-se em uma absoluta dessubjetivação".[170] Em sua vergonha ou em seu nojo, apreende aqui a psicanálise, o sujeito vivencia aquilo que ele é, para além de suas identificações, como puro dejeto e gozo opaco. "O que se assusta profundamente no homem", observa Benjamin

166 Regnault, F. (2003). Théâtre et tabous. *Rond-Point, 3, Revue de théâtre*. Arles: Acte Sud, p. 53.

167 *Quand les filles mettent les voiles*, reportagem de Leila Djitli, difundida no canal Arte, em dezembro de 2003.

168 Agamben, G. (1998). *O que resta de Auschwitz* (Selvino J. Assmann, Trad.). São Paulo: Boitempo Editorial, 2008, pp. 110-111.

169 Agamben, G. (1985). A ideia da vergonha. In *A ideia da prosa*, op. cit., p. 78.

170 Agamben, G. (1998). *O que resta de Auschwitz*, op. cit., p. 111.

novamente, "é a consciência obscura de que, nele, permanece em vida algo de tão pouco alheio ao animal provocador de asco, que possa ser reconhecido por este".[171]

A vergonha de viver, conforme ressaltei, inclui a vergonha de existir, na qual o sujeito padece de sua falta-a-ser e seu ser em excesso. Vemos agora que ela também se faz no registro do gozo, não somente dos gozos que o sujeito tem ou não tem, mas também dos gozos que ele é, e que por vezes causam asco a ele mesmo. Por sua ideologia de supressão do sujeito e pela desintegração do laço social que ele ocasiona, o discurso científico-capitalista ameaça assim cada sujeito com a vergonha de viver, na medida em que faz pesar sobre eles a vergonha do pouco que eles são e da vida que têm, isto é, daquilo que os impele a viver, a força pulsional. O discurso capitalista, ao produzir a vergonha de viver, contradiz o desejo de viver. O contrário também é verdade. Por não mais desejar, o sujeito baixará os olhos diante daquilo que se tornou, "um homem com ninguém dentro",[172] e ao que sua vida se resume. A vergonha de viver é a vergonha de uma vida sem vida, em que o gozo é reduzido àquele que nutre o mal-estar na civilização, um gozo superegoico, gozo da falta de gozar. A vergonha é o índice desse gozo. Adivinhamos então qual é o risco corrido: que o sujeito, contra si mesmo, tome gosto por essa vida vergonhosa, que ele se satisfaça ferozmente, sem saber, em renunciar seu desejo.

O homem do subsolo

Dostoiévski, em *Notas do subsolo*, faz mais do que ilustrar isso.[173] O que seu homem do subsolo revela? Que é possível gozar da própria

171 Benjamin, W. (1900). *Rua de mão única*, op. cit., p. 16.

172 Gary, R. (1974). *Gros-câlin*. Paris: Folio/Gallimard, 1977, p. 13.

173 Poderemos nos referir ao comentário feito por Marie-Jean Sauret em *L'effet révolutionnaire du symptôme*. Toulouse: Érès, 2008, pp. 250-251.

vergonha tanto quanto se pode sofrer com ela. Que é possível renunciar ao que a vida tinha de vivo, para preferir aí a embriaguez sombria de tornar essa vida ainda mais miserável. Quem é o homem do subsolo? Em primeiro lugar, um homem emparedado em sua solidão, isolado de seus semelhantes, que já não existem. "Eu", ele confidencia, "sou único e eles são *todos*".[174] É também um "anti-herói",[175] um sujeito que não tem mais causa para defender, a não ser seus caprichos,[176] versão medíocre do desejo. Enfim, um homem que, para viver sua vida, decide se inventar. Impregnando-se das vidas heroicas que a literatura romântica lhe descreve, dessas vidas que, justamente, terão sido orientadas por um desejo, ele confidencia: "Eu fantasiava peripécias e criava uma vida para mim, ao menos para viver, de alguma forma".[177] Ele continua: "Eu me consolava dizendo que em outras ocasiões eu era herói, e o herói encobria a sujeira: para uma pessoa comum, é vergonhoso sujar-se na lama, mas um herói está muito acima de tudo e não vai se sujar inteiramente".[178] No entanto, essas vidas sonhadas não são suficientes para ele tratar seu mal de ser. O homem do subsolo diz qual vergonha de viver, apesar delas, o aflige e a que vergonhosos gozos, aparentemente, todo o seu ser se reduz. A pulsão nele continua se satisfazendo, mas não causa nenhum desejo, dificilmente motiva qualquer laço com o outro, virando-se, antes, contra si mesmo, por meio da ganância tirânica do superego e o consumo dos chamados gozos inconfessáveis.

> *. . . Em geral, eu estava sempre só. O que eu mais fazia em casa era ler. Queria que as impressões exteriores*

---

174 Dostoiévski, F. (1864). *Notas do subsolo* (Maria Aparecida Botelho Pereira Soares, Trad.). Porto Alegre: L&PM, 2008, p. 35.

175 Ibid., p. 88.

176 Ibid., p. 21.

177 Ibid., p. 15.

178 Ibid., p. 42.

sufocassem tudo o que constantemente se acumulava dentro de mim. E a leitura era para mim a única fonte possível de impressões exteriores. A leitura, é claro, me ajudava muito: emocionava, deliciava e torturava. Mas de vez em quando ela me entediava terrivelmente. Apesar de tudo, sentia desejo de me movimentar e, de repente, mergulhava numa libertinagem, ou melhor, numa libertinagenzinha, escura, subterrânea, nojenta. Minhas paixõezinhas eram agudas, ardentes, devido à minha permanente e doentia irritabilidade. Aconteciam-me acessos histéricos, com lágrimas e convulsões. Tirando a leitura, não havia aonde ir, ou seja, não havia naquela época nada que eu pudesse respeitar e que me atraísse no meio em que vivia. Além disso, a angústia crescia dentro de mim. Surgia uma sede histérica de contradições, de contrastes, e entregava-me então à devassidão. Não foi absolutamente para me justificar que eu me pus agora a falar tanto sobre isso... Aliás, não! Menti! Justificar-me era precisamente o que eu queria. O que estou fazendo, senhores, é um pequeno lembrete para mim mesmo. Não quero mentir. Dei minha palavra.

Eu saía para a libertinagem à noite, secretamente, com medo e com sensação de sujeira, sentindo uma vergonha que não me abandonava nem nos instantes mais repugnantes, como uma maldição. Já então eu trazia na alma o meu subsolo. Sentia um medo terrível de ser visto e reconhecido . . . .[179]

Sentia vergonha, [ele dirá ainda], (é até possível que ainda sinta); chegava ao ponto de sentir uma satisfaçãozinha

179 Ibid., pp. 36-37.

> *secreta, anormal, sordidazinha, ao voltar para o meu canto, numa daquelas noites repugnantes de Petersburgo, e insistentemente perceber que naquele dia novamente fizera uma canalhice, que novamente o que tinha sido feito não poderia ser desfeito. E lá dentro, secretamente, me remoer, me retalhar e me sugar, até que a amargura se transformava, finalmente, numa doçura infame e maldita e, finalmente, num deleite sério e decisivo! Sim, num deleite, num deleite! Insisto nisso.*[180]

Já nas últimas linhas dessa novela, o homem do subsolo diz finalmente aquilo em que se baseia sua vergonha de viver: a perda do vivente e sua consequência sintomática, a vergonha de ser homem, de ter um corpo. Sem dúvida, ele precisa a seus contemporâneos, não foi o único a sentir isso. Essa vergonha é o sinal de uma época, se espalha em silêncio. Ele só, é o único mérito que reconhece em si, não hesita em tomar conhecimento, em constatar isso. Dostoiévski descreve nessa ocasião de forma notável a vergonha de viver e situa suas molas propulsoras. Ele diz aquilo que é, e é por isso que não acrescentarei nenhum comentário, que com certeza seria excessivo.

> *Nós todos nos desacostumamos da vida, uns mais, outros menos, e nos desacostumamos ao ponto de sentirmos às vezes uma certa repugnância pela verdadeira "vida viva", e por isso não podemos suportar que nos façam lembrar dela. Pois chegamos ao ponto de quase achar que a verdadeira "vida viva" é um trabalho, quase um emprego, e todos nós no íntimo pensamos que nos livros é melhor. E por que às vezes ficamos irrequietos, inventamos caprichos? E o que pedimos? Nós mesmos*

---

180 Ibid., pp. 9-10.

> *não sabemos. Nós mesmos nos sentiremos pior se nossos pedidos delirantes forem atendidos. Pois bem, façam uma experiência, deem-nos, por exemplo, mais independência, desamarrem as mãos de qualquer um de nós, ampliem nossa esfera de ação, relaxem a tutela e nós... eu lhes asseguro: nós imediatamente pediremos a volta da tutela. Sei que os senhores talvez fiquem bravos comigo, comecem a gritar e a bater com os pés: "Fale somente sobre si mesmo e sobre suas misérias no subsolo, mas não ouse dizer todos nós". Permitam-me, senhores, eu não estou me justificando quando digo todos. E no que me diz respeito, eu apenas levei às últimas consequências na minha vida aquilo que os senhores não tiveram coragem de levar nem à metade, e ainda por cima acharam que sua covardia era bom senso, consolando-se e enganando a si próprios com isso. De modo que talvez eu esteja mais "vivo" que os senhores. Olhem com mais atenção! Nós nem sabemos onde vive essa coisa viva, o que ela é, como chamá-la! Deixem-nos sós, sem livros, e imediatamente ficaremos confusos, perdidos – não saberemos a quem nos unir, o que devemos apoiar; o que amar e o que odiar; o que respeitar e o que desprezar. Até mesmo nos é difícil ser gente – gente com seu próprio e verdadeiro corpo e sangue; sentimos vergonha disso, achamos que é um demérito e nos esforçamos para ser uma espécie inexistente de homens em geral. Somos natimortos, e há muito tempo nascemos não de pais vivos, e isso nos agrada cada vez mais. Estamos tomando gosto. Em breve vamos querer nascer da ideia, de algum modo. Mas basta, não quero mais escrever "do subsolo"...*[181]

181 Ibid., pp. 88-89.

4. A humilhante qualidade das coisas

A vergonha, portanto, continua afetando os sujeitos de hoje. Não há mais vergonha, acredita-se, uma vez que não há mais ideais. Erro, pois é menos a relação do sujeito com o ideal que envergonha do que a relação com o olhar, sempre mau-olhado, que havia por trás. Como sublinhei, porém, é por estrutura que o sujeito é visto, a partir do lugar do Outro. A despeito das contingências da história e do dito declínio dos ideais, o sujeito poderá sempre se ver sendo visto, como uma presença injustificável em um mundo que continua sendo o do Outro. Uma coisa é que esses olhares não estejam mais enodados aos ideais e deveres éticos, mas nem por isso eles deixam de estar ali e não deixam de estar repletos de efeitos para o sujeito.

Longe de um desaparecimento da vergonha, há, antes, tal como Lacan deixava supor, junto com o desaparecimento da vergonha ligada ao ideal, a produção nova, moderna, da vergonha de viver. Daí o paradoxo que Ruwen Ogien observava ao ler trabalhos contemporâneos sobre essa questão: "Quanto ao lugar da vergonha em nossas sociedades ditas 'liberais', existem dois diagnósticos perfeitamente contraditórios. De acordo com o primeiro, o sentimento de vergonha está em vias de desaparecimento; de acordo com o segundo, ele está se espalhando cada vez mais maciçamente".[182] Paradoxo que Stéphane Dawans, por sua vez, aponta, e depois resolve com grande pertinência:

> *Desde 1968 e o progressivo enfraquecimento do patriarcado como modelo, certas vergonhas regrediram manifestamente – o que não significa que desapareceram, menos ainda definitivamente, mas depois do "fordismo", quantos homens e mulheres não vivenciam essa sensação de estar*

182 Ogien, R. (2002). *La honte est-elle immorale?*. Paris: Bayard, p. 17.

> *"sobrando" (inútil, inadaptado, à margem, excluído) que define com precisão a vergonha fenomenologicamente? É, portanto, em grande parte nessa lógica inédita de exclusão que surge esse novo avatar da vergonha própria à época.*[183]

Deixar rastro

A esse respeito, vale a pena ler os testemunhos recolhidos em outra obra, *Daewoo*, de François Bon. Nele, mulheres operárias, mediante o choque de sua demissão cínica, confidenciam ao escritor o destino que lhes fora reservado: sua redução vergonhosa e angustiante um objeto "rebotalho"[184] do Outro, *a*. Nele se entenderá até que ponto o capitalismo, aliado à ciência, pode não deixar "para o homem lugar algum".[185] Essas mulheres, por terem vivenciado o destino que lhes fora reservado pelo discurso do mestre moderno, denunciam melhor do que ninguém a angústia e a vergonha dos sujeitos de hoje. Paradigma, portanto. "A angústia do operário preso à cadeia de montagem tal como ao remo de uma galé é a angústia de hoje",[186] disse Lacan. Assim:

> *"Não há fábrica descartável . . . sem que se jogue fora aquilo que a gente colocou da gente mesmo ali";*[187] *"Somos um bloco, somos a fábrica. Retirem a fábrica, não há mais bloco. Seres espalhados, jogados: cada uma com*

---

183 Dawans, S. *Récits de vie: la honte comme biographème universel et singulier*, inédito.

184 Bon, F. (2004). *Daewoo*. Paris: Fayard, p. 89.

185 Lacan, J. (1969-1970). *O seminário, livro 17: O avesso da psicanálise*, op. cit., p. 138.

186 Lacan, J. (1974). Entretien avec Emilia Granzotto (21/11/1974), inédito.

187 Bon, F. (2004). *Daewoo*, op. cit., p. 109.

sua miséria e sua ferida";[188] *"O grupo que nos expulsa não tem rosto. Nenhum rosto que pudemos conhecer";*[189] *"Somos as supérfluas";*[190] *"E a palavra supérfluas em seguida cola em você...";*[191] *"Descartadas sem sequer dizer adeus. Se valesse a pena lutar, teríamos que reconquistar nossa dignidade";*[192] *"O que somos nós ali, uma doença passageira, uma icterícia, algo que dá coceira, mas que você precisa aguentar até que passe?";*[193] *"No fim das contas, a gente nem ligava para o dinheiro . . . , comer pão e só pagar o aluguel, a gente ainda zombava . . . , era mais sério . . . , era o nosso lugar e o orgulho de si mesma"; "A sua vida toda mudada, o tempo, as crianças e a cara que mostramos aos outros"; "A dor de barriga e o tempo vazio. O fim de mês que se anuncia depois de vinte dias. E o olhar dos outros quando você faz compras no final do dia. O medo de dizer uma palavra errada quando mais uma vez você aparece para uma entrevista e alguém lhe pergunta onde você mora e de onde você vem. A angústia de dizer a si mesma: a culpa é minha, essa desgraça não aconteceria se você não tivesse nada a ver com isso";*[194] *"Sem saudade nenhuma da fábrica: saudade daquilo que protegia da angústia";*[195] *"Então, é como uma rua em obras: mais piche, por cima da lama e*

---

188 Ibid., p. 21.
189 Ibid., p. 39.
190 Ibid., p. 28.
191 Ibid., p. 29.
192 Ibid., p. 89.
193 Ibid., p. 108.
194 Ibid., p. 59.
195 Ibid., p. 155.

> *das poças, e nem sabemos o que diabos está acontecendo. É isso o desemprego, para mim";*[196] *"Escreve isso, um dia, um dicionário da angústia: as imagens que ela adquire, os sintomas que a gente tem, como acontece em você, espinhas ou dores nos ossos";*[197] *"É isso o que chamo de angústia de ser. E se você acha isso muito complicado para uma operária, o que você quer que eu diga?";*[198] *"Em dias vazios, você não tem vontade de mais nada";*[199] *"Acreditamos que o tempo é uma espécie de esteira rolante. Não pedimos para passear por ali sem esforço, apenas para colocarmos os pés na borracha e a mão no corrimão: não pedimos a vida esteira rolante...";*[200] *"As palmeiras são assim, tão ingênuas quanto imaginamos?";*[201] *"Tudo desmontado, tudo empacotado, leiloado e transportado para a Turquia, às vezes penso na menina ali, diante daquele mesmo espelho: eu, oito anos diante desse espelho, talvez tenha acabado por deixar um rastro".*[202]

A esperança de ter deixado rastro, portanto, contra a ideologia da supressão do sujeito. A esse respeito, e fundados no que afirmam essas mulheres, sobre os sintomas, poderemos compreender de maneira ainda diferente essa formulação de Lacan, já lembrada aqui, "o discurso da ciência não deixa para o homem lugar algum".[203]

196 Ibid., p. 187.
197 Ibid., p. 35.
198 Ibid., pp. 35-36.
199 Ibid., p. 22.
200 Ibid., p. 32.
201 Ibid., p. 57.
202 Ibid., p. 146.
203 Lacan, J. (1969-1970). *O seminário, livro 17: O avesso da psicanálise*, op. cit., p. 138.

Acrescentarei agora a isso: ao homem, na medida em que é sintoma, se for verdade que "é por intermédio do sintoma que podemos dizer o que realmente é ser um homem".[204] Traduzamos rapidamente: ali onde está o sintoma, ali está o homem, o seu rastro e a sua recusa em dissolver a sua singularidade no Outro. Ora, é isso o que o discurso científico-capitalista também poderia querer suprimir dos sujeitos, na medida em que eles são sintomas e que deixam rastros. A ideologia da supressão do sujeito é uma ideologia de "defeito zero",[205] uma vontade de supressão do sintoma que deixa rastro de *um* sujeito. Prova disso são as pressões feitas hoje sobre a avaliação das psicoterapias, para cada vez mais qualidade, na qual reconheceremos outro efeito da aspiração do discurso do mestre moderno, que produz sujeitos sem sintomas, uma forma entre outras de excluir o sujeito.

Então, quais são as consequências para a vergonha? A vergonha, justamente, de uma vida manchada por sintomas, quando esses sujeitos, avaliados por todos os lados, serão pressionados em não mais ter esses ditos sintomas. Quando a ideologia do "defeito zero" obrigar, eles precisarão se tornar sujeitos sem sintoma, bons pequenos *a*, autômatos de bom desempenho. O filósofo Günter Anders - que já percebia isso à sua maneira em sua obra *L'obsolescence de l'homme*, de 1956 - nos convida, entretanto, a extrair outra consequência sobre o *status* da vergonha na modernidade. Para dizer qual, comecemos pela conversa que ele teve com um homem doente sem esperança de cura, o qual ele visitava naquele dia em um hospital californiano.

---

204 Lacan, J. (1978). Conclusion des Journées de l'École freudienne de Paris. *Lettres de l'École freudienne*, *24*, inédito, citado e comentado por Soler, C. (2002-2003). *L'hystérie, sa langue, ses dialectes et ses liens* (Cours 2002-2003). Formations cliniques du Champ lacanien/Collège Clinique de Paris (lição de 29/01/2003).

205 Beaud, S., & Pialoux, M. *Retour sur la condition ouvrière...*, op. cit., p. 29.

A vergonha de não ser um gadget

> *Ao meu* "How are you?", *ele respondeu com um gesto que não parecia abranger somente o seu quarto, mas toda a humanidade, e me murmurou algo como, "Nós não sabemos grande coisa, nenhum de nós". Quando eu perguntei o que ele queria dizer, ele primeiro encolheu os ombros, como se a resposta fosse óbvia, depois me respondeu fazendo uma pergunta: "Podem eles nos conservar? . . . ". Ele queria dizer: "Eles podem nos colocar em conserva?". Respondi negativamente . . . . "E homens de reserva, também não têm?", disse ele em seguida . . . . "Homens de reserva?", perguntei intrigado. "Não temos peças de reserva para tudo?", ele continuou. Finalmente entendi. Ele cunhara a expressão . . .* homens de reserva *no modelo de* lâmpada de reserva *ou* estepe. *Ele queria dizer: "E homens de reserva, eles não têm nenhum em estoque para nós?". Uma nova lâmpada, por assim dizer, que bastaria parafusar no lugar quando se apagasse. Suas últimas palavras foram: "Não é uma vergonha?".*[206]

Por que essa citação? Pelo fato de que Günter Anders frisa aí um paradigma. O que esse homem, de fato, segundo ele, nos diz? Sua vergonha de ser um exemplar único e perecível. Sua vergonha, não de ser substituível, mas insubstituível, ao contrário dos produtos de marca que a indústria moderna nos entrega massivamente. Pois essa é a tese do filósofo, há uma "nova variedade de vergonha",[207] que ele

---

206 Anders, G. (2002). *L'obsolescence de l'homme*. Paris: L'Encyclopédie des nuisances Ivrea, p. 71.

207 Ibid., p. 42.

chama de "vergonha prometeica",[208] e define da seguinte forma: "a vergonha que se apodera do homem diante da humilhante qualidade das coisas que ele mesmo fabricou".[209] O que isso quer dizer? Trata-se aí não apenas da vergonha de se sentir reduzido a um *gadget, a,* como havia enfatizado até então. Mas, além disso, a vergonha de não ser um *gadget,* a "vergonha de não ser uma coisa".[210] Numa época em que o discurso o impele à eficiência, mais do que à honra, o sujeito seria afligido por não poder atingir a perfeição dos objetos que consome e produz indefinidamente.

Teríamos, assim, vergonha de "ter nascido",[211] não de termos sido fabricados. Mas também, a vergonha de sermos mortais,[212] quando o *gadget,* imortal, pois reprodutível, terá se tornado *o* "modelo".[213] Tanto o murmúrio da paciente quanto o sonho moderno da clonagem atestam isso, os quais secretam, contra a vergonha de ser obsoleto,[214] essa esperança de que haja "homens de reserva",[215] *exemplares* na falta de *Exemplos.* Fabrice Hadjadj comenta:

> *O inconveniente . . . é ser único. Frequentemente clamamos nossa unicidade, mas, para falar a verdade, isso nos incomoda. Pois o cúmulo seria ser como um* must: *produto em série. O objetivo da nova "Academy" não é, como na de Platão, elevar-se sozinho em direção ao Só, mas descer multiplicado dentre as caixas e os mostruários. A glória é ser um "divido", disperso em suas atividades,*

208 Ibid., p. 35.
209 Ibid., p. 37.
210 Ibid., p. 45.
211 Ibid., p. 38, 54.
212 Ibid., p. 71.
213 Ibid., p. 65.
214 Ibid., p. 41.
215 Ibid., p. 71, 62.

> *difundido nas prateleiras, transfigurado pela grande distribuição.*[216]

Glória vergonhosa e efêmera, quando o sujeito, que logo estará de volta, se verá aqui reduzido ao que é uma latusa, esse objeto descartável, forjado.

Em linha com a visita de Lacan à fábrica da Fiat, que mencionava acima e que lhe rendeu um instante de vergonha, eis agora a que Günter Anders fez de uma exposição técnica.

> *Visitei com T. uma exposição técnica que havíamos acabado de inaugurar no local. T. se comportou de uma forma estranha, tão estranha que acabei por observá-lo em vez das máquinas em exibição. Assim que uma das máquinas mais complexas da exposição começou a funcionar, ele baixou os olhos e ficou em silêncio. Fui atingido ainda mais quando ele escondeu as mãos atrás das costas, como se tivesse vergonha de ter trazido seus próprios instrumentos rudes, grosseiros e obsoletos para uma alta sociedade composta por aparelhos que funcionam com uma tal precisão e* refinamento. *Mas esse "como se tivesse vergonha" ainda é insuficiente, pois o quadro não apresentava nenhuma ambiguidade. As coisas que ele considerava exemplares, superiores para si mesmo, e que ele considerava serem representantes de uma classe superior de seres, realmente desempenhavam para ele o mesmo papel que havia desempenhado, para seus ancestrais, as pessoas que encarnavam a autoridade*

216 Hadjadj, F. (jul.-ago. 2006). Günter Anders, la bombe en bikini. *Art-Press, 325*, p. 68.

> *ou os círculos considerados "superiores". Em sua rudez física, em sua imprecisão como criatura, ter que ficar ali, parado, sob o olhar desse aparelho perfeito era-lhe realmente insuportável; ele estava realmente envergonhado.*[217]

Assim, ao mal-estar na civilização diagnosticado por Freud, o filósofo responde: mal-estar da singularidade,[218] tendo em seu centro, silenciosa, essa vergonha de não ser uma coisa.[219] E isso porque sempre haverá, contra a qualidade das coisas, até mesmo *a política das coisas*,[220] o embaraço, a impureza e a sujeira do ser vivo, esse gozo. Contra o sonho do tudo-de-plástico, esse resto de terra que Freud conhecia deixa a marca do corpo pulsional. Enfim, produto do confronto dos dois, a vergonha para o sujeito, do mais particular em si, quando este não conseguirá, por força dos sintomas, se alinhar com as *latusas* consumidas em excesso. A vergonha de não ser uma coisa será, portanto, também a vergonha do sintoma que mancha, quando era ordenado ao sujeito que ele se alisasse. Ao contrário, sabemos o que a psicanálise poderá oferecer aqui sobre esse sujeito se ele quiser: não negar seu sintoma, mas analisá-lo, até mesmo se identificar com o resto desse sintoma. Também nisso a psicanálise poderá permitir ao sujeito moderar sua vergonha de viver. Pois ela poderá ao menos devolver-lhe o direito ao sintoma, por vezes permitindo-lhe aprender a lidar com esse sintoma, aprender com ele em vez de sentir a vergonha desse sintoma. Lembremos da resistência desse operário, resistência vital, ele sabia, contra a ideologia do "defeito zero": "Opa, esqueci de propósito um negócio para manter minha linha, minha pequena média de defeitos, porque

---

217 Anders, G. (2002). *L'obsolescence de l'homme*, op. cit., p. 38.

218 Ibid., p. 75.

219 Ibid., p. 76, 45.

220 Milner, J. C. (2005). *La politique des choses*. Paris: Navarin.

caso contrário...".[221] Tal como outra: "Todo mundo pode errar, senão não seríamos humanos, sem erros não existiríamos".[222] Contra a qualidade das coisas, portanto, o defeito que o sujeito é.

A psicanálise, que sabe que o erro *é* o humano,[223] afirmará, antes, a dignidade do sintoma, em que o particular do sujeito sempre resiste. Como ela poderá restituir a esse sujeito o poder de dizer não a quem quiser negar-lhe esse direito ao erro, esse direito ao sintoma, para impeli-lo à vergonha de ser homem. Com isso, a psicanálise poderá, contra a vergonha de viver, restaurar o desejo de viver. Oferecendo ao sujeito a possibilidade de não mais se identificar com esse objeto *a* forjado, e de não mais se entregar ao gozo de um discurso. Permitindo-lhe, ao contrário, vislumbrar o objeto *a* que ele é, no ponto mais êxtimo de si mesmo, e encontrar aí os recursos de um desejo. A psicanálise não libera da vergonha, já que ela tem sua ética, mas proporia, antes, outro uso dela, para um sujeito responsável pelo que faz com seu desejo. Também por isso, ela poderia oferecer uma porta de "saída do discurso capitalista".[224] Éric Laurent escrevia:

> *A diferença entre a moral do discurso do mestre, a da civilização, no sentido de Freud, e o desejo do psicanalista é que, do lado do mestre, "deixa-se entrever que poderia haver aí um saber-viver", do lado da psicanálise denuncia-se aqueles que tratam de fazer pesar nos outros "a vergonha de viver". Trata-se de restaurar, neste exato ponto, o desejo que faz viver e não de impelir para o sujeito a se identificar com o seu gozo vivido no registro da culpa.*

---

221 Citado por Beaud, S., & Pialoux, M. *Retour sur la condition ouvrière...*, op. cit., p. 42.

222 Ibid., p. 142.

223 Agradeço a Francis Le Port por ter me feito essa observação.

224 Lacan, J. (1973). Televisão. In *Outros escritos*, op. cit., p. 519.

> *Com a pulsão, trata-se de fazer desejo, o que é possível, pois o* Trieb *freudiano "constitui o desejo ao reproduzir nele a relação do sujeito com o objeto perdido".*[225]

C. O capitalismo e a vergonha (III) A vergonha e o numérico[226]

Para começar, retomemos as primeiras palavras da lição sobre a vergonha do Seminário *O avesso da psicanálise* para, dessa vez, entrar por outra porta:

> *É preciso dizer, morrer de vergonha é um afeto raramente obtido. Contudo, é o único signo . . . cuja genealogia se pode assegurar, ou seja, ele descende de um significante. Um signo qualquer, afinal, pode sempre cair sob a suspeita de ser um puro signo, quer dizer, coisa obscena,* vã-cena, *ouso dizer . . . , bom exemplo para rir.*[227]

Para rir, dizia ele. Para este capítulo, gostaria de me orientar por esse riso de Lacan.

O que ele é? Aquilo que desperta o chiste e que, dirá ele em outra ocasião, "não é do agrado dos universitários".[228] A esse respeito, Lacan

---

225 Laurent, É. (1994). Sept problèmes de logique collective. *Barca, 3*, op. cit., pp. 147-148.

226 Em francês, o termo *numérique* pode ter o sentido de "numérico", financeiro, referente a dígitos/cifras, e ainda significar aquilo que em português hoje chamamos de "digital", isto é, que se relaciona com o universo virtual, dos computadores, da internet (N. T.).

227 Lacan, J. (1969-1970). *O seminário, livro 17: O avesso da psicanálise*, op. cit., p. 172.

228 Lacan, J. (1967). Alocução sobre as psicoses da criança. In *Outros escritos* (Vera Ribeiro, Trad.). Rio de Janeiro: Zahar, 2003, p. 361.

havia evocado, com relação ao caso Schreber, a fotografia, encontrada por Ida Macalpine, do professor Fleschig posando em sua mesa em sua "gravidade de pesquisador".[229] É verdade que, ao contemplar essa fotografia, a figura sombria daquele que posa já bastaria para impressionar. Só que Lacan não deixa de notar o segundo plano da fotografia: em sua gravidade de pesquisador, o homem se fazia fotografar diante da "ampliação colossal de um hemisfério cerebral".[230] O universitário não ri, ele pensa, princípio de seu discurso. Por trás do rosto sério do professor há a fantasia do pensamento, feito para recalcar o furo do saber e en-globar tudo. Um mapa-múndi, um globo colocado sobre a mesa, teria servido ao mesmo propósito. Tantas aparências de um pensamento (hemi)esférico, desse sonho de saber que o discurso universitário fomenta para vir, nas palavras de Heine retomadas por Freud, tamponar "os furos no edifício do mundo".[231] O desejo de Lacan era outro: chegar o mais perto possível desses furos, por ele chamados de *real*. A fulgurância de um chiste, cuja relação com o inconsciente Freud terá demonstrado, levará então de volta a isso, sempre com mais segurança do que o pensamento. "Todos sabem", escreve Lacan, "que sou alegre, dizem até moleque: eu me divirto. Sucede-me incessantemente, em meus textos, entregar-me a brincadeiras que não são do agrado dos universitários. É verdade. Não sou triste".[232] À tristeza... universitária se opõe essa diversão infantil, que deve ser situada no registro da ética psicanalítica como o afeto sinal de um "gaio issaber [*gay sçavoir*]".[233]

229 Lacan, J. (1958). De uma questão preliminar a todo tratamento possível da psicose. In *Escritos* (Vera Ribeiro, Trad.). Rio de Janeiro: Zahar, 1998, p. 588.

230 Ibid.

231 Freud, S. Novas conferências introdutórias sobre psicanálise e outros trabalhos. In *Edição standard brasileira das obras psicológicas completas de Sigmund Freud* (v. XXII, Jayme Salomão, Trad.). Rio de Janeiro: Imago, edição eletrônica.

232 Lacan, J. (1967). Alocução sobre as psicoses da criança. In *Outros escritos*, op. cit., p. 361.

233 Lacan, J. (1973). Televisão. In *Outros escritos*, op. cit., p. 525.

1. O movimento numérico [*numérique*]

Voltemos então a este curioso jogo de palavras feito para rir, "*vinscène*" [vã-cena], para tentar dizer qual real está em jogo aqui. Em outra transcrição do seminário, será proposto ainda: "*vingt scènes*" [vinte cenas].[234] Esse trocadilho ecoa, em primeiro lugar, dois encontros que Lacan teve na época com alunos do Centro Experimental da Universidade de Vincennes. Diante do exposto, já vale ressaltar o caráter paradigmático dessa brincadeira, brincando com o equívoco do nome... de uma universidade. Inicialmente deveriam ser quatro encontros, intitulados *Analyticon, quatre improptus* [Analyticon, quatro improvisos]. O primeiro, ocorrido em 3 de dezembro de 1969, foi publicado pelas Éditions du Seuil no Seminário *O avesso da psicanálise.* Somente mais um encontro aconteceria, em 3 de junho de 1970, uma semana antes da aula sobre vergonha. O texto desse segundo improviso permanece inédito até hoje, mas foi transcrito pela Association Lacanienne Internationale. Vou me apoiar a seguir nesses diálogos, os quais esclarecem muito sobre aquilo que a respeito da vergonha será em seguida apresentado durante o Seminário.

Vejam como gozam

O próprio Lacan aludirá a isto em 10 de junho de 1970: "Fui dar uma volta por Vincennes há oito dias, maneira de marcar sucintamente o fato de que eu tinha respondido ao convite daquele lugar".[235] Muitos terão sorrido com o clima tumultuado que animou esses encontros. No entanto, devemos medir a seriedade e a força do diálogo que se iniciava aqui entre Lacan e a juventude rebelde de seu tempo. A assistência de Vincennes lhe havia reservado uma

234 Transcrição feita pela Association Lacanienne Internationale.

235 Lacan, J. (1969-1970). *O seminário, livro 17: O avesso da psicanálise*, op. cit., p. 157.

acolhida "que chamaria de calorosa, no sentido de que ela havia elevado a temperatura. E, Deus meu, achei isso muito bom. Eu mesmo tinha me esquentado".[236] Uma de suas observações feitas por ocasião desses eventos improvisados, até mesmo uma de suas interpretações, permaneceu famosa: "É ao que vocês aspiram como revolucionários, a um mestre".[237] O final do diálogo talvez tenha sido menos:

> *Vocês desempenham a função de hilotas desse regime.... O regime o mostra para vocês. Ele diz* – Vejam como gozam.[238]

Esse "*Vejam como gozam*", como veremos neste capítulo, não deixa de lançar luz sobre o afeto da vergonha na modernidade. A princípio, isso poderia surpreender, com relação à referência aqui feita aos hilotas que nos remete à Antiguidade grega. Plutarco relata:

> *Hilotas, na Grécia antiga, era o nome dado aos escravos originários de uma população autóctone do Peloponeso, colocados ao serviço dos cidadãos de Esparta. Seu papel não se limitava a trabalhar a terra ou às tarefas domésticas de seus mestres. Sua peculiaridade, que ao longo da história fez de "hilota" um nome comum, era de ser usados durante os ritos iniciáticos impostos pela educação espartana, durante os quais os hilotas eram*

236 Lacan, J. (1970). *Analyticon. Impromptu, n. 2*, inédito (03/06/1970).
237 Lacan, J. (1969-1970). *O seminário, livro 17: O avesso da psicanálise*, op. cit., p. 196.
238 Ibid., p. 197.

> *maltratados, humilhados, até mesmo mortos. De fato, era possível matar hilotas, sem contrair qualquer mácula.*[239]

Entre esses ritos, um deles consistia em convocá-los durante as *sissítias*, uma espécie de banquete reservado aos homens, mas também aos jovens cidadãos de Esparta, que, a partir dos 20 anos, deviam participar deles para a sua educação. Plutarco esclarece, então, o papel dos hilotas durante essas refeições iniciáticas e como eles se encontravam em cena: "A todo momento, eram tratados com rispidez e maldade: eram forçados a beber muito vinho puro e eram apresentados nas *sissítias* para mostrar aos jovens o que era embriaguez. Eram obrigados a cantar canções e dançar danças vulgares e grotescas, proibindo-os de dançar as danças dos homens livres".[240]

O trocadilho "*Vinscène*" remete, portanto, a esse dispositivo em que o mestre goza ao apontar o dedo para o gozo de seus escravos. Porém, o gozo aqui designado e ridicularizado é um gozo forçado, a exemplo desse vinho puro, considerado na época como perigoso e que o mestre os forçará a beber. O jogo de palavras condensa essa dupla dimensão. Ele evoca primeiro a encenação, por parte do mestre, do gozo do escravo, tentando reduzi-lo à vergonha ao dirigir para ele todos os olhares: "*Vejam como gozam*". Além disso, também indica que o gozo mostrado aqui será artificial. Ele não é a marca de um gozo próprio a cada escravo, mas um gozo determinado e formatado pelos produtos do mestre.

Nesse dispositivo, Lacan ressalta, então, um artifício por meio do qual o escravo servirá a um gozo produzido pelo mestre, e que este se empenhará em seguida em designar, reduzindo o escravo a ser nada mais do que o puro signo: obs-ceno [*ob-scène*]. Esse exemplo lhe permite então designar a forma como o discurso capitalista afeta

239 Plutarque. (2003). *Vies* (t. I). Paris: Les belles lettres, p. 160.
240 Ibid.

os sujeitos de hoje. É isso o que, chegando ao Centre Expérimental de Vincennes, ele de fato quer dar a entender aos alunos, que ele considera ser uma parte interessada em tal dispositivo, mesmo sem o seu conhecimento. As primeiras palavras de seu diálogo atestam isso, em que ele realça a própria ambiguidade do termo experiência: "Eis-me aqui, então, na qualidade de convidado, no centro experimental da dita Universidade, experiência que me parece bastante exemplar. Posto que é de experiência que se trata, vocês poderiam perguntar a si mesmos para que servem vocês".[241]

Os comentários de Lacan sobre a vergonha terão, portanto, que ser situados a partir dessa posição de hilota em que os sujeitos virão a servir ao discurso moderno e dessa obs-cenicidade à qual se verão então reduzidos. Observemos que essa lição também foi uma resposta aos jovens que, na turbulência política da época, o interpelavam então. Mas, precisamente, ao passar por esses equívocos e outras escansões enigmáticas tão distantes da clareza de uma lição magistral, Lacan responde a isso *a partir da psicanálise*. Seu estilo vai aqui ao encontro da estrutura de uma interpretação analítica que, por si só, dirá ele em outra oportunidade, dá chance a um verdadeiro diálogo. Com isso, tratava-se de permitir que os alunos se situassem melhor em relação ao real e medir de que forma serviam ao gozo do mestre moderno, eles que acreditavam, no entanto, transgredi-lo. É por isso que ele pedirá, na sequência de seu comentário, um pouco mais de vergonha, a qual, por seu efeito de despertar, poderia levá-los a deixar essa obs-cena em que dançavam *para* o olhar do Outro, por meio de uma embriaguez forjada. Citemos novamente:

> *Vocês vão me dizer – A vergonha, que vantagem? Se isto é o avesso da psicanálise, é muito pouco para nós. Eu*

241 Lacan, J. (1969-1970). *O seminário, livro 17: O avesso da psicanálise*, op. cit., p. 188.

> *lhes respondo – Vocês têm disso para dar e vender. Se ainda não o sabem, tirem uma casquinha, como se diz. Esse ar avoado que vocês têm, vão vê-lo tropeçar a cada passo numa fenomenal vergonha de viver.*[242]

*O valor numérico [*numérique*]*

Assim, na vinho-cena [*vin-scène*] moderna, não há mais vergonha tanto quanto vergonha em retorno, no um por um. Propus anteriormente diversos comentários dessas duas dimensões. Gostaria agora de continuar com a lógica de sua articulação, para questionar sua atualidade no que hoje se denomina *mundo numérico/digital* [*numérique*]. Em um desses diálogos de Vincennes, o próprio Lacan utilizou a expressão "numérico" [*numérique*] para designar nossa modernidade: "Vocês são verdadeiros valores no sentido de que fazem parte do movimento, do movimento numérico que vai sustentar o modo de troca, o modo de mercado que constitui a sociedade capitalista".[243] Sabendo do risco que existe hoje em matéria de numérico de nos perdermos numa lista [*listing*] de exemplos mais ou menos fascinantes e o quanto estes podem fazer *anteparo* [*faire écran*] à estrutura, tentemos primeiro esclarecer essa relação entre o numérico e o capitalismo.

Para além do significado que agora ele adquire em nossas telas [*écrans*], o numérico/digital [*numérique*] deve ser entendido no ensino de Lacan como o operador de uma mudança de discurso. Do discurso do mestre antigo, em que este ordenava ao escravo que usasse seu saber-fazer para satisfazer seu gozo, passamos ao discurso do mestre moderno. Nesse novo discurso, o próprio saber está agora na posição de mestre. Não será mais uma questão de um

242 Ibid., p. 174.

243 Lacan, J. (1970). *Analyticon. Impromptu, n. 2*, inédito (03/06/1970).

saber-fazer, mas do saber da ciência: um saber formal e numérico, como a fórmula matemática e sua exigência de cálculo. Heidegger já havia sublinhado a importância do cálculo em nossa época, ao falar do "cálculo global" que a ciência e a economia agora impõem, provocando uma mudança no nível da linguagem cujo aparecimento dos computadores seria o signo. A modernidade procede de um "movimento", afirma ele, ". . . que tende a tomar como padrão da língua as possibilidades de cálculo do computador".[244] Lacan insistirá nisso por sua vez. Idealmente, no discurso da ciência, tudo será contado, o que irá supor a redução de tudo a um valor... numérico [*numérique*]. O discurso científico-capitalista produz

> *a introdução de um novo horizonte, das puras verdades numéricas [*numériques*], do que é contável. . . . O próprio ideal de uma formalização onde é conta . . . , não estará aqui o deslizamento, o quarto de giro? Este é o que faz com que se instaure, no lugar do mestre, uma articulação eminentemente nova do saber, completamente redutível formalmente.*[245]

Para Lacan, o numérico designa, portanto, o novo *status* do saber, tal como redefinido pela ciência e que agora nos comanda por meio da contagem e do cálculo. "O que sobe ao zênite é a manipulação do número como tal."[246] E quais são o objeto e a finalidade desse cálculo? Para responder isso, devemos primeiro retornar ao que opera estruturalmente, por meio da linguagem, sobre o corpo gozante do ser falante.

---

244 Heidegger, M. (1969). Les séminaires du Thor du 11 Septembre 1969. In *Questions III et IV*. Paris: Tel-Gallimard, 1976, p. 440.

245 Lacan, J. (1969-1970). *O seminário, livro 17: O avesso da psicanálise*, op. cit., p. 76.

246 Ibid., p. 150.

No ponto de partida dessa lógica está a experiência de gozo que poderá afetar um sujeito e que, por causa da linguagem, será imediatamente apreendida como perda. Ao querer repetir esse gozo, o sujeito só encontrará, de fato, uma representação, uma marca significante. A partir daí, a repetição, longe de possibilitar o encontro do gozo primário, irá programar a repetição dessa perda. "O que se repete não poderia estar outro modo, em relação ao que se repete, senão na perda."[247] Na repetição, ocorre um desperdício de gozo, que Lacan qualifica como entropia. O gozo é indicado "nesse efeito de entropia, nesse desperdiçamento".[248]

A isso se acrescenta que essa perda produzirá um objeto de gozo, denominado por Lacan de *objeto mais-de-gozar*. Por que falar de um objeto *mais de...* gozar, quando se trata de designar uma perda de gozo? Porque essa perda terá que ser imediatamente compensada e esse objeto caído virá justamente causar o desejo dessa compensação. "Na própria repetição há desperdício de gozo. Aí é que se origina, no discurso freudiano, a função do objeto perdido."[249] Na perda de gozo, "alguma coisa é necessária para compensar . . . aquilo que de início é número negativo".[250] O objeto mais-de-gozar visará, portanto, a um *mais-de*. No entanto, esse *mais-de* não será concebido como "um forçamento ou . . . uma transgressão"[251] do limite imposto pela linguagem ao gozo, tal como se poderia fantasiar. Ele designará, antes, um impulso à repetição. Lacan insiste nisso: "o mais-de-gozar é diferente do gozo. O mais-de-gozar é aquilo que corresponde não ao gozo, mas à perda do gozo, na medida em que dele surge . . . da animação, que recentemente qualifiquei de feroz,

247 Ibid., p. 44.
248 Ibid., p. 47.
249 Ibid., p. 44.
250 Ibid., p. 48.
251 Ibid., p. 17.

que provém do mais-de-gozar".[252] A repetição será animada por esse objeto mais-de-gozar, que impele a querer, de novo e de novo, "um outro gozo".[253]

Há, portanto, uma ferocidade desse *mais-de*, algo que, por estrutura, será infinito. O *mais-de* fará as pessoas fantasiarem em poder transgredir o limite imposto ao gozo pelo significante, quando na verdade ele estará amparado pela eterna reiteração desse limite. A repetição do gozo será a repetição de uma perda de gozo, essa entropia que anima a vontade feroz e insaciável de uma possível recuperação do objeto de gozo perdido. Lacan resumirá sua lógica da seguinte forma: "Só a dimensão da entropia dá ao corpo ao seguinte – há um mais-de-gozar a recuperar. Esta é a dimensão na qual se necessita o trabalho".[254]

O trabalho mencionado aqui é o trabalho do inconsciente. O inconsciente é esse saber constituído de marcas significantes de gozo, chamadas de traços unários, as quais virão programar a repetição.

> *E é no lugar dessa perda, introduzida pela repetição, que vemos aparecer a função do objeto perdido, disso que eu chamo a. O que é que isso nos impõe? Não pode ser outra coisa senão essa fórmula pela qual, no nível mais elementar, o da imposição do traço unário, o saber trabalhando produz, digamos, uma entropia.*[255]

O significante, portanto, produz uma entropia de gozo. Essa é a estrutura que a linguagem produz. Daí, volto à lógica dos discursos.

---

252 Lacan, J. (1968-1969). *O seminário, livro 16: De um Outro ao outro*, op. cit., p. 114.

253 Ibid., p. 378.

254 Lacan, J. (1969-1970). *O seminário, livro 17: O avesso da psicanálise*, op. cit., p. 48.

255 Ibid., p. 46.

Mais-de...

Algo, para Lacan, mudou na história do discurso do mestre. Do discurso do mestre antigo, como lembrei, passamos ao discurso do mestre moderno, ou seja, o discurso científico-capitalista. No entanto, não há necessidade aqui de retraçar a história dessa passagem, de comentar quem foram os grandes pensadores do capitalismo, como ele terá gradualmente se formado na sociedade. Mais importante para a psicanálise é sublinhar que o capitalismo terá consistido nessa passagem ao numérico, no sentido em que o "o mais-de-gozar se conta, contabiliza, se totaliza. Aí começa o que se chama de acumulação de capital".[256] A vontade de calcular, Heidegger mostrará, virá a encarnar na era moderna o princípio dessa vontade feroz, insaciável e, para ser honesto, superegoica de recuperação do gozo. "O que é contado a cada vez", escreve ele, "garante a marcha avante da contagem. Esta consome enquanto aumenta os números e devora a si mesma continuamente".[257]

> *É só porque o número pode aumentar ao infinito e indiscriminadamente em direção ao grande e ao pequeno que a essência devoradora do cálculo pode se dissimular atrás de seus produtos e prestar ao pensamento que calcula a aparência de produtividade, quando na realidade, já em sua intenção e não apenas em seus resultados subsequentes, ele apenas faz valer todo ente sob a forma do adicionável e do comestível.*[258]

O capitalismo, em sua aliança com a ciência, baseia-se, portanto, numa tentativa de recuperação da entropia, apoiando-se no manejo

256 Ibid., p. 169.

257 Heidegger, M. (1968). Qu'est-ce que la métaphysique? In *Questions I et II*. Paris: Tel-Gallimard, 1968, p. 80.

258 Ibid.

das cifras e dos números. Por meio de fórmulas e cálculos, esse discurso ganha vida com o gozo obtido ao se querer, na repetição, recuperar a perda do gozo. Conclusão de Lacan: seu sucesso e sua novidade terão sido, como Marx o isolara, fazer do mais-de-gozar uma mais-valia. Para ilustrar essa passagem e aquilo que ela muda no que diz respeito à relação com a entropia, Lacan propõe então o seguinte apólogo:

> *Desafio vocês a provarem de algum modo que descer 500 metros com um peso de 80 quilos às costas e, uma vez que o tenham descido, reerguê-lo 500 metros é igual zero, a nenhum trabalho . . . . Mas se em cima disso sobrepõem os significantes, quer dizer, se entram na via da energética, é absolutamente certo que não houve nenhum trabalho. Quando o significante se introduz como aparelho de gozo, não temos que ficar surpresos ao ver aparecer uma coisa que tem relação com a entropia.*[259]

Eis um pequeno apólogo que de início nos fala sobre uma repetição produzida pelo significante. O sujeito parte de um ponto significante, 500 metros, para finalmente voltar ao mesmo ponto. Além disso, todos podem facilmente imaginar o trabalho dispensado nessa viagem de ida e volta. Contudo, ao medir a energia que havia no início, depois a energia que haverá no final, parece que a energia terá sido dispensada em pura perda. Não houve aqui nenhum trabalho, na medida exata em que a energia gasta não terá servido para nada, simples desperdício de gozo sem recuperação do que quer que seja.

---

259 Lacan, J. (1969-1970). *O seminário, livro 17: O avesso da psicanálise*, op. cit., p. 46.

Para esclarecer o que a ciência vai modificar nessa relação com a entropia, Lacan opõe a esse apólogo o destino da energia no princípio da termodinâmica e sua aplicação na fábrica, isto é, algo que é um produto do discurso da ciência e de suas pequenas equações. As máquinas da fábrica, ao contrário das ferramentas, são, de fato, concebidas a partir de fórmulas científicas e, portanto, desses puros significantes que constituem o saber da ciência. Por sua vez, essas máquinas terão sido precisamente concebidas nesse discurso para que a energia não seja gasta em pura perda, mas ao contrário, que ela seja recuperada, acumulada e colocada em "recipiente" para um proveito futuro. Assim, comenta Lacan:

> *quando vocês constroem uma fábrica em algum lugar, naturalmente recolhem energia, e podem mesmo acumulá-la. Pois bem, os aparelhos que se põe em ação para que essas espécies de turbinas funcionem até que se possa meter a energia em recipientes, tais aparelhos são fabricados com a mesma lógica de que estou falando, ou seja, a função do significante. Hoje em dia, uma máquina não tem nada a ver com uma ferramenta. Não há qualquer genealogia da pá à turbina.*[260]

Essa passagem da ferramenta à máquina vem ilustrar perfeitamente a mudança operada pelo discurso da ciência. A ciência terá utilizado o funcionamento do significante não só para programar uma repetição, mas também para recuperar o gozo perdido, a exemplo aqui da energia e de seu acúmulo em um dado lugar. Esse é o paradigma da conservação de energia: "o que é recolhido na queda deve ser conservado".[261] Dessa acumulação, enfim,

---

260 Ibid., p. 46.
261 Ibid., p. 75.

tratar-se-á, no fim das contas, de fazer um capital, para mais de gozo. No exemplo aqui escolhido por Lacan, tratar-se-á de fazer recipientes desse gozo perdido, dessa energia recolhida, isto é, dos produtos para o mercado cujo valor numérico e financeiro poderá ser depois estabelecido. Aí está a forma como o discurso científico-capitalista faz do mais-de-gozar uma mais-valia, sempre impelindo ao trabalho dessa recuperação num contexto de perda primeira. Pela via do numérico, esse discurso produz, portanto, a animação feroz de um *mais-de.*

Ser uma mais-valia

Nessa vontade desenfreada, tudo, a partir daí, assumirá um valor contábil, tornando-se uma unidade de valor: não somente os produtos, mas o próprio trabalhador. O discurso científico, observa Lacan, leva "à redução do próprio trabalhador a ser apenas valor . . . . O trabalhador é apenas unidade de valor".[262] Não reservemos, no entanto, essa condição ao trabalhador, quando esse *status* virá designar o destino da totalidade de sujeitos inscritos nesses discursos, dentre os quais, é claro, estão os mais jovens. Retomemos a frase com a qual comecei acima, pronunciada por Lacan aos alunos de Vincennes: "Vocês são verdadeiros valores no sentido de que fazem parte do movimento, do movimento numérico que vai sustentar o modo de troca, o modo de mercado que constitui a sociedade capitalista".[263] Esse movimento numérico terá produzido essa mudança pela qual o saber da ciência, em sua aliança com o capitalismo, terá feito dos próprios sujeitos produtos do mercado, unidades de valor para a mais-valia vindoura. "Vocês são produtos da Universidade", ele insiste, "e provam que são a mais-valia, ainda que só nisso . . . é que vocês

262 Ibid., p. 76.

263 Lacan, J. (1970). *Analyticon. Impromptu, n. 2*, inédito (03/06/1970).

saem dali, vocês próprios igualados a mais ou menos unidades de valor. Vocês vêm aqui para se tornarem unidades de valor".[264]

A expressão "unidade de valor" é aqui também utilizada por Lacan no contexto universitário da época e das reformas em curso e vem designar a grande mercantilização do saber produzida pelo discurso do mestre moderno. "Unidades de valor" era, na verdade, o nome dado às unidades de ensino. Lacan optou, assim, por se deter nos significantes de *lalíngua* universitária para fazer suas ambiguidades ressoarem e fazer ouvir melhor que lugar se espera do estudante nessa mercantilização do saber.

Em seguida, ele sublinha várias consequências para aquele que consentir, sob esse discurso, a *se tornar* uma unidade de valor. Vale a pena ressaltá-las, ainda mais porque elas iluminarão em seguida seus desenvolvimentos sobre a vergonha. Uma dessas primeiras consequências consiste em um efeito de enfatuação e de individualismo: "Objetivamente, vocês são, cada um individualmente, uma unidade de valor. Pequeno 'vava', pequeno 'lolor', cada um de vocês é uma unidade de valor. Vocês são valorados [*valeurés*]. Diante de tantas unidades de valor... é aconselhável se inclinar!".[265] O que isso quer dizer? No *valeur* [valor], ouve-se *leurre* [isca]. Neste mundo numérico, cada um se verá *va-leurré* [valorados/enganados/atraídos]. Tratar-se-á aqui da isca narcísica, da ilusão de poder se fazer causa de si e, no fim das contas, "responsável por seu próprio destino". Lacan extrai essa expressão de um dos artigos da *Lei de orientação* que acabara de ser publicada no *Boletim Oficial da Educação Nacional*.[266] Ele se baseia no seguinte trecho: "De maneira geral, o ensino

---

264 Lacan, J. (1969-1970). *O seminário, livro 17: O avesso da psicanálise*, op. cit.

265 Lacan, J. (1970). *Analyticon. Impromptu, n. 2*, inédito (03/06/1970).

266 O *Bulletin officiel de l'éducation nationale, de la jeunesse et des sports* [Boletim oficial da educação nacional, juventude e esportes] publica deliberações administrativas: decretos, portarias, memorandos etc. A implementação de medidas ministeriais e as operações anuais de gestão são tema de textos regulamentares publicados nesses boletins (N. T.).

superior . . . concorre para a promoção cultural da sociedade e, portanto, para a sua evolução, no sentido de uma maior responsabilidade de cada ser humano por seu próprio destino".[267] O saber, em posição de comando no discurso do mestre moderno, aqui em sua forma universitária, viria assim a impelir os sujeitos a se tornarem responsáveis por seu destino. Só que, segundo Lacan, nada engana mais [*rien de plus leurrant*] do que essa ideia de responsabilidade, quando a psicanálise demonstra que nosso desejo, aquilo que "nos parece o mais próprio",[268] ao contrário, se funda a partir do lugar do Outro. Tornar-se unidade de valor levará a se enganar [*se leurrer*], a recalcar essa divisão primordial que estrutura o desejo inconsciente.

Por sua vez, haverá também uma ilusão na medida em que essa posição de unidade de valor, que permite fantasiar uma liberação do Outro e convida à autopromoção, acabe por redobrar a alienação do sujeito a esse discurso. A unidade de valor, que se acreditava tão livre, é apenas um puro produto do discurso universitário. Os sujeitos serão reconhecidos como "objetos de esperança" nesse discurso, apenas na medida em que vierem a ocupar esse lugar de objeto *valeurisé* [valorizado/de isca] que lhes foi pré-destinado, a fim de garantir os efeitos de mais-valia desse discurso. Aqui encontramos uma das palavras de ordem de hoje. É preciso saber se vender no mercado. Assim, comenta Lacan, "no campo do discurso universitário . . . tantos são objetos *a* que vocês são . . . . Quando se está no ensino superior, não se tem mais que ser formado, se está mais que arqui-formado. Como objetos, vocês são unidades de valor, e como objetos pequenos *a* . . . , toleram vocês".[269] A tolerância aqui mencionada indica não o lugar que os sujeitos poderiam ocupar, mas, tal como os hilotas convocados para as *sissítias*, aquele que lhes

---

267 Lacan, J. (1970). *Analyticon. Impromptu, n. 2*, inédito (03/06/1970).

268 Ibid.

269 Ibid.

é imposto. E ademais, não é essa uma indicação válida em muitos outros contextos de formação da juventude? Os mais novos serão tolerados apenas sob a condição de satisfazer aquilo que o Outro programou para eles. Para isso, terão sido formados, e até mesmo arqui-formados.

Por fim, Lacan isolará uma última consequência, dessa vez sintomática, dessa redução dos sujeitos à condição de unidade de valor: "A unidade de valor, é claro, gera coisas, a saber, um mal-estar".[270] O termo não deixará de ressoar com o que Freud chamou de *mal--estar na civilização*. A passagem ao discurso do mestre moderno, com o que isso inclui como modificação da relação com o saber, também terá consequências subjetivas no laço social. Em outra ocasião, e em uma interpretação desse "tumulto de maio"[271] que então agitava a sociedade, Lacan chegará a propor até mesmo rebatizar esse mal-estar: o "mal da juventude".[272] Qual é a lógica desse efeito sintoma? Recordemos, em primeiro lugar, que ao se fazer reconhecer como unidade de valor junto ao Outro, algo de que a formação universitária constitui o paradigma, o sujeito se alienará ainda mais a esse discurso. Ele se tornará aí um "objeto de esperança",[273] sob a condição de atingir precisamente essa posição de *objeto*. Os novos só serão tolerados à mesa comum, como frisei, desde que sigam o que se espera deles, algo para que foram arqui-formados. Poderão então entrar no mercado para se tornarem objeto de troca e trabalhar nesse discurso uma mais-valia de gozo para o Outro. Lacan comenta:

> *Um certo número de pessoas está aqui como estudante: a saber, estão com pressa de serem reconhecidas nesta*

270 Ibid.

271 Ibid.

272 Lacan, J. (1972). Conférence faite à l'Université de Milan le 12 mai 1972. In *Lacan in Italia 1953-1978*, op. cit.

273 Lacan, J. (1970). *Analyticon. Impromptu, n. 2*, inédito (03/06/1970).

> *sociedade que está realmente batendo em retirada.... As unidades de valor ali passam progressivamente de um valor de uso para um valor de troca. Vocês estão predestinados, embora não queiram, a essa pequena mecânica, a desempenhar o mesmo papel que tudo o que acontece com o objeto* a *na sociedade capitalista, a saber, a funcionar como mais-valias. Vocês são verdadeiros valores no sentido de que fazem parte... do movimento numérico que vai sustentar o modo de troca, o modo de mercado que constitui a sociedade capitalista.*[274]

No entanto, ele conclui, "outra coisa é ser uma mais-valia encarnada e ser uma mais-valia contábil.... A unidade de valor, claro, gera coisas, a saber, um mal-estar, que vocês se enganarão em acreditar que limito o alcance aos poucos gritos que ouço aqui".[275]

Qual é a diferença entre uma mais-valia encarnada e uma mais-valia unicamente contábil, senão que, no primeiro caso, trata-se de um sujeito animado por um desejo e não de um simples produto? Essa distinção indica que a redução de um sujeito a uma simples unidade de valor não deixará de afetá-lo em relação ao que lhe era mais singular: seu desejo. Dessa vez, não se tratará mais do *Um* contábil, mas do *Um* da singularidade. Querer abolir o segundo em tal redução produzirá, em troca, efeitos sintomáticos por meio dos quais o desejo continuará a se fazer ouvir. Os sujeitos, assim, serão afetados de diversas maneiras por uma mais-valia para esse discurso, podendo passar da enfatuação narcísica a esses efeitos de mal-estar e de sintomas. Também pode ser que o nascimento contemporâneo dos super-heróis, com o que seus superpoderes muitas vezes devem à invenção de algum cientista, constitua uma

274 Ibid.

275 Ibid.

ilustração divertida dessa mais-valia narcisista fantasiada. A lendária e sintomática timidez de um Homem-Aranha, uma vez despido de seu traje, também ilustrará o contrário.

A vergonha e o capitalismo

Havia começado anteriormente a situar os comentários de Lacan sobre a vergonha a partir da posição de hilota no discurso do mestre moderno. Aquilo que foi acima referido com relação à mais-valia agora torna possível ampliar. Não há mais vergonha... onde isso? Precisamente nessa posição de objeto *a* que o capitalismo produz. Não há mais vergonha em virtude dessa mais-valia narcísica da qual o sujeito poderia imaginar não dever mais nada ao Outro, ele que, *self-made man*, teria se libertado dela. Só que sob essa enfatuação e todos os seus *mais-de* fantasiados se esconde a alienação do sujeito nesse discurso. Quem se julgava livre de tudo poderá descobrir-se em cena, como um hilota, a fazer a mais-valia do Outro, para uma embriaguez forjada. Posição obs-cena, em que o sujeito se verá reduzido a um "puro signo":[276] "O regime mostra para vocês. Ele diz – *Vejam como gozam*".

Ao interrogar novamente seu próprio desejo na experiência analítica, o sujeito poderá então mensurar qual "árdua vergonha de viver"[277] lhe valia essa redução a uma mais-valia. Essa pode ser a ocasião para um despertar. Em vez da enfatuação, Lacan convida a colocar um pouco de vergonha no molho, o suficiente para, talvez, desejar se separar dessa alienação. A psicanálise, como prática, é assim a oportunidade de redescobrir, nas palavras de Lacan, uma "tomada de vergonha".[278] A vergonha deve ser ouvida aqui no registro

276 Lacan, J. (1969-1970). *O seminário, livro 17: O avesso da psicanálise*, op. cit., p. 172.

277 Ibid., p. 174.

278 Ibid.

ético e não no moral. Não se tratará de uma vergonha produzida pelo olhar superegoico do Outro no âmbito do discurso do mestre, o qual gostaria de impor a todos o seu modelo de "saber-viver". "Não estou aqui para predicar isso a vocês", insiste Lacan. "Quanto a mim, falei-lhes da vergonha de viver."[279] A vergonha de viver será acolhida como sintoma na experiência de uma análise e poderá, assim, ser decifrada como signo de uma certa relação do sujeito com o real. Com isso, ela será até mesmo capaz de des-orientar o sujeito de sua enfatuação inicial. Esse é o uso e a sutil dosagem da vergonha a que Lacan, a partir da psicanálise, conclama: "Não demasiado, mas o suficiente".[280] Mas então, do ponto de vista ético, de que é a vergonha sinal? O movimento numérico em que consiste o nascimento do discurso moderno, como vimos, tenta operar essa redução do sujeito a uma mais-valia, redução que tem por efeitos conjuntos tanto uma ausência de vergonha quanto um mais-de-vergonha. Outros desdobramentos de Lacan a respeito da lógica do discurso capitalista permitem especificar os fundamentos dessa articulação. Ele terá, assim, sublinhado muito cedo como o capitalismo vinha encorajar o culto de um eu forte. A mais-valia também deve ser entendida como mais-valia egoica, essa "promoção do *eu*",[281] escrevia ele em 1948, a partir da qual se sustenta a concepção utilitarista do homem. Ora, o que é essa promoção senão a reprodução da própria lógica da neurose e seus efeitos de extravio?

Lembremos então da estrutura desse extravio e suas consequências éticas no plano dos afetos. A lógica da neurose, Lacan terá mostrado, se define como uma substituição da demanda pelo desejo, por meio da qual o sujeito finge tomar por objeto de seu desejo a demanda do Outro. Em vez da questão que o dividia, $\$$, ele se

279 Ibid., p. 181.

280 Ibid., p. 184.

281 Lacan, J. (1948). A agressividade em psicanálise. In *Escritos* (Vera Ribeiro, Trad.). Rio de Janeiro: Zahar, 1998, p. 124.

alienará na demanda ao/do Outro, esperando em troca que esse Outro o alivie da questão de seu desejo e lhe permita, assim, se fortalecer no plano de sua identificação egoica. O resultado é que o sujeito, ao se conformar assim com os ideais do Outro, se distanciará cada vez mais da via de seu desejo, substituindo-a, por meio desse registro da demanda, por uma imagem que, no final das contas, será sempre a de um outro. Aqui está seu extravio:

> *Em sua função de desejante, o sujeito toma um substituto. Essa é a base da neurose.... A substituição imaginária em questão é precisamente a do eu pelo sujeito – pelo $\$$ que está envolvido no nível do desejo. É na medida em que há uma substituição de seu eu pelo sujeito que este introduz a demanda na questão do desejo. Alguém que não é o sujeito, mas a sua imagem, é substituído por ele na dialética do desejo.*[282]

O discurso capitalista, em sua promoção do eu, passará a se basear nessa lógica. A isso, ele acrescentou sua descoberta: substituir um objeto industrial pelo objeto causa de desejo. A "grande invenção" do discurso capitalista, dirá Lacan, nada mais é do que "a exploração do desejo". "Devo dizer que esse é um negócio de muito sucesso. Que se tenha conseguido industrializar o desejo, enfim... não podíamos fazer nada melhor para que as pessoas ficassem um pouco tranquilas, não é? Além do mais, obtivemos o resultado disso. É muito mais forte do que pensamos."[283] O discurso capitalista tira sua força de ter conseguido industrializar a substituição da demanda

282 Lacan, J. *Le séminaire "Le désir et son interprétation (1958-59)"*, inédito (lição de 17/06/1959).

283 Lacan, J. (1973). Intervention dans une réunion organisée par la Scuola freudiana, Milan, le 4 février 1973. In *Lacan in Italia* 1953-1978. Milano: La Salamandra, 1978.

pelo desejo ao qual procede a neurose, por meio da produção de objetos "mais-de-gozar forjado".[284] O mal-estar na civilização produzido pelo discurso capitalista se define, assim, como o extravio do sujeito em sua relação com o desejo e com o gozo. Por meio de sua promoção do eu e seus objetos forjados, ele assume o lugar da neurose, oferecendo aos sujeitos o contorno do real da castração e o encobrimento da divisão produzida pelo desejo pela garantia de um eu forte, que se tornou cliente... como todo mundo. O discurso capitalista é, portanto, eminentemente uma invenção de neurótico.

Lacan, em "Televisão", isolou muitos efeitos sinais de um tal erro, dentre os quais a tristeza, a retraimento, mau humor etc. A vergonha também poderá ser definida como o efeito de retorno de um "não quero saber nada disso", dessa covardia [*lâcheté*] moral que Lacan, vários anos antes, naquilo que ele chamou de apologia do vendedor, havia justamente feito equivocar com compra [*l'achat*]. "Comprá-lo [*l'acheter*], comprá-lo... covardia [*lâcheté*]. Puxa, puxa!...",[285] ele se divertia. Utilizando aqui, não sem razão, o tratamento informal [*tutoiement*] da ética, Lacan argumenta que há sempre no fundo da compra a vontade de "se redimir [*te racheter*] da covardia".[286] Comprar [*acheter*], para tentar redimir [*racheter*] sua covardia [*lâcheté*] primeira, a mesma por meio da qual o sujeito terá trocado seu desejo pela demanda do/para o Outro. Isso lança luz sobre a razão por meio da qual, ao dizer a seus alunos que não há mais vergonha, ele precisa: "Vocês estão servidos".[287]

---

284 Lacan, J. (1969-1970). *O seminário, livro 17: O avesso da psicanálise*, op. cit., p. 76.

285 Lacan, J. *Le Séminaire, "La logique du fantasme (1966-67)"*, inédito (lição de 21/06/1967).

286 Ibid.

287 Lacan, J. (1969-1970). *O seminário, livro 17: O avesso da psicanálise*, op. cit., p. 174.

Isso não é dar a entender que eles *demandavam* só isso? Desvencilhar-se da divisão vergonhosa recorrendo à promoção do eu, a mais-valia narcísica. A ausência de vergonha, portanto, não apenas virá designar essa espécie de enfatuação egoica do sujeito, mas a tentativa de apagamento de uma vergonha primária. Tentativa em impasse, como vemos, a partir do momento em que sob o matema *a*, ao designar a unidade de valor, permanece a divisão do sujeito $\$$. Quanto mais o sujeito se extraviar nessa substituição da imagem de um eu forte à sua divisão, de um objeto forjado por causa de seu desejo, mais ele pagará de volta o preço por meio dos afetos sinais de sua covardia moral, até essa árdua vergonha de viver.

2. A vergonha, a imagem e a tela

Até aqui, sublinhei como, segundo Lacan, o discurso científico-capitalista havia produzido o que ele chamará de *movimento* numérico, ao final do qual os sujeitos serão reduzidos a simples unidades de valor destinadas à obtenção de um *mais de...* Lembro aqui a citação inicial: "Vocês são verdadeiros valores no sentido de que fazem parte do movimento, do movimento numérico que vai sustentar o modo de troca, o modo de mercado que constitui a sociedade capitalista".[288] Também sabemos, ademais, que repercussão essa *valorização/valor-isca* [*valeurisation*] do eu pode encontrar hoje no chamado *mundo digital* [*monde numérique*]. Com base no que precede, gostaria agora de questionar o que a vergonha, ou a ausência dela, está se tornando nesse novo espaço público em que a Internet se transformou, em um momento em que cada um tenta ali moldar sua identidade... digital [*numérique*].

288 Lacan, J. (1970). *Analyticon. Impromptu, n. 2*, inédito (03/06/1970).

*A identidade digital [*numérique*]*

A esse respeito, é preciso antes de tudo sublinhar como a Internet conseguiu representar e ainda representa a possibilidade de tomar a palavra mais livremente do que poderia acontecer em outros meios de comunicação. Nela, escreve Dominique Cardon, o público "toma a palavra sem ser questionado. Ele se expõe sem vergonha para criar novos laços sociais. Produz conhecimento sem ater a outros. Ele mesmo define os temas os quais quer debater. Ele se organiza".[289] Aí está uma nova liberdade que, a partir de agora, não terá falhado, como toda novidade, em suscitar muitas preocupações e fantasias de toda sorte, a começar pelo uso que os jovens poderiam fazer dela. Quantos desalentos, sintomas ou movimentos dos jovens hoje decorrem de "a culpa é da Internet"? Muitas vezes encontraremos por trás dessa demonização o que, em suma, sempre existiu, e que Hannah Arendt ressaltava: a angústia, e até mesmo a rejeição da geração anterior daquilo que poderia surgir de novo. Os "novos",[290] relata-nos a filósofa, era, aliás, o nome dado na Antiguidade grega àqueles que, adolescentes, entravam na comunidade dos adultos. Só que, prossegue ela, sempre haverá o risco na geração anterior de querer "canalizar esse elemento novo para que nós, os antigos, possamos decidir o que ele será".[291] A questão, então, é saber se os mais velhos darão ou não aos recém-chegados sua "chance de empreender algo novo, algo que não havíamos planejado".[292]

A desconfiança com relação à Internet, e até mesmo as críticas por vezes muito reacionárias para com os usos que dela fazem os chamados "jovens de hoje", parecem-me em parte originar-se dessa recusa e desse medo de que algo novo possa acontecer, algo que não

---

289 Cardon, D. (2010). *La démocratie Internet*. Paris: Seuil, p. 99.

290 Arendt, H. (1961). *La crise de la culture*. Paris: Folio, 1972, p. 227.

291 Ibid., p. 247.

292 Ibid., p. 252.

estava programado pelo Outro. Por trás dessa desconfiança, fica a estrutura do discurso do mestre, a fantasia de controle [*maîtrise*] do Educador que dorme em cada um de nós, seguro de seu saber-viver e desejoso de que seus seguidores se enfileirem para nada mais desejar além do que o esperado... para seu Bem maior. Ao questionar certos usos da Internet, comecemos lembrando, pois, que esse espaço público permite que novas tomadas de palavra, enunciações, que dão oportunidade a muitas singularidades de se dizerem e escreverem. Os exemplos no campo político são muito numerosos aqui, mais de um movimento juvenil tendo encontrado nas redes sociais a possibilidade de transmitir sua recusa e seu desejo por Outra coisa, indo desde os últimos surtos revolucionários até os protestos desses jovens *rappers* russos hoje, que correm o risco de sofrer as consequências ferozes de um Putin.[293] Além disso, indiquei como o movimento digital [*numérique*] consistia, sobretudo, em uma modificação de nossa relação com o saber. Aqui ainda, encontraremos o melhor e o pior na Internet. O melhor, quando a multiplicidade dos links de acesso a esta e aquela fonte de saber poderá ser uma oportunidade para cada um de uma aventura de pesquisa. O pior, quando o sujeito se deixar trancar nas *sugestões* de conteúdo e de compra calcadas em seus metadados, levando-o a ceder em seu desejo de Alteridade e de Outro lugar, para consumir apenas o mesmo.

Assim, "a Internet expande o espaço público",[294] observa novamente Dominique Cardon. Mas até onde? O espaço digital [*numérique*] é ilimitado? Ao se orientar pela psicanálise, não se trataria aqui de passar de uma fantasia a outra. O próprio Lacan, se apoiava esse desejo de Outra coisa em que consiste a aspiração revolucionária,

---

293 Nos últimos anos, o *rap* se tornou um dos gêneros mais populares e ouvidos entre os jovens na Rússia. Depois de não conseguir proibi-lo, o presidente Vladimir Putin tentou controlá-la para limitar sua influência (N. T.).

294 Cardon, D. (2010). *La démocratie Internet*, op. cit., p. 10.

terá sempre relativizado e questionado a esperança de uma liberdade radical, sabendo do impossível original que ela pretenderia transgredir. Do real da não relação sexual não há liberação possível. Não há, portanto, razão para se deixar levar pela fantasia de uma ausência de limite, tanto na *web* quanto em qualquer outro lugar. E, no entanto, não teremos frisado o quanto a ausência de limite, o *unlimited*, constitui justamente o argumento de muitos *slogans* publicitários? Se é necessário, portanto, que a psicanálise não se deixe fascinar pelas novas promessas de libertação da *web*, é igualmente necessário questionar o uso que o discurso capitalista terá feito dessas esperanças.

À demonização da Internet acrescenta-se seu simétrico: a crença em todo o poder que essa mídia conferiria, por meio da qual todos os limites poderiam finalmente ser ultrapassados. "A maior mentira", confidenciava assim ao jornalista Jon Ronson um profissional da Silicon Valley, "é dizer que a Internet é nossa. Gostamos de nos ver como pessoas que têm opções, gostos e conteúdos personalizados. Mas a Internet não é nossa. Ela é das empresas que dominam os dados".[295] Destaco: *gostamos de nos ver como...* O espaço da *web*, como espaço de visibilidade, poderá ser para o sujeito um lugar de exposição de sua imagem ideal, aos olhos do Outro. O que é a identidade digital [*numérique*] senão uma nova técnica de encarnação do eu ideal? "Na experiência dos sujeitos", escreve Dominique Cardon, "a identidade digital não é verdadeira nem falsa. É um projeto reflexivo de autofabricação que só se concretiza realmente com o reconhecimento de outrem".[296]

Sobre esse ponto, lembrei o uso da imagem egoica na lógica neurótica: substituir a causa de seu desejo pelo objeto da demanda do Outro. Isso nos levaria então a relativizar sobremaneira o peso de

---

295 Ronson, J. (2018). *La honte!*. Paris: Sonatine, p. 253.
296 Cardon, D. (2010). *La démocratie Internet*, op. cit., p. 60.

verdade dessa imagem, assim feita para alcançar o reconhecimento do Outro. Há aí, de fato, para o neurótico, observava Lacan, uma forma de tapear[297] o Outro fingindo dar-lhe o que ele quer, ali onde se dá de fato apenas uma imagem. Às vezes, se escreve "*bien à vous*"[298] no final de correspondências [em francês]. Uma marca de polidez, decerto, mas cuja sinceridade ficará sempre limitada, sob o risco de oferecer a si como objeto ao gozo do Outro. Entregar-se verdadeiramente ao Outro é o que, para o neurótico, seria mais angustiante. A psicanálise permite, assim, relativizar as críticas segundo as quais tudo na Internet seria exposto, sem que haja mais intimidade. Que isso seja vendido como tal é uma coisa, e que é algo não ignorável, voltarei a isso. Mas permanece o fato de que, na internet como em qualquer outro lugar, o neurótico sempre manterá sua pequena reserva, inclusive ali onde se acreditava que ele se havia revelado mais.

"Os internautas", observa ainda Cardon, "nunca param de se abrigar e, portanto, de 'calcular' entre o que vão mostrar e o que preferem esconder . . . . A autoexposição é uma estratégia, muito mais do que um abandono ingênuo e frívolo".[299] Por meio dessa exposição, o sujeito poderá, antes, confortar sua imagem e, assim, ter a esperança cobrir sua divisão íntima com o seu eu forte. Esse é o princípio do "eu autônomo",[300] acreditando-se senhor de seu desejo para melhor continuar nada sabendo nem de sua divisão, nem de sua alienação ao Outro. A questão é, então, a seguinte: em que medida esse novo espaço de visibilidade e de conexão com o Outro vem acentuar essa substituição pelo princípio da neurose? De que

297 Lacan, J. (1962-1963). *O seminário, livro 10: A angústia*. Rio de Janeiro: Zahar, 2005, p. 60.

298 *Bien à vous* é uma frase em francês que denota educação e que geralmente é usada por escrito, ao fim de correspondências. Essa fórmula significa que se está a serviço da pessoa em questão (N. T.).

299 Cardon, D. (2010). *La démocratie Internet*, op. cit., p. 61.

300 Lacan, J. (1970). Radiofonia. In *Outros escritos*, op. cit., p. 213.

forma o discurso capitalista, nesse espaço, se esforça em aproveitar novamente essa substituição da imagem egoica pelo sujeito desejante e quais as consequências disso para a vergonha?

O supereu, o digital [numérique] *e a contagem*

O falante, como ressaltei, não terá esperado a Internet para dar ao Outro uma boa imagem de si, que pode ser adequada e amada. Notemos, porém, que nesse mundo digital [*numérique*], o discurso científico-capitalista terá agregado a ele uma contabilização dos signos do desejo do Outro, do qual o cálculo do número de curtidas (*likes*) no Facebook é o paradigma. O "contador de amigos", num contexto de demanda de amor dirigida ao Outro, virá cifrar e adicionar os signos de todos os pequenos outros. Esse cálculo, tal como o evoquei acima com Heidegger, será, portanto, infinito. Ávido por sempre *mais-de*, ele vai relançar de forma incessante a vontade de uma mais-valia da imagem. O discurso capitalista, portanto, não se contenta em explorar o desejo, mas também a demanda por amor e, em última instância, a redução do Um pelo Outro. Poderíamos, aliás, continuar e demonstrar como ele conseguiu industrializar muitos outros pilares da neurose: o jogo da oferta e da demanda, a *tela* da fantasia, o sonho do ilimitado, objetos mais-de-gozar forjados, e, no fim das contas, toda uma "economia de investimento",[301] destacará Lacan, para dizer a vontade que o sujeito tem de escapar assim do custo do desejo, a castração. O sucesso do discurso científico-capitalista terá sido, portanto, saber industrializar a própria lógica da neurose: sua tentativa de rejeitar a castração, fortalecendo a alienação ao Outro. Prova disso é a maneira como muitos sujeitos hoje evocam a dificuldade de se *desconectarem* [*couper*] da Internet, de todas

---

301 Lacan, J. (1966). Respostas a estudantes de filosofia. In *Outros escritos* (Vera Ribeiro, Trad.). Rio de Janeiro: Zahar, 2003, p. 212.

essas pequenas demandas do Outro, dos outros, que os e-mails, no campo profissional em particular, podem encarnar.

O discurso capitalista terá, aliás, sido capaz de tirar proveito do próprio desejo de desconectar, reduzindo-o aí também ao campo da demanda, por meio da criação de um mercado da... desconexão. O [jornalista e escritor belga] Alain Schifres dá um exemplo tão engraçado quanto instrutivo disso, baseando-se em uma das figuras do eu forte de hoje, os famosos [*le people*], subitamente deprimidos, movidos somente pelo desejo de nada. Os famosos "saem de seu meio. Põem uma blusa velha e se mudam para uma ilha na baía de Morlaix. Quem não mudou de vida até os cinquenta anos fracassou", declara ele numa rara entrevista, "antes de ir cortar lenha ou de começar a meditar. O que consiste em controlar a respiração e olhar fixamente para uma pera". E o autor continua nesse novo mercado da desconexão, trazendo à tona como o capitalismo também poderá oferecer em seu catálogo novas visões de mundo:

> *Felizmente, podemos abrir mão do meio período. Fazemos uma "estadia desintoxicante, espiritual e responsável num hotel ecologicamente concebido". Li isso numa revista, que dá a palavra a um certo Cyril Aouizerate, "filósofo e empresário". Empresário, o Sr. Aouizerate fundou uma "cadeia de hotéis e restaurantes* green*". Filósofo, ele nos dá a definição de viagem mais bonita que li em* Sympa*, desde que comecei a explorar essa coisa mole: "A busca de um encontro com o* cara chique *ou a* garota chique*, um ideal para si mesmo na expectativa realista de um* mundo chique*".*[302]

302 Schifres, A. (2016). *Sympa*. Paris: Le dilettante, pp. 60-61.

Aí está no que diz respeito à redução de um possível desejo de Outra coisa no campo da demanda do Outro e do mercado que ele gera.

Em suma, em sua vontade de abolir a desconexão [*coupure*] que o desejo permitia, o discurso capitalista terá industrializado a conexão ilimitada do sujeito ao desejo e à demanda de amor do Outro, oferecendo-lhe seu cartão de fidelidade. Restava então tecnologizar um dos efeitos dessa fidelidade ao Outro: a exigência do supereu, que é "correlata da castração".[303] A corrida pelo desempenho constitui um de seus efeitos contemporâneos. Haja vista que, por estrutura, o sujeito nunca fará o suficiente para conformar sua imagem egoica àquilo que o Outro esperaria, os pequenos gênios dos aplicativos terão inventado muitos modos de o sujeito se avaliar e buscar aumentar constantemente sua própria mais-valia. Essa é outra vertente da atual promoção do eu, que recentemente terá recebido o nome de *Quantified Self*, "o eu quantificado". Aqui mais uma vez, sublinhemos o poder da cifra e do cálculo: já não se tratará apenas de olhar para si no espelho, mas de se medir, sempre mais. "Nos mundos digitais [*numériques*]", sublinha Dominique Cardon, "os pequenos grupos que militam pela quantificação de si sustentam que a liberdade expressiva dos indivíduos também deve passar por sua expressão cifrada".[304]

Isso é evidenciado por aquilo que relata Xavier de La Porte em uma de suas fascinantes crônicas: "Existe hoje um número incalculável de aplicativos, serviços e ferramentas que nos ajudam a fazer uma dieta, que estabelecem um programa de condicionamento físico e nos permitem coletar e acumular os dados essenciais de nosso organismo".[305] O culto superegoico da performance, com efeito, não

303 Lacan, J. (1972-1973). *O seminário, livro 20: Mais, ainda*, op. cit., p. 16.

304 Schifres, A. (2016). *Sympa*, op. cit., p. 76.

305 De La Porte, X. (2016). *La tête dans la toile*. Caen: C&F Éditions, p. 36.

terá deixado de se apropriar da questão do bem-estar, simétrico à autoestima. "E muito em breve", continua o jornalista:

> *a Internet das Coisas expandirá ainda mais o leque de possibilidades oferecidas.... A título de prova, um objeto fabricado por uma empresa francesa que alcançou grande sucesso no ano passado: o garfo conectado que rastreia o tempo da refeição, o número de garfadas dadas e o intervalo entre cada garfada, o que permite saber se você passa tempo suficiente mastigando. Imagine uma escova de dentes que extrai bactérias, uma luva de banho que faz um exame dermatológico e muitas outras coisas, e você está em um mundo em que os objetos coletam seus dados, os enviam para programas que remoem e avaliam sua saúde em tempo real.*[306]

Em suma, conclui o autor, a Internet terá convertido em aplicativo o que existia há muito tempo: "o garfo conectado . . . não é muito mais do que uma nova maneira de dizer que devemos mastigar mais lentamente", do que um "remédio de avó".[307] Ainda que a palavra de uma avó tenha passado para a categoria de ritornelo, é ela exatamente a mesma coisa que um objeto conectado? São tantas as formas, em todo caso, de alimentar essa paixão pelo eu forte, e por meio da contagem, sobretudo, de relançá-la cada vez *mais*. Nisso, o discurso capitalista, na *web* como em qualquer canto, se sustenta menos pelo sucesso do que pelo fracasso em série a partir do qual sempre poderá renovar a demanda superegoica: "Pode fazer melhor!". Ou, antes: "Goza!".[308] Do gozo dessa repetição poderá surgir o vício

306 Ibid., p. 37.

307 Ibid.

308 Lacan, J. (1972-1973). *O seminário, livro 20: Mais, ainda*, op. cit., p. 11.

do sujeito em suas imagens, assim como pelos esperados sinais de reconhecimento do Outro por um número *cada vez maior* de amigos.

Nietzsche já havia isolado essa vontade pura de crescimento, "um desejo de *ser mais*",[309] a "sensação de *mais* poder",[310] como efeito da ciência passada na posição de mestre. Ao comentá-lo, Heidegger acrescentará: "Tornar-se mais forte significa aqui 'ter mais poder', o que quer dizer: não ter nada além de poder .... O poder é e permanece apenas quando continua a ser aumento de poder e quando ordena para si constantemente 'mais poder'".[311] Esse é o mandamento superegoico escondido pela ideologia de um eu *forte*.

Assim, observa Dominique Cardon:

> *Uma pressão contínua a ser exercida sobre os usuários para que eles estendam suas conexões, misturando amigos "reais" com amigos "interessantes", amigos "úteis", amigos "especializados" ou amigos "recursos". Essa corrida pelos "amigos" é estimulada pelo contador que, em sua página do Facebook ou em outra, oferece uma nova métrica de si mesmo aos indivíduos em busca de reputação.*[312]

A promoção do eu que constitui o princípio do discurso capitalista, em que pesem as aparências, irá, portanto, menos na direção da segurança tranquila de um eu forte do que para a vontade cada vez mais gananciosa, isto é "insaciável",[313] do supereu. Nada mais

---

309 Nietzche, F. (1901). *A vontade de poder* (Marcos Sinésio Pereira Fernandes & Francisco José Dias de Moraes, Trad.). Rio de Janeiro: Contraponto, 2011, p. 293.

310 Ibid., p. 350.

311 Heidegger, M. (1962). Le mot de Nietzsche "Dieu est mort". In *Chemins qui ne mènenet nulle part*. Paris: Tel-Gallimard, p. 283.

312 Cardon, D. (2010). *La démocratie Internet*, op. cit., p. 67.

313 Lacan, J. (1970). Radiofonia. In *Outros escritos*, op. cit., p. 434.

do que aquilo que Lacan chamava de mandamentos do gozo, impossíveis de serem satisfeitos e que, por isso mesmo, nos reduzem à exigência desse "mais, esse mais melhor".[314] Encontraremos o eco dessa exigência insaciável no princípio de criframento, aí ainda, do julgamento feito pelos amigos sobre a imagem. Essas são as "métricas da reputação"[315] mencionadas há pouco, da qual sabemos a crescente importância no espaço digital [*numérique*]. "A *web* social do Facebook, Twitter, Pinterest, Instagram etc. se cobriu, assim, de cifras e pequenos contadores, 'gloriômetros [*gloriomètres*]', para usar uma expressão de Gabriel Tarde."[316] Glório-mestre [*glorio-maître*],[317] poderíamos escrever, para sublinhar o peso da imagem falicizada que o sujeito acredita dominar enquanto se sujeita a ela por meio do olhar do Outro.

O narcisismo da pequena opinião: notas e avaliações

Sabemos que o contador de amigos também será um contador de opiniões e comentários. Isso também participará da esperança do eu em fortalecer seu poder. Um episódio da série *Black Miror*[318] terá particularmente ilustrado bem isso, fazendo-nos o retrato de uma sociedade em que cada um, com o seu iPhone na mão, tinha que dar notas aos seus colegas, amigos, e até mesmo anônimos pelos quais se passou no espaço de um instante etc., recebendo notas da mesma forma em retorno. Constituía-se assim para cada cidadão uma nota média, que podia progredir a cada dia e dar mais um limiar de privilégios... de compra. O contrário também valia: ir para baixo

314 Lacan, J. (1972). *Séance extraordinaire de l'École Belge de psychanalyse (14/10/1972)*, inédito.

315 Cardon, D. (2015). À quoi rêvent les algorithmes. Paris: Seuil, p. 29.

316 Ibid., p. 30.

317 As palavras *gloriomètre* e glorio-*maîtres* são homófonas em francês, donde o jogo de palavras feito pelo autor (N. T.).

318 "Queda livre", episódio 3 da série de TV *Black mirror* (2011), criação de Charlie Brooker.

desse limiar não só punha fim a esses privilégios, mas também era algo feito com o conhecimento e à vista de todos. Revela-se aqui outra paixão do eu que o discurso capitalista vem excitar: o poder de dar sua pequena opinião sobre o mundo, assim como sobre os outros. Assim é o pequeno filósofo que está adormecido em cada um de nós: o "EU acho que..." hoje se converteu em "EU dou um 5 para ele".

Pensemos no sistema de "Notas e avaliações" nos *e-commerces*. "Hotéis, restaurantes, produtos culturais e, em breve, tudo o que for possível avaliar e classificar, fazem com que os internautas agora contribuam para agregar suas avaliações em uma opinião coletiva."[319] No entanto, que opinião é essa segundo a psicanálise? Em sua origem, nada mais do que um *ponto de vista*, o qual Lacan terá mostrado proceder sempre da fantasia, essa "vesguice".[320] Ele é aquilo a partir de que o sujeito olhará para as coisas, projetando nelas imaginariamente sua própria unidade egoica e considerando o mundo apenas à imagem dessa unidade. As convicções que sua fantasia lhe assegura tornar-se-ão uma *visão do mundo*, desempenhando como que o papel de uma tela diante daquilo que poderia ter surpreendido, questionado, des-arrumado e, em suma, encarnado alguma alteridade. Mais ainda, elas poderão então instalá-lo um pouco mais em uma posição de mestre diante dessa tela, com a plena certeza de seu bom gosto e da legitimidade de seu poder de notação. Nessa lógica, nossas múltiplas telas hoje servem para manter nossa vesguice.

Prova disso está naquilo que Xavier de La Porte chama de "paradoxo do Google Street View", a partir do nome dessa ferramenta que nos permite nos deslocarmos, a partir de uma tela, pelas ruas de cidades do mundo inteiro. O que é mais impressionante aqui? Que

---

319 Cardon, D. (2015). À quoi rêvent les algorithmes, op. cit, p. 31.

320 Lacan, J. (1975). Joyce, o sintoma. In *Outros escritos* (Vera Ribeiro, Trad.). Rio de Janeiro: Zahar, 2003, p. 562.

ali onde temos a possibilidade de conhecer com muita facilidade bairros de todo o mundo, o uso majoritário desse aplicativo é para ir ver os lugares que nos são mais familiares. Daí a pergunta feita pelo jornalista: "Por que, quando temos o mundo à nossa disposição, vamos ver lugares conhecidos?". Entre as várias de suas hipóteses, guardo esta:

> *No Google Street View continuamos em algo a que estamos familiarizados porque as redes não nos tornam menos caseiros. Porque ter o mundo ao alcance de um clique ou de um mouse (em todo caso a representação do mundo) não cria automaticamente um desejo de mundo e um desejo de alteridade . . . . E ainda, poder-se-ia postular com tristeza o contrário, que quanto mais acessível o mundo é para nós, mais recaímos no conhecido.*[321]

Um belo exemplo de nossa inclinação natural a não ver além da ponta de nosso nariz.

Não há, portanto, pequena opinião egoica, enfatuada, apressada, segura de seu bom senso. Razão pela qual muitas vezes *folheamos* as páginas de um jornal sem nos determos nele, exceto para verificar o que já sabíamos. O próprio Lacan terá notado esse gesto, ao falar do pequeno "filósofo que há em todos, por intermédio do jornal", o qual fingirá receber as *notícias* do mundo sem se comover com nada, "a não ser vagamente".[322] O caminho da *web* não deixará de despertar esse pequeno filósofo. Poderá, então, se consumir em casa um de nós essa satisfação narcísica de *poder*... ter e dar, sobretudo, a nossa pequena opinião, na medida da tela que a nossa fantasia já constituía, a qual nos ancora em nossas convicções ao mesmo tempo que nos

321 De La Porte, X. (2016). *La tête dans la toile*, op. cit., p. 254.

322 Lacan, J. (1973). Televisão. In *Outros escritos*, op. cit., p. 535.

mantém ao abrigo do real. As telas de hoje, em que o sujeito dará suas notas e avaliações, poderão, assim, assumir o lugar da tela da fantasia, vindo confortar o sujeito em sua esfera egoica, da qual ele poderá contemplar, julgar e dar nota sem arriscar os movimentos do mundo. A tal ponto que o número de "visualizações" poderá mudar em nada essa vesguice fundamental do ser falante. Não é isso que o discurso capitalista na *web* terá sido capaz de generalizar ao identificar os comportamentos dos consumidores para conduzi-los sempre aos mesmos conteúdos? O suficiente para tornar o mundo digital [*numérique*], no entanto, tão vasto, uma pequena bolha.

A isso, é preciso por fim acrescentar o gozo tido com esse poder imaginário da pequena opinião. Com efeito, só há esfera, "círculo",[323] observava Lacan, no âmbito do discurso do mestre, onde tudo deveria *rolar*. Diante de sua tela, o sujeito poderá ocasionalmente ocupar uma posição de mestre, gozando, enfim, por segurar na mão o lápis vermelho do Professor, para infligir suas notas e comentários. Todavia, como evoquei com esse episódio de *Black Mirror*, essa fantasia do poder do consumidor, do cliente rei, satisfeito e orgulhoso de dar a sua classificação, vai se inverter também contra ele, transformando-o num produto classificado. O avaliador também será avaliado. Naquilo que parece ser o *reino* do comentário e da notação, seu efeito de retorno deve ser incluído. É isso que vai ao encontro daquilo por onde começamos: a redução do sujeito, no discurso capitalista, a uma unidade de valor. Quer a mais-valia seja positiva ou negativa, o sujeito se verá reduzido como valor numérico [*numérique*] a uma posição de um objeto de mercado, um puro produto... classificado. E é por isso que ele poderá, então, experimentar o *status* de qualquer valor de *troca*: ser substituível.

---

323 Lacan, J. (1975-1976). *O seminário, livro 23: O sinthoma*. Rio de Janeiro: Zahar, 2007, p. 25.

Sobre esse ponto, havia citado nesta obra as análises do filósofo Günter Anders a respeito da obsolescência do homem, juntando-se à obsolescência programada dos objetos de hoje. Heidegger, por sua vez, insistirá nisso durante seu seminário de Thor, em 1969. Com o discurso da ciência e da técnica,

> *o ser é* postulado *como fundamental e exclusivamente* disponível – *disponível para o consumo no cálculo global. Mas um dos momentos essenciais desse modo de ser do ente contemporâneo (a disponibilidade para um consumo planejado) é o* Eretzbarkeit, *o fato de que cada ente se torna essencialmente* substituível, *em um jogo generalizado em que tudo pode tomar o lugar de tudo. É isso que é manifestado empiricamente pela indústria de produtos de "consumo" e pelo reinado do* ersatz. *Ser, hoje, é ser-substituível.*[324]

Assim, a unidade de valor não é a da singularidade. Todos os sujeitos serão reduzidos ao mesmo valor de troca, aqui definido por Lacan e Heidegger como o do produto. Daí em diante, todos serão substituíveis, substituíveis, ejetáveis. Isso também é algo de que a lei caprichosa do Gosto/Não gosto se tornou o paradigma. "Sem razão especial, no tédio", escrevia Sloterdijk, "apreciamos isto e rejeitamos aquilo".[325] O episódio da série *Black Mirror* também ilustrará isso, em que todos podem subitamente ejetar de sua lista de amigos esta ou aquela pessoa mal avaliada, reduzida a um objeto vergonhoso que constitui uma mancha.

---

324 Heidegger, M. (1969). Les séminaires du Thor du 11 Septembre 1969. In *Questions III et IV*, op. cit., p. 456.

325 Sloterdijk, P. (2005). *Palácio de cristal. Para uma teoria filosófica da globalização.* Lisboa: Relógio D'Água Editores, p. 187.

Mais-de-vergonha

Daí, volto à indicação de Lacan: ao se perder cada vez mais em um tal conformismo superegoico na demanda do Outro, os efeitos de retorno da vergonha serão ainda mais acentuados. "O regime o mostra para vocês. Ele diz – *Vejam como gozam*".[326] Ora, lembremos, os hilotas ficaram famosos na história como uma figura de humilhação. É preciso sublinhar a atualidade dessa expressão – "Vejam como gozam" – em nosso tempo, em que a promoção do eu substituto no mundo digital [*numérique*], a exemplo às vezes das muito apropriadamente chamadas "*selfies*", é acompanhada pelo medo da humilhação e da vergonha. O jornalista e escritor Jon Ronson teve recentemente a oportunidade de comentar isso em sua obra *La honte!* – o simples ponto de exclamação já indicando, no lugar do Outro, o espaço público, essa dimensão da mostração humilhante. "A humilhação on-line", argumenta o autor, constituiria como que um "renascimento da humilhação pública".[327] A contracapa precisa: "Com as redes sociais, o mundo inteiro agora pode cair na sua cabeça. Ao sair da esfera pessoal, a vergonha conheceu nos últimos anos uma promoção inesperada". E mais: "Hoje, um dia em que não se aponta o dedo para ninguém na Internet acaba sendo chato, senão decepcionante. É como se uma boa humilhação pública pudesse nos dar cor novamente. Seriam esses os novos jogos do circo?".[328]

A vergonha pode, portanto, ser vista como o avesso da moderna promoção do eu, isso por pelo menos duas razões. Em primeiro lugar, por causa da castração, o sujeito sempre permanecerá impotente em aderir plenamente à imagem ideal que ele esperava encarnar por amor ao Outro. Daí a consequência: quanto mais ele

---

326 Lacan, J. (1969-1970). *O seminário, livro 17: O avesso da psicanálise*, op. cit., p. 197.

327 Ronson, J. (2018). *La honte!*, op. cit., p. 253.

328 Ibid., contracapa.

se alienar nessa vontade, mais ele necessariamente recairá em sua falta-a-ser. Não querendo aprender nada, o sujeito poderá então optar por retomar com raiva a contagem de seus *likes*, assim como seus exercícios ferozes de performance, com relógio "crono-mestre" no pulso. A impossibilidade de encarnar a imagem ideal também terá por consequência que essa imagem de poder sempre permanecerá a do outro, o qual se torna o rival invejado.

Aqui também, nada de novo. Originalmente, o eu se constitui a partir de uma identificação com seu semelhante, na medida em que este último teria algo mais. Daí os afetos que ele precipita, que vão do ciúme primordial ao ódio, passando pela agressividade e pela inveja. Em sua promoção do eu, o discurso capitalista também terá sabido como se sustentar com essa rivalidade imaginária. Não é esse um dos princípios de qualquer publicidade? Tal como Santo Agostinho ao olhar para a imagem de seu irmão completada com seu objeto, os sujeitos de hoje olharão com inveja para a imagem de seu irmão completada com seu *gadget*. Daí resultará a crença ainda mais acentuada de poder, para parafrasear Lacan, "ter o objeto no bolso",[329] como o nosso iPhone, nunca muito longe de nosso corpo.

Também aqui o discurso capitalista terá, portanto, industrializado um fato estrutural, tendo conseguido encarnar aquilo que completaria a imagem invejada do semelhante, por meio de seus objetos mais-de-gozar forjados. E é por isso que é da natureza desse discurso despertar as paixões que são a inveja, o ciúme, o ódio, cada uma das quais faz vender melhor. Essa é também uma das razões pelas quais a promoção do eu não só terá produzido uma acentuação da vergonha, mas também uma excitação em denunciar o gozo vergonhoso do outro. Essa excitação poderá então ser satisfeita na medida do tédio do sujeito, sinal de seu extravio. Também é preciso

329 Lacan, J. (1967). *Petit discours aux psychiatres de Sainte-Anne (10/11/1967)*, inédito.

se entediar muito para gozar de escrutinar a diversão dos outros e, assim, continuar sem saber nada sobre sua própria divisão. Citemos Jon Ronson novamente: "Hoje, um dia em que não se aponta o dedo para ninguém na Internet acaba sendo chato, senão decepcionante".[330]

A esse respeito, Lacan fizera uma observação em seu Seminário *O avesso da psicanálise*, que poderia nos esclarecer. Muitos costumam denunciar o gozo ilimitado do sujeito contemporâneo, munido de seus *gadgets*. Indiquei como o vício contemporâneo no consumo de *gadgets* e outros produtos da ciência, pelo contrário, é alimentado por uma sede de "falta de gozar",[331] do fracasso de gozo que eles produzirão, mediante o que o sujeito vai esperar impacientemente, "viciado", pelo próximo *gadget*. Os Shadoks,[332] por meio do erudito professor Shadoko, terão dado a fórmula mais precisa disso: "Quanto mais dá errado, mais se tem chance de dar certo".[333] É isso também o que indica o *mais-de*: o vício do sujeito na série. Por sua vez, os *gadgets* serão apenas objetos-mais-de-gozar forjados, permitindo ao sujeito fazer economia de seu próprio desejo e, ao fazê-lo, não apostar em realmente nada. Em sua origem, o capitalismo procede, portanto, de uma tentativa de contornar a castração, e mantém nisso, para cada um, diz Lacan, um "estado cosquilhoso",[334] assim como o *business* crescente do *conforto em casa* poderia justamente verificar. Ao contrário do que se poderia acreditar, o sujeito contemporâneo, portanto, não vai tão longe no plano do desejo e do gozo, e muito menos longe do que nas sociedades antigas. A tal ponto, observa

---

330 Ronson, J. (2018). *La honte!*, op. cit., contracapa.

331 Lacan, J. (1970). Radiofonia. In *Outros escritos*, op. cit., p. 435.

332 *Les Shadoks* é um desenho animado criado pelo cartunista francês Jacques Rouxel que causou furor na França quando foi transmitido, entre 1968-1974 (N. T.).

333 Rouxel, J. (2016). *Les Shadoks en grande pompe*. Union européenne: Circonflexe, p. 9.

334 Lacan, J. (1969-1970). *O seminário, livro 17: O avesso da psicanálise*, op. cit., p. 168.

Lacan, que "todos morrem de vontade de saber no que daria se verdadeiramente fizesse doer. Daí essa mania sadomasoquista que caracteriza o nosso amável ambiente sexual".[335]

Quando a vergonha causa rebuliço

Assim, uma vontade de ver e saber o gozo, ocasionalmente encarnado nas figuras do mal, excita e anima os sujeitos, ainda mais porque, além disso, eles serão tão reservados, tão contidos em sua relação com seus desejos e seu gozo. Será então que o fascínio que vem fixar o sujeito em sua tela, para nela rastrear o gozo dos outros, não vem responder a essa "atmosfera sexual" contemporânea em que a experiência da castração será cada vez mais contornada? O filósofo Peter Sloterdijk também observava isso a seu modo: "O mal moderno é a negatividade desempregada - um produto típico da situação pós-histórica. A sua edição para o grande público é o sadomasoquismo praticado nas casas das classes médias, no qual pessoas inofensivas se atam mutuamente às barras da cama para viver algo novo".[336] O *infoespace* tomará seu lugar, oferecendo a oportunidade de consumir outras incômodas encarnações do mal na tela:

> *A agressão continua a vender-se e . . . quanto mais impiedosa for, maior é a recompensa midiática . . . . Os referidos ocupantes, entediados com o palácio, continuam à espera de notícias do exterior. Os subutilizados programas paranoides dos cidadãos da zona de prosperidade agarram e ampliam com sofreguidão os mínimos sinais que provem a existência de um inimigo exterior.*[337]

335 Ibid.

336 Sloterdijk, P. (2005). *Palácio de cristal*, op. cit., p. 187.

337 Ibid., p. 195.

Concentremo-nos agora nessa sandice excitada alimentada por notícias do exterior e que, assim, permitiriam que o sujeito se distraísse de seu tédio primordial. Alain Schifres terá sublinhado muito bem esse gozo extraído do que virá a animar as redes sociais, sublinhando aí a dimensão devoradora e insaciável da pulsão, assim como sua forma de acentuar a própria lógica do mercado, a qual não quer isto ou aquilo, mas sempre mais:

> *Vocês devem ter notado que as redes sociais sofrem de demência. O que não os* deixa em pânico *os* inflama. *Nunca se importam com algo, o que quer que seja, se apoderam disso. "Veem" ininterruptamente e "dão* likes*" sem trégua. Para viver, as redes sociais são piores do que os mercados. Os mercados estão com os nervos à flor da pele, mas às vezes acontece de respeitarem as festas de fim de ano.*[338] *Nada parecido com essas loucuras das redes. Quem já viu uma rede ficar fora do radar esperando que algo aconteça?*[339]

No entanto, não vamos demonizar as redes sociais. A paixão dos seres falantes de se empolgar com as ditas "notícias", da "atualidade", com aquilo que teria acontecido, foi evidente desde o nascimento do jornalismo. O sociólogo Gabriel Tarde percebia isso já em 1898. "Da Revolução, data o verdadeiro advento do jornalismo e, posteriormente, do público . . . . O que caracteriza 1789, o que o passado nunca havia visto, é um enxame de jornais, vorazmente devorados, que eclodiram na época."[340] E o autor então se questiona sobre esse

---

338 Em francês, *la trêve des confiseurs*, expressão que se refere ao período entre o Natal e o Ano Novo, geralmente de repouso (NT).

339 Schifres, A. (2016). *Sympa*, op. cit., p. 60.

340 Tarde, G. *L'opinion et la foule*. Paris: PUF, 1989, p. 37.

prestígio da notícia assim como sobre o desgosto de uma notícia que já não é mais notícia: "Abro um jornal que acredito ser do dia, e leio avidamente certas notícias; então percebo que ele data de um mês ou do dia anterior, e ele deixa, logo em seguida, de me interessar. De onde vem esse desgosto sofrido?". E prossegue: "Analisemos bem essa *sensação da atualidade* tão estranha e cuja paixão crescente é uma das características mais claras da vida civilizada . . . . O que é considerado "atual" é apenas aquilo que acabou de acontecer? Não, é tudo o que atualmente inspira um interesse geral, ainda que seja um fato antigo".[341]

Portanto, há uma *sensação de atualidade*. A psicanálise poderia, por sua vez, lançar luz sobre ela, a qual com o apoio de Jacques Lacan, foi capaz de isolar aquilo que fundamentalmente, para o ser falante, não pode "ter lugar":[342] a relação sexual. Vejo nisso como um dos motivos pelos quais os sujeitos de ontem e de hoje sempre ficarão fascinados e entusiasmados com o anúncio de uma notícia iminente. Num contexto de impossibilidade estrutural, será possível fantasiar, ainda assim, o que aconteceria e que, consequentemente, sempre dirá respeito, desde o início, ao gozo. Prova disso é o desgosto aqui sublinhado pelo empanzinamento forçado de notícias passadas, quando o sujeito já espreitará a aproximação de outras notícias, numa empolgação em que se misturarão angústia e avidez. "O futuro próximo seria tudo", escrevia Nieztsche.[343] "Quais as novidades?" Essa é a pergunta que agita o ser falante, às vezes até o ponto de seu não-quero-saber-nada. O sujeito poderá então preferir aquilo que, nas telas, sejam elas quais forem, o distrairá e lhe assegurará sua pequena opinião a ser compartilhada a fim de fazer (um pequeno) mundo e velar sua desejosa solidão. A notícia terá o seu preço assim

---

341 Ibid., p. 33.

342 Lacan, J. (1975). Joyce, o sintoma. In *Outros escritos*, op. cit., p. 562.

343 Nietzsche, F. (1882). *A gaia ciência*. São Paulo: Companhia das Letras, 2001, edição eletrônica.

que "todos falarem dela", oferecendo ao sujeito a oportunidade de se dissolver nas intrigas do desejo e do gozo dos outros a quem, enfim, algo acontece. Nietzsche novamente: "Nosso século é um século agitado, por isso não é um século apaixonado; aquece continuamente porque parece que não está quente – no fundo, congela".[344]

Que o sujeito experimente esse tédio mencionado acima, justamente qualificado por Lacan como um desejo de Outra coisa, e apreenderemos um pouco melhor o fascínio contemporâneo pelas notícias vindas de "Alhures".[345] Ao não querer saber do gozo e do desejo que o dividem, aquele que se atola no tédio, observava Peter Sloterdijk, espera "notícias do exterior".[346] O discurso da modernidade terá seu peso aqui. Em seus efeitos de extravio quanto ao desejo e ao gozo, a inflamação da opinião sempre se verá mais energizada, uma vez que o conteúdo daquilo que será veiculado no *infospace* dirá respeito ao gozo vergonhoso... do outro.

Virginie Despentes sublinhou por sua vez que esse gozo extraído da humilhação do outro, por meio de um dos personagens de *Vernon Subutex* apelidado de "hiena" e cujo trabalho remunerado consistia em destruir, sob encomenda, a reputação dessa ou daquela pessoa na rede. É assim que esse personagem relata a empolgação produzida por esse tipo de linchamento, que substituiu algo que sempre existiu, a fofoca, agora recuperada como objeto de mercado:

> *Na cultura contemporânea do "quantos* likes*", sua estratégia é escandalosamente frutífera – é a febre do ouro . . . . É o trabalho mais besta que já havia feito. Mas é bem pago, considerando-se a pouca atenção que exige . . . .*

344 Nietzche, F. (1901). *A vontade de poder*, op. cit.

345 Lacan, J. (1958). De uma questão preliminar a todo tratamento possível da psicose. In *Escritos*, op. cit., p. 554.

346 Sloterdijk, P. (2005). *Palácio de cristal...*, op. cit., p. 195.

> *Lançar um linchamento midiático é mais fácil do que fazer um burburinho positivo decolar. . . . A época prefere a brutalidade. Aquele que ataca é aquele a quem se ouve . . . . Três comentários ditirâmbicos sobre um programa piloto, e os internautas ficam desconfiados e farejam a manipulação, trinta críticas delirantemente hostis e ninguém se questiona de nada. E o curioso pode sempre dar um tapa no peito "a mim eles não pegam", já tem impresso o que queriam transmitir para ele. O desprezo se transmite com mais facilidade que a sarna.*[347]

Acrescentemos a isso o gozo que se tem na humilhação do outro. Isso remete àquilo que mencionei anteriormente: plantado diante de sua tela e infligindo suas notas e comentários, o sujeito poderá desfrutar de seu poder de mestre, tentando assim se defender de seu próprio extravio. Pode ser que, com relação a isso, o anonimato calculado dos *hatters* digitais, sua maneira mascarada de avançar, não deixe de ressoar com esse traço que Lacan atribuía à posição do eu forte: ser um "Sem-Nome".[348] Jon Ronson terá coletado, a esse respeito, o depoimento de uma das participantes de um fórum conhecido pelos linchamentos de ódio que ali ocorreram, o site não sendo moderado. Ela relata como os usuários desse site encontravam a incitação de um poder, permitindo-lhes que se distraíssem do tédio e do sentimento de impotência primordial.

> *Muitos são jovens que não têm nenhum poder e que ficam entediados, não têm estímulo e se sentem perseguidos . . . . Sabem que não podem ser o que querem, então vão para*

347 Despentes, V. (2015). *Vernon Subutex* (v. 1). Paris: Le Livre de poche, pp. 128-129.

348 Lacan, J. (1960). Subversão do sujeito e dialética do desejo. In *Escritos* (Vera Ribeiro, Trad.). Rio de Janeiro: Zahar, 1998, p. 841.

> *a internet. Ali, temos o poder em situações nas quais, de outra forma, estaríamos impotentes.*[349]

Por fim, esse gozo da falação e dos boatos, no espaço das conexões de internet, por si só trará benefícios financeiros. Como Peter Sloterdijk mais uma vez observava, "a seriedade de nosso tempo", no sentido daquilo que constitui uma série, "é o capitalismo da opinião". Muitas opiniões ou denúncias, mesmo as mais mentirosas ou excêntricas, poderão ser retomadas infinitamente pela simples razão de que, ao desvelar algum escândalo vergonhoso, elas contribuirão para o entretenimento geral. Peter Sloterdijk sublinhava isso, em particular com relação à esfera midiática. Há uma:

> *monetização da verdade. A opinião pública se transformou em um mercado de ações. Publicar opiniões hoje é como negociar ações, ações de opiniões. A publicação de uma hipótese escandalosa é o equivalente publicitário do lançamento de uma nova ação na bolsa. Se o tema lançado valer alguma coisa, os colegas estão condenados a comprar. Eles não podem se permitir não se beneficiar de uma denúncia eficaz.... Esse mecanismo faz com que a bolsa jornalística se confunda com o circo romano.*[350]

A respeito desse capitalismo da denúncia de algum escândalo vergonhoso, Jon Ronson relata o caso de uma mulher cuja vida virou de cabeça para baixo em poucas horas após um *tweet* provocativo com conotação racista, compartilhado e comentado milhões de vezes na *web*. "Se pegássemos a média", relata o autor, "a catástrofe

---

349 Ronson, J. (2018). *La honte!*, op. cit., p. 119.

350 Sloterdijk, P., & Finkielkraut, A. (2003). *Les battements du monde*. Paris: Pauvert, p. 70.

de Justine rendera ao Google 456.000 dólares instantaneamente".[351] E conclui: "Uma coisa é certa: aqueles de nós que se encarregaram da aniquilação não perceberam nada. Fomos os estagiários humilhadores não remunerados do Google".[352] Há, portanto, um mercado para a vergonha, e até para seu tratamento. Desde então, várias empresas foram criadas, como a *reputation.com*, que oferece seu serviço a quem quer esconder nas telas os vestígios de sua humilhação, recriando para isso novos *links*, com conteúdos vazios, mas que agora aparecerão primeiro na *web*.

O discurso capitalista, portanto, não só se beneficiará da promoção do eu, mas também de seu avesso: a divisão vergonhosa do sujeito. Aqui, "o Google mostra para você. Ele diz – *Vejam como gozam*". Eis a razão por que Lacan convidava seus alunos a melhor se situarem no discurso no qual se deixavam apanhar, assim como a avaliar então para que eles serviam. Pois é também para manter o gozo forjado desse discurso, para nele colaborar desavergonhadamente como um hilota, que o sujeito poderá experimentar em troca essa fenomenal vergonha de viver.

> *Isso é o que a psicanálise descobre. Com um pouco de seriedade, vão se dar conta de que essa vergonha se justifica por não morrerem de vergonha, quer dizer, sustentarem com todas as suas forças um discurso do mestre pervertido . . . . Ter vergonha de não morrer disso talvez desse um outro tom, o de que o real esteja concernido . . . Disse o real e não a verdade.*[353]

351 Ibid., p. 254.

352 Ibid., p. 255.

353 Lacan, J. (1969-1970). *O seminário, livro 17: O avesso da psicanálise*, op. cit., pp. 174-175.

3. O dizer da vergonha, retorno sobre a *vergontologia*

Acabamos, assim, de considerar como o eu forte do neurótico, com esse "ar avoado que vocês têm",[354] podia topar com a vergonha, e como o discurso capitalista sabia tirar proveito dessa dialética. Nas redes, poderá então ser amplificado esse escárnio geral, próprio de quem, por sua vez, gozará ao apontar o dedo para o outro para se assegurar de sua imagem valorizada e se defender de sua própria vergonha. "A enfatuação, por sua vez, faz troça",[355] observava Lacan. Aos olhos desse destino da vergonha no império do discurso do mestre moderno, ele se propôs a des-orientar seus alunos, propondo-lhes, por um lado, avaliar seu *status* nesse discurso, mas fazendo-lhes também uma oferta diferente – a psicanálise. É isso que, nesse discurso, o sujeito dividido vem encarnar no lugar da produção.

*Do onto [*onto*], fazer o vergonhoso [*honteux*]*[356]

A questão, com efeito, é saber como seria possível, nesse lugar, substituir aquilo que se espera, algo um pouco mais subversivo. Como paradigma do discurso moderno, Lacan retoma a esse respeito o exemplo do discurso universitário, que espera o quê? Uma tese, ou seja, algo que no plano egoico, pudesse fazer advir um sujeito à categoria de autor e "valorizar uma pessoa".[357] Assim é a "impudência",[358] outra versão do eu forte convertido em unidade de valor, que

---

354 Ibid., p. 174.

355 Lacan, J. (1970-1971). *O seminário, livro 18: De um discurso que não fosse semblante*. Rio de Janeiro: Zahar, 2009, p. 136.

356 Em francês, *De l'onto, faire l'honteux*. A palavra *onto* faz menção a *ontologie*, ou seja, "ontologia" e *honteux*, a vergonha, e são palavras homófonas. Em *faire l'honteux* ouve-se ainda *faire honte à eux*, ou seja, envergonhá-los (N. T.).

357 Lacan, J. (1969-1970). *O seminário, livro 17: O avesso da psicanálise*, op. cit., p. 183.

358 Ibid., p. 182 [Em francês, *impudence*. A edição citada traduz tal vocábulo por "vergonha"; decidimos manter "impudência" aqui, contudo (N. T.)].

produz o discurso universitário. Ter advindo "ao nome. Isto é que tem o papel de significante- mestre".[359] A aposta da psicanálise será bem diferente: "um questionamento do saber", que necessita "dizer algo estruturalmente rigoroso, seja o que for que possa advir disso".[360] Haverá então uma condição para isso: "as palavras de vocês, se as querem subversivas, tomem cuidado para que elas não se grudem demais no caminho da verdade", pois "o S_1, significante-mestre que constitui o segredo do saber em situação universitária, é extremamente tentador colar-se a ele. Ali, fica-se preso".[361] Para a psicanálise, assim, uma distinção é feita entre os efeitos de enfatuação produzidos pelo discurso do mestre moderno, o qual, qualquer que seja, vem erigir o saber à categoria de verdade, e a divisão do sujeito, a qual convida a outra relação no que diz respeito à vergonha.

Lacan proporá o neologismo que dá origem ao subtítulo desta obra, "*vergontologia*",[362] a partir dessa distinção. Para precisar a articulação entre a vergonha e a verdade que esse neologismo condensa, passemos agora à entrevista intitulada "Radiofonia" que Lacan concedeu algumas semanas antes para a rádio belga e durante a qual ele propunha justamente um primeiro comentário sobre a vergonha. Já aqui a vergonha era situada em sua relação com o discurso universitário e no lugar que este reserva para a verdade. Lacan, de fato, retorna nessa entrevista a um momento em que, excluído da comunidade analítica, ele havia encontrado um acolhimento, por intermédio de Louis Althusser, em 1964, na École Normale Supérieure, para continuar seu seminário ali. Todavia, longe de cair na historieta, essa referência histórica é aqui convocada como exemplo do lugar da psicanálise aos olhos da verdade do ser, da ontologia. "Donde retornei ao real da ENS", escreve ele, "isto é, do ente [*étant*] (ou do

---

359 Ibid.

360 Ibid., p. 183.

361 Ibid., p. 175.

362 Ibid., p. 173.

tanque [*étang*]) da École Normale Supérieure, onde, no primeiro dia em que ali ocupei um lugar, fui interpelado sobre o ser que eu atribuía a tudo isso. Donde declinei ter que sustentar minha visão de qualquer ontologia".[363]

Nesse seminário, que nada mais é do que aquele dedicado a *Os quatro conceitos fundamentais da psicanálise*, Jacques-Alain Miller, então estudante de filosofia na ENS, havia, de fato, questionado Lacan sobre sua ontologia. Hoje falta a transcrição dessa conversa, ocorrida no final da aula de 22 de janeiro de 1964. No entanto, na semana seguinte, Lacan retoma esse diálogo, oferecendo-nos algumas pistas sobre as razões de sua recusa. Relata ele:

> *A semana passada, minha introdução do inconsciente pela estrutura de uma hiância ofereceu ocasião a um de meus ouvintes, Jacques-Alain Miller, para um excelente traçado do que, nos meus escritos precedentes, ele reconheceu como função estruturante de uma falta.... Tendo realizado essa sinopse... ele me interrogou sobre minha ontologia. ... A hiância do inconsciente, poderíamos dizê-la* pré-ontológica. *Insisti nesse caráter demasiado esquecido – esquecido de um modo que não deixa de ter significação – da primeira emergência do inconsciente, que é de não se prestar à ontologia.*[364]

Assim, o inconsciente não pode se prestar a nenhuma ontologia, na medida em que ele não constitui o ser do sujeito, mas, ao contrário, sua falta-a-ser, essa estrutura de hiância aqui indicada.

363 Lacan, J. (1970). Radiofonia. In *Outros escritos*, op. cit., p. 424.

364 Lacan, J. (1964-1965). *O seminário, livro 11: Os quatro conceitos fundamentais...*, op. cit., pp. 33-34.

Seis anos depois, Lacan volta a esse comentário, acrescentando a ele várias observações sobre o afeto da vergonha. Era preciso dar mais um passo para passar da *onto* para a vergontologia. Retomo a frase de Lacan e sua continuação: "Donde declinei ter que sustentar minha visão de qualquer ontologia. É que, no que ela foi a visada de um auditório a ser habituado à minha logia, fiz de seu *onto* o vergonhoso".[365] Lacan substitui a ontologia pela *vergontologia*. Restava, então, precisar esse novo laço com o ser: "Engolido agora todo o onto, responderei, e não por rodeios nem com uma floresta que esconda a árvore. Minha prova só toca no ser ao fazê-lo nascer da falha que o ente produz ao se dizer. Donde o autor deve ser relegado a se tornar instrumento de um desejo que o ultrapassa".[366]

*A vergonha e o meio-dizer [*mi-dire*] da verdade*

O que é essa falha que o ente produz ao se dizer senão o fato estrutural, para o ser falante, do meio-dizer da verdade? À pretensão ontológica da filosofia de poder definir o ser e dar-lhe substância plena, Lacan opõe essa hiância do ser a que responde o meio-dizer da verdade. A *vergontologia* se encontra assim articulada a esse meio-dizer da verdade, o qual constituiria uma de seus fundamentos. Sabemos, aliás, a definição que ele deu desse meio-dizer em "Televisão": "Sempre digo a verdade: não toda, porque dizê-la toda não se consegue. Dizê-la toda é impossível, materialmente: faltam palavras. É por esse impossível, inclusive, que a verdade tem a ver com o real".[367] É isso que nos permite precisar: a vergonha deverá ser situada como o afeto típico dessa falha do ser produzida pelo meio-dizer da verdade. Em outras palavras, Lacan faz da vergonha o afeto signo da verdade como não toda, por causa do real. Torna-se então claro a razão por que Lacan opõe a vergonha à impudência

365 Lacan, J. (1970). Radiofonia. In *Outros escritos*, op. cit., pp. 424-425.

366 Ibid., p. 425.

367 Lacan, J. (1973). Televisão. In *Outros escritos*, op. cit., p. 508.

produzida pelo discurso universitário, e mais amplamente pelo discurso científico-capitalista. Encontramos um eco disso em "Radiofonia": o autor, que ouvia inflarem sua maestria universitária, sua identificação com uma unidade de valor, se verá aqui relegado "a se tornar instrumento de um desejo que o ultrapassa",[368] aquele mesmo que já não transmite conhecimentos, mas esse saber sem sujeito que é o inconsciente. E qual é a vantagem disso? E qual a vantagem em relação ao discurso capitalista?

Lacan respondeu a isso precisamente por ocasião de seu segundo improviso em Vincennes. "Na verdade", afirma ele, "as coisas que estou lhes dizendo são muito sérias, e que são totalmente de natureza . . . a serem muito seriamente colocadas em questão na sociedade em questão, a saber, a sociedade capitalista".[369] Colocar em questão, decerto, mas de uma forma diferente do protesto frontal que, no fim das contas, só fará ressurgir o discurso do mestre. Não se tratará mais apenas de associar Freud e Marx, tal como muitos movimentos políticos da época convidavam, mas de ir *além de Marx*. "Por isso", insiste Lacan, "quando se tenta associar Freud a Marx . . . , isso me faz rir. Porque se há algo que Freud traz precisamente, é algo além de Marx. E, nomeadamente, algo que permite ver por que, depois do efeito, o efeito do discurso de Marx, no que diz respeito à estabilidade do discurso do Mestre, nada mudou".[370] A psicanálise, ao se orientar pelo real, permitiria dar esse passo [*pas*], até mesmo esse passe [*passe*]: além de Marx.

Que passo será esse? Nada mais do que aquele que permite passar da impotência ao impossível. Com efeito, terei sublinhado como o discurso científico-capitalista havia conseguido industrializar a própria lógica da neurose e a explorar o desejo o reduzindo cada vez mais no

---

368 Lacan, J. (1970). Radiofonia. In *Outros escritos*, op. cit., p. 425.

369 Lacan, J. (1970). *Analyticon. Impromptu, n. 2*, inédito (03/06/1970).

370 Ibid.

registro da demanda. Era uma forma de querer contornar e foracluir o real da castração, ou seja: não querer saber nada sobre a divisão subjetiva e tentar substituí-la por um eu forte, alienando-se no campo da demanda ao/do Outro. Tudo isso, no fim das contas, em uma corrida superegoica que virá animar ferozmente o mais-de-gozar. Dessa lógica, Lacan demonstrará os efeitos de impotência para o sujeito, o qual, então, somente repetirá em série seu fracasso em transgredir o limite imposto aos seres falantes pelo real da castração.

Dessa impotência repetida, rica em efeitos sintomáticos, tratar-se-ia de passar à demonstração do impossível, isto é, do real. É a isso que o saber da ciência, tomando do lado certo, poderia nos convidar. A lógica matemática será, de fato, exemplar nesse ponto, na medida em que ela permite não resolver um impossível, mas abordá-lo de mais perto e demonstrá-lo. Ela passa por isso, sublinha Lacan, por um saber formal, equações fora de sentido, puros significantes, e não mais pela via imaginária e enganosa da verdade, com tudo aquilo que esta poderia gerar como fantasia e impudência. Assim:

> *é . . . justamente para não se perder, pois é aconselhável não se perder na procura da verdade – ao tomá-la na rede* [rets] *da linguagem, ao formalizá-la, a lógica matemática nos ensina, nos permite dar esse passo: que há algo impossível de se demonstrar ser verdadeiro em qualquer sistema, seja ele qual for, até mesmo em um certo nível de elevação (não se pode dizer que a aritmética seja excessiva), que há algo impossível de se demonstrar ser verdade. Temos aí o real.*[371]

A passagem da impotência ao impossível consiste, portanto, em outra forma de abordar o saber da ciência. Em sua aliança com

---

371 Ibid.

o capitalismo, o saber da ciência pode levar a querer resolver tudo e capitalizar, para avançar cada vez mais em sua vontade de poder. No segundo caso, esse saber se limitará a demonstrar um real, um impossível. De um ao outro, encontraremos um *status* diferente da verdade. Da verdade fantasiada como toda e como podendo ser Toda calculada, programada, passamos a essa verdade condenada ao poder apenas ser meio-dita [*se mi-dire*], por causa do real. "A verdade, não se fie nela", continua Lacan em seu diálogo. "Ela se relaciona com o quê? Não com o saber, é claro, mas justamente com o real . . . . É justamente por isso que ela só pode ser traduzida como um meio-dizer."[372] Lacan então sublinha a consequência disso em um nível ético: não devemos nos deixar "fascinar" pela verdade. Tal fascínio consistiria, com efeito, em continuar a colocar o saber da ciência em posição de comando no discurso do mestre e, ao fazer isso, alimentar esse discurso com tudo o que ele poderá gerar como fantasias de poder, cujos efeitos devastadores estarão à altura de sua impotência em resolver o real. "Comecei aí dizendo que a ciência é aquilo que constitui, mantém em vigor o discurso do Mestre. E está justamente aí a armadilha que em que se cai se você se deixar fascinar por essa verdade, porque é, justamente, apenas metade dela, é uma face, é aquilo que o meio-dizer da verdade necessita."[373]

Trata-se de não se deixar fascinar por essa verdade Toda, inclusive denunciando-a em todos os sentidos, o que seria continuar a fazer consistir esse discurso. Para além de uma denúncia, a oferta da psicanálise é a de uma demonstração: demonstrar o impossível que esse discurso pretendia transgredir. Esse é o passo da psicanálise, além de Marx.

Em qualquer medida em que cedam a essa captura, em que se agitem como cachorros jovens. Estou surpreso

372 Ibid.

373 Ibid.

> *que não haja um hoje, como havia outrora. Há já alguém chamado Goethe, que falou disso com relação a um cachorro que ele chamava de* Studenten... Scolar, *o verdadeiro animal formado pelos estudos de que ele falava, como vocês devem se lembrar às vezes, talvez . . . . Mas não imaginem que ao se lançarem assim à caça de tudo o que sua indignação lhes oferece, que não estão servindo ao sistema. Pelo contrário, o alimentam. A única coisa que podem ter a fazer é abraçar a impossibilidade o mais perto possível. É nisso que fulano ou sicrano . . . pode realizar aquilo que realmente merece o título de revolução com relação ao discurso do Mestre. Essa é a conclusão do passeio. Quero dizer que,* anar *ou não, seria melhor vocês serem* ana *sem o* r,[374] *ou seja, serem analistas, em outras palavras, estar em posição de questionar aquilo que acontece com a cultura em posição dominante [*maîtresse*]. Vocês não têm que perder seu tempo enquanto estiverem aqui, no Centro Experimental ou em outro lugar. Você tem, não que produzir cultura, mas buscar um degrau abaixo, buscar o menos em vez do mais, não a verdade – o impossível do real. É a isso que, aqueles dentre vocês que são os melhores, que não estão ali justamente, porque estão na prisão, é a isso que eles se apegam.*[375]

Para Lacan, essas são as condições para uma possível saída do capitalismo, a propósito de que ele não hesitará em falar, nesse outro

374 *Anar* se refere a *anarquista* (*anarchiste*); *ana*, como se vê na sequência, *analista* (*analyste*) (N. T.).

375 Lacan, J. (1970). *Analyticon. Impromptu, n. 2*, inédito (03/06/1970).

diálogo que "Televisão" constitui, do "passe".[376] No plano social, e como o discurso do analista escreve, Lacan esperava então não uma revolução, sabendo muito bem que nunca há uma transgressão possível do real, mas um efeito: a produção de um significante mestre um pouco menos besta, isto é, um pouco mais impotente em comandar o sujeito. Assim, "o significante-mestre talvez será um pouco menos besta. Estejam certos de que se ele for um pouco menos besta, será um pouco mais impotente. Isso não será, absolutamente falando, um progresso. Isso fará com que o que vocês terão feito tenha um sentido".[377]

Qual é a consequência para a vergonha desse passe? Sua redefinição, no que diz respeito a essa verdade agora definida como meio-dizer. Já indiquei como a vergonha virá aqui se opor à impudência do autor, àquele que se fará, de uma forma ou de outra, de mais-valia desse discurso em que o saber passou à categoria de mestre. Lacan terá indicado aí até que ponto pode levar a ausência de vergonha nessa posição, levando alguns a bancar os hilotas, bufões, servos do regime que denunciam. Sob essa enfatuação, a psicanálise terá então descoberto essa falha do ser, afim ao meio-dizer da verdade, cuja vergonha seria o afeto signo. "Tirem uma casquinha, como se diz. Esse ar avoado que vocês têm, vão vê-lo tropeçar a cada passo numa fenomenal vergonha de viver. Isto é o que a psicanálise descobre."[378] Uma distinção deve ser feita, portanto, entre a ausência de vergonha, correlativa da fantasia de uma verdade Toda e de seu efeito de enfatuação, e a vergonha que será experimentada no ponto em que se topa com o real, nesse lugar de surgimento dessa verdade não toda.

---

376 Lacan, J. (1974). *Télévision*, inédito, versão oral (09 e 16/03/1974).

377 Lacan, J. (1970). *Analyticon. Impromptu, n. 2*, inédito (03/06/1970).

378 Lacan, J. (1969-1970). *O seminário, livro 17: O avesso da psicanálise*, op. cit., p. 174.

O gesto de Ulisses

A respeito dessa verdade meio-dita, Lacan havia se referido às análises de Heidegger. De fato, o filósofo já havia assinalado que ocorrera uma mudança na história com relação ao *status* da verdade. Ao acompanharmos, passamos progressivamente da verdade no sentido grego, *aletheia,* para a "*veritas* romanas, a *adaequatio*, a *rectitudo* e a *iustitia* medievais, e daí para a moderna *certitudo*, para a verdade como certeza, validade e segurança".[379] As consequências disso serão múltiplas. Entre elas, Heidegger afirma que, daí em diante, será feita uma oposição entre a verdade e a não verdade. Mais precisamente, a não verdade será convertida no "*falsum* romano". A não verdade será identificada com "falsidade".[380] Em função dessa mutação, desenvolveu-se assim, na história, uma concepção do verdadeiro identificado com o "correto",[381] isto é, equivalente àquilo que ele representa, ao passo que o falso se viu definido como termo "*error*, erro no sentido do uso incorreto da faculdade humana de afirmar e negar".[382] A partir daí, acrescenta Heidegger, o que se oporá ao verdadeiro, a essência do negativo, será agora definido em si mesmo como algo "negativo".[383]

Em seus comentários, Heidegger nos convida então a retornar à primeira concepção de verdade, essa *aletheia* que os gregos na Antiguidade haviam conseguido isolar, ainda não sendo submetido ao discurso da ciência e da técnica. "A essência da verdade", ele especifica, "há muito se afastou de seu início, o que também significa do fundamento de sua essência, foi deportada e danificada fora dele, abandonando-o e negando-o".[384] Para eles, o falso não equivalia

379 Heidegger, M. (1982). *Parménide*. Paris: Gallimard, 2011, p. 96.

380 Ibid., p. 50.

381 Ibid., p. 75.

382 Ibid., p. 96.

383 Ibid., p. 76.

384 Ibid., p. 92.

ao incorreto, mas "àquilo que dissimula".[385] É isso que o discurso da ciência e da técnica, em sua fúria de transparência, cálculo e resolução, teria desejado foracluir. A época moderna "abre avenidas para a vontade de um 'sem resto' absoluto em todo procedimento e organização, e assim não deixa espaço algum para esse resto em que, sob a forma daquilo que é simplesmente inexplicável, aparece ainda o tênue vislumbre do segredo".[386] Aqui, o segredo nada mais é do que um resto, que "ainda espera ser trazido à luz".[387]

Diferentemente de tal concepção, Heidegger propõe que se retome a antiga definição de verdade, definindo-a em relação a algo de "Incalculável"[388] que sempre permanecerá. Para tanto, será necessário então não se deixar fascinar pelo novo, mas saber se ater à tentativa de dizer o antigo, aquilo que é e que sempre foi. "Encontrar e descobrir algo novo", escreve ele, "é uma questão da 'pesquisa' e da técnica. A tarefa do pensamento, em sua essência, nunca passa de dizer o mesmo, o antigo, o mais antigo, o inicial, e de forma inicial".[389] Bastará então substituir o que Heidegger chama aqui de inicial pelo termo estrutura, para mensurar de que forma Lacan, por sua vez, terá se esforçado em não se deixar fascinar pelo novo, ao contrário de muitos psicanalistas de hoje. Vejo aí por que, depois de ter demonstrado como o discurso do mestre moderno clamava a que não houvesse mais vergonha, Lacan volta para a psicanálise a essa *vergontologia* dos corpos falantes, afim ao meio-dizer estrutural da verdade e de sua relação com o gozo.

Mas ao fazê-lo, pode ser que ele também tenha seguido em parte o caminho traçado por Heidegger. Em seus comentários

385 Ibid., p. 77.

386 Ibid., p. 105.

387 Ibid.

388 Heidegger, M. (1968). Qu'est-ce que la métaphysique?. In *Questions I et II*. Paris: Tel-Gallimard, p. 80.

389 Heidegger, M. (1982). *Parménide*, op. cit., p. 127.

sobre a *aletheia*, Heidegger havia, de fato, optado por se basear no relato de uma passagem da *Odisseia* de Homero. Ele isso relata nos seguintes termos:

> *Homero conta como Ulisses, enquanto o aedo Demódoco canta no palácio do rei dos feácios – e tanto durante o canto grave quanto o canto jubiloso –, cobre a cabeça a cada vez e chora assim, sem que as pessoas presentes percebam. O verso 93 diz: . . . "De todos os outros convivas, ele escondera a torrente de suas lágrimas".*

O filósofo, contudo, precisa que a expressão grega não é transitiva e, portanto, não significa "ele escondera", mas "ele permanecera escondido" – na medida em que derramava lágrimas. E prossegue:

> *"Estar escondido" aqui qualifica a maneira pela qual o homem deve estar presente entre os homens. Pelo modo de seu dizer, a língua grega nos informa que o fato de se esconder, ou seja, também o fato de permanecer não escondido, tem precedência, ao mesmo tempo que os rege, sobre todas as outras maneiras como as coisas presentes estão presentes.*[390]

Assim, a língua grega permite introduzir aqui uma nuance capital: não se diz que Ulisses se escondera, mas que ele permanecera... escondido. "Homero não diz: Ulisses escondeu as lágrimas. O poeta também não diz: Ulisses escondeu-se chorando, mas diz: Ulisses permanecera escondido."[391] "A vergonha" terá, portanto, que ser

---

390 Heidegger, M. (1958). Alèthéia. In *Essais et conférences*. Paris: Tel-Gallimard, p. 318.

391 Ibid.

pensada "a partir do permanecer-escondido".[392] A vergonha, para Heidegger, constituirá um modo de presença paradigmático da verdade no sentido da *aletheia*. A verdade não consiste apenas em um desvelamento radical daquilo que estava escondido, tal como a ciência terá fantasiado. A verdade, no sentido de *aletheia*, consiste naquilo que Heidegger propõe a escrever como "des-velamento",[393] aqui encarnado no fato de que Ulisses permanecera escondido, escondendo suas lágrimas com as duas mãos, mas permanecendo presente para o mundo, por não sair de cena. No surgimento da verdade, algo aparece precisamente como sempre velado. O pudor afetado de Ulisses será o afeto desse des-velamento da verdade. Farei então desse gesto de Ulisses o gesto signo dessa *vergontologia* que Lacan vem opor a qualquer ontologia.

Haverá uma *vergontologia* na medida em que o ente, por se dizer, produzirá essa falha no ser, por se encontrar limitado necessariamente ao meio-dizer da verdade. E é por isso que a *vergontologia* será da ordem de uma confissão, "engolido agora o onto".[394] "Chegando a confessar que, se é mal-sucedido, é para todo mundo",[395] Lacan dirá em outra ocasião. No termo confissão poderá se ouvir o possível afeto da vergonha quando o sujeito tentará dizer a falta de gozo, a qual ele necessariamente experimentará, por causa do ser falante. Tratar-se-á aqui da falha no sentido de "defeito"[396] e não no sentido fantasiado no registro imaginário. Ela é aquela que vai limitar o alcance dessa confissão quando, por causa do real, as palavras não serão capazes de dizer Toda a verdade. Dessa forma, haverá apenas... *uma vergontologia*, na medida em que a verdade permanecerá sempre

392 Ibid., p. 318.

393 Ibid., p. 328.

394 Lacan, J. (1970). Radiofonia. In *Outros escritos*, op. cit., p. 425.

395 Lacan, J. (1974). Prefácio a *O despertar da primavera*. In *Outros escritos* (Vera Ribeiro, Trad.). Rio de Janeiro: Zahar, 2003, p. 557.

396 Lacan, J. (1970). Radiofonia. In *Outros escritos*, op. cit., p. 426.

não toda a ser dita, nem a ser cifrada, nem a ser calculada. Assim como o pudor, a vergonha não deverá ser definida como um afeto psicológico, mas como um afeto ético, índice de uma relação do sujeito com o real. Nisso, ela apenas fará *signo/sinal* [*fera signe*]... enigmático da verdade não toda. Assim como Heidegger dizia acerca do signo, ela deixa "aparecer algo que, todavia, ao se mostrar, ao mesmo tempo anuncia apenas, isto é . . . , não desvela inteiramente, mas ao mesmo tempo vela".[397] Tal é o seu alcance ético, convidando o sujeito a se situar melhor em relação ao real. "A única virtude", concluirá depois Lacan ". . . se não há relação sexual, . . . é o pudor".[398] É disso que o *dito* mundo digital não quer saber, apressado em fazer o total... sem resto.

D. O paradigma da vergonha de Franz Kafka[399]

A vergonha é coextensiva à estrutura do *falasser*. Ora, nisso a *vergontologia* constitui justamente uma fragilidade do ser falante. Fragilidade que tem suas virtudes, quando desfaz as petulâncias, mas também um risco, quando podemos sempre fazer pesar sobre um sujeito a vergonha daquilo que ele é, vergonha daquilo que ele falta-a-ser e vergonha devido ao fato de que ele é o *a*/está lá [*il est l'a*], ainda assim. Por causa de sua condição de *falasser*, e a partir do momento em que nada no Outro garante a justificativa de sua existência, já recai sobre ele uma falta-a-ser. Uma falha, produto do defeito e do padecimento [*patence*] de seu ser, estará sempre já ali, inscrita como mancha de nascença nesse sujeito. E é por isso que

397 Heidegger, M. (1982). *Parménide*, op. cit., p. 65.

398 Lacan, J. (1974). *Le séminaire "Les non-dupes errent (1973-74)"*, inédito (lição de 12/03/1974).

399 Uma versão deste texto apareceu em Bernard, D. (2008). Le paradigme de la honte de Franz Kafka. *Psychologie clinique - Nouvelle série, 25*. Paris: L'Harmattan.

nessas questões da vergonha e da culpa, o ser falante é vulnerável, por estrutura, podendo sempre se reconhecer nessa impostura. A menos que seja louco, ou perfeitamente cínico, esse sentimento de impostura do ser já o espreita, assim como o sentimento de falta de gozo. Isso pelo fato da *vergontologia*. E é também disso que um sujeito poderá padecer se na medida em que, em função dos discursos nos quais está preso, quisermos considerá-lo culpado por essa falta de ser e denunciá-lo. O sujeito verificará então a sua condição de aborto[400] do Outro, reduzido que será não mais somente ao objeto *a* de sua fantasia, mas ao objeto *a* de um discurso, no interior de um laço social, sob os olhares imaginários de todos, servindo ao gozo de um Outro e se vendo, envergonhado, obrigado a consentir com isso.

Considerei, assim, como o discurso científico-capitalista, por meio da ideologia de supressão do sujeito que ele veicula, poderia engendrar a vergonha de viver. Não criá-la, mas redobrá-la e encurralar o sujeito ali. Com efeito, não se deveria concluir muito rapidamente aqui. A vergonha de viver não deve ser reduzida a uma produção desse discurso. Prova disso é que ela pode surgir em muitas outras ocasiões e sob outros discursos. Diria, antes, que ela, em cada caso, é engendrada por uma tentativa de supressão do sujeito, qualquer que seja a forma que essa tentativa assuma. A vergonha de viver é sempre o afeto de um sujeito que experiência a si mesmo como em excesso, que se descobre culpado, no lugar do Outro, por estar-là/ser lá [*d'être-là*]. A vergonha de viver é uma forma de resposta do *falasser* a essa condenação, efetiva ou fantasiada. Ela é o afeto de um sujeito que, acusado de estar lá, destinado a ser suprimido, tomará brutalmente consciência de sua condição de *falasser*, da impossível justificação de sua existência. A vertigem *vergontológica* é uma consequência disso.

---

400 Lacan, J. (1969-1970). *O seminário, livro 17: O avesso da psicanálise*, op. cit., p. 170.

Permanece o fato de que a referida vertigem pode variar de um sujeito para outro, em vista da particularidade dos sujeitos, assim como das veleidades de supressão que se abaterão sobre eles. Sabemos, com efeito, que se a ideologia da supressão do sujeito é, para Lacan, a ideologia da ciência, a ciência teve aplicações diversas, e que sua ideologia, tal como enfatiza Colette Soler,[401] pôde se enodar a outros discursos que não o discurso capitalista. É o caso daquilo que foi a ideologia nazista, que deve pelo menos nos levar a introduzir aqui distinções. Com efeito, uma coisa é experimentar, às vezes, a vacuidade vergonhosa da própria existência, outra bem diferente é ter sido declarado, no lugar do Outro, como parasita, e tratado como tal. Uma coisa é imaginar ser condenado no tribunal do Outro, outra coisa, comparável a nada, é ter experimentado isso no real do trauma.

Penso aqui no que foi a vergonha de certos sobreviventes da *Shoah*, dos quais temos testemunhos. Por exemplo, Jean Améry, Imre Kertész, Primo Levi, Georges-Arthur Goldschmidt. Cada um deles terá evocado uma vergonha que vai muito além de uma simples oscilação dos semblantes e que afeta o sentimento de existência do sujeito. "Ódio" e "autodesprezo"[402] para um, vergonha de "viver",[403] e até mesmo de "sobreviver"[404] para o outro, ou ainda "vergonha de ser homem",[405] vergonha das origens, vergonha da língua[406] etc. Porém, e para além dessas nuances que teriam de ser precisadas, constataremos que, em cada caso, essa vergonha pungente foi o efeito de uma tentativa de supressão do sujeito. Ela foi aquilo que

---

401 Soler, C. (2002-2003). *L'hystérie, sa langue, ses dialectes et ses liens*, op. cit.

402 Amery, J. (1995). *Par-delà le crime et le châtiment*. Arles: Actes Sud, p. 96.

403 Kertész, I. (2004). *Liquidation*. Arles: Actes Sud, p. 122.

404 Kertész, I. (1995). *Kaddish pour l'enfant qui ne naîtra pas*. Arles: Actes Sud, p. 39.

405 Levi, P. (1989). *Le fabriquant de miroirs* (Liliana Levi, 1989), citado por Briole, G. Sur la honte. *Ornicar?, 49, Revue du Champ freudien*, Agalma, p. 171.

406 Goldschmidt, G.-A. (2004). *Le poing dans la bouche*. Paris: Verdier, p. 19.

sobreviveu a uma primeira morte e que se acrescentou à sensação de ser em excesso. Para comentar isso agora, não vou estudar todos esses depoimentos, pois isso seria correr o risco, no mínimo, de forçar seu reagrupamento e negligenciar suas particularidades. Prefiro me concentrar em outro testemunho, o de um escritor que, embora não tenha conhecido a barbárie nazista, é citado, contudo, por cada um desses autores: Franz Kafka. Ele não mencionou explicitamente a vergonha de viver, mas a vergonha que sobrevive ao sujeito. Só que pode muito bem ser que a vergonha de viver, às vezes, seja essa. Pode bem ser que a vergonha de viver seja a vergonha que se espalha pela vida de um sujeito, quando ele passar pela experiência traumática de uma primeira morte. Avento essa hipótese e, para comprová-la, elevarei o que Kafka diz sobre a vergonha de viver, ou melhor, de sobreviver, à categoria de paradigma.

1. A educação para a morte

Primeira pergunta: como e de que maneira Kafka teria vivenciado uma ideologia de supressão do sujeito? Acompanhemo-la, por meio da educação para a morte[407] que ele recebeu e denuncia na *Carta ao pai*.[408]

O sujeito abolido

Quem era esse pai? Aquele que se tomava por pai, que sonhava que o pai fosse sempre o pai,[409] aquele que foi, diz Kafka, um "verdadeiro educador",[410] "a última instância",[411] "a medida de todas as

407 Tomo emprestada a expressão de Fritz Zorn em *Mars*. Paris: Folio/Gallimard, 1979, p. 61.

408 Kafka, F. (1952). *Carta ao pai* (Modesto Carone, Trad.). São Paulo: Companhia das Letras, 2002, edição eletrônica.

409 Ibid.

410 Ibid.

411 Ibid.

coisas".[412] Educação para a morte, como dizia, pois essa educação fez dele um mártir, testemunha de sua própria morte, atingido em seu ser de vivente. Esse pai roubou-lhe a capacidade para a vida,[413] "parou seu impulso" quando, ainda jovem, ele "se lançava na vida". "Era outra vez agarrado no mais íntimo do meu ser."[414] Certamente, não são golpes que Kafka atribui ao pai, aqueles que lhe teriam sido infligidos no real. Ou melhor, eles são de fato golpes, mas daqueles cujas palavras podem recair sobre um sujeito quando elas o condenam por aquilo que ele é e o reduzem a menos que nada. O pai de Kafka o ignorava? "O que para você não tem consequências pode ser a tampa do meu caixão."[415] "Penso aqui em certas observações que devem ter literalmente riscado sulcos no meu cérebro."[416] "Mas para mim, quando criança, tudo o que você bradava era logo mandamento do céu, eu jamais o esquecia."[417]

Essas palavras que matam terão então duplicado, para Kafka, o traumatismo estrutural da língua, para reduzi-lo, com o medo, à sua falta-a-ser.

> *Você reforçava o xingamento com ameaças e então isso já valia para mim. Era terrível, por exemplo, aquele "Vou fazer picadinho de você", embora eu decerto soubesse que nada de mais grave se seguiria (quando pequeno, entretanto, eu não o sabia); mas quase correspondia à ideia que eu tinha do seu poder, o fato de que você também era capaz de chegar a tanto. Era terrível ainda quando*

---

412 Ibid.
413 Ibid.
414 Ibid.
415 Ibid.
416 Ibid.
417 Ibid.

> *você corria gritando em torno da mesa para agarrar um de nós; evidentemente você não queria agarrar, mas agia como se quisesse, e a aparência era de que a minha mãe finalmente chegava para salvar. À criança parecia que mais uma vez havia conservado a vida por clemência e que continuava a mantê-la como um presente imerecido da sua parte.*[418]

E mesmo quando esse pai arguir em outras ocasiões sobre a melhor moral, a criança não se deixará enganar. Lacan[419] havia notado isso em seu tempo, e Colette Soler[420] o frisará. Um ato educativo opera menos a partir de seus ideais do que do desejo que o orienta e que a criança interpreta. Ora, Kafka diz como ele teria interpretado o desejo e o gozo de seu pai. Ele teria concluído com um desejo de morte e uma fúria para educar. "Entre nós não houve propriamente uma luta", escreveu ele; "fui logo liquidado";[421] "aqui também se juntavam, com verdadeira fúria, todas as forças negativas que eu descrevi como sequelas da sua educação, ou seja, a fraqueza, a falta de autoconfiança, a consciência de culpa".[422]

Educado, Kafka foi, portanto, condenado, mas isso não é tudo. Pois ele também foi agraciado, tal como afirma nas linhas anteriores. Porém, isso foi o pior, como aquilo que virá eternizar e singularizar sua vergonha. O que isso quer dizer? Já que, por meio de ameaças, foi aplicada uma sentença de morte, à culpa de ser foi então acrescida à culpa de sobreviver. Esse pai, que o condena, depois o agracia,

---

418 Ibid.

419 Lacan, J. (1963). Kant com Sade. In *Escritos* (Vera Ribeiro, Trad.). Rio de Janeiro: Zahar, 1998, p. 799.

420 Soler, C. (1999-2000). *La politique de l'acte* (Cours 1999-2000). Formations cliniques du champ lacanien/Collège clinique de Paris (lição de 24/11/1999).

421 Kafka, F. (1952). *Carta ao pai*, op. cit.

422 Ibid.

o condena mais uma vez, a lhe dever sua sobrevivência. Educado, Kafka não é convidado a viver, mas condenado a sobreviver, de forma supérflua, necessariamente imerecida.

> *É fato também que você nunca me bateu de verdade. Mas os gritos, o enrubescimento do seu rosto, o gesto de tirar a cinta e deixá-la pronta no espaldar da cadeira para mim eram quase piores. É como quando alguém deve ser enforcado. Se ele é realmente enforcado, então morre e acaba tudo. Mas se precisa presenciar todos os preparativos para o enforcamento e só fica sabendo do seu indulto quando o laço pende diante do seu rosto, então ele pode ter de sofrer a vida toda com isso. Além do mais, das muitas vezes em que, na sua opinião declarada, eu teria merecido uma surra, mas escapara por um triz por causa da sua clemência, se acumulava de novo um grande sentimento de culpa. De todos os lados eu desembocava na sua culpa.*[423]

Assim, a educação que ele recebeu como um golpe fez pesar sobre ele uma falta de ser, mas que se eternizou. Kafka, para sempre, permaneceu sob a influência dessa educação para a morte. Sua dor é infinita, tanto quanto a vergonha que a acompanha. "Eu perdi a autoconfiança, que foi substituída por uma infinita consciência de culpa (Lembrando-me dessa falta de limites, certa vez escrevi acertadamente sobre alguém: 'Teme que a vergonha sobreviva a ele')".[424] A vergonha de Kafka é, portanto, aquela que sobreviveu a ele. Mas de que infinitude se trata aqui?

---

423 Ibid.

424 Ibid.

De K a Kafka

Para responder a isso, digamos primeiro quem é esse *alguém* de quem Kafka menciona nessas linhas. Trata-se de Joseph K., anti-herói do romance *O processo*, o qual, estas são as últimas palavras desse romance,[425] morreu com vergonha de ser assassinado como um cão. Excluído, pois culpado da única falha de ser. Aliás, a que morte sobrevive a vergonha de K.? Menos à sua morte real do que à sua morte simbólica. Em seus últimos instantes, K. é acometido por uma segunda morte.[426] Seus assassinos conseguirão o que Creonte queria para Polinices, fazê-lo morrer como um cachorro.[427] Abolir seu nome e reduzi-lo a menos do que nada no final, abandonar seu corpo-carniça em uma carreira. Assim, a vergonha infinita de K. *é* a vergonha de Kafka. E isso porque essa educação para a morte que o atingiu no mais íntimo de seu ser também o atingiu com uma segunda morte e reduziu a seu ser para a morte. Sua infinita vergonha é o sinal disso. Uma "vergonha de além-túmulo", observava Jacques-Alain Miller, "o afeto de um sujeito impensável, vacilando à beira do entre-dois-mortos".[428] Mas precisemos. A vergonha de Kafka é a de um sujeito que, passada a segunda morte, se "identificou", segundo uma expressão de Colette Soler,[429] com seu ser para a morte. Sua vergonha era infinita, pois Kafka não parava de morrer... de vergonha. Morrer de vergonha foi para ele uma dor eterna, dessas dores que, nos diz Lacan, são produtos da segunda morte. Sua vergonha de viver, ou melhor, de sobreviver entre duas mortes, foi a maneira como ele nunca deixou de vivenciar seu ser para a morte, no sentido em que Lacan entendia isso. Citemos novamente:

---

425 Kafka, F. (1925). *O processo* (Maria João Lourenço, trad.). Alfragide: Leya, 2009, edição eletrônica.

426 Lacan, J. (1959-1960). *O seminário, livro 7: A ética da psicanálise*, op. cit., p. 309.

427 Ibid., p. 329.

428 Miller, J.-A. (2003). Parle avec lui. *Le Nouvel Observateur, Hors série – L'aventure de la paternité*, p. 39.

429 Soler, C. (2002-2003). *L'hystérique, sa langue, ses dialectes et ses liens*, op. cit.

> *Morrer de vergonha, então. Aqui, a degenerescência do significante é segura – segura por ser produzida por um fracasso do significante, ou seja, o ser para a morte, na medida em que ele concerne ao sujeito – e a quem outro poderia concernir? O ser para a morte, ou seja, o cartão de visita pelo qual um significante representa um sujeito para outro significante – vocês começam a saber isso de cor, espero.*[430]

Esse cartão de visita, para Kafka, foi rasgado.

Isso o deixou convencido, primeiramente, de que ele não era nada, inicialmente para seu pai, depois para si mesmo. Uma memória, a única guardada de seus primeiros anos, atesta isso. Kafka relata que uma noite, quando era criança, não parara de ficar gemendo por água. Seu pai, irado, acabou por fim tirando-o da cama e o carregou para fora até a varanda, fechando a porta na cara dele. Esse ato, diz ele, caracteriza os métodos educacionais de seu pai e o efeito que eles exerceram sobre ele. Kafka, portanto, evoca isso como um paradigma:

> *Anos depois eu ainda sofria com a torturante ideia de que o homem gigantesco, meu pai, a última instância, podia vir quase sem motivo me tirar da cama à noite para me levar à* pawlatsche *e de que eu era para ele, portanto, um nada dessa espécie. Na época isso foi só um pequeno começo, mas esse sentimento de nulidade que frequentemente me domina (aliás, visto de outro ângulo,*

---

430 Lacan, J. (1969-1970). *O seminário, livro 17: O avesso da psicanálise*, op. cit., p. 172.

> *um sentimento nobre e fecundo) deriva, por caminhos complexos, da sua influência.*[431]

Acompanhando o autor, esse ato terá tido o peso de um ato de abolição, de supressão do sujeito. O pai transformou seu filho em nada, no qual ele se reconheceu, para sempre. É uma segunda morte que recai aqui no jovem Kafka e que acerta o alvo. Pois se Kafka se identificou com seu ser para a morte, é porque se reconheceu nesse nada. Ele é, tal como ele próprio se define em seu *Diário*, "o homem cuja sombra é grande demais",[432] aquele que pode dizer: "Eu sou de pedra, sou como minha própria lápide".[433]

Mas a identificação forçada de Kafka com seu ser para a morte tem outra ocorrência. Pois reduzido a esse nada, ele também foi proibido de falar. Kafka é um sujeito que, em sua fala, faz prova de sua falta-a-ser, mais do que se representa. Kafka, lúcido demais, não consegue esquecer que lhe falta a cadeia significante que o define. Sua prova de morte se situa nesse ponto, fazendo-o experimentar eternamente aquilo que, no ser falante, costuma estar velado. Lacan dirá:

> *Como o homem, isto é, um vivente, pode aceder ao conhecimento desse instinto de morte, de sua própria relação com a morte? Resposta – pela virtude do significante e sob a forma mais radical. É no significante, e uma vez que o sujeito articula uma cadeia significante, que ele sente de perto, que ele pode faltar à cadeia do que ele é.*[434]

---

431 Kafka, F. (1952). *Carta ao pai*, op. cit.

432 Kafka, F. (1954). *Journal*. Paris: Grasset, p. 558.

433 Ibid., p. 43.

434 Lacan, J. (1959-1960). *O seminário, livro 7: A ética da psicanálise*, op. cit., pp. 345-346.

Kafka, por sua vez, faz mais do que sentir de perto essa falta, iguala-se a ela, reduz-se a ela e conclui: "esse nada [*néant*] que eu sou".[435]

Esse foi outro efeito de sua educação para a morte. Kafka desaprendeu a falar na presença de seu pai. Ao tentar, ele parece necessariamente sentir que falta à cadeia do que ele é.[436] Ali onde outros, por meio da palavra, conquistam o direito de resposta, podem se defender, se representar, Kafka parece, por sua vez, sentir apenas a sua mortificação simbólica, fazer prova de que ele não é. No entanto, sua vergonha infinita também é alimentada por essa prova incessantemente renovada e imposta de sua falta-a-ser. "Morrer de vergonha, então. Aqui, a degenerescência do significante é segura",[437] dizia Lacan. Kafka lembra:

> *A impossibilidade do intercâmbio tranquilo teve uma outra consequência na verdade muito natural: desaprendi a falar. Certamente eu não teria sido, em outro contexto, um grande orador, mas sem dúvida teria dominado a linguagem humana corrente e comum. No entanto, logo cedo você me interditou a palavra, sua ameaça: "Nenhuma palavra de contestação!" e a mão erguida no ato me acompanharam desde sempre. Na sua presença – quando se trata das suas coisas você é um excelente orador – adquiri um modo de falar entrecortado, gaguejante, para você também isso era demais, finalmente silenciei, a princípio talvez por teimosia, mais tarde porque já não podia pensar nem falar. E como você*

435 Citado por Maurice Blanchot. *De Kafka à Kafka*. Paris: Folio/Gallimard, 1981, p. 234.

436 Lacan, J. (1959-1960). *O seminário, livro 7: A ética da psicanálise*, op. cit., p. 346.

437 Lacan, J. (1969-1970). *O seminário, livro 17: O avesso da psicanálise*, op. cit., p. 172.

> *era meu verdadeiro educador, isso repercutiu em todos os aspectos da minha vida.*[438]

> *Eu vivia imerso na vergonha: ou seguia as suas leis, e isso era vergonha porque elas só valiam para mim; ou ficava teimoso, e isso também era vergonha, pois como me permitia ser teimoso diante de você?, ou então não podia obedecer porque, por exemplo, não tinha a sua força, o seu apetite, a sua destreza, embora você exigisse isso de mim como algo natural: esta era com certeza a vergonha maior.*[439]

Tal fora a sua vergonha: ele faltava em ser... filho de seu pai. Kafka, por isso, se calou. E esse silêncio retumbante é o da segunda morte. No lugar do Outro, concluiu ele, sua fala não fora apenas interditada, mas rechaçada. Sua fala vale: nada. Kafka fora excluído da língua. Fora traumatizado pela e na língua. Preso a seu ser para a morte, ele sufoca, "punho na boca".[440] E sua vergonha foi inicialmente isso.

2. A vergonha de sobreviver

Só que, identificado com seu ser para a morte, Kafka experimentou não apenas o vazio de seu ser, sua "própria origem",[441] e também o peso desse vazio subjetivo. À vergonha de "Falta-a-ser", juntou-se a vergonha de ser "A-mais",[442] prova de que o nada a que

438 Kafka, F. (1952). *Carta ao pai*, op. cit.

439 Ibid.

440 Kafka, F. (1988). *Lettres à Milena*. Paris: Gallimard, 1988, citado por Goldschmidt, G.-A. (2004). *Le poing dans la bouche*, op. cit., p. 7.

441 Kafka, F. (1954). *Journal*, op. cit., p. 36.

442 Lacan, J. (1960). Subversão do sujeito e dialética do desejo. In *Escritos*, op. cit., p. 841.

ele se reduzia não era nada. "Uma vida que passa despercebida. Uma falha que se vê", dirá ele em seu diário.[443] A segunda morte comporta essa dupla consequência. Não apenas reduz o sujeito a nada, à sua mortificação simbólica, mas o suja também, o lança na "mácula", tal como Polinice, irmão de Antígona, foi ameaçado por Creonte.[444] Kafka, que sobreviveu entre duas mortes, passou por isso. Ele fora um nada para o pai, tanto quanto um objeto de "desgosto".[445] Assim como há as palavras do pai que o condenaram, há aquelas que o sujaram: "com algumas palavras francas você me atirava nessa sujeira como se eu estivesse destinado a ela".[446] Ora, isso aumentara a vergonha de Kafka e o que ele diz sobre seu corpo atesta isso.

Kafka é Gregor Samsa

Assim, tomemos sua obra literária, na qual Kafka também descreve essa zona entre duas mortes e seus efeitos no corpo. *O processo* é um exemplo disso, o qual mostra o efeito da morte simbólica para um sujeito. *A metamorfose* é outro. K. acordara uma manhã culpado, Gregor Samsa, por sua vez, acorda transformado em um inseto. Na hora de acordar, a segunda morte já ocorrera para ambos. Com que efeito? Em cada caso, o efeito de uma demissão, selvagem. E se eles acordam, é para ver isso. Talvez seja por isso, dirá Kafka, "a hora de acordar é a mais arriscada do dia".[447] De fato, preso, K. é imediatamente destituído de sua humanidade, pois acusado de existir. Ele é um parasita, um excesso, e por isso, será excluído. Gregor Samsa, ao acordar, também perdeu sua humanidade. Ela lhe fora subtraída, sem que ele próprio ou o leitor soubessem as razões

443 Kafka, F. (1954). *Journal*, op. cit., p. 568.

444 Sófocles. (1999). *Antígona*. Porto Alegre: L&PM, edição eletrônica.

445 Kafka, F. (1952). *Carta ao pai*, op. cit.

446 Ibid.

447 Citado por Marthes Robert em *Seul, comme Franz Kafka*. Paris: Calmann-Lévy, 1979, p. 232.

disso. Ele também é um parasita. Prova disso é que ele se tornou isso, em seu corpo, realmente. Gregor Samsa sabe disso, assim como sabe que logo terá que dar o fora, para ir ao encontro de seu destino de inseto. Entretanto, eis que, ao se identificar já com a sua morte vindoura, ele também se deixará morrer, com uma morte miserável.

Assim como *O processo*, *A metamorfose* abre para uma zona entre duas mortes. Nesse espaço, Gregor Samsa arrasta sua carapaça, que é um cadáver corpo morto, sem desejo de habitá-la. Daí em diante, sua vida é uma vida sem vida, e o corpo se torna pesado, cadáver. Gregor Samsa, assim reduzido ao seu ser para a morte, não vive, mas sobrevive. E essa sobrevivência constitui sua vergonha. Não há nada de heroico nisso para ele. Sua sobrevivência é vergonhosa e monstruosa, a tal ponto que, não sem dificuldade, ele terá que se esconder para não violar, apenas com sua própria presença, o olhar de quem não é próximo a ele. Será preciso que ele até mesmo, para ter sucesso completo, desapareça no real, não sem o alívio de finalmente poder morrer, de fato.

A metamorfose é, assim, a história da sobrevivência vergonhosa, entre duas mortes, de Gregor Samsa. Blanchot dirá:

> *O estado de Grégoire é o próprio estado do ser que não pode deixar a existência, para quem existir é ser condenado a sempre voltar à existência. Tornado um verme, ele continua a viver no modo do declínio, afunda na solidão animal, aproxima-se o máximo possível do absurdo e da impossibilidade de viver.*[448]

Uma destituição subjetiva lhe fora imposta, a qual aboliu seu nome e fez dele um ser a mais, uma mancha repugnante e vergonhosa

448 Blanchot, M. (1981). *De Kafka à Kafka*, op. cit., p. 73.

que enfeia o mundo. Ali onde Gregor Samsa estava, há agora *isso*. "Não pronunciarei", dirá a irmã, "o nome do meu irmão na presença desta criatura e, portanto, só digo isto: temos que ver-nos livres dela".[449] Grete não era Antígona.

Carta ao pai não faz nenhuma alusão explícita à *A metamorfose*. Mas Kafka diz ali o que ele vale para seu pai, em termos que evocam a notícia de forma perturbadora. O que ele é para ele? Nada, mas também menos do que um parasita,[450] um objeto de "repulsa",[451] um "verme"[452] ao gozo vergonhoso.[453] Ele também menciona aí como fora sua vida, tão contrária à de seu pai, tão mais próxima da sobrevivência vergonhosa de Gregor Samsa.

> *Houve anos em que, com plena saúde, passei vegetando no canapé mais tempo do que você a vida inteira, incluindo todas as doenças. Quando eu corria de você, sumamente atarefado, era, na maioria das vezes, para ficar deitado no meu quarto. Tanto no escritório (onde entretanto a preguiça não chama muito a atenção e onde, além disso, ela era mantida dentro de limites pelo meu medo) como em casa, meu rendimento geral era mínimo; você ficaria horrorizado se tivesse uma ideia geral a esse respeito. Provavelmente não sou preguiçoso por natureza, mas eu não tinha nada para fazer. Onde*

449 Kafka, F. (1915). *A metamorfose* (Celso Donizete Cruz, Org. e Trad.). São Paulo: Hedra, 2009, edição eletrônica.

450 Kafka, F. (1952). *Carta ao pai*, op. cit.

451 Ibid.

452 Ibid.

453 Em seu *Diário*, Franz Kafka ainda diz: "Só consigo andar rastejando, não muito melhor do que um inseto". Kafka, F. (1954). *Journal*, op. cit., p. 35.

> *quer que vivesse, eu me sentia recriminado, condenado, batido . . .*[454]

Ressalte-se que não é a preguiça que prega Kafka ao chão, mas um desejo morto, que o confronta e o reduz a nada.

Essa dor de existir, que nutre a vergonha de viver de Kafka, também se converteu em vergonha do corpo. Trata-se da vergonha de um corpo forçosamente em excesso, que nenhum véu dissimula o bastante. Kafka é Gregor Samsa, tentando em vão se esconder embaixo do sofá. Em vão, pois sempre se projeta uma parte de seu corpo de inseto que mancha e nutre sua vergonha. Ser o *a* bastou para a vergonha de Kafka. E é por isso que ele esperava tanto se esconder do mundo.

> *Já estava esmagado pela simples materialidade do seu corpo. Lembro-me por exemplo de que muitas vezes nos despíamos juntos numa cabine. Eu magro, fraco, franzino, você forte, grande, largo. Já na cabine me sentia miserável e na realidade não só diante de você, mas do mundo inteiro, pois para mim você era a medida de todas as coisas. Mas quando saíamos da cabine diante das pessoas, eu na sua mão, um pequeno esqueleto, inseguro, descalço sobre as pranchas de madeira, com medo da água, incapaz de imitar seus movimentos para nadar, que com boa intenção, mas de fato para minha profunda vergonha, você não parava de me mostrar – então nesses momentos eu ficava muito desesperado e todas as minhas más experiências em todas as áreas confluíam em grande estilo. Só me sentia melhor quando você algumas vezes*

454 Kafka, F. (1952). *Carta ao pai*, op. cit.

> *se despia primeiro e eu ficava sozinho, podendo adiar a vergonha da aparição pública até o momento em que você vinha ver o que estava acontecendo e me tirava da cabine. Ficava grato porque você parecia não notar minha aflição e também tinha orgulho do corpo do meu pai. Aliás, essa diferença entre nós subsiste ainda hoje de forma parecida.*[455]

Doente da segunda morte

De que desespero estamos falando aqui? Kafka o evoca outra vez em sua carta, e para distingui-lo da tristeza: "O desespero é assunto meu".[456] Se Kafka está desesperado, é porque seu pai o empurrara para fora, fora do mundo. Ele volta a isso em seu diário, seu pai carregava consigo um verdadeiro "decreto de expulsão", que fez dele um ser "'Banido ali, rejeitado aqui'".[457] É certo que seu pai, e Kafka sublinha isso, não é o único motivo de seu desespero, mas esse pai, engomado por sua fala que decreta, teria terminado por desesperá-lo completamente. A consequência disso, como vimos, é que a vida de Kafka foi uma vergonhosa sobrevivência, entre duas mortes. Kafka é um sujeito, segundo seus próprios termos, "morto em vida".[458] Esse é "o autêntico sobrevivente".[459] Kafka foi um doente da segunda morte. Há nele a dor de um Cotard, a dor de um sujeito, como ele mesmo dirá, condenado a "tormentos eternos de morte".[460] "Estou petrificado", confidencia ele novamente, "fico triste por ter uma camisa que me aperta o pescoço, estou condenado, agarro o

---

455 Ibid.

456 Ibid.

457 Kafka, F. (1954). *Journal*, op. cit., p. 557.

458 Ibid., p. 536.

459 Ibid.

460 Ibid., p. 409.

ar no nevoeiro".[461] Em suma, Kafka é o que Kierkegaard dizia acerca dos desesperados, um "doente da morte".[462] Escreve o filósofo:

> *O desespero é, portanto, a "doença mortal", esse suplício contraditório, este mal do eu: morrer eternamente, morrer sem contudo morrer, morrer a morte. Pois morrer quer dizer que tudo está acabado, mas morrer a morte significa viver sua morte; e vivê-la por um único instante é vivê-la eternamente.*[463]

Esses instantes, segundo Kafka, foram muitos, os quais o tornaram "inapto à vida".[464]

Seria então necessário dizer como e com que gênio Kafka terá lidado com seu desespero, além da vergonha. E será preciso dizer isso com Blanchot. Blanchot reconheceu em Kafka um ser "já morto",[465] mas que, por meio da escrita, quis poder morrer enfim, uma morte reconfortante e digna. Ele até fez disso uma bela e poderosa expressão: a "morte contente"[466] de Franz Kafka. Por ora, voltemos simplesmente à *Carta ao pai*, em que Kafka revela de que e de quem seu trabalho de escrita o salvou, que "auxílio"[467] ele encontrou nela. Escreve ele para o pai:

---

461 Ibid., p. 354.

462 Kierkegaard, S. (1849). Traité du désespoir. In *Miettes philosophiques, le concept d'angoisse, traité du désespoir* (Jean-Jacques Gateau & Knud Ferlov, Trad.). Paris: Tel/Gallimard, 1990, p. 359.

463 Ibid., p. 357.

464 Kafka, F. (1952). *Carta ao pai*, op. cit.

465 Blanchot, M. (1981). *De Kafka à Kafka*, op. cit., p. 135.

466 Ibid., p. 136.

467 Kafka, F. (1954). *Journal*, op. cit., p. 424.

> *Com a sua antipatia, você atingiu, de modo mais certeiro, a minha atividade de escritor e as coisas relacionadas com ela, que lhe eram desconhecidas. Aqui de fato eu me havia distanciado com certa autonomia, embora lembrasse um pouco a minhoca que, esmagada por um pé na parte de trás, se liberta com a parte dianteira e se arrasta para o lado. De certa maneira eu estava em segurança, havia um sopro de alívio . . . .*[468]

Vergonha de viver, vergonha de sobreviver

À vergonha de viver isolada por Lacan, acrescento então, com Kafka, a vergonha de sobreviver. A vergonha de sobreviver é a vergonha infinita que sobreviverá a uma primeira morte do sujeito quando, em ato, no real do trauma, este último terá sido abolido como tal. Essa abolição do sujeito poderá ter várias causas na clínica e, por exemplo, originar-se da força de um discurso, quando este passar a veicular, em ato, no lugar do Outro, uma ideologia da supressão do sujeito. Tratar-se-á então da vergonha de um sujeito tornado culpado de sua falha em ser e que se verá reduzido pelo Outro a esse objeto reprovado, "o rebotalho"[469] e envergonhado, *a* a ser excluído. Que o sujeito se reconheça e se identifique com essa condição que lhe foi criada e ele poderá então sentir a vergonha, não mais de viver, mas de sobreviver, ainda assim. "A sobrevivência oculta um pouco mais de vergonha, sobretudo se se tiver totalmente para viver",[470] escrevia Imre Kertész, que, com alguns outros, como dizia acima, serão reconhecidos em Kafka.

---

468 Kafka, F. (1952). *Carta ao pai*, op. cit.

469 Lacan, J. *Le séminaire, "L'objet de la psychanalyse (1965-66)"*, inédito (lição de 06/01/1966).

470 Kertész, I. *Kaddish pour l'enfant qui ne naîtra pas*, op. cit., p. 39.

E, com efeito, não teremos visto que o nazismo também queria reduzir suas vítimas à vergonha? Mais uma vez, seria preciso reservar todo um estudo para essa questão, para não colocar o nazismo em série com nada. No entanto, já é possível sublinhar que o nazismo terá usado, cinicamente, a *vergontologia*, infligindo, por meio de uma vergonha primordial, a morte àqueles que logo seriam excluídos em ato, como cães,[471] e para que a vergonha sobrevivesse a eles. "O campo de concentração", escrevia Francine Bed Dock, "é a forma extrema da *vergontologia* que foi massificada".[472] Mas já, antes do campo, quais terão sido o peso e a força da estrela amarela imposta aos judeus, senão para fixar esses sujeitos, aos olhos de todos, à sua *vergontologia*? Dar-lhes a ver, sempre. Excluí-los de seu direito à sombra. Fixá-los em uma mancha, para fazer deles, incessantemente, seres olhados, em sua existência e por causa de sua existência. Torná-los culpados e envergonhados, diante dos olhos de todos, de sua falha de ser... Judeu. "É considerado judeu . . . ",[473] é nesses termos que dava início, sob a assinatura do Marechal Pétain, o artigo de lei que decretava em 3 de outubro de 1940 quem era judeu. Uso desonesto do poder do olhar, querendo encurralar sujeitos na vergonha de si mesmos. O nazismo teria tentado reduzir o Judeu ao Objeto vergonhoso da comunidade dos homens, assim como ao que estaria daí por diante no lugar desse Outro, o Nome vergonhoso, Judeu, inscrito em "letras escarlates"[474] no centro de uma mancha visível. E para que essa mancha, S_1, "insígnia"[475] vergonhosa, force o olhar de todos e

---

471 Kafka, F. (1925). *O processo*, op. cit.

472 Beddock, F. (jan. 2000). Édito. *Trames*, *29*. Nice: Trames Association, p. 6.

473 P. Pétain, citado em Jean-Pierre Guéno, *Paroles d'étoiles:* Mémoire d'enfants cachés (1939-1945). Paris: Librio, 2002, p. 35.

474 Alusão ao romance de Hawthorne, N. (1850). *A letra escarlate* (Christian Schwartz, Trad.). São Paulo: Penguin, 2011, edição eletrônica.

475 Coletamos o próprio termo de um relatório da polícia alemã, datado de 1942, e citado em Jean-Pierre Guéno, *Paroles d'étoiles: Mémoire d'enfants cachés (1939-1945)*, op. cit., p. 43.

para que, no final desses olhares, o sujeito se veja por sua vez, com o pior olhar, como coisa "*abjeta*",[476] e "porcaria".[477] Vergonhoso de se descobrir objeto *a* "rebotalho"[478] do Outro e de ver a si mesmo, assim, expelido. Relatarei, para dar testemunho disso, a lembrança de uma mulher judia, Annette Muller, ao evocar esse dia em que, pela primeira vez, impuseram às crianças o uso da estrela.

> *No início de junho de 1942, foi dada a ordem de que os Judeus deveriam usar estrelas amarelas de seis pontas, costuradas em suas roupas no lugar do coração. Estava preocupada, temia as reações de meus colegas. No entanto, tivemos que ir à escola. Na sala, todos os olhares se dirigiram para mim. No fundo, tentando esconder sua estrela, vi Nathalie, uma menina que morava em um bairro mais chique que o nosso. Raramente visitamos Nathalie. Ela parecia distante com suas roupas elegantes, seus cachos loiros, sua aparência cuidada. Então Nathalie também era judia. Foi uma descoberta. A professora disse: "Duas de suas colegas estão usando uma estrela. Sejam gentis. Nada deve mudar entre elas e vocês". Mas imediatamente houve uma barreira, um isolamento. Robert abandonara nossa casa, Janine, minha melhor amiga, com quem ia patronato, não veio mais à minha casa e eu não voltei à casa dela. Um dia, ouvi duas mulheres discutindo na calçada: "Você percebe", dizia*

476 Lacan, J. (1973). Televisão. In *Outros escritos*, op. cit., p. 524; e Lacan, J. (1973). ...Ou pior. In *Outros escritos*, op. cit., p. 548.

477 Lacan, J. (1964-1965). *O seminário, livro 11: Os quatro conceitos fundamentais...*, op. cit., p. 243.

478 Lacan, J. *Le séminaire, "L'objet de la psychanalyse (1965-66)"*, inédito (lição de 06/01/1966).

> *uma delas, "um homem que parecia tão bom, tão correto. Ele fez um movimento e sob a sua jaqueta, adivinhe? Vi a estrela. Um Judeu! Quem teria acreditado, ele parecia tão decente!". E a outra mulher assentiu com a cabeça, marcando sua aprovação. Ao ouvir as duas mulheres, percebi o quanto ser judia tinha algo de sujo, degradante, vergonhoso. Sentia essa vergonha na rua, quando as pessoas desviavam o olhar da estrela que nos marcava com uma mancha ignóbil e fedorenta. Estrela amarela humilhante. Então era isso ser judeu? E eu era e não tinha vergonha disso. Queria tanto ser como os outros, as pessoas de bem, limpas e corretas!*[479]

Enfim, outro e último testemunho. O de Sylvie que, também reduzida a alvo vergonhoso para todos os olhos, descreverá então o que teria perdido e que podemos aprender como lição: contra a vergonha de viver, o direito de fazer do objeto *a* que ela era a causa e a potência de um desejo de viver, sem vergonha.

> *Gosto de sair, de passear por esta cidade que tanto amo, mas a estrela costurada na lapela de meu casaco como se fosse tatuada em minha pele me assusta e me afasta, a meu pesar, de todos os inúmeros lugares públicos em que me tornei a pestilenta que deve ser apontada ou manchada com um insulto.*
>
> *As batidas e prisões aqui e ali, em toda parte, me forçam a ser extremamente prudente. Tenho apenas dezesseis anos; podem me proibir de fazer tudo! Quero viver como*

479 Muller, A. citada em Jean-Pierre Guéno, *Paroles d'étoiles: mémoire d'enfants cachés (1939-1945)*, op. cit., pp. 41-42.

todo mundo, quero levar Esther ao cinema, estremecer de emoção no "Premier Rendez-vous" *de Danielle Darrieux, quero sonhar com Viviane Romance, Simone Simon, Yvette Lebon ou Louis Jourdan, quero cantar o mais alto que puder "Romance", de Charles Trenet, ou o "Tra-la-la" de Suzy Delaire...*[480]

480 Sylvie, citada em Jean-Pierre Guéno, *Paroles d'étoiles: mémoire d'enfants cachés (1939-1945)*, op. cit., p. 48.

Conclusão

A vergonha de outra forma

Neste trabalho, tentei isolar as razões da *vergontologia* proposta por Lacan. A vergonha é, antes de tudo, produto da condição de *falasser* de um sujeito, devido à mortificação que ele recebe por meio *de* seu corpo, do significante. Essa *vergontologia* seria, portanto, a de todo ser falante, o qual sempre poderá se ver sendo visto, afetado pela falta-a-ser e uma falta de gozo. Mas, ainda assim, as particularidades da clínica exigem aqui esclarecimentos, uma vez que nem todo sujeito conhece a vergonha. A clínica do autismo demonstra isso, em que os sujeitos, por não poderem se representar, pelo e no significante, não parecem em nada conhecer as agonias do pudor. Freud[1] também terá sublinhado como sujeitos melancólicos, sem nenhuma vergonha, poderão expor aos seus não semelhantes aquilo que se tornaram: um objeto de vergonha *para* o Outro, até mesmo uma

1 Freud, S. (1917[1915]). Luto e melancolia. In *Edição standard brasileira das obras psicológicas completas de Sigmund Freud* (v. XIV, Jayme Salomão, Trad.). Rio de Janeiro: Imago, edição eletrônica.

vergonha *para* a humanidade? Isso exigiria uma clínica diferencial da vergonha. Minha conclusão será, portanto... uma introdução a essa clínica diferencial, à qual abrirei a partir da psicose paranoica.[2] Se a vergonha é, de fato, uma produção da condição de ser falante, então nada, em razão, deveria contradizer seu aparecimento na paranoia. Humilhações, zombarias, insultos e outras intimidades violadas, quem não terá visto, aliás, com quais feridas vergonhosas a paranoia, fundamentalmente, é feita? Tratar-se-á aqui de demonstrar isso e verificar em que e como o sujeito paranoico poderia ser afetado pela vergonha. Ou seja, além do destino comum da *vergontologia*, abrir espaço para *as* vergonhas.

1. O pudor paranoico

Freud, em suas *Observações adicionais sobre as neuropsicoses de defesa*,[3] assim como em uma carta[4] endereçada a Fliess em 1º de janeiro de 1896, deixa supor que o sujeito paranoico estaria mais inclinado a não reconhecer sua culpa, nem sua vergonha. A psicose é uma psicose de defesa, argumenta ele como um pré-requisito, para o qual o mecanismo de recalque ainda precisa ser determinado. Ele propõe várias conclusões sobre esse ponto, as quais o levarão a classificar os sintomas paranoicos em três categorias: sintomas primários de defesa, sintomas de compromisso e delírio de interpretação. Ora, essas três categorias nos permitem definir por quais

---

2 O texto a seguir reproduz parcialmente o artigo Bernard, D. (out.-dez. 2006). *Honte et paranoia. L'évolution psychiatrique, 71*(4), 717-727.

3 Freud, S. (1896). Observações adicionais sobre as neuropsicoses de defesa. In *Edição standard brasileira das obras psicológicas completas de Sigmund Freud* (v. III, Jayme Salomão, Trad.). Rio de Janeiro: Imago, edição eletrônica.

4 Freud, S. (1896). Lettre à Fliess du 01/01/1896. In *Naissance de la psychanalyse*. Paris: PUF, 1991.

vias, e de acordo com quais tempos lógicos, um sujeito psicótico pode ser afetado pela vergonha.

Para demonstrar isso, vale a pena retomar a distinção aqui feita por Freud entre neurose obsessiva e paranoia. Ambas se originam de um ou mais traumas sexuais infantis, que terão gerado prazer para o sujeito, ao passo que sua lembrança irá gerar desprazer. Os sintomas primários de defesa constituirão, então, uma resposta contra esse desprazer. Para a neurose obsessiva, uma reprovação agora se apega a essas lembranças e conduz ao seu recalque. Os sintomas primários de defesa aqui se declinam em vergonha, autodesconfiança e escrúpulo. Freud sublinha então o fundamento desses afetos: a autoacusação é, nesse caso, "reconhecida como justificada".[5] Ora, isso cria uma diferença radical e fundamental com a paranoia, a qual lança luz sobre o destino diferente que a psicose inflige à vergonha. Na paranoia, precisa Freud, a censura ou a falta não podem ser assumidas nem reconhecidas pelo sujeito, porque o sujeito não acredita nisso. Ele se recusa a reconhecer essa censura e, por isso, projeta-a no lugar do Outro. "Na paranoia", escreve ele, "o elemento determinante é o mecanismo de projeção acompanhado pela rejeição de toda crença na censura".[6] No entanto, a expressão "rejeição de toda crença" indica que essa rejeição incide menos sobre o afeto do que sobre a crença nesse afeto, ou seja, em sua representação significante. Por sua vez, Freud voltará, em sua análise do caso Schreber, a essa hipótese de uma projeção: "Foi incorreto dizer que a percepção suprimida internamente é projetada para o exterior; a verdade é, pelo contrário, como agora percebemos, que aquilo que foi internamente abolido retorna desde fora".[7] A rejeição da crença evocada por Freud, portanto,

---

5 Freud, S. (1896). Observações adicionais sobre as neuropsicoses de defesa, op. cit.

6 Freud, S. (1896). Lettre à Fliess du 01/01/1896. In *Naissance de la psychanalyse*, op. cit.

7 Freud, S. [1911]. Notas psicanalíticas sobre um relato autobiográfico de um caso de paranoia (*dementia paranoides*). In *Edição standard brasileira das obras*

não é equivalente à repressão projetiva, mas a essa rejeição radical que Lacan mais tarde teorizará como foraclusão.

Lacan terá então mostrado como essa foraclusão e o significante do Nome do Pai ao qual ela se aplica terão como consequência uma relação diferente do sujeito com o gozo. O sujeito psicótico, não tendo o apoio desse significante, poderá padecer em seu corpo de um gozo ainda mais invasivo porque não conseguirá simbolizá-lo. Daí, dizer que ele não poderá reconhecer sua falta é dizer que ele não poderá se reconhecer ali, no sentido de assumir esse gozo. Deduzo que a foraclusão na psicose recai sobre o significante que permitiria ao sujeito simbolizar a falta e, portanto, subjetivar a vergonha. O destino particular da vergonha na psicose está baseado nessa relação problemática do sujeito com a responsabilidade por seu gozo. As consequências clínicas que se seguem demonstram isso.

O desencadeamento da psicose, primeiramente, poderá ocorrer quando essa mesma responsabilidade é exigida e, ao fazê-lo, o Nome do Pai é conclamado. A vergonha, na medida em que força um sujeito a assumir uma falta de gozo e o reduz a ela, poderá, pois, ameaçar um sujeito psicótico com o desencadeamento de sua psicose. Em 1906, Freud já constatava isso: "o sistema delirante pode se formar a partir da vergonha",[8] quando Lacan tomará como exemplo de desencadeamento o caso da "penitente que confessa seu erro",[9] aos ouvidos de seu confessor. Angelo Hesnard, em uma obra que nunca deixarei de revisitar, *L'univers morbide de la faute*, também atesta isso, evocando uma paciente "patologicamente pudica, surpreendida nua por estranhos durante um banho de sol ou como em um

psicológicas completas de Sigmund Freud (v. XII, Jayme Salomão, Trad.). Rio de Janeiro: Imago, edição eletrônica.

8 Freud, S. (1978). *Les premiers psychanalystes, Minutes de la Société psychanalytique de Vienne* (t. 1). Paris: Gallimard, p. 83.

9 Lacan, J. (1958). De uma questão preliminar a todo tratamento possível da psicose. In *Escritos* (Vera Ribeiro, Trad.). Rio de Janeiro: Zahar, 1998, p. 584.

paciente de Sérieux e Capgras, oficial da Marinha, surpreendido a bordo se masturbando".[10] E continua: "É quando estão a ponto de pôr em jogo sua própria inferioridade em valor moral e sua própria responsabilidade que começam a admitir a intervenção maligna, não só do Destino, essa perseguidor das pessoas normais, mas de certos seres, reais e depois imaginários, apegados à sua perda".[11] O pudor, na psicose, poderá ter necessidades diferentes das da neurose. Pensemos ainda em Rousseau, que temia vergonha acima de tudo, "mais do que a morte, mais do que o crime, mais do que tudo no mundo".[12]

Mas, passado o desencadeamento da psicose, quais serão os destinos da vergonha? O gozo, caso não seja simbolizado, retornará ao sujeito de forma enigmática e permanecerá alheio a ele. Daí em diante, o sujeito psicótico poderá não ser dividido por sua falta de gozo, mesmo que seja afetado por ela. Ele poderá não ser responsabilizado por isso e, consequentemente, de forma alguma sentir vergonha disso. Angelo Hesnard frisa isso. O sujeito psicótico tenta se refugiar "em um mundo de onde suas responsabilidades são excluídas".[13] Isso, no entanto, significa que o sujeito psicótico não sentirá mais vergonha? A sequência das observações de Hesnard o desmente. A obscenidade desavergonhada do Outro virá responder a essa primeira irresponsabilidade: "tal desejo amoroso banal, presente ou passado, ou mesmo tal movimento sensual fugaz em direção a qualquer indivíduo se torna uma influência magnética, pela qual o sujeito não pode ser responsabilizado".[14]

Com efeito, outra razão virá para reforçar essa *foraclusão da vergonha*. O sujeito tentará se defender desse gozo que lhe retorna e, para isso, forçá-lo numa significação delirante. Identificar o gozo no

---

10 Hesnard, A. (1949). *L'univers morbide de la faute*. Paris: PUF, p. 105.

11 Ibid., p. 103.

12 Rosseau, J.-J. (1782). *Les confessions*. Paris: Folio/Gallimard, 1973, p. 127.

13 Hesnard, A. (1949). *L'univers morbide de la faute*, op. cit., p. 169.

14 Ibid., p. 191.

lugar do Outro,[15] diria Lacan de outra forma e, portanto, também, atribuir a responsabilidade desse gozo ao lugar do Outro. *Por meio do* delírio, estabelece-se assim uma nova responsabilidade pelo gozo e denuncia-se um gozo vergonhoso, os do Outro. Passada a defesa paranoica, não é mais o sujeito o responsável pelo gozo vergonhoso, mas o Outro: "não é de uma censura", escreve Freud, "recalcada em seguida, que se trata aqui, mas um desprazer do qual o próximo é tornado responsável".[16] Os sintomas primários de defesa que, nesse caso, se formam atestam isso. Ao contrário da neurose obsessiva, eles não têm mais o próprio sujeito como objeto, mas o perseguidor. Ali onde estava a vergonha do sujeito obsessivo, dividido, virão as ideias delirantes de desconfiança, suspeita e perseguição do sujeito psicótico, lastreadas de certeza. A partir daí, o sujeito paranoico estará aqui *sujeito à vergonha*, não *sujeito de sua vergonha*. Mas também, a vergonha será identificada com o lugar do Outro. O sujeito poderá provar sua inocência atribuindo a culpa ao Outro, agora responsável por todo gozo vergonhoso. Em que, como demonstra Colette Soler,[17] um enodamento torna solidários a inocência do sujeito paranoico e o gozo desavergonhado do Outro perseguidor.

Assim, ali onde havia um gozo inassumível para o sujeito, se construiu a inocência desse sujeito, assim como seu corolário delirante, a figura de um Outro desavergonhado. Resultado lógico dessa construção: sem vergonha alguma, o sujeito poderá agora denunciar o gozo vergonhoso do Outro. As verdadeiras "preocupações" do paciente, escreve Hesnard,

---

15 Lacan, J. (1966). Apresentação das *Memórias de um doente dos nervos*. In *Outros escritos* (Vera Ribeiro, Trad.). Rio de Janeiro: Zahar, 2003, p. 221.

16 Freud, S. (1896). Lettre à Fliess du 01/01/1896. In *Naissance de la psychanalyse*, op. cit., p. 135.

17 Soler, C. (2002). *O inconsciente a céu aberto da psicose*. Rio de Janeiro: Zahar, 2007, p. 59.

> *perdem seu caráter secreto e vergonhoso precisamente por causa dessa transposição para a realidade externa. Não apenas o paciente constantemente faz alusões claras a isso, mas na medida em que suas suspeitas morais em relação à sua própria conduta se transformam em acusações fundamentalmente imerecidas vindas de outrem, ele se torna ainda mais impudico, liberado, até mesmo cínico e grosseiro como era antes de ficar doente, reservado pudibundo, moralmente cândido ou ingênuo: uma solteirona, carola, aterrorizada gravemente com a menor irreverência, denunciará um complô de obscenidade violenta; tal jovem estudante de uma família severamente sujeita à mais estrita moralidade burguesa, contará a todos os vizinhos e a seus pais consternados sobre temíveis suspeitas de aborto, manobras eróticas com cães e gatos, relações lésbicas com a zeladora...*[18]

Ocorre "uma discordância de moralidade entre, por um lado, o sentido violentamente chocante, brutal, grosseiro e, sobretudo, obsceno dos relatos dos pacientes com relação à ação imaginária dos seres imaginários de seu universo e, por outro lado, o caráter reservado, inofensivo e, acima de tudo, pudico que esses pacientes manifestavam antes de sua psicose e que muitas vezes conservam, ao menos em suas reações diárias, durante o curso de sua doença. Ela é compreensível", continua o autor, "se considerarmos que essas manobras, essas revelações, essas imputações extravagantes, não são mais, para eles, sua ação própria, mas de outrem. Essa mesma alteridade as torna tão efetivamente estranhas ao paciente, ainda

18 Hesnard, A. (1949). *L'univers morbide de la faute*, op. cit., p. 100.

que elas sejam localizáveis em seu próprio indivíduo, que ele fale disso sem vergonha e pudor".[19]

2. O Outro desavergonhado do delírio

A paranoia constitui para Freud uma psicose de defesa contra a rememoração feita ao sujeito de experiências ou representações de gozo, por vezes vergonhosas. A doença se verá ser definida então pelo retorno dessas memórias recalcadas, as quais podem levar à produção de sintomas, chamados por Freud de sintomas de compromisso. Trata-se de sintomas que constituirão as ideias delirantes do sujeito paranoico, a saber, a ideia de estar sendo observado, alucinações verbais, alucinações visuais etc. Por fim, por meio desses sintomas, prossegue Freud, "autoacusação original, o termo real do insulto de que o sujeito vinha tentando poupar-se, retorna em sua forma inalterada",[20] "as autoacusações . . . retornam em suas representações delirantes".[21] O retorno do "recalcado" se inicia aqui, não mais do próprio sujeito, o que o dividiria, mas do Outro. A autoacusação, depois de ter sido rejeitada, retorna ao sujeito do lugar do Outro, dessa vez no real.

Freud também observa: "o afeto recalcado parece retornar a cada vez sob a forma de alucinações auditivas".[22] As alucinações verbais, entre outros sintomas de compromisso, de fato, constituem o paradigma desse retorno da autoacusação. Ao contrário da neurose obsessiva e da histeria, Freud considera que "uma característica bastante peculiar à paranoia, e sobre a qual esta comparação não

19 Ibid., p. 184.

20 Freud, S. (1896). Observações adicionais sobre as neuropsicoses de defesa, op. cit.

21 Ibid.

22 Freud, S. (1896). Lettre à Fliess du 01/01/1896. In *Naissance de la psychanalyse*, op. cit., p. 135.

pode lançar mais luz, é que as autoacusações recalcadas retornam sob a forma de pensamentos ditos em voz alta".[23] As vozes do paranoico equivalem aos pensamentos de autoacusação do obsessivo, mas com uma diferença estrutural: o surgimento, na alucinação, daquilo que chamaremos com Lacan de objeto voz. "Pensamentos expressos em voz alta", disse Freud, vocalizados. A voz, portanto, que poderá sonorizar um olhar,[24] como no caso da Sra. P evocada por Freud,[25] certa de estar sendo observada ao se despir, assim como de ser julgada e escarnecida. O olhar e a voz, ou seja, os dois objetos do supereu, que na paranoia não serão esvaziados pela castração, mas que poderão se manifestar no real da alucinação. Para esse sujeito, a fala superegoica não será silenciosa, não ficará sem voz,[26] tal como dizia Heidegger sobre a consciência moral.

E é por isso que, em vez de se ver visto pelo mau olhado do supereu, o sujeito psicótico poderá se ver sendo visto, no real, por um Outro. Em vez de se reconhecer em sua vergonha e ser dividido por ela, o sujeito psicótico poderá ser afetado por ela, contra sua vontade, por meio do Outro escarnecedor. Concluo que o sujeito paranoico é sempre um sujeito afetado pelo fato de o Outro querer agredir sua intimidade e sua dignidade de *falasser*, para gozar de sua *vergontologia*. É aquele que padece com a intenção do Outro de envergonhá-lo e reduzi-lo, para seu gozo, à categoria de objeto vergonhoso, *a*. O Outro do paranoico é Outro que goza de ofender[27] esse sujeito. Um Outro que, ao julgá-lo, perscrutá-lo, e saber tudo

---

23 Freud, S. (1896). Observações adicionais sobre as neuropsicoses de defesa, op. cit.

24 Lacan, J. *Séminaire, RSI (1974-75)*, lição de 08/04/1975. *Ornicar?*, *5*. Paris: Navarin, 1976, p. 42.

25 Freud, S. (1896). Observações adicionais sobre as neuropsicoses de defesa, op. cit.

26 Heidegger, M. (1927). *Ser e tempo* (v. I). Petrópoles: Vozes, 2013, p. 321.

27 Lacan, J. (1958). De uma questão preliminar a todo tratamento possível da psicose. In *Escritos*, op. cit., p. 546.

sobre ele, poderá usufruir de sua intimidade e gozar de sua vergonha, reduzindo-o a um objeto a mais, uma coisa vista e julgada, em toda parte. Um Outro que, ao descobrir esse sujeito e não mais lhe deixar o refúgio de qualquer esconderijo, poderá torná-lo uma mancha forçando os olhares e o escárnio de todos.

Por exemplo, a Sra. P se queixava, relata Freud, "de que estava sendo observada, e de que as pessoas liam seus pensamentos e sabiam tudo o que ocorria em sua casa".[28] Ela era observada, mas mais ainda, zombavam dela, a ofendiam, e isso, de forma desavergonhada: "Não havia dúvida", lembra-se a Sra. P., "de que todos – parentes e amigos – tinham deixado de respeitá-la e estavam fazendo tudo o que podiam para menosprezá-la", comportavam-se "para com ela de modo diferente do que faziam antes, sendo grosseiros e sem consideração",[29] fizeram dela "vítima da maledicência geral".[30] Assim como outra paciente, citada por Hesnard, e que, por sua vez, testemunhou o seguinte: "Eles procuram demonstrar, tornar pública minha consciência pesada, aquela que eu deveria ter se o que dissessem fosse verdade. Eles querem estabelecer minha impureza, minha desonra, minha culpa... Mas eu estou, tranquila com relação a isso, pois sou pura, honrada, inocente. Mais ainda, sou excepcionalmente virtuosa".[31]

Assim, a vergonha poderá afetar também o sujeito paranoico, retornando a ele, devido à foraclusão do Nome-do-pai, no real, como intenção de gozo do Outro. Hesnard indicava isso a seu modo, observando "uma transmutação do valor de Falta no valor de Acusação externa".[32] A vergonha, inicialmente foracluída, volta a atingir o sujeito no real. E isso, a partir do lugar do Outro, por meio dos significantes da injúria. Ou seja, não apenas quaisquer significantes,

---

28 Ibid.

29 Ibid.

30 Ibid.

31 Hesnard, A. (1949). *L'univers morbide de la faute*, op. cit., p. 106.

32 Ibid.

mas significantes que assinalam o ser de gozo do sujeito, nos quais, contudo, devido ao *status* de "cadeia rompida"[33] desses significantes, dificilmente o sujeito poderá se reconhecer. Pois, em suma, esses significantes que interpretam de forma selvagem o ser de gozo do sujeito assinalam justamente isso que esse sujeito não poderia dar conta, por não poder simbolizá-lo, e até mesmo isso pelo que ele não poderia ser responsável, correndo o risco de corar. A vergonha, assim como a falta de gozo, retornará ao sujeito no real, mas sem que o sujeito possa se responsabilizar. "É trabalhoso e muitas vezes impossível", escreve Hesnard, "dada a resistência dos pacientes à evocação, à margem de seu delírio, de suas memórias geralmente dolorosas, retraçar o longo e tênue fio que conecta seu mito mórbido fantástico aos conflitos íntimos reais de sua existência passada";[34] "todos os rancores, humilhações passadas . . . voltam na forma de alegações tão enormes em sua monstruosidade, que o paciente já não os reconhece como tendo uma longínqua autenticidade em qualquer caso de consciência de outrora".[35]

Por fim, deve-se acrescentar que não só as vozes podem denunciar as vergonhas e as faltas de gozo do sujeito, mas que na maioria das vezes, elas se multiplicam por dez, atestando aí, nesse tempo de retorno da vergonha no real, o caráter desregulado desse gozo: "Essa pequena falta sexual antiga torna-se, no alto-falante da divulgação delirante, um infanticídio ou uma solicitação lésbica".[36] Nisso, o sujeito paranoico é também um sujeito que *delira sua vergonha*, abolindo-a por dentro, depois situando-a no lugar do Outro, sob a forma desse gozo vergonhoso de que ele será objeto. Freud ainda, a propósito da sra. P: "Compreendi então o sentido de sua ideia repetida de

---

33 Lacan, J. (1958). De uma questão preliminar a todo tratamento possível da psicose. In *Escritos*, op. cit., p. 542.

34 Hesnard, A. (1949). *L'univers morbide de la faute*, op. cit., p. 102.

35 Ibid.

36 Ibid.

que estava sendo observada ao ir para a cama. Era um fragmento inalterado da antiga lembrança que envolvia uma autocensura, e ela agora estava suprimindo a vergonha que deixara de sentir quando criança".[37] O sujeito padece do gozo vergonhoso do Outro, gozo que, o cúmulo do cúmulo, será o gozo da vergonha do sujeito.

Tomemos por exemplo o caso dessa outra mulher paranoica, que Freud conheceu, que lhe confidenciou sua experiência, assim como a convicção que dela extraiu. Enquanto ela se entregava a algumas travessuras íntimas com um de seus colegas, subitamente ela ouviu, na ocasião, um estalido. Em seguida, passado o tempo para entender, ela identificou o que a havia deixado perplexa inicialmente: o estalido era o clique de uma câmera fotográfica. Durante as ações do casal, um homem os havia fotografado. Ainda mais, a havia fotografado sem que ela soubesse e por iniciativa do amante. Instante terrível de ver, pois, produzido no real.

A partir daqui, o que acontece com a vergonha? Freud primeiro observa uma ausência de vergonha nessa mulher, quando ela lhe relata sua experiência: "Nem por sua atitude, nem por qualquer espécie de expressão de emoção, traía ela a menor vergonha ou acanhamento, como era de esperar que sentisse na presença de um estranho. Mostrou-se inteiramente dominada pela apreensão provocada por sua experiência".[38] Ao confidenciar sua experiência, essa mulher não sentia vergonha, pois nenhuma vergonha a ganhara, ao passo que ela afirmava ter sido vista e fotografada em suas travessuras amorosas. Aqui, a vergonha deveria ser do Outro. Seu amante, com essas fotos, queria usar a vergonha dessa mulher.

---

37 Freud, S. (1896). Observações adicionais sobre as neuropsicoses de defesa, op. cit.

38 Freud, S. (1915). Um caso de paranoia que contraria a teoria psicanalítica da doença. In *Edição standard brasileira das obras psicológicas completas de Sigmund Freud* (v. XIV, Jayme Salomão, Trad.). Rio de Janeiro: Imago, edição eletrônica.

Poder a partir de agora ameaçá-la de vergonha e obrigá-la a seu gozo: "Declarou que esse homem abusara de sua confiança, pois conseguira que testemunhas ocultas os fotografassem enquanto faziam amor; agora, com a exibição das fotografias, ele estava em condições de desonrá-la e forçá-la".[39]

A verdadeira vergonha, para o sujeito paranoico, é, portanto, aquela que falta. Não aquela que se gostaria de lhe impor, mas a que deveria haver, no lugar desse Outro, que nada detém em suas veleidades de gozo.[40] Lógico, como enfatizei, já que é no lugar do Outro, ali onde o sujeito paranoico situa todo o gozo, que deveria estar a vergonha. "É uma vergonha!": foi assim que essa paciente denunciava a zombaria alucinatória que a visava incessantemente, e na qual se compraziam, ouvia ela, a rir do estupro incestuoso que ela havia sofrido outrora. Tomemos, pois, a sério a sua denúncia: o sujeito paranoico, fundamentalmente, padece de um Outro desavergonhado, de um Outro que goza, sem vergonha alguma, por querer envergonhá-lo e reduzi-lo a isso. O paranoico é um "inocente perseguido",[41] afetado em seus direitos de sujeito, e que para isso apela para a vergonha do Outro, aquela que falta. Com efeito, esse sujeito não tem vergonha alguma, quando é no lugar do Outro que a vergonha deveria estar, como ponto de parada de seu gozo desavergonhado.

3. A honra de Schreber

Chego à terceira categoria de sintomas isolados por Freud. No caso da paranoia, argumenta ele, nenhuma defesa pode agir contra os sintomas de retorno, pois aqui se forjou uma certeza: "o sintoma do

---

39 Ibid.

40 Sobre esse ponto, cf. Lacan, J. (1966). Apresentação das *Memórias de um doente dos nervos*. In *Outros escritos*, op. cit., p. 221.

41 Cf. sobre esse ponto: Soler, C. (2002). *O inconsciente a céu aberto da psicose*, op. cit., p. 53.

compromisso poderá dispor inteiramente da crença que é recusada às autoacusações primárias".[42] Dessa forma, a foraclusão primordial é revertida em certeza. O sujeito agora está convencido daquilo que está acontecendo com ele, de sua inocência, assim como do tratamento desavergonhado que lhe infligem. "Tudo ficou claro",[43] dizia a Sra. P. As alucinações auditivas, por exemplo, ganham a convicção do paciente, mas sem dividi-lo. "Nenhuma defesa pode valer contra os sintomas de retorno aos quais, como sabemos, liga-se uma crença",[44] lembra Freud.

Também o paranoico deveria lidar com esses fenômenos sem ir contra eles, sem refutá-los, mas adaptando-se a eles. Portanto, na paranoia, assim como na neurose, não encontraremos sintomas secundários de defesa. Em vez disso, Freud situa o trabalho da construção delirante propriamente dita:

> *As representações delirantes que chegam à consciência através de uma formação de compromisso (os sintomas do retorno do recalcado) fazem exigências à atividade de pensamento do eu, até que possam ser aceitas sem contradição. Visto que elas próprias não são influenciáveis, o eu precisa adaptar-se a elas; e assim, o que aqui corresponde aos sintomas da defesa secundária na neurose obsessiva é uma formação delirante combinatória – delírios interpretativos que terminam por uma alteração do eu.*[45]

---

42 Freud, S. (1896). Lettre à Fliess du 01/01/1896. In *Naissance de la psychanalyse*, op. cit., p. 135.

43 Freud, S. (1896). Observações adicionais sobre as neuropsicoses de defesa, op. cit.

44 Ibid.

45 Ibid.

Exceção feita à ideia de alteração do eu, encontramos aqui formulada, desde 1896, o anúncio da tese freudiana do delírio como "tentativa de cura".[46] O sujeito deve se envolver em "um trabalho de pensamento", para "se adaptar" aos fenômenos que lhe são impostos no real.

Ora, isso me levará a considerar o delírio de interpretação como um tratamento do afeto na psicose e, em particular, do afeto da vergonha. Vejamos assim, mas em poucas palavras somente, o que aconteceu com Schreber. Pois a vergonha também o afetara, e em várias ocasiões.

A vergonha se apoderou dele primeiro, quando sua transformação em mulher começou. Atingido em sua dignidade de homem, ela lhe retorna de fora, por intermédio das vozes escarnecedoras: "As vozes ouvidas pelo paciente nunca tratavam de sua transformação em mulher como uma vergonha sexual, o que lhes dava o direito de zombar". "Em vista da emasculação iminente que eu devia, pretendia-se, sofrer, os raios de Deus muitas vezes se acreditavam autorizados a me chamar ironicamente de 'Sra. Schreber'. 'E isso pretende ter sido presidente de Tribunal, e isso se deixa ser f...'. 'Você não tem vergonha na frente da Sra. sua esposa?"[47] Todavia, ao não ceder em seu direito de resposta, Schreber se insurge contra essa transformação, considera-a "uma vergonha, um opróbrio que lhe deveria ter sido infligido com intenções hostis".[48]

Assim, é uma vergonha feroz de que Schreber padece, uma vergonha que lhe é imposta e uma vergonha de que o Outro goza.

---

46 Freud, S. (1911-1913). Observações psicanalíticas sobre um caso de paranoia relatado em autobiografia. In *Edição standard brasileira das obras psicológicas completas de Sigmund Freud* (v. X, Jayme Salomão, Trad.). Rio de Janeiro: Imago, edição eletrônica.

47 Ibid.

48 Ibid.

Schreber, e com razão, não enrubesce com a ideia de se tornar mulher, pois não pode ser responsabilizado. Essa ideia o horroriza e, por isso, estará situada no lugar do Outro. A partir daí, não há nenhum vestígio, em Schreber, de uma vergonha da castração imaginária, mas em vez disso, o horror de uma castração que lhe seria imposta pelo Outro, no real, e por sua vergonha. É preciso notar, então, que é no final de seu trabalho delirante, de seu consentimento à sua transformação em mulher, que Schreber, finalmente, poderá superar a vergonha: "Mas chegou um tempo (novembro de 1895) em que ele começou a se reconciliar com essa transformação e relacionou-a aos desígnios supremos de Deus. 'Desde então, e com plena consciência do que eu estava fazendo, inscrevi em minhas bandeiras o culto da feminilidade'".[49] O que devia impelir e reduzir Schreber à vergonha se inverteu, com o apoio de seu trabalho delirante, em um ideal. E é a esse ideal que Schreber, em sua megalomania, dessa vez pretende aderir, sem vergonha. "Era impossível para Schreber", escreve Freud, "se comprazer no papel de uma prostituta entregue a seu médico; mas a tarefa que agora lhe é imposta, de dar ao próprio Deus a voluptuosidade que ele busca, não esbarra nas mesmas resistências por parte do eu. A emasculação não é mais uma vergonha, ela se torna 'de acordo com a ordem do universo'".[50]

Para concluir, saudemos a coragem exemplar de Schreber, empenhado em salvar nada menos do que sua dignidade de *falasser*. Uma "luta" do sujeito, dirá Lacan, "ele a conduziu em sua honra".[51]

49 Ibid.

50 Ibid.

51 Lacan, J. (1958). De uma questão preliminar a todo tratamento possível da psicose. In *Escritos*, op. cit., p. 564.

Referências

Agamben, G. (1985). *A ideia da prosa*. Lisboa: Edições Cotovia, 1999.

Agamben, G. (1998). *O que resta de Auschwitz* (Selvino J. Assmann, Trad.). São Paulo: Boitempo Editorial, 2008.

Aichhorn, A. (1925). *Jeunesse en souffrance: psychanalyse et* éducation *spécialisée*. Paris: Champ social, 2000.

Amery, J. (1995). *Par-delà le crime et le châtiment*. Arles: Actes Sud.

Anders, G. (2002). *L'obsolescence de l'homme*. Paris: L'Encyclopédie des nuisances Ivrea.

Ansermet, F., & Ponce, L. (1988). Regard et clinique: un trait de perversion. In *Traits de perversion dans les structures cliniques*. Paris: Navarin.

Arendt, H. (1961). *La crise de la culture*. Paris: Folio, 1972.

Aristóteles. (2005). *Retórica*. Lisboa: Imprensa Nacional/Casa da Moeda.

Assoun, P.-L. (1995). *Leçons psychanalytiques sur le regard et la voix* (t. 2). Paris: Economica.

Bachelard, G. (1932). *A intuição do instante* (2ª ed., Antônio de Pádua Danesi, Trad.). Campinas: Verus Editora, 2010.

Baldini, U. (2001). *Masaccio.* Paris: Gallimard.

Barthes, R. (1980). *A câmara clara: nota sobre a fotografia* (Júlio Castañon Guimarães, Trad.). Rio de Janeiro: Nova Fronteira, 1984.

Baudelaire, C. (1846). Salon de 1846. In Œuvres complètes. (Col. Bouquins). Paris: Robert Laffont, 1980.

Baudelaire, C. (1855). Exposition universelle 1855. In Œuvres complètes. (Col. Bouquins). Paris: Robert Laffont, 1980.

Beaud, S., & Pialoux, M. (1999). *Retour sur la condition ouvrière. Enquête aux usines Peugeot de Sochaux-Montbéliard.* Paris: Fayard.

Beddock, F. (jan. 2000). Édito. *Trames, 29.* Nice: Trames Association.

Benjamin, W. (1900). Infância em Berlim por volta de 1900. In *Rua de mão única. Obras Escolhidas 2* (Rubens Rodrigues Torres Filho e José Carlos Martins Barbosa, Trad.). São Paulo: Brasiliense, 1987.

Benjamin, W. (1933). Experiência e pobreza. In *O anjo da história* (João Barrento, Trad.). Belo Horizonte: Autêntica, 2012.

Benjamin, W. (1979). *Charles Baudelaire.* Paris: Petite Bibliotheque Payot.

Bergman, I. (1978). *Sonate d'automne.* Paris: Gallimard.

Bernard, D. (2005). *L'hontologie* (Tese de doutorado em Psicopatologia não publicada). Universidade de Toulouse II Le Mirail, Toulouse.

Bernard, D. (out.-dez. 2006). *Honte et paranoia. L'évolution psychiatrique, v. 71, n. 4*. Elsevier Masson, pp. 717-727.

Bernard, D. (2008). Le paradigme de la honte de Franz Kafka. *Psychologie clinique – Nouvelle série, 25*. Paris: L'Harmattan.

Bernard, D. (mar. 2008). Du jeu au je. *Revue de Psychanalyse du Champ lacanien, 6*.

Bernard, D. (maio 2008). L'identité de l'enfant. *Mensuel, 34*, École de Psychanalyse des Forums du Champ lacanien.

Bernard, D. (out-dez. 2008). Lacan et l'adolescence. *L'Évolution psychiatrique, 73*(4).

Bernard, D. (2010). L'affect. In Jodeau-Belle, L., & Ottavi, L. (Eds.). *Les fondamentaux de la psychanalyse lacanienne*. Rennes: PUR.

Bernard, D. (out. 2010). La mort et le langage. *Mensuel, 54*. École de Psychanalyse des Forums du Champ lacanien.

Blanchot, M. (1955). A solidão essencial e a solidão do mundo. In *O espaço literário* (Álvaro Cabral, Trad.). Rio de Janeiro: Rocco, 1987.

Blanchot, M. (1981). *De Kafka à Kafka*. Paris: Folio/Gallimard.

Bon, F. (2004). *Daewoo*. Paris: Fayard.

Bousseyroux, M. (set. 2002). Un savoir comme enfer. *Link, 14-15*. Bulletin des Forums du Champ lacanien, École de Psychanalyse du Champ lacanien.

Boutang, P. (1988). *Ontologie du secret*. Paris: Quadrige/PUF.

Braun, S. (2008). *Personne ne m'aurait cru, alors je me suis tu*. Paris: Albin Michel.

Briole, G. (1997). Honte et traumatisme. *Quarto, 63*, Revue de la Cause freudienne/ACF Belgique.

Briole, G. (1998). Sur la honte. *Ornicar?, 49, Revue du Champ freudien*, Agalma.

Briole, G., Clervoy, P., & Southwell, G. (nov. 1998). Traumatisme, honte et exclusion. *Nervure, t. XI, n. 8.*

Bruno, P. (2004). *Papiers psychanalytiques, expérience et structure.* Toulouse: PUM.

Cardon, D. (2010). *La démocratie Internet*. Paris: Seuil.

Cardon, D. (2015). *À quoi rêvent les algorithmes*. Paris: Seuil.

Castanet, H., Giudicelli, S., Dugnat, M., & Soler, C. (1990). *Le sujet dans la psychose: paranoïa et mélancolie*. Nice: Z'éditions.

Cécile. (2003). Une minute de ridicule. In Guéno, J.-P. (Dir.). *Premières fois: Le livre des instants qui ont changé nos vies*. Paris: Librio.

Céline, L.-F. (1952). *Mort à crédit*. Paris: Gallimard.

Céline, L.-F. (1932). *Viagem ao fim da noite* (Rosa Freire Aguiar, Trad.). São Paulo: Companhia das Letras, 2009, edição eletrônica.

Chasseguet-Smirgel, J. (1973). Essai sur l'Idéal du Moi. Contribution à l'étude psychanalytique de "la maladie d'idéalité". *Revue française de psychanalyse*, 5-6.

Cheng, A. (out. 1992). Vertus de la pudeur dans la Chine classique. *Autrement*, 9.

Cícero. (1932). *Tusculanes (III-V)*. Paris: Les Belles Lettres.

Claudel, P. (1911). L'otage. In *Théâtre II*. (Col. La Pléiade). Paris: Gallimard, 1965.

Claudel, P. (1920). Le père humilié. In *Théâtre II*. (Col. La Pléiade). Paris: Gallimard, 1965.

Criqui, J.-P. (2006). Une femme disparaît. In *Cindy Sherman*. Paris: Flammarion/Jeu de Paume.

D'Aurevilly, J. B. (1874). *Les diaboliques.* Paris: Folio/Gallimard, 1973.

Dawans, S. *Récits de vie: la honte comme biographème universel et singulier*, inédito.

Dawans, S. (2001). *Sartre, le spectre de la honte.* Liège: Éditions de l'Université de Liège.

De La Porte, X. (2016). *La tête dans la toile.* Caen: C&F Éditions.

Delaporte, S. (2004). *Gueules cassées de la Grande Guerre.* Paris: Agnès Viénot.

Deleuze, G. (1993). *Crítica e clínica* (Peter Pál Pelbart, Trad.). São Paulo: Editora 34, 1997.

Demoulin, C. (2004). Sartre, de la mauvaise foi à l'hontologie. *L'en-je lacanien, 2, Revue de psychanalyse.* Toulouse: Érès.

Demoulin, C. (28 maio 2005). *Le corps injustifiable.* Comunicação proferida em Besançon, inédito.

Demoulin, C. (jan. 2007). Jouissance et pulsion de mort. *Mensuel, 21*,École de Psychanalyse du Champ lacanien.

Demoulin, C. (2009). "Honte et nomination". In *Se passer du père?* Toulouse: Érès.

Despentes, V. (2015). *Vernon Subutex* (v. 1). Paris: Le Livre de poche.

Dostoiévski, F. (1864). *Notas do subsolo* (Maria Aparecida Botelho Pereira Soares, Trad.). Porto Alegre: L&PM, 2008.

Duche, D. J. (nov. 1998). La honte chez l'enfant. *Nervure, t. XI, n. 8.*

Euripide. (1962). Hippolyte. In *Tragédies complètes I.* Paris: Folio/ Gallimard.

Flaubert, G. (1975). *Correspondance.* Paris: Folio/Gallimard.

Forrester, V. (1996). *L'horreur économique*. Paris: Fayard.

Freud, S. (1894). As neuropsicoses de defesa. In *Edição brasileira das obras completas de Sigmund Freud* (v. III, Jayme Salomão, Trad.). Rio de Janeiro: Imago, edição eletrônica.

Freud, S. (1896). Lettre à Fliess du 01/01/1896. In *Naissance de la psychanalyse*. Paris: PUF, 1991.

Freud, S. (1896). Observações adicionais sobre as neuropsicoses de defesa. In *Edição standard brasileira das obras psicológicas completas de Sigmund Freud* (v. III, Jayme Salomão, Trad.). Rio de Janeiro: Imago, edição eletrônica.

Freud, S. ([1899]1900). A interpretação dos sonhos. In *Edição standard brasileira das obras psicológicas completas de Sigmund Freud* (v. V, Jayme Salomão, Trad.). Rio de Janeiro: Imago, edição eletrônica.

Freud, S. (1905). Três ensaios sobre a teoria da sexualidade e outros trabalhos. In *Edição standard brasileira das obras psicológicas completas de Sigmund Freud* (v. VII, Jayme Salomão, Trad.). Rio de Janeiro: Imago, edição eletrônica.

Freud, S. ([1907]1908). Escritores criativos e devaneio. In *Edição standard brasileira das obras psicológicas completas de Sigmund Freud* (v. IX, Jayme Salomão, Trad.). Rio de Janeiro: Imago, edição eletrônica.

Freud, S. (1908). Sobre as teorias sexuais das crianças. In *Edição standard brasileira das obras psicológicas completas de Sigmund Freud* (v. IX, Jayme Salomão, Trad.). Rio de Janeiro: Imago, edição eletrônica.

Freud, S. (1908). Romances familiares. In *Edição standard brasileira das obras psicológicas completas de Sigmund Freud* (v. IX, Jayme Salomão, Trad.). Rio de Janeiro: Imago, edição eletrônica.

Freud, S. (1909). Duas histórias clínicas: O "Pequeno Hans" e o "Homem dos ratos". In *Edição standard brasileira das obras psicológicas completas de Sigmund Freud* (v. X, Jayme Salomão, Trad.). Rio de Janeiro: Imago, edição eletrônica.

Freud, S. (1910). Contribuições à psicologia do amor. In *Edição standard brasileira das obras psicológicas completas de Sigmund Freud* (v. XI, Jayme Salomão, Trad.). Rio de Janeiro: Imago, edição eletrônica.

Freud, S. (1910). Leonardo da Vinci e uma lembrança da sua infância. In *Edição standard brasileira das obras psicológicas completas de Sigmund Freud* (v. XI, Jayme Salomão, Trad.). Rio de Janeiro: Imago, edição eletrônica.

Freud, S. (1911). Notas psicanalíticas sobre um relato autobiográfico de um caso de paranoia (*dementia paranoides*). In *Edição standard brasileira das obras psicológicas completas de Sigmund Freud* (v. XII, Jayme Salomão, Trad.). Rio de Janeiro: Imago, edição eletrônica.

Freud, S. (1911-1913). Observações psicanalíticas sobre um caso de paranoia relatado em autobiografia. In *Edição standard brasileira das obras psicológicas completas de Sigmund Freud* (v. X, Jayme Salomão, Trad.). Rio de Janeiro: Imago, edição eletrônica.

Freud, S. (1913). Prefácio a *Scatalogic Rites of All Nations*, de J. G. Bourke. In *Edição standard brasileira das obras psicológicas completas de Sigmund Freud* (v. XII, Jayme Salomão, Trad.). Rio de Janeiro: Imago, edição eletrônica.

Freud, S. (1915). Os instintos e suas vicissitudes. In *Edição standard brasileira das obras psicológicas completas de Sigmund Freud* (v. XIV, Jayme Salomão, Trad.). Rio de Janeiro: Imago, edição eletrônica.

Freud, S. (1915). O inconsciente. In *Edição standard brasileira das obras psicológicas completas de Sigmund Freud* (v. XIV, Jayme Salomão, Trad.). Rio de Janeiro: Imago, edição eletrônica.

Freud, S. (1915). Um caso de paranoia que contraria a teoria psicanalítica da doença. In *Edição standard brasileira das obras psicológicas completas de Sigmund Freud* (v. XIV, Jayme Salomão, Trad.). Rio de Janeiro: Imago, edição eletrônica.

Freud, S. (1917[1915]). Luto e melancolia. In *Edição standard brasileira das obras psicológicas completas de Sigmund Freud* (v. XIV, Jayme Salomão, Trad.). Rio de Janeiro: Imago, edição eletrônica.

Freud, S. (1916-1917). Conferências introdutórias sobre psicanálise (Partes I e II). In *Edição standard brasileira das obras psicológicas completas de Sigmund Freud* (v. XV, Jayme Salomão, Trad.). Rio de Janeiro: Imago, edição eletrônica.

Freud, S. (1919). Uma criança é espancada. In *Edição standard brasileira das obras psicológicas completas de Sigmund Freud* (v. XVII, Jayme Salomão, Trad.). Rio de Janeiro: Imago, edição eletrônica.

Freud, S. (1919). L'inquiétante étrangeté. In *L'inquiétante étrangeté et autres essais*. Paris: Folio/Gallimard, 1985.

Freud, S. (1920). Além do princípio do prazer. In *Edição standard brasileira das obras psicológicas completas de Sigmund Freud* (v. XVIII, Jayme Salomão, Trad.). Rio de Janeiro: Imago, edição eletrônica.

Freud, S. (1925). Prefácio a *Juventude desorientada*, de Aichhorn. In *Edição standard brasileira das obras psicológicas completas de Sigmund Freud* (v. XIX, Jayme Salomão, Trad.). Rio de Janeiro: Imago, edição eletrônica.

Freud, S. (1926). Inibições, sintomas e ansiedade. In *Edição standard brasileira das obras psicológicas completas de Sigmund Freud* (v. XX, Jayme Salomão, Trad.). Rio de Janeiro: Imago, edição eletrônica.

Freud, S. (1930). O mal-estar na civilização. In *Edição standard brasileira das obras psicológicas completas de Sigmund Freud* (v. XXI, Jayme Salomão, Trad.). Rio de Janeiro: Imago, edição eletrônica.

Freud, S. (1932-1933). A dissecção da personalidade psíquica (Conferência XXXI). In *Edição standard brasileira das obras psicológicas completas de Sigmund Freud* (v. XXII, Jayme Salomão, Trad.). Rio de Janeiro: Imago, edição eletrônica.

Freud, S. (1933). Novas conferências introdutórias sobre psicanálise e outros trabalhos - Conferência XXX: Sonhos e ocultismo. In *Edição standard brasileira das obras psicológicas completas de Sigmund Freud* (v. XXII, Jayme Salomão, Trad.). Rio de Janeiro: Imago, edição eletrônica.

Freud, S. (1933). Novas conferências introdutórias sobre psicanálise e outros trabalhos - Conferência XXXV: A questão de uma *Weltanschauung*. In *Edição standard brasileira das obras psicológicas completas de Sigmund Freud* (v. XXII, Jayme Salomão, Trad.). Rio de Janeiro: Imago, edição eletrônica.

Freud, S. (1937). Análise terminável e interminável. In *Edição standard brasileira das obras psicológicas completas de Sigmund Freud* (v. XXIII, Jayme Salomão, Trad.). Rio de Janeiro: Imago, edição eletrônica.

Freud, S. (1966). *Correspondance de Sigmund Freud avec le pasteur Pfister (1909-1939)*. Paris: Gallimard.

Freud, S. (1978). *Les premiers psychanalystes. Minutes de la Société psychanalytique de Vienne* (t. II). Paris: Gallimard.

Gary, R. (1960). *Promessa ao amanhecer* (Mauro Pinheiro, Trad.). São Paulo: Estação Liberdade, 2008, edição eletrônica.

Gary, R. (1974). *Gros-câlin*. Paris: Folio/Gallimard, 1977.

Goldschmidt, G.-A. (2004). *Le poing dans la bouche*. Paris: Verdier.

Green, A. (1983). *Narcissisme de vie, narcissisme de mort*. Paris: Minuit.

Guéno, J.-P. (2002). *Paroles d'étoiles: mémoire d'enfants cachés (1939-1945)*. Paris: Librio.

Hadjadj, F. (jul.-ago. 2006). Günter Anders, la bombe en bikini. *Art-Press, 325*.

Hawthorne, N. (1843). La marque sur le visage. In *Le manteau de Lady Eléonore, et autres contes*. Paris: GF-Flammarion, 1993.

Hawthorne, N. (1850). *A letra escarlate* (Christian Schwartz, Trad.). São Paulo: Penguin, 2011, edição eletrônica.

Heidegger, M. (1958). Alèthéia. In *Essais et conférences*. Paris: Tel-Gallimard.

Heidegger, M. (1962). Le mot de Nietzsche "Dieu est mort". In *Chemins qui ne mènenet nulle part*. Paris: Tel-Gallimard.

Heidegger, M. (1968). Qu'est-ce que la métaphysique? In *Questions I et II*. Paris: Tel-Gallimard.

Heidegger, M. (1969). Les séminaires du Thor du 11 Septembre 1969. In *Questions III et IV*. Paris: Tel-Gallimard, 1976.

Heidegger, M. (1982). *Parménide*. Paris: Gallimard, 2011.

Heidegger, M. (1927). *Ser e tempo* (v. I, Fausto Castilho, Trad.). Rio de Janeiro: Vozes, 2013.

Hesnard, A. (1949). *L'univers morbide de la faute*. Paris: PUF.

Jung, C. G. (1992). *Correspondance* (t. I). Paris: Gallimard.

Kafka, F. (1915). *A metamorfose* (Celso Donizete Cruz, Org. e Trad.). São Paulo: Hedra, 2009, edição eletrônica.

Kafka, F. (1925). *O processo*. Alfragide: Leya, 2009, edição eletrônica.

Kafka, F. (1952). *Carta ao pai* (Modesto Carone, Trad.). São Paulo: Companhia das Letras, 2002, edição eletrônica.

Kafka, F. (1954). *Journal*. Paris: Grasset.

Kafka, F. (1988). *Lettres à Milena*. Paris: Gallimard.

Kertész, I. (1995). *Kaddish pour l'enfant qui ne naîtra pas*. Arles: Actes Sud.

Kertész, I. (2004). *Liquidation*. Arles: Actes Sud.

Kierkegaard, S. (1844). Le concept d'angoisse. In *Miettes philosophiques, le concept d'angoisse, traité du désespoir* (Jean-Jacques Gateau & Knud Ferlov, Trad.). Paris: Tel/Gallimard, 1990.

Kierkegaard, S. (1849). Traité du désespoir. In *Miettes philosophiques, le concept d'angoisse, traité du désespoir* (Jean-Jacques Gateau & Knud Ferlov, Trad.). Paris: Tel/Gallimard, 1990.

Klein, M. (1921). Le développement d'un enfant. In *Essais de psychanalyse*. Paris: Payot, 1968.

La Bible. (1959). Paris: La Pléiade.

La Fontaine, J. de. (2005). *Fábulas*. São Paulo: Martin Claret, edição eletrônica.

Lacan, J. (1938). Os complexos familiares na formação do indivíduo. In *Outros escritos* (Vera Ribeiro, Trad.). Rio de Janeiro: Zahar, 2003.

Lacan, J. (1945). O tempo lógico e a asserção de certeza antecipada. In *Escritos* (Vera Ribeiro, Trad.). Rio de Janeiro: Zahar, 1998.

Lacan, J. (1946). Formulações sobre a causalidade psíquica. In *Escritos* (Vera Ribeiro, Trad.). Rio de Janeiro: Zahar, 1998.

Lacan, J. (1948). A agressividade em psicanálise. In *Escritos* (Vera Ribeiro, Trad.). Rio de Janeiro: Zahar, 1998.

Lacan, J. (1953). Função e campo da fala e da linguagem. In *Escritos* (Vera Ribeiro, Trad.). Rio de Janeiro: Zahar, 1998.

Lacan, J. (1953-54). *O seminário, livro 1: Os Escritos técnicos de Freud*. Rio de Janeiro: Zahar, 1975.

Lacan, J. (1954). Du symbole, et de sa fonction religieuse. In *Le mythe individuel du névrosé*. Paris: Seuil, 2007.

Lacan, J. (1954-1955). *O seminário, livro 2: O eu na teoria de Freud e na técnica da psicanálise*. Rio de Janeiro: Zahar, 1985.

Lacan, J. (1955). A coisa freudiana. In *Escritos* (Vera Ribeiro, Trad.). Rio de Janeiro: Zahar, 1998.

Lacan, J. (1955). A psicanálise e seu ensino. In *Escritos* (Vera Ribeiro, Trad.). Rio de Janeiro: Zahar, 1998.

Lacan, J. (1955). O seminário sobre "A carta roubada". In *Escritos* (Vera Ribeiro, Trad.). Rio de Janeiro: Zahar, 1998.

Lacan, J. (1955-1956). *O seminário, livro 3: As psicoses*. Rio de Janeiro: Zahar, 1985.

Lacan, J. (1956-1957). *O seminário, livro 4: A relação de objeto*. Rio de Janeiro: Zahar, 1995.

Lacan, J. (1956-57). *O seminário, livro 5: As formações do inconsciente*. Rio de Janeiro: Zahar, 1999.

Lacan, J. (1958). De uma questão preliminar a todo tratamento possível da psicose. In *Escritos* (Vera Ribeiro, Trad.). Rio de Janeiro: Zahar, 1998.

Lacan, J. (1958). A direção do tratamento. In *Escritos* (Vera Ribeiro, Trad.). Rio de Janeiro: Zahar, 1998.

Lacan, J. (1958). A significação do falo. In *Escritos* (Vera Ribeiro, Trad.). Rio de Janeiro: Zahar, 1998.

Lacan, J. (1958). *Le séminaire "Le désir et son interprétation (1958-59)"*, inédito (lição de 26/11/1958).

Lacan, J. (1958) *Le séminaire "Le désir et son interprétation (1958-59)"*, inédito (lição de 03/12/1958).

Lacan, J. (1958) *Le séminaire "Le désir et son interprétation (1958-59)"*, inédito (lição de 10/12/1958).

Lacan, J. (1959) *Le séminaire "Le désir et son interprétation (1958-59)"*, inédito (lição de 07/01/1959).

Lacan, J. (1959). *Le séminaire "Le désir et son interprétation (1958-59)"*, inédito (lição de 11/02/1959).

Lacan, J. (1959) *Le séminaire "Le désir et son interprétation (1958-59)"*, inédito (lição de 04/03/1959).

Lacan, J. (1959) *Le séminaire "Le désir et son interprétation (1958-59)"*, inédito (lição de 08/04/1959).

Lacan, J. (1959) *Le séminaire "Le désir et son interprétation (1958-59)"*, inédito (lição de 22/04/1959).

Lacan, J. (1959) *Le séminaire "Le désir et son interprétation (1958-59)"*, inédito (lição de 13/05/1959).

Lacan, J. (1959) *Le séminaire "Le désir et son interprétation (1958-59)"*, inédito (lição de 20/05/1959).

Lacan, J. (1959) *Le séminaire "Le désir et son interprétation (1958-59)"*, inédito (lição de 03/06/1959).

Lacan, J. (1959) *Le séminaire "Le désir et son interprétation (1958-59)"*, inédito (lição de 17/06/1959).

Lacan, J. (1959). Sobre a teoria do simbolismo de Jones. In *Escritos* (Vera Ribeiro, Trad.). Rio de Janeiro: Zahar, 1998.

Lacan, J. (1959-60). *O seminário, livro 7: A ética da psicanálise*. Rio de Janeiro: Zahar, 2008.

Lacan, J. (1960). Observação sobre o relatório de Daniel Lagache. In *Escritos* (Vera Ribeiro, Trad.). Rio de Janeiro: Zahar, 1998.

Lacan, J. (1960). Posição do inconsciente. In *Escritos* (Vera Ribeiro, Trad.). Rio de Janeiro: Zahar, 1998.

Lacan, J. (1960). Subversão do sujeito e dialética do desejo. In *Escritos* (Vera Ribeiro, Trad.). Rio de Janeiro: Zahar, 1998.

Lacan, J. (1960-1961). *O seminário, livro 8: A transferência*. Rio de Janeiro: Zahar, 1992.

Lacan, J. (1962). *Le séminaire "L'identification (1961-62)"*, inédito (lição de 21/03/1962).

Lacan, J. (1962). *Le séminaire "L'identification (1961-62)"*, inédito (lição de 28/03/1962).

Lacan, J. (1962). *Le séminaire "L'identification (1961-62)"*, inédito (lição de 02/05/1962).

Lacan, J. (1962). *Le séminaire "L'identification (1961-62)"*, inédito (lição de 13/06/1962).

Lacan, J. (1962). *Le séminaire "L'identification (1961-62)"*, inédito (lição de 27/06/1962).

Lacan, J. (1962). *Le séminaire "L'angoisse"* (extraído da lição de 19/12/1962). *Ornicar?, 29*. Paris: Navarin, 1984.

Lacan, J. (1962-63). *O seminário, livro 10: A angústia*. Rio de Janeiro: Zahar, 2005.

Lacan, J. (1963). Kant com Sade. In *Escritos* (Vera Ribeiro, Trad.). Rio de Janeiro: Zahar, 1998.

Lacan, J. (1963). *Nomes-do-Pai*. Rio de Janeiro: Zahar, 2005.

Lacan, J. (1964). Do *Trieb* de Freud e do desejo em psicanálise. In *Escritos* (Vera Ribeiro, Trad.). Rio de Janeiro: Zahar, 1998.

Lacan, J. (1964-65). *O seminário, livro 11: Os quatro conceitos fundamentais da psicanálise* (M. D. Magno, Trad.). Rio de Janeiro: Zahar, 1988.

Lacan, J. (1966). *Le séminaire, "L'objet de la psychanalyse (1965-66)"*, inédito (lição de 25/05/1966).

Lacan, J. (1966). *Le séminaire, "L'objet de la psychanalyse (1965-66)"*, inédito (lição de 06/01/1966).

Lacan, J. (1966). Pequeno discurso no ORTF. In *Outros escritos* (Vera Ribeiro, Trad.). Rio de Janeiro: Zahar, 2003.

Lacan, J. (1966). De nossos antecedentes. In *Escritos* (Vera Ribeiro, Trad.). Rio de Janeiro: Zahar, 1998.

Lacan, J. (1966). Respostas a estudantes de filosofia. In *Outros escritos* (Vera Ribeiro, Trad.). Rio de Janeiro: Zahar, 2003.

Lacan, J. (1966). Apresentação das *Memórias de um doente dos nervos*. In *Outros escritos* (Vera Ribeiro, Trad.). Rio de Janeiro: Zahar, 2003.

Lacan, J. (1967). *Le séminaire "La logique du fantasme (1966-67)"*, inédito (lição de 25/01/1967).

Lacan, J. (1967). *Le séminaire "La logique du fantasme (1966-67)"*, inédito (lição de 24/05/1967).

Lacan, J. (1967). *Le séminaire "La logique du fantasme (1966-67)"*, inédito (lição de 21/06/1967).

Lacan, J. (1967). Discurso na Escola Freudiana de Paris. In *Outros escritos* (Vera Ribeiro, Trad.). Rio de Janeiro: Zahar, 2003.

Lacan, J. (1967). Da psicanálise em suas relações com a realidade. In *Outros escritos* (Vera Ribeiro, Trad.). Rio de Janeiro: Zahar, 2003.

Lacan, J. (1967). Alocução sobre as psicoses da criança. In *Outros escritos* (Vera Ribeiro, Trad.). Rio de Janeiro: Zahar, 2003.

Lacan, J. (1967). *Petit discours aux psychiatres de Sainte-Anne (10/11/1967)*, inédito.

Lacan, J. (1968). A lógica da fantasia. In *Outros escritos* (Vera Ribeiro, Trad.). Rio de Janeiro: Zahar, 2003.

Lacan, J. (1969). Nota sobre a criança. In *Outros escritos* (Vera Ribeiro, Trad.). Rio de Janeiro: Zahar, 2003.

Lacan, J. (1968-69). *O seminário, livro 16: De um Outro ao outro*. Rio de Janeiro: Zahar, 2008.

Lacan, J. (1969). Nota sobre a criança. In *Outros escritos* (Vera Ribeiro, Trad.). Rio de Janeiro: Zahar, 2003.

Lacan, J. (1969-70). *O seminário, livro 17: O avesso da psicanálise*. Rio de Janeiro: Zahar, 1992.

Lacan, J. (1970). Radiofonia. In *Outros escritos* (Vera Ribeiro, Trad.). Rio de Janeiro: Zahar, 2003.

Lacan, J. (1970). *Analyticon. Impromptu, n. 2*, inédito (03/06/1970).

Lacan, J. (1971). *Le savoir du psychanalyste. Entretiens de Sainte--anne*, inédito.

Lacan, J. (1970-71). *O seminário, livro 18: De um discurso que não fosse semblante*. Rio de Janeiro: Zahar, 2009.

Lacan, J. (1972). O aturdito. In *Outros escritos* (Vera Ribeiro, Trad.). Rio de Janeiro: Zahar, 2003.

Lacan, J. (1972). Conférence faite à l'Université de Milan le 12 mai 1972. In *Lacan in Italia 1953-1978*. Milano: La Salamandra, 1978.

Lacan, J. (1972). *Séance extraordinaire de l'École Belge de psychanalyse (14/10/1972)*, inédito.

Lacan, J. (dez.1972). En conclusion. *Lettres de l'École freudienne, 9*.

Lacan, J. (1972-73). *O seminário, livro 20: Mais, ainda* (M. D. Magno, Trad.). Rio de Janeiro: Zahar, 1985.

Lacan, J. (1973). Posfácio ao *Seminário 11*. In *Outros escritos* (Vera Ribeiro, Trad.). Rio de Janeiro: Zahar, 2003.

Lacan, J. (1973). Televisão. In *Outros escritos* (Vera Ribeiro, Trad.). Rio de Janeiro: Zahar, 2003.

Lacan, J. (1973). ...Ou pior. In *Outros escritos* (Vera Ribeiro, Trad.). Rio de Janeiro: Zahar, 2003.

Lacan, J. (1973). Intervention dans une réunion organisée par la Scuola freudiana, Milan, le 4 février 1973. In *Lacan in Italia 1953-1978*. Milano: La Salamandra, 1978.

Lacan, J. (1974). *Le séminaire "Les non-dupes errent (1973-74)"*, inédito (lição de 08/01/1974).

Lacan, J. (1974). *Le séminaire "Les non-dupes errent (1973-74)"*, inédito (lição de 12/03/1974).

Lacan, J. (1974). *Le séminaire "Les non-dupes errent (1973-74)"*, inédito (lição de 09/04/1974).

Lacan, J. (1974). Prefácio a *O despertar da primavera*. In *Outros escritos* (Vera Ribeiro, Trad.). Rio de Janeiro: Zahar, 2003.

Lacan, J. (1974). *O triunfo da religião*. Rio de Janeiro: Zahar, 2005.

Lacan, J. (1974). La troisième. *Lettres de l'École freudienne, XVI*, nov. 1975.

Lacan, J. (1974). Entretien avec Emilia Granzotto (21/11/1974), inédito.

Lacan, J. (1974). *Télévision*, inédito, versão oral (09 e 16/03/1974).

Lacan, J. *Séminaire, RSI*, lição de 17/12/1975. *Ornicar?*, *2*. Paris: Navarin, 1975.

Lacan, J. *Séminaire, RSI*, lição de 21/01/1975. *Ornicar?*, *3*, Paris: Seuil, 1975.

Lacan, J. *Séminaire, RSI (1974-75)*, lição de 11/03/1975. *Ornicar?*, *5*. Paris: Navarin, 1976.

Lacan, J. *Séminaire, RSI (1974-75)*, lição de 08/04/1975. *Ornicar?*, *5*. Paris: Navarin, 1976.

Lacan, J. (1975). Talvez em Vincennes... In *Outros escritos* (Vera Ribeiro, Trad.). Rio de Janeiro: Zahar, 2003.

Lacan, J. (1975). Clôture de la Journée des cartels d'avril 1975. *Lettres de l'École Freudienne*, *18*, abr. 1976.

Lacan, J. (1975). Conférence à Genève sur le Symptôme. *Le Bloc--notes de la psychanalyse*, *5*, 5-23. Genebra: Le Parnasse, 1985.

Lacan, J. (1975). Joyce, o sintoma. In *Outros escritos* (Vera Ribeiro, Trad.). Rio de Janeiro: Zahar, 2003.

Lacan, J. (1975-76). *O seminário, livro 23: O sinthoma*. Rio de Janeiro: Zahar, 2007.

Lacan, J. (1978). *Le séminaire "Le moment de conclure (1977-78)"*, inédito (lição de 11/04/1978).

Lacan, J. (1978). Conclusion des Journées de l'École freudienne de Paris. *Lettres de l'École freudienne*, *24*, inédito.

Lacan, J. (1980). *Lettre de dissolution de l'EFP*, inédito.

Lacan, J. (1981). Le malentendu. *Ornicar?*, *22-23*. Paris: Navarin.

Lacan, J. (jun. 1998). Le phénomène lacanien. *Les cahiers cliniques de Nice*, *1*.

Lange, N. (1937). *Cadernos de infância* (Joana Angelica D'Ávila Melo, Trad.). São Paulo: Record, 2009, edição eletrônica.

Lascault, G. (mar. 1984) "La femme 100 têtes garde son secret". *Traverses*, *30/31*. "Le secret", *Revue du Centre de Création Industrielle*, Centre Georges Pompidou.

Laurent, É. (1994). Sept problèmes de logique collective. *Barca, 3 – Revue de poésie, politique, psychanalyse*. Paris: Éditions Barca.

Lemoine-Luccioni, E. (jan. 2000). La prétention phallique, l'imposture et la honte. *Trames, 29*, Nice.

Leopardi, G. (1832). *Canti, avec un choix des œuvres morales/Poésie*. Paris: Gallimard, 1982.

Leopardi, G. (1998). *Tout est rien*. Paris: Allia.

Leiris, M. (1985). *Langage Tangage*. Paris: L'imaginaire/Gallimard.

Leon-Lopez, P. (2004). Le mensonge. *Psychanalyse, 1*. Toulouse: Érès.

Levi, P. (1989). *Le fabriquant de miroirs*. Paris: Liliana Levi.

Lévinas, E. (1935). *De l'évasion*. Paris: Fata Morgana, 1982.

Lipovetsky, G. (1983). *A era do vazio: ensaios sobre o individualismo contemporâneo*. Barueri: Manole, 2005.

Lipovetsky, G. (1992). *Le crépuscule du devoir*. Paris: Folio/Gallimard.

Maillet, A. (2005). *Le miroir noir*. Paris: L'éclat.

Melchior-Bonnet, S. (1994). *Histoire du miroir*. Paris: Hachette Littératures.

Merleau-Ponty, M. (1960). *O olho e o espírito* (Paulo Neves & Maria Ermantina Galvão Gomes Pereira, Trad.). São Paulo: Cosac Naify, 2013.

Merleau-Ponty, M. (1979). *O visível e o invisível* (José Artur Gianotti & Armando Mora d'Oliveira, Trad.). São Paulo: Perspectiva, 2019.

Merot, P. (2003). La honte: "si un autre venait à l'apprendre". *Revue française de psychanalyse, n. 5, t. LXVII*. Paris: PUF.

Miller, J.-A. (1988). Sept remarques de Jacques-Alain Miller sur la création. *Lettre Mensuelle, 68*. Paris: École de la Cause freudienne (ACF).

Miller, J.-A. (1994). *Donc* (Cours 1993-1994). Département de Psychanalyse de l'Université Paris VIII, inédito (lição de 04/05/1994).

Miller, J.-A. (1995). *Silet* (Cours 1994-1995). Département de Psychanalyse de l'Université Paris VIII, inédito (lição de 14/06/1995).

Miller, J.-A. (2003). Parle avec lui. *Le Nouvel Observateur, Hors série – L'aventure de la paternité.*

Milner, J. C. (2005). *La politique des choses*. Paris: Navarin.

Morel Cinq-Mars, J. (2002). *Quand la pudeur vient au corps*. Paris: PUF.

Morin, I. (2004). Vivant et féminin dans le parcours phobique. *Psychanalyse*, *2*. Toulouse: Érès.

Naveau, P. (1994). Le manque et la marque. *Préliminaire*, *6*, Publication du Champ freudien de Belgique.

Nietzsche, F. (1882). *A gaia ciência* (Paulo César de Souza, Trad.). São Paulo: Companhia das Letras, 2001.

Nietzsche, F. (1901). *A vontade de poder* (Marcos Sinésio Pereira Fernandes & Francisco José Dias de Moraes, Trad.). Rio de Janeiro: Contraponto, 2011.

Ogien, R. (2002). *La honte est-elle immorale?*. Paris: Bayard.

Pessoa, F. (1982). *O livro do desassossego*. São Paulo: Companhia das Letras, 2006, edição eletrônica.

Pinguet, M. (1984). *La mort volontaire au Japon*. Paris: Gallimard.

Platão. *Apologia de Sócrates*. Disponível em: https://tinyurl.com/uru992k2. Acesso em: 20 abr. 2021.

Plutarque. (2003). *Vies* (t. I). Paris: Les belles lettres.

Proust, M. (1896). Sentiments filiaux d'un parricide. In *La confession d'une jeune fille*. Bordeaux: Le Castor Astral, 2007.

Quignard, P. (1994). *Le sexe et l'effroi*. Paris, Gallimard.

Quignard, P. (2007). *La nuit sexuelle*. Paris: Flammarion.

Quinet, A. (2002). *Um olhar a mais*. Rio de Janeiro: Zahar.

Regnault, F. (1996). *La doctrine inouïe. Dix leçons sur le théâtre classique français*. Paris: Hatier.

Regnault, F. (1998). Du comme ça au *just so*. *Ornicar?*, *49*. Paris: Agalma.

Regnault, F. (1999). Je rougis, je pâlis à sa vue. *Revue La Cause Freudienne*, *40*. Paris: Navarin.

Regnault, F. (2003). Théâtre et tabous. *Rond-Point*, *3*, *Revue de théâtre*. Arles: Acte Sud.

Rilke, R. M. (1875). *Le livre de la pauvreté et de la mort*. Arles: Actes Sud, 1982.

Rilke, R. M. (1910). *Os cadernos de Malte Laurids Brigge* (Renato Zwick, Trad.). Porto Alegre: LP&M, 2009, edição eletrônica.

Robert, M. (1979). *Seul, comme Franz Kafka*. Paris: Calmann-Lévy.

Ronson, J. (2018). *La honte!*. Paris: Sonatine.

Rosset, C. (1999). *Loin de moi*. Paris, Minuit.

Rosseau, J.-J. (1782). *Les confessions*. Paris: Folio/Gallimard, 1973.

Rouxel, J. (2016). *Les Shadoks en grande pompe*. Union européenne: Circonflexe.

São Tomás de Aquino. *Suma teológica*. Disponível em: https://tinyurl.com/yb2zvtnf. Acesso em: 10 mar. 2021.

Sartre, J.-P. (1938). *A náusea* (Rita Braga, Trad.). Rio de Janeiro: Nova Fronteira, 2015.

Sartre, J.-P. (1943). *O ser e o nada: ensaio de fenomenologia ontológica* (13ª ed., Paulo Perdigão, Trad.). Petrópolis: Vozes, 2005.

Sartre, J.-P. (1943). *As moscas* (Nuno Valadas, Trad.). Lisboa: Editorial Presença, 1965.

Sartre, J.-P. (1944). *Entre quatro paredes* (Guilherme de Almeida, Trad.). São Paulo: Abril Cultural, 1977.

Sartre, J.-P. (1946). Introduction. In Baudelaire, C. *Écrits intimes*. Paris: Point du jour.

Sartre, J.-P. (1952). *Saint Genet, comédien et martyr*. Paris: Gallimard.

Sartre, J.-P. (1963). *As palavras* (J. Guinsburg, Trad.). São Paulo: Difusão Europeia do Livro, 1967.

Sarraute, N. (1983). *Enfance*. Paris: Gallimard.

Sauret, M.-J. (1991). *De l'infantile à la structure*. Toulouse: PUM.

Sauret, M.-J. (2000). *Psychanalyse et politique. Huit questions de la psychanalyse au politique*. Toulouse: PUM.

Sauret, M.-J. (2003). Corps et limite. In Bruno, P., & Sauret, M.-J. *Problèmes de Psychanalyse*. Paris: Association de Psychanalyse Jacques Lacan.

Sauret M.-J. (2008). *L'effet révolutionnaire du symptôme*. Toulouse: Érès.

Schifres, A. (2016). *Sympa*. Paris: Le dilettante.

Silvestre, M. (1993). Retour sur l'Œdipe. In *Demain la psychanalyse*. Paris: Seuil.

Sloterdijk, P., & Finkielkraut, A. (2003). *Les battements du monde*. Paris: Pauvert.

Sloterdijk, P. (2005). *Palácio de cristal. Para uma teoria filosófica da globalização*. Lisboa: Relógio D'Água Editores.

Sófocles. (1999). *Antígona*. Porto Alegre: L&PM.

Soler, C. (jan.-fev. 1985). Eros enchaîné. *L'Ane, Le magasine freudien, 20: Enfants adoptés, enfants de la science*. Paris.

Soler, C. (1986). Affect et savoir. *Actes de l'École de la Cause freudienne, X.*

Soler, C. (out. 1997). L'angoisse, pas sans nouvel objet. *Letterina, 5. Bulletin de l'Association Cause Freudienne-Normandie.*

Soler, C. (1999-2000). *La politique de l'acte* (Cours 1999-2000). Formations cliniques du champ lacanien/Collège clinique de Paris (lição de 24/11/1999).

Soler, C. (2002). Les droits du sujet. *Letterina, 10. Bulletin de l'Association Cause freudienne.* Normandie.

Soler, C. (2002). *O inconsciente a céu aberto da psicose.* Rio de Janeiro: Zahar, 2007.

Soler, C. (2002-03). *L'hystérie, sa langue, ses dialectes et ses liens* (Cours 2002-2003). Formations cliniques du Champ lacanien/ Collège clinique de Paris (lição de 29/01/2003).

Soler, C. (2005). *O que Lacan dizia das mulheres* (Vera Ribeiro, Trad.). Rio de Janeiro, Zahar, edição eletrônica.

Strauss, M. (mar. 2003). Entre. *Revue des Collèges Cliniques du Champ Lacanien, 2.*

Strauss, M. (fev. 2006). Le désir d'enfant. *Revue de psychanalyse du champ lacanien, 3.*

Tanizaki, J. (1933). Éloge de l'ombre (René Sieffert, Trad.). Paris: Publications orientalistes de France, 1977.

Tausk, V. (1879-1919). Œuvres psychanalytiques. Paris: Payot, 1975

Torga, M. (2000). *Poesia completa.* Lisboa: Dom Quixote.

Wajcman, G. (2004). *Fenêtre, Chroniques du regard et de l'intime.* Paris: Verdier-Philia.

Walser, R. (1908). *O ajudante* (José Pedro Antunes, Trad.). São Paulo: Arx, 2003, edição eletrônica.

Walser, R. (1920). Ce qui, peut-être, caractérise le mieux notre époque. In *Le territoire du crayon*. Chêne-Bourg: Zoé, 2003.

Wedekind, F. (1906). *O despertar da primavera* (Sheila Ewert, Trad., Zé Henrique de Paula, Adaptação). Recuperado de https://tinyurl.com/3s5sckfw.

Williams, B. (1998). *La honte et la nécessité.* Paris: PUF.

Zorn, F. (1979). *Mars*. Paris: Folio/Gallimard.

GRÁFICA PAYM
Tel. [11] 4392-3344
paym@graficapaym.com.br